정사 삼국지 • 촉서

진수陳壽 지음 · 김원중 옮김

# 정사 삼국지 • 촉서

蜀書

Humanist

# 옮긴이의 말

나는 중·고교 시절 소설《삼국지三國志》를 읽으면서 소설에 나오는 수많은 인물이 역사 속 실존 인물의 모습과 같으리라는 착각을 하곤 했다. 그만큼 흥미진진하고 실감이 났기 때문이리라. 하지만 나이가 들어 다시 소설《삼국지》를 읽자니 예전에는 미처 보지 못한 부분들이 눈에 들어오기 시작했다. 왜 전쟁만 일어났다 하면 1백만 대군이고 죽은 자는 왜 그렇게 많은지, 왜 조조는 극악무도한 파렴치범으로 묘사되는데 유비는 성인군자로 추앙을 받는지, 제갈량은 동남풍을 불러오는 신통력을 지니고 싸움에서 패한 적이 없다면서 왜 삼국 통일은 이루지 못했는지, 관우가 바둑을 두면서 태연히 수술을 받은 것이 사실인지 등등 끝도 모를 궁금증이 나를 사로잡았다.

그러던 차에 이문열 선생의 소설《삼국지》를 읽다가 〈서문〉에서 눈에 들어오는 글귀가 있었다. "변형과 재구성은 철저하게 정사(正史,《정사 삼국지正史三國志》를 지칭한다)에 의지한 것이라 한낱 말재주로 독자들을 현혹시켜 역사를 그릇 알게 하는 잘못을 저지르지 않았다고 믿는다." 이 말에 나는《정사 삼국지》가 어떤 내용인지 꽤 궁금해졌다. 또한 내 전공 영역이 위진남북조 시대이기에 자연스럽게 당시의 시대 상황에 관심이 갔던 것도 이 책을 번역하게 된 동기

가운데 하나이다.

　나관중羅貫中이 쓴 소설 《삼국지연의三國志演義》의 모본이 진수陳壽가 지은 《정사 삼국지》임은 널리 알려진 사실이다. 나관중 자신도 《삼국지연의》의 앞머리에 "진나라 평양후 진수가 남긴 역사 기록을 후학 나관중이 순서에 따라 편집했다(晉平陽侯陳壽史傳, 後學羅貫中編次)." 라고 분명하게 밝혔으니 말이다. 청나라 중기의 역사가 장학성章學成이 "칠실삼허(七實三虛, 열 가운데 일곱은 사실이고 셋은 허구이다)."라고 했듯이 《정사 삼국지》가 없었다면 《삼국지연의》는 탄생하지 못했을 것이다.

　이러한 생각에 나는 소설 속 인물들을 《정사 삼국지》와 비교해보기로 했다. 그런데 관련 자료를 찾아보니 1980년대 중반에 국사편찬위원회에서 《정사 삼국지》의 〈위서魏書〉 '동이전東夷傳'만 떼어내 번역한 것이 있을 뿐이었다. 우리나라 고대사古代史 연구에 반드시 필요한 기본 자료이자 소설 《삼국지》의 독자들에게 참고 자료로 유용할 《정사 삼국지》가 단 한 번도 번역된 적이 없었던 것이다. 물론 중국 24사史 가운데 다른 정사도 완역된 것이 없었다.

　이런 호기심과 문제의식 때문에 대학원 박사 과정 중 4년여의 작업 끝에 1994년 《정사 삼국지》의 초역본을 출간했다. 그러나 출간 일정을 맞추려 서둔 탓에 적지 않은 오탈자가 있었고, 거슬리는 표현이나 심지어 잘못된 번역도 있는 듯해서 계약 기간이 끝나자 책을 절판시켜버렸다. 그러나 언젠가는 이 책을 다시 출간하리라는 소망을 가지고 틈나는 대로 개역 작업에 매달렸다.

　실로 10년이 넘는 시간이었다. 길다고 하면 길고 짧다고 하면 짧은 시간 동안 나는 초역본을 밑그림으로 삼으면서 그간의 새로운 학문적 성과를 수용하여 개고 작업을 했다. 특히 조서詔書와 상소문

上疏文, 서간문書簡文 등 탄탄한 논조와 함축성 때문에 초역 당시 애로가 많았던 부분들을 대폭 수정했다. 이 과정에서 《사기열전》,《사기본기》,《한비자》,《정관정요》 등 역사 관련 중국 고전들을 번역·출간하면서 역사에 관한 안목을 키워나갔던 것도 도움이 되었다.

또 다른 동기도 작용했다. 방대한 연구 인력을 자랑하는 중국이 역사 재평가 작업에 힘을 기울이는 모습을 보면서 학자로서 안타까운 마음을 품지 않을 수 없었다. 예를 하나 들면, 그들은 정사正史 전체를 국가의 출판 기획 중점 도서로 지정하여 전국의 권위 있는 학자 2백여 명을 참여시켜 《이십사사전역二十四史全譯》이라는 이름으로 88권을 출간했다. 이는 중국 역사를 현재 중국의 관점에서 새로이 해석한다는 뜻으로도 읽힌다.

또한 중국이 1980년대 이후 중국 영토 내의 역사는 모두 자국의 역사라는 소위 신중화주의新中華主義에 입각하여 '동북공정東北工程'이라는 국가적 과제를 정해놓고, 중국 국무원 산하 기관인 사회과학원의 주도 아래 고조선과 발해, 고구려를 자신들의 고대 국가라고 선전하는가 하면, 급조된 연구 성과물을 출간하면서 심지어 한강 이남의 백제사까지도 자신들의 역사로 편입시키려 시도하고 있다는 점은 이미 널리 알려진 사실이다.

이런 때일수록 우리 역사를 제대로 알아야 하는 것은 당연한 일이고 우리 역사와 긴밀하게 발전해온 중국의 역사, 그 가운데서도 고대사의 원전은 우리의 과거 문화유산을 다루기 위한 기본 자료로서 제대로 번역하여 학문 연구의 바탕으로 삼아야 한다.

이번에 휴머니스트에서 재출간하는 《정사 삼국지》 전면 개정판은 이전에 민음사에서 출간한 개정판을 다시 수정하여 내는 것이다. 이 개정판도 이전의 몇몇 오류를 바로잡았으며 각주도 더욱 풍부하게 덧붙였다.

한 가지 밝혀둘 점은 이번에도 《정사 삼국지》 못지않게 중요한 것으로 평가받는 배송지裴松之의 주석을 모두 살려 번역하지 못하고 제한적인 범위에서 번역했다는 것이다. 이는 배송지의 주석이 매우 방대하다는 점이 일차적인 원인이지만, 내 게으름이 더 큰 원인이라는 점이 아쉬움으로 남는다. 다른 한편으로는 《논어》의 경우에도 주희의 《논어집주》를 주석의 정본으로 평가하지만 국내의 수많은 《논어》 번역본에서 이미 역자의 판단과 주관에 따라 선별하여 참조하고 있으니, 배송지의 주석 역시 취사선택의 차원으로 생각해 볼 수 있을 것이다. 다만 배송지의 주석과 나의 주석을 굳이 구분하지 않았다. 독자에게 좀 더 정확한 의미를 전달하기 위해서는 구분할 필요가 있기는 하지만, 대체적으로 내가 덧붙인 각주는 관직의 이름이나 개념어 등이며, 인물에 대한 상세한 설명이나 관련된 이야기 등은 거의 다 배송지의 주석에 따른 것이므로 독자들도 쉽게 구분할 수 있을 것이다.

번역 과정에서 고전을 눈으로 읽어가며 이해하는 것과 그것을 우리말로 옮기는 것이 별개의 작업임을 뼈저리게 느꼈으니, 여전히 인명·지명·관직명과 상소문·조서 등 적지 않은 난제들을 떠안고 번역에 임했다는 점을 다시 밝힌다. 적지 않은 소설 《삼국지》 마니아가 있는데, 이 책과 비교해서 읽어본다면 인물들의 진면목과 역사적 사실과 허구의 관계를 좀 더 자세히 알 수 있을 것이다.

막상 개정판 출간을 앞둔 지금에 와서는 괜한 욕심을 부려 대작을 훼손한 것은 아닌지 두려운 마음뿐이다. 내 무딘 붓에 훼손되었을 원전을 생각하면 더욱 그러하다. 모쪼록 많은 분의 지도 편달을 바란다.

번역은 지루하고도 힘겨운 작업이다. 30년 가까운 시간 동안 고전 번역 작업을 해오면서 오늘도 나의 작업을 성원해주는 고전 애독자들에게 마음속 깊은 감사를 전한다. 특히 이번 작업을 포함하여 나의 고전 시리즈의 편집과 교정 과정에서 온 힘을 기울여준 휴머니스트 편집진의 수고로움이 없었다면 이 작업은 힘들었을 것이다. 거듭 감사의 마음을 전한다.

2018년 2월
선효재宣曉齋에서
김원중 삼가 쓰다

# 《정사 삼국지》 해제

## 1. 《정사 삼국지正史三國志》를 둘러싼 문제들

우리가 흔히 《삼국지三國志》라고 부르는 것은 나관중羅貫中의 소설 《삼국지연의三國志演義》이다. 원래 《삼국지》는 진수陳壽가 편찬한 것으로, 중국의 위·촉·오 삼국의 정사正史이다(중국에서는 시대별로 대표적인 역사서들을 모아 24사로 부르는데, 《삼국지》도 그 가운데 하나이기에 《정사 삼국지正史三國志》로 통칭한다). 《삼국지연의》는 《정사 삼국지》를 바탕으로 한 소설일 뿐이므로 이 둘을 혼동해서는 안 된다. 《정사 삼국지》는 단순한 역사의 기록이 아니라 '난세亂世'라고 불린 후한後漢 말의 혼란스러운 사회상을 시작으로 삼국정립, 후한에서 위魏로의 정권 이양, 촉蜀의 멸망, 위魏에서 진晉으로의 정권 이양, 오吳의 멸망까지를 아우르는 한 시대의 총화總和이며, 그런 까닭에 사마천司馬遷의 《사기史記》나 반고班固의 《한서漢書》와 함께 중국 고대사에서 가장 주목받는 역사서로 꼽히고 있다.

《정사 삼국지》는 280년에 편찬되었고, 뒤이어 나온 《후한서後漢書》와는 100여 년의 시간 차이가 있다. 모두 65권으로 구성되었으니,[1] 〈위서魏書〉 30권, 〈촉서蜀書〉 15권, 〈오서吳書〉 20권으로, 권수에서 벌써 위나라의 위상을 엿볼 수 있다. 후한 말기는 중앙 정부의 권위가 땅에 떨어지고 호족이 비대해져 멋대로 권력을 휘두르면서 백성이 도탄에 빠진 시대였다. 따라서 이런 상황을 극복하고 백성을 구원해줄 난세의 영웅이 필요했으며, 이러한 시대적 요청에 부응해 일어선 수많은 영웅의 전기가《정사 삼국지》에 고스란히 담겨 있다.

그러나 식견 있는 독자들마저도《삼국지연의》를 정사로 오인할 만큼《정사 삼국지》는《삼국지연의》의 그늘에 가려 있다. 사실상《삼국지연의》[2]에는 허구와 과장으로 얼룩진 부분이 많은데도 말이다.[3] 그렇다면 위魏를 한漢의 정통 계승자로 기술한 진수의《정사 삼국지》는 어떤 책일까?

---

1) 본래 이 책의 서문 격인〈서록敍錄〉한 권이 더 있어 진수의 생애와 저작 취지 등을 알 수 있을 법한데, 일찍이 유실되어 동진東晉의《화양국지華陽國志》의〈진수전陳壽傳〉과《진서晉書》의〈본전本傳〉에 의거해서 그의 생애를 알 수밖에 없다.

2)《삼국지연의》의 형성 과정은 이러하다. 진나라 때 진수가《정사 삼국지》를 썼고, 남북조 시대에 배송지가《정사 삼국지》에 대한 주석을 내어 당나라와 송나라의 민간을 중심으로 구전되었다. 이러한 성과를 집약해 원나라 지치至治 연간에는《전상 삼국지 평화全相三國志平話》세 권으로 출간되었다. 이것이 다시 원나라 때 희곡 및 잡극으로 공연되면서 대중화되었고, 원말 명초에 나관중이 고문과 백화를 혼용하여《삼국지연의》를 지었는데, 명나라 홍치弘治 연간인 갑인년(1494)에 간행된《삼국지통속연의三國志通俗演義》가 대표적 판본이다. 명나라 때는 20종 이상의 판본이 있었으며, 그중 청나라 때의 모종강본毛宗崗本이 가장 널리 읽혔다.

3) 수판칭許盤淸과 저우원예周文業의《삼국연의와 삼국지의 비교三國演義三國志對照本》에 의하면《삼국지연의》에 허구적으로 묘사된 내용은 다음과 같은 명장면들이다. 1. 유비와 관우, 장비가 도원결의하는 장면(1회). 2. 관우가 술이 식기 전에 화웅의 목을 베는 장면(5회). 3. 왕윤이 초선을 이용하는 연환계(8~9회). 4. 조조가 술을 마시며 유비와 함께 영웅을 논하는 장면과 망매지갈 이야기(21회). 5. 관우가 1천 리를 단기로 달리며 다섯 관문의 다섯 장군을 베는 장면(27회). 6. 유비가 삼고초려하여 제갈량을 영입하는 과정(37회). 7. 조자룡이 장판파에서 유선을 구하는 장면(41회) 8. 제갈량이 여러 유학자와 설전하는 장면. 9. 적벽대전에서 화살을 빌려오는 장면과 황개의 고육책(46회). 10. 제갈량이 동풍을 불러들이는 장면(49회). 11. 화용도에서 조조를 살려주는 장면(50회). 12. 제갈량과 주유의 기 싸움 장면(88~90회). 13. 남만 정벌에서 맹획을 일곱 번 잡았다가 일곱 번 살려주는 장면(88~90회). 14. 읍참마속의 장면(95회).

## 2. 진수의 생애와 《정사 삼국지》 편찬 작업

《진서晉書》〈진수전陳壽傳〉에 의하면, 진수는 자가 승조承祚이고, 파서군 안한현을 본적으로 하여, 위·촉·오 삼국이 팽팽히 대치하던 시기인 233년(촉한蜀漢 후주後主 유선劉禪이 다스리던 건흥 11)에 촉나라에서 태어나 진나라에서 벼슬하다가 원강 7년(297)에 65세로 세상을 떠났다. 진수의 부친은 이름이 알려져 있지 않다. 단지 촉나라 마속馬謖의 참군을 지내다가 마속이 참수를 당하자 제갈량諸葛亮에게 머리를 깎이는 곤형髡刑을 받았다는 불명예스러운 사적만 《진서》에 전할 뿐이다.

진수가 31세 때 촉나라는 위나라에 정복되었고, 몇 년 후에는 위나라도 진나라에 병탄되어 진수는 망국의 백성이 되었다.

진수는 일찍이 성도成都의 저명한 역사학자인 초주譙周에게 태학에서 학문을 익혀 《상서尚書》·《춘추春秋》·《사기》·《한서》 등을 읽었고, 글재주가 있었다. 초주는 촉의 전통문화를 계승한 대표적인 역사학자였고, 자신의 죽음을 예언할 정도로 참위설讖緯說에도 정통했다. 진수는 《정사 삼국지》〈촉서〉 권12에 '초주전譙周傳'을 두어, 초주가 문장 해석에 정통한 선비로서 동중서董仲舒나 양웅揚雄의 규범이 있었다고 호평했다. 당시 태학은 한 경제漢景帝 때 촉군 태수 문옹文翁이 성도에 세운 학당이었는데, 초주가 익주권학종사가 되었고, 또 전학종사가 되어 주관했다. 그러나 초주에 대한 후세의 평판은 그다지 좋지 않았다. 위나라 경원 4년(263), 등애鄧艾가 이끄는 위나라 군대가 국경을 뚫고 들어와 촉나라를 공격했을 때, 초주가 유선에게 항복을 권유했다는 이유 때문이다.

진수는 촉나라에서 관각령사를 지냈는데, 환관들이 전횡하고 조정의 신하들이 아부하는 것을 보면서도 뜻을 굽히지 않아 결국 벼슬에서 쫓겨났다. 그가 부친상을 당했을 때 몸이 아파 시비에게 환약을 만들어오도록 했는데, 이는 당시의 예교 규범에 따르면 불경스러운 일이었다. 이 일로 향당鄕黨의 폄하를 받았고, 촉나라가 멸망한 이후에도 여러 해 동안 배척을 받아 벼슬길에 오르지 못했다.

진나라 무제武帝 태강 원년(280)에 오나라가 멸망하는데, 이때 진수는 48세의 나이에 《정사 삼국지》를 완성했다. 진수가 《정사 삼국지》의 편찬 작업을 완성하자, 서진西晉의 장화張華는 그의 학식과 사학에 대한 조예에 감동한 나머지 중서랑으로 추천할 준비를 했다. 그러나 평소에 장화를 미워하고 시기한 중서감 순욱荀彧이 장화의 극진한 총애를 받는 진수에게도 사적인 감정을 가졌다. 게다가 〈위서〉 부분이 순욱의 견해와 부합하지 않았기 때문에 순욱은 진수를 적극적으로 배척해 중서랑이 아닌 장광 태수가 되도록 했다.

장광군은 수도에서 매우 멀리 떨어진 곳이었다. 그래서 진수는 모친이 연로하다는 이유를 내세워 관직을 사양하고 취임하지 않았다. 그 후 진남대장군 두예杜預가 수도를 떠나 부임할 때 진수의 지식이 깊고 넓음을 알고는 표를 올려 산기시랑으로 추천했다. 진수가 자신의 임무를 훌륭히 감당했으므로 황제는 그를 다시 치서어사로 임명하여 곁에 두었다. 이는 진수가 일생 중에서 가장 높이 오른 것이다.

후에 모친이 세상을 떠나자 진수는 다시 관직을 버렸다. 그의 모친은 임종하면서 수도 낙양에 묻어달라고 유언했다. 진수는 유언에 따라 처리하여 세인의 비난을 받았는데, 모친을 고향인 촉 땅에 안장하지 않은 것이 예교에 어긋난다고 생각했던 것이다. 몇 년 후, 태자중서자로 기용되었으나 나아가지 않다가 병사했다.

진수가 지은 저작으로는《정사 삼국지》외에도《고국지古國志》50편,《석휘釋諱》,《광국론廣國論》,《진박사晉駁事》4권,《진탄사晉彈事》9권,《익부시구전益部耆舊傳》10편,《익부시구전잡기益部耆舊傳雜記》2권,《관사론官司論》7편,《제갈씨집諸葛氏集》24편,《한명신주사漢名臣奏事》30권,《위명신주사魏名臣奏事》40권 등이 있다. 이상 12종의 저술은 모두 250여 권(편)에 달하지만 그중에서《정사 삼국지》가 가장 높이 평가받는다.


## 3.《정사 삼국지》의 시대적 상황과 서술의 정통성 문제

후한은 외척과 환관, 청류淸流라는 삼대 세력이 힘을 겨루는 정쟁의 연속이었다.[4] 정치는 부패하고 군벌은 혼전을 거듭했으며 왕의 외척들이 일어나고 환관 등이 권력을 장악하면서 조정의 갈등이 지속되었다. 그러자 백성의 마음이 떠나고 지식인들의 암중모색이 거듭되는 가운데 황건적의 난이 일어났다. 본래 장각張角은 화북성 거록 사람으로 태평도太平道를 믿었다. 스스로 대현량사大賢良師라고 하면서 주술로 병을 치료하고 죄지은 민중을 참회시켜 구제한다며 교세를 넓혔다. 그는 당시에 빈곤과 질병으로 신음하던 민중에게 강한 영향을 끼쳐 170년부터 180년에 이르는 10여 년 동안 장강과

---

4) 통일과 분열, 문화의 동질성과 이질성의 극단적 표출로 인해 유가가 몰락하고 경전을 재해석하는 풍토가 이루어졌으며, 불교가 성행하고 도가적 학풍이 대세를 이루면서 이른바 현학玄學이 시대적 조류로 등장하며 황건적이 전국을 강타했다. 불교의 유입은 중국이 외국과의 교섭을 바라는 국제 교류 관계의 서막을 알리는 징표이기도 했다.

화북 동부 지역에 수십만 명의 신도를 만들었다.

　이들을 토벌하겠다고 모인 영웅 중에는 조정을 좌지우지하던 동탁董卓과 북방의 거대 세력 원소袁紹, 난세의 영웅 조조曹操, 유랑하면서 서쪽 변방을 노리는 유비劉備 등이 있었다. 10여 년 뒤에 남방의 젊은 영웅 손권孫權이 합세한다. 후한 말 군웅들은 저마다 패권을 잡으려 갖은 노력을 다하니, 동탁은 천자를 끼고서 제후를 호령하려는 야심을 품고, 조조와 원술袁術은 관도에서 천하를 놓고 다투며, 손책孫策과 손권은 강남 평정이라는 의지를 불태우고, 형주에 있던 유비는 제갈량을 끌어들이고 제갈량은 유비를 위해 '천하삼분天下三分'의 계책을 낸다.

　군웅할거의 시대를 거쳐 위·촉·오 삼국이 정립된 후 세월이 지나자 저마다 각기 제帝를 칭하기 시작한다. 먼저 220년 위나라 조비曹丕가 한 헌제漢獻帝에게 선양을 받는 형식으로 제위에 오른다. 이듬해에 유비 역시 소열제라고 칭하며 제위에 올라, 그가 내세운 한 왕조 부흥이라는 명목이 결코 순수하지 못했음을 보여준다. 한편 손권은 위나라와는 별도로 '황무'라는 연호를 사용하면서 독자적인 제국을 구축하려는 의도를 드러낸다.

　진수는 기전체 형식에 따라 삼국의 역사를 서술하려 했으나 사마천과 반고가 다룬 한漢 또는 그 이전 시대와는 다른 새로운 역사적 상황에 직면하게 된다. 즉, 위·촉·오 삼국의 군주가 저마다 황제라 일컬은 것이다. 진수는 세 나라 중에서 어느 나라에 정통성을 부여해야 할지 고민하다가 결국 위나라를 정통으로 삼는다. 그 까닭은 이러했다. 정권 계승 관계에서 볼 때, 위 명제魏明帝가 죽고 나서 당시 여덟 살인 양자 조방曹芳이 제위를 계승했는데, 249년 사마의司馬懿가 정변을 일으켜 조방을 죽이고 정권을 장악했으며, 사마의가 죽자 251년 아들 사마사司馬師가 정권을 이어받았다. 사마사가 죽자 사마소司馬昭가 권력을 계승했고, 몇 년에 걸쳐 격렬한 권력투쟁을 펼쳐 친위親魏 세력을 무너뜨렸다(255). 사마소가 죽자 아들 사마염司馬炎이 이어서 승상 겸 진왕晉王이 되어 상도향공 조환曹奐을 폐위하고 스스로 제帝라 하며 진조晉朝를 세운 것이다(265).

진수는 진晉나라가 세워지고 나서 다시 벼슬을 하게 되었는데, 이때부터 편찬하기 시작한 책이 바로 《정사 삼국지》이다. 따라서 진수는 진나라의 전신인 위나라를 정통으로 보고 서술한 것이다. 이러한 사실은 다음 몇 가지 점으로도 알 수 있다.

첫째, 〈위서〉(30권)를 〈촉서〉(15권)나 〈오서〉(20권)보다 앞에 놓았으며, 분량 면에서도 거의 절반을 할애했다. 둘째, 기전체의 통례에 따르면, 위·촉·오 삼국의 군주는 모두 제기帝紀를 두어야 하지만, 진수는 위 황제에 관한 사적은 기(紀, 본기)라 하고, 촉과 오의 군주에 대한 기록은 전(傳, 열전)이라 하여 촉과 오의 제帝의 위상을 일반 왕후王侯와 같이 낮추어버렸다.

셋째, 삼국 황제에 대한 표현 방식에 차이를 두었다. 위나라의 황제는 제帝라 했지만, 촉나라의 황제는 선주先主·후주後主 등 주主라고 칭했으며, 오나라의 황제 역시 주主라고 하고, 심지어는 그 이름을 직접 사용하기도 했다. 또한 삼국 황제의 죽음을 서술할 때도 상당히 구분했으니, 위나라 황제의 경우 모두 '붕崩'이라는 단어를 사용한 반면, 촉나라의 경우 '조殂'를 사용하고, 오나라의 경우 '훙薨'을 썼다.

## 4.《정사 삼국지》의 또 다른 매력, 배송지의《삼국지주》

《정사 삼국지》의 사료적 가치를 따져보기 위해 우리가 우선 주목할 사항은《정사 삼국지》원전 못지않게 유명한 배송지裴松之의 주석이다. 남북조시대 송宋나라의 문제文帝가《정사 삼국지》가 너무 간략한 것이 안타까워 중서시랑 배송지에게 명하여 주석을 달게 했다.

배송지는 자가 세기世期이고, 하동군 문희현 사람이다. 동진東晉에서 벼슬했고 송의 태조인 유유劉裕에게 인정받았다. 동진과 송의 왕조 교체기인 420년에 49세였고, 송나라에 들어와서도 고위직을 지냈다.

《정사 삼국지》주석서의 완성은 429년 배송지의 나이 58세 때 이루어졌다. 이 주석서는 당시의 야사野史와 정사를 총망라하여 집필되었는데, 양적으로《정사 삼국지》와 비슷할 정도이다. 이 주석은 방대한 자료 조사와 인용 예문의 정확성과 풍부함, 문맥에 따른 시의적절한 단평短評으로 유명하다.[5] 배송지는 정사에서 빠진 내용이나 부족한 부분을 골라 당시 사료를 충분히 활용하여 재치 있게 재구성함으로써 정사에 흥미를 더해주었다. 오늘날까지도 배송지의《삼국지주三國志注》는《정사 삼국지》의 최고 주석본이자 독서 촉매제로서 높은 평가를 받는다.

---

5)  그의 아들 배인裴駰 역시《사기》의 주석본인《사기집해史記集解》의 저자로 알려져 있으니 2대에 걸쳐 역사서를 주해한 것이다. 홍윤기,《삼국지(三國志), 위서(魏書), 무제기(武帝紀)》및 배송지(裴松之) 주(注)에 대한 주석과 번역 1》,《중국어문논총》49권, 2011, pp. 375~402.

## 5.《정사 삼국지》의 몇 가지 한계

위진남북조의 저명한 문학 이론가 유협劉勰은 "오직 진수의《삼국지》만 실질과 수사가 융합을 이루어 정돈과 분석이 잘되었으므로 문文과 질質이 제대로 합치되었다. 순욱과 장화는 진수를 사마천과 반고에 비견했는데, 이것은 안일한 칭찬이 아니다."[6]라고 호평했다. 그러나《정사 삼국지》는 구성에서 보통 기전체 사서와 크게 다른 결함이 있다.

첫째, 황제를 다룬 기紀와 인물들의 전기인 전傳 두 부분으로 구성되어 있다는 점이다. 본래는 '기'와 '전' 사이에 제후나 왕을 다룬 세가世家가 있어야 한다.

둘째, 주제나 내용을 내세운 전傳이 없다는 점이다.《사기》의 〈유림열전儒林列傳〉이나 〈화식열전貨殖列傳〉에서 보듯 주제를 표제로 한 전은 그 자체로 시대 상황을 상징적으로 나타낸다.《정사 삼국지》는 '후비전'이나 '비빈전'처럼 몇몇 사람의 전을 합친 경우는 있으나 이 또한 전의 범위에 속하는 것일 뿐이다. 공통점을 가진 인물들을 같은 전에 넣고 있으므로 표제를 세우는 일이 가능한데도 화타 등의 전이 '방기전方技傳'에 있는 것 외에는 주제로 편명을 삼은 것이 없다. 이것도 본문에서는 '방기전'이라고 했지만, 송간본宋刊本 등의 목록에서는 전에 실린 다섯 명의 이름을 적고 있다. 이 점은《정사 삼국지》에 수록된 인물이 정치가나 관료에 국한된 탓이 아닌가 한다.

셋째, 지志 또는 서書가 없다. 기전체는 비록 기와 전이 주체이지

6) "唯陳壽三國志, 文質辨合洽, 荀張比之於遷固, 非安譽也."《문심조룡文心雕龍》〈사전史傳〉.

만, 지 역시 매우 중요한 역할을 한다. 경제, 화폐, 지리, 천문과 율력, 예약, 형법 등과 같은 전제典制는 모두 지에 기술되며, 이것은 한 시대의 사회적 관심사를 반영하는 것으로서 후대인들의 역사 연구에 기초 자료가 된다. 기전체 사서의 창시자인 사마천이 《사기》에 팔서八書를 두고, 반고가 《한서》에 십지十志를 둔 것과 확연하게 구분된다.

넷째, 서술하는 방식이나 내용이 소략하다. 진수가 역사를 정리하면서 사료의 부족으로 인해 곤혹스러웠음을 짐작할 수 있기는 하지만, 건안문단建安文壇의 중요한 인물인 서간徐干, 진림陳琳, 응창應瑒조차도 별도의 전이 없다는 점은 이해하기 어렵다. 〈위서〉와 〈촉서〉, 〈오서〉를 비교해볼 때, 특히 사관이 없던 촉나라 역사를 다룬 〈촉서〉의 내용은 더욱 소략하다.

다섯째, 문장이 간결하고 투박하다. 이 점은 《사기》와 비교해볼 때 더욱 뚜렷하게 나타난다. 이는 개인의 의견과 감정을 억제하고 최대한 사실事實을 적확하게 기술하려는 진수의 의도 때문인 듯한데, 이 역시 〈촉서〉의 경우에 두드러진다. 이를테면 유비가 당양의 장판에서 조조의 군대에 무너져 처자를 버리고 도주할 때, 맹장 조운趙雲이 유비의 아내 감 부인과 아들 유선을 구한 일이 《삼국지연의》에는 1백만 대군을 뚫고 구해냈다며 과장되어 있는 데 비해, 《정사 삼국지》에는 겨우 42자 정도로 간단하게 기술하고 있을 뿐이다.

마지막으로 사마염이 정권을 빼앗는 과정을 묘사하는 부분에서 적지 않은 역사 왜곡을 하여 역사가의 기본적 자질인 직서直書가 결여되었다. 이것은 진수가 사마염이 건국한 진나라의 신하라는 점이 일차적인 원인이겠지만, 역사가로서 엄정성이 떨어진다는 비판에서 비켜갈 수는 없다.

몇 가지 한계가 있기는 해도 오늘날 우리가 《정사 삼국지》를 읽어야 할 이유는 분명하다. 무엇보다도 《정사 삼국지》는 《삼국지연의》와 전혀 다른 역사적 배경을 바탕으로 탄생한 정사正史임을 알아야 한다. 중국인의 뿌리 깊은 화이관華夷觀도 따지고 보면 이민족으로 대변되는 사이四夷의 침략으로 실추된 자존심을 회복하고자 제시한 것이니, 흥성의 시대인 한나라 시절에도 흉노와 형제지국을 맺었고, 위진남북조 시절에는 글자 그대로 오호五胡에 의해 16국으로 국토가 유린되는 상황이 되었다. 게다가 수隋나라는 두 차례 고구려高句麗 원정을 나섰다가 결국 패망에 이르렀고, 당唐나라도 서쪽의 티베트에 시달렸으니 그들의 의식 속에는 이민족에 대한 피해 의식이 상존했던 것이다.

이런 와중에 남송南宋 주희朱熹의 역사 철학의 입장에서 출발한 촉한 정통론이 원元나라 때는 수면 아래로 잠겨 있다가 중화사상의 자존심을 회복한 명明나라로 계승되어 나관중의 《삼국지연의》의 집필 관점으로 이어지면서 정사의 본질과는 전혀 다른 방향, 즉 존유반조尊劉反曹의 기치를 내걸며 인물 묘사 자체를 터무니없는 방향으로 몰고 갔던 것이다. 따라서 《삼국지연의》는 "칠실삼허七實三虛."라는 후광을 두르고는 있지만 본질적으로는 이민족에 의해 실추된 중국의 자존심을 회복하고자 의도적으로 쓴 흔적이 역력하다. 《삼국지연의》의 역사 왜곡은 우리나라의 고대사를 부정하고 동아시아 역사 자체를 부정하는 것과 그 기본적인 맥락은 크게 차이가 없다. 특히 철저한 능력 위주의 인사 정책으로 천하의 기반을 다진 조조를 그저 난세의 간웅 정도로 알고, 배은망덕한 유비를 덕망을 갖춘 제왕으로 그릇 알며, 인사 정책의 최대 실패자인 제갈량을 신출귀몰한 '전략가로 잘못 아는 것[7]'은 이제 바로잡아야 한다.

아울러 정사가 갖고 있는 시대사적 의의, 우리나라 상고사와의 긴밀한 관련은 차치하고서라도 위·촉·오 삼국으로 나뉘면서 패권을 차지하고자 건곤일척乾坤一擲의 승부수를 던지는 책략가들의 두뇌 싸움과 권력을 좇아 이합집산을 하는 인간들의 추한 모습이라든가, 제위를 둘러싸고 형제간에 전개되는 정권 쟁탈전의 양상 등은 오늘날 정치의 권력 지형과도 관련지어 분석해볼 만한 충분한 가치가 있다고 본다.

이런 면에서 《정사 삼국지》는 단순한 중국의 역사서가 결코 아니며, 인간의 흥망사가 살아 숨 쉬는 삶의 지침서로서 그 가치를 획득하고 있고, 《사기》나 《한서》 같은 역사서들과 함께 그 중요성이 과소평가되어서는 안 될 책임에 틀림없다. 특히 독자들은 인물에 대해 객관적으로 묘사하고 있는 《정사 삼국지》의 가치에 주목하며 소설 《삼국지》에서 그려내는 인물상과 비교해보면서 역사적 사실과 소설적 허구의 차이를 염두에 둔다면 더욱 즐거운 독서법이 될 것이다.

---

7) 충신의 사표로 추앙되는 제갈량은 '칠종칠금七縱七擒'이란 말도 있듯이 대단한 전략의 소유자로 알려져 있으나, 최근 홍윤기는 흥미로운 논문에서 제갈량이 독재정치를 했다는 점을 그의 명문장 〈출사표出師表〉를 연구하여 고찰하고 있다. 홍윤기, 《〈출사표(出師表)〉에 나타나는 제갈량(諸葛亮)의 독재정치》, 《중국어문논총》 84권, 2017, pp. 183~208.

# 〈촉서〉 해제

## 1

위나라와 오나라에는 사학자들이 편찬한 방대한 분량에 풍부한 내용을 담은 당대 역사서가 있었던 데 비해, 촉나라에는 엄격한 의미의 사관이 없었으므로 진수는 〈촉서〉를 집필하면서 참고할 역사서가 거의 없었다. 그러나 진수는 촉나라 출신이고 촉에서 관리 생활을 했으므로 당대의 중요한 사건을 직접 보고 들었고, 통치자들의 경력을 잘 알았으며, 그 시대의 제도에도 익숙했다. 게다가 그는 《제갈씨집諸葛氏集》이라는 책을 편집했으므로 제갈량에 대해서도 깊이 이해했다.

진수가 위나라를 정통에 놓으면서도 촉나라와 오나라에 독립된 역사적 위상을 인정해주려 했다는 점은 재론의 여지가 없다. 〈촉서〉도 〈오서〉와 마찬가지로 제왕의 전기를 다룬 기紀가 없고, 단지 유언劉焉과 유장劉璋의 전傳이 가장 앞에 있으며, 그 뒤에 '선주전先主傳', '후주전後主傳'이 있고, 이어서 '이주비자전二主妃子傳'이 있을 뿐이다. 물론 당시에 촉을 정통으로 내세운 사서로 습착치習鑿齒의 《한진춘추漢晉春秋》가 있었지만, 촉에서 벼슬까지 한 진수가 촉을 비非정통으로 삼는 것은 쉽지 않은 일이었다.

중국 서남쪽 변방에 위치한 촉나라는 손권이 차지한 기름진 오나라 땅과 달리, 천하 통일의 기반으로서 한계를 드러낸 곳이었다. 지금의 사천성 및 운남성 귀주 지역으로, 토지는 비옥하고 물자는 풍부했다. 188년에 유언이 익주목을 겸임한 곳이다. 194년 유언이 죽자 그의 아들 유장이 대신했다. 208년 조조가 형주로 내려가자 유장은 끊임없이 사자를 파견해 조조에게 귀의하려고 했다. 그러던 중 유비가 촉으로 들어가니 유장이 군대를 이끌고 영접을 나와서 두 사람은 좋은 관계를 맺게 된다. 212년 10월 조조가 군대를 강북으로 보내 손권과 유수에서 전투를 벌이자, 유비는 익주를 빼앗을 시기가 왔다고 생각하여 유장에게 편지를 보내 군사를 형주로 돌려달라고 한다.

유비는 익주목이 되자 제갈량·관우關羽·장비張飛·조운·미축麋竺·간옹簡雍·황충黃忠·위연魏延·마량馬良·마속馬謖 등에게 중임을 맡기고 제갈량을 군사로 삼았다. 아울러 유장의 부하인 동화董和·황권黃權·이엄李嚴·오일吳壹·비관費觀 및 토착 세력인 법정法正·장예張裔·팽양彭羕 등에게도 관작을 수여했다. 말하자면 유비의 형주 집단, 유장의 동주 집단, 익주의 토착 세력이 균형을 이루면서 촉한이 형성된다.

시선詩仙 이백李白도 〈촉도난蜀道難〉에서 "촉으로 가는 길은 하늘로 오르기보다도 어렵구나(蜀道之難, 難於上靑天)."라고 읊었을 정도이며, 당나라 현종玄宗이 안사安史의 난 때 72세의 몸을 이끌고 피난한 길도 바로 이 촉도였다. 제갈량이 서쪽의 강족을 마다하지 않고 성도成都에 도읍을 정한 것도 이 지역이 우마차가 겨우 지날 정도로 험난한 산악 지역이기 때문이었다(물론 오늘날 사천성은 인구가 1억 명이 넘고 수도 성도는 그 지역 사람들이 하늘이 내려준 옥토라고 부르는 곡창지대이지만 말이다).

제갈량은 대오對吳 연합을 복원하고 스스로 군대를 이끌어 오늘날의 사천성 남부와 운남성, 귀주성 일대(삼국시대에는 남중南中이라고 일컬었다)의 불모지로 들어가 장악했다. 촉나라는 삼국 가운데 가장 영토가 좁고 국력이 약했으나, 한나라 정통임을 자처하여 과감하게 위나라에 도전했다. 물론 다섯 차례의 대전에서 위나라의 위세를 꺾지 못했으며, 제갈량이 죽은 뒤 촉나라는 쇠락해갔다. 그러나 촉의 멸망이 제갈량이 죽고 20여 년 후인 것을 보면 제갈량 한 사람으로 촉나라가 좌지우지된 것은 아닌 듯하다.

그렇다면 촉의 건립자 유비는 어떤가? 진수는 《정사 삼국지》 〈촉서〉 '선주전' 첫머리에서 유비가 전한前漢의 6대 황제인 "한 경제의 아들 중산정왕中山靖王 유승劉勝의 후예"라고 못 박고 있다. 그런데 과연 유비가 황족 출신인가? 물론 정사正史에 나와 있는 말이니 허튼소리는 아닐 것이다. 그런데 중산정왕은 아들이 무려 120명이나 되니 자손이 적어도 수만 명은 될 것이다. 따라서 후예라는 말보다는 황족과 성만 같다는 표현이 더 나을 듯하다.

미천한 가문에서 태어나 의지할 것도 없이 노력만으로 천하를 차지하려고 했던 그이다. 그런 점에서 한 고조漢高祖 유방劉邦과 비유된다. 진수가 유비의 외모를 신기하여 황제의 자격을 갖추고 있다고 묘사한 것은 《사기》 〈고조 본기〉에서 유방의 모습을 그린 것과 큰 차이가 없다. 사실상 진수는 유비와 조조를 비교하면서 유비는 치켜세우고 조조는 깎아내렸다. 심지어 〈무제기武帝紀〉에서 조조의 출생에 대해 '그 본말本末을 알 수 없다'고까지 했으니, 유비가 중산정왕의 후예라는 것과는 대조를 이룬다. 조조는 '임협방탕任俠放蕩'이라 하고 유비에 대해서는 '교결호협交結豪俠'이라고 한 것은 진수가 역사 인물을 보는 관점이 도덕과 신의에 치중했음을 드러낸다.

유비는 고향의 대학자 노식盧植에게 사사했으나, 공부보다는 잡기에 능했다. 하지만 평소 말수가 적고 아랫사람들에게 잘 대해주며 기쁨이나 노여움을 얼굴에 나타내지 않았기에 사람들이 다투어 그와 사귀고자 했다. 소설《삼국지연의三國志演義》에서 황건적의 난이 일어났을 때 유비가 관우, 장비와 함께 도원에서 의형제를 맺고, 스승 노식을 도와 크게 활약했다고 묘사한 것도 이런 점을 염두에 둔 것이리라.

분명한 사실은 유비는 조조, 손견孫堅(손책, 손권)과는 출생 배경이 전혀 다르고 의지할 만한 지연이나 혈연도 없었다는 점이다. 유비는 형제도 없고, 자식 이외에는 친족도 없으며, 같은 고향 부하도 장비와 간옹簡雍뿐이었다. 따라서 유비가 한 왕조를 부활시킨다는 대의명분을 내세운 것은 어찌 보면 필연이었다.

유비의 정치적 입지는 후한의 군벌 세력과 다른 점이 있으니, 구세제민救世濟民의 원대한 이상이었을 것이다. 그가 한실 부흥의 기치를 내걸고 분투노력한 것은 유가적 가치관과 맞닿아 있음을 의미한다. 유비는 사람을 믿고 그의 재능을 다 발휘하게 했다. 또한 그는 겸허한 성품의 소유자였고 백성을 가장 높은 위치에 두었다. 유비가 수십 년 동안 떠돌이 생활을 하는 동안 그의 의형제인 관우와 장비, 조운 등이 온 힘을 다해 지켜주었다.

3

유비는 관도 전투가 있기 직전에 여남에 있던 황건적의 잔당을 토벌한다는 구실로 원소에게서 벗어나 형주에 있던 유표劉表에게로 도망갔다. 유비는 유표에게 극진한 대우를 받으며 형주 북부에 있는 신야에 주둔하게 되었다. 이때 조조와 손권은 하북과 강남이라는 기반을 공고히 다지는 데 몰두하고 있었으므로 유비는 신야에서 하는 일 없이 세월만 보냈다. 그 사이 유비가 한 일이라곤 조조 수하의 장수 하후돈夏侯惇과 우금于禁을 박망에서 쳐부순 것뿐이었다. 《삼국지연의》에서는 이 싸움이 제갈량의 전략에서 비롯되었다고 묘사하고 있지만 실제로는 유비가 제갈량을 만나기 전에 일어난 일이다. 우리에게 익히 알려진 비육지탄髀肉之嘆의 고사는 유비가 49세 때의 일로, 당시 그의 심정이 어땠는지 잘 드러낸다.

조조가 남정南征을 단행하자 유표의 아들 유종劉琮이 형주를 바치고 항복하니, 유비는 형주 남부 네 군을 확보하고 제갈량을 강동에 파견해서 손권과 연합을 이루어 적벽에서 조조에게 승리한다. 이로써 남하하려는 조조의 대망은 좌절되고 천하삼분의 형세가 이루어진다.

적벽대전이 끝나고 조조는 관중으로 세력을 확장하고 화북을 손에 넣은 다음 촉나라로 진군하려고 기도한다. 그러자 익주의 유장은 유비에게 원조를 청하는데 오히려 유비는 유장을 공격하여 항복시키고 익주에 무혈입성하게 된다. 당시 제갈량이 그를 보좌했고, 법정은 참모 역을 맡았으며, 관우·장비·마초馬超는 무장이 되었고, 허정許靖·미축·간옹은 비장이 되었다. 그러나 유비는 동화·황권·이엄 등 유장의 관원들이나 오일·비관 등 유장의 인척들도 자신의 사람으로 만들었으며, 팽양처럼 유장에게 배척당한 사람도 모두 중요한 직책에 임명했다. 그러다 보니 뜻이 있는 선비 치고 유비를 위해 최선을 다하지 않는 자가 없었다.

바로 이때 유비와 손권은 장강 중류 지역의 요충지인 형주 문제 때문에 동맹 관계가 깨지게 된다. 당시 상황은 이러하다. 손권은 유비가 이미 익주를 손에 넣었으므로 제갈근諸葛瑾을 시켜 형주의 여러 군을 돌려달라고 요구했다. 유비가 "나는 지금 양주를 취하려고 생각하고 있으므로 양주를 평정한 후에 곧바로 형주를 오나라에 전부 돌려주겠습니다."라고 대꾸하자, 손권은 유비가 공연히 시간을 끌려 한다고 생각하여 남쪽 세 군(장사·영릉·계양)에 태수를 임명한다. 그러나 관우가 이들을 모두 내쫓았고, 손권은 유비의 전략에 말려든 것에 분통하여 대대적인 군사를 일으켰다.

손권이 조조와 동맹을 맺고 촉나라의 관우를 공격하여 형주 땅을 빼앗는 데 성공하면서 유비는 세력 확장에 어려움을 겪는다. 이런 상황에서 위나라의 조조가 화북 지역을, 촉나라의 유비가 사천 지역을, 오나라의 손권이 형주 동쪽 지역을 다스리면서 219년에 삼국의 정립 구도가 정해진다.

그런데 이러한 삼국정립의 구도는 오래가지 않았다. 유비가 한중왕이라고 하면서 스스로에게 도취되어 혼미해져갔다. 유비는 제갈량과 함께 오로지 북벌에 몰두하다 보니 삼국의 형세를 바라보는 시각이 부족했다. 221년 7월에 유비는 스스로 8만 대군을 이끌고 오나라를 정벌하러 떠난다. 위나라의 공격이 두려운 손권이 화해를 요청했으나 유비는 듣지 않았다. 그런데 221년 윤달인 6월, 오나라의 육손陸遜이 유비를 이릉에서 대파하여 유비는 겨우 1천여 명만데리고 돌아오게 되었으니 저 유명한 이릉대전이다. 유비의 완패로 끝난 이 전쟁의 후유증은 심각했다. 유비는 돌아올 면목이 없어 스스로 백제성에 의탁한다. 그는 분을 못 이겨 223년 세상을 떠나니 63세였다. 말하자면 자신의 역량을 헤아리지 않고 오로지 감정에 휩쓸려 치른 무모한 전쟁으로 인한 죽음이었던 셈이다. 그의 뒤를 이어 그의 아들 유선劉禪이 즉위하니 나이 17세였다. 이로부터 나랏일은 유선과 제갈량의 2인 3각 경기처럼 운용되었다.

4

여기서 우리는 촉나라의 최고 권력자 제갈량을 빼놓을 수 없다. 사마의가 '천하기재天下奇才'라고 극찬했고, 《삼국지연의》를 '제갈량전'이라고도 부를 만큼 촉에서 그의 위상은 절대적이다. 실제로 《삼국지연의》에는 제갈량의 등장(38회)과 죽음(104회)으로 끝나는 부분 사이에 독자들의 주된 관심사가 집약되어 있다. 그렇다면 과연 《삼국지연의》에 등장하는 수백 명의 인물 중에서 제갈량과 관우 이외에 다른 사람의 존재는 미미한 것인가?

우선 《정사 삼국지》〈촉서〉 '제갈량전'을 살펴보기로 하자. 제갈량은 어려서 부친을 여의었다. 형주목 유표와 친분이 두터웠던 숙부 제갈현諸葛玄이 죽자 제갈량은 직접 밭에서 농사를 지으며 은둔했다. 항상 자신을 관중管仲과 낙의樂毅에 비유했지만, 당시에는 이를 받아들이는 자가 없었다. 오직 박릉군의 최주평崔州平과 영천군의 서서(徐庶, 서원직徐元直)만 제갈량과 친교를 맺었다.

그 무렵 유비는 신야에 주둔하고 있었다. 서서가 유비를 만났는데, 유비는 서서를 인물로 생각했다. 때마침 서서가 유비에게 "제갈공명은 와룡臥龍"이니 "장군께서 몸을 굽혀 수레로 찾아가야만 합니다."라면서 만날 것을 강력하게 권했다. 이에 유비가 제갈량을 만나러 갔는데, 모두 세 차례 찾아간 후에야 비로소 만났다고 한다. 여기서 유비에게 제갈량을 추천한 인물은 서원직인데 그에 관한 전傳이 없으니 그의 말이 얼마나 신빙성이 있는지 가늠하기는 어렵다. 다만 과장이 적지 않게 들어갔음은 분명하다.

예를 들어 《정사 삼국지》〈촉서〉 '제갈량전'에서는 삼고초려三顧草廬 고사에 겨우 12자를 할애하고 있으나, 《삼국지연의》에서는 37회 시작부터 38회 중간까지 약 5천 자 분량을 차지하고 있다.[1] 또한 《삼국지연의》에서 제갈량의 인자함과 전술을 엿볼 수 있는 부분은 84회부터 91회에 이르기까지 남만의 맹획孟獲을 일곱 번 잡았다가 일곱 번 놓아주는 장면이다. 4회 반의 분량으로 약 2만 3천 자에 달하는 이 장면 역시 《정사 삼국지》〈촉서〉 '제갈량전'에는 모두 36자이고, 여기에 덧붙인 배송지의 주석 역시 334자에 불과하다. 이로 보아 제갈량이 불세출의 정치가인 것은 틀림없지만 그 모습은 상당히 과장되었다고 할 수 있다.

잘 알려져 있다시피 제갈량은 전략적 요충지인 한중을 되찾는 데 온 힘을 기울였으니, 동북방으로 진출하기 위해서는 어쩔 수 없이 위나라와 전쟁을 해야 했다. 한중은 사방이 산으로 둘러싸여 있

---

1) 수판칭許盤淸과 저우원예周文業의 《삼국지연의와 삼국지의 비교三國演義三國志對照本》에 의하면, 《정사 삼국지》 중에서도 제갈량 관련 분량은 1만 1,722자나 되며 여기에 진수의 평문 1천 자와 배송지의 평문 3천 자를 더하면 적지 않은 분량이다. 그렇다고 해도 《삼국지연의》 가운데 10분의 7이 진실이고 나머지 10분의 3이 허구라고 볼 때, 허구 중 3분의 1 정도가 제갈량에 관한 내용이다. 더구나 은둔하던 제갈량이 세상에 나오는 과정을 묘사한 부분만 무려 5천8백여 자나 된다.

고 중간에 한수가 가로놓여 있어 작은 분지를 형성하지만, 토지는 비옥하고 물산이 풍부하여 조조와 유비의 전략 요충지였다. 한중은 익주 북방의 큰 관문으로, 나아가 관중을 공략할 수 있고, 물러나 익주를 방어할 수 있다. 조조가 한중을 얻으면 익주는 수비할 방법이 없으므로 유비에게는 직접적인 위협이 될 수밖에 없었기에 한중은 촉나라의 생사가 걸려 있는 전략지였던 셈이다.

5

촉은 어떻게 멸망했는가? 263년 10월 위나라 종회鐘會는 18만 명의 대군을 이끌고 촉나라로 들어가는 입구인 검각을 지키던 촉나라 대장 강유姜維와 대치하게 된다. 한편으로 관중에서 내려온 등애鄧艾는 음평에서 들어와 촉을 급습하여 면죽에서 제갈량의 아들 제갈첨諸葛瞻이 이끄는 촉나라 군대를 크게 무찌른다. 촉나라 조정은 대경실색하여 투항을 결의했고, 망국의 군주 유선은 도읍 성도의 북쪽까지 온 등애의 군문軍門에서 스스로 손을 묶고는 자신의 죄를 사죄하고 항복했다. 이로써 촉나라는 유비에서 유선으로 이어지는 43년 역사를 허무하게 마감했다.

# 촉나라 가계도

유웅劉雄 → 유홍劉弘 → 유비劉備 → 유선劉禪 → 유선劉璿(태자)

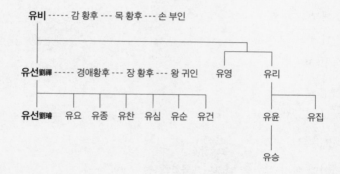

유비 ----- 감 황후 --- 목 황후 --- 손 부인

유선劉禪 ----- 경애황후 --- 장 황후 --- 왕 귀인    유영    유리

유선劉璿   유요   유종   유찬   유심   유순   유건        유윤     유집

유승

---

**촉나라**(221~263): 유비가 한의 정통을 계승한다는 명분으로 국호를 한(漢, 蜀漢)이라 하여 세움. 43년 만에 위나라에 멸망.

**유비**(161~223 / 재위 221~223): 1대 황제.
**유선**劉禪(207~271 / 재위 223~263): 적자 장남. 2대 황제이자 마지막 황제. 위나라에 항복하여 안락공으로 봉해짐.
**유선**劉璿(224~264): 유선劉禪의 장남이자 마지막 황태자.

• 촉나라는 모계를 알 수 없는 경우가 많아 부계만 표시한다.

차 례

1) 이 책은 1959년 12월, 중화서국中華書局에서 간행된 표점본 정사《삼국지》(전체 5권)
에 의거하여 번역한 것으로, 별도의 교감校勘 작업은 하지 않았다.

2) 이 책의 단락 구분은 표점본에 따르지 않고 연대순에 따라 역자가 재구분한 것이다.

3) 이 책의 주석은 대부분 배송지裴松之가 덧붙인 주석에 의거한 것이지만, 역자가 번역본
을 참조하여 덧붙인 것도 적지 않은데, 두 가지 주석을 구분하지 않고 일괄로 처리했다.

4) 역주의 원칙은 인명人名·관명官名·유문遺文·일사逸事 등을 비롯하여 문맥의 흐름을 해
치지 않는 범위에서 덧붙이려 노력했다.

5) 역문에서 원문을 보충한 곳이 더러 있는데, 그럴 경우 소괄호를 이용해 원문과 구분했다.

6) 원전의 간지干支를 현대 독자들의 편의를 위해 연월일年月日로 바꾸어 번역했다.

7) 원문에 충실한 직역을 원칙으로 했으나, 의미가 불충분한 부분은 의역도 배제하지 않
았다. 번역 어투는 가능한 한 현대적 의미를 살리려고 노력했다.

8)《정사 삼국지》의 세 부분은 일반적으로 〈위지魏志〉·〈촉지蜀志〉·〈오지吳志〉라고 하지만,
송宋 대 이래 대다수의 목록이나 표제標題에는 〈위서魏書〉·〈촉서蜀書〉·〈오서吳書〉라고
되어 있으므로 이 체재를 따른다.

# 1

유이목전劉二牧傳

**현명하지 못한 유비의 선조들**

# 감언이설에 빠져 제위를 넘보다

**유언전劉焉傳**

유언은 자가 군랑君郎이고 강하군江夏郡 경릉현竟陵縣 사람이며 한대 漢代 노魯나라 공왕恭王[1]의 후손이다. 선조가 장제章帝 원화元和 연간 에 경릉에서 봉해졌으므로 분가하여 이곳에 정착했다. 유언은 어려 서 주州와 군郡의 관리를 지냈고, 종실宗室의 자제로서 중랑中郎으로 임명되었지만, 뒤에 스승 축공祝公이 세상을 떠나자 복상服喪을 이 유로 관직을 떠났다. 그는 양성산陽城山에 살면서 학문을 닦고 사람 들을 가르쳤으며, 현량방정賢良方正으로 추천되고 사도부司徒府에 초 빙되었다. 낙양령雒陽令과 기주 자사冀州刺史, 남양 태수南陽太守, 종정 宗正[2] 및 태상太常을 역임하기도 했다. 유언은 후한後漢 영제靈帝의 정 치가 부패하여 혼란스러워지고 왕실王室에 여러 차례 변고가 일어 나는 것을 보고 조정에 건의하여 이렇게 말했다.

---

1) 노나라 공왕은 전한前漢 경제景帝의 아들이다. 그는 남달리 궁전 건축을 좋아했는데, 공 자孔子의 옛집을 부수고 궁전을 넓힐 때 벽 속에서 고서를 발견한 것으로 유명하다.

2) 구경九卿의 하나로 황실 종친부의 최고위직을 말한다. 각 왕과 제후국의 적자나 서자 계 보 등록을 주관하거나 각 종실 친속 간의 원근 관계 및 각 군국郡國의 매년 종실 계보 명 부를 관장하는데 황족 중에서 담당한다. 종실에서 범죄를 저지른 자 중에서 곤형(髡刑: 머리카락을 깎이는 형벌) 이상을 받은 자는 먼저 종정에게 보고해야만 하며, 종정은 황제 에게 알리고 법 집행을 선언한다.

"자사나 태수가 뇌물로 관직에 올라 백성을 가혹하게 착취하므로 조정에서 마음이 떠나 반란을 일으킨 것입니다. 청렴하고 명망 있는 중신을 선발하여 지방장관으로 삼아 나라를 진정시켜 안정되게 해야 합니다."

유언은 내심 교지목交阯牧이 되기를 바라며 세상의 혼란을 피하고자 했다. 그러나 논의를 거친 그의 의견은 곧바로 시행되지 않았다. 시중侍中 광한廣漢 사람 동부董扶[3]가 사사로이 유언에게 말했다.

"앞으로 수도는 혼란스러워질 것입니다. 익주益州의 분야分野[4]에 천자天子의 기운이 있습니다."

유언은 동부의 말을 듣고 더욱 익주에 마음을 두게 되었다. 마침 익주 자사益州刺史 극검郤儉이 세금을 많이 거둬들여 백성의 원망이

---

3) 동부의 자는 무안茂安이다. 어려서부터 스승에게 학문을 배워 여러 경서에 통달했는데, 특히 구양歐陽의 《상서尚書》에 밝았다. 그는 조정의 초빙을 받은 선비 양후楊厚에게서 사사하여 앞날의 길흉을 기록한 예언서 《도참圖讖》의 심오한 뜻을 탐구했다. 수도로 나가 태학太學에서 유학한 뒤에 고향으로 돌아와 학문을 가르쳤는데, 아주 먼 곳에서도 배우러 오는 제자가 많았다. 영강永康 원년(167)에 일식이 있자 조정에서는 신하들에게 어질고 선량하며 바른 선비를 천거하도록 하여 정치의 득실을 묻도록 하는 조서를 내렸다. 좌풍익左馮翊 조겸趙謙 등이 동부를 추천했지만, 동부는 질병을 내세워 수도로 가지 않고 장안에서 병세가 더 나빠졌다는 편지를 보낸 뒤 고향으로 돌아왔다. 동부는 재상宰相으로 몇 차례 초빙되었고, 조정에서 사용하는 수레로 세 번 부름을 받았으며, 현량방정·박사·유도有道로 두 차례씩 초빙되었지만 모두 응하지 않았다. 이로 인해 그의 명성은 더욱 높아졌다. 대장군大將軍 하진何進은 상주하여 동부를 추천하면서 다음과 같이 말했다. "동부는 공자의 제자 자유子游와 자하子夏의 덕이 있고, 공자의 가르침을 서술했으며, 안으로 초초焦와 동동董(후한의 초연수焦延壽와 전한의 동중서董仲舒인 듯함)처럼 일식 같은 천재지변을 바른 상태로 돌려놓는 기술을 갖고 있는 사람입니다. 지금 병주幷州와 양주涼州가 소란스럽고 서쪽 오랑캐는 모반을 일으키려 하고 있으니, 마땅히 조서를 내려 궁전에서 쓰는 수레로 그를 특별히 불러 남다르게 대우해주고 기책奇策을 자문하십시오." 그래서 영제는 동부를 불러 시중으로 임명했다.

4) 전국시대에 천문가가 중국의 온 영토를 하늘의 28수宿에 배당하여 나눈 칭호이다.

먼 곳까지 들려오고, 병주에서는 자사 장일張壹이 살해되고, 양주에서는 자사 경비耿鄙가 살해되어 유언의 계획이 이루어졌다. 유언은 지방으로 나와 감군사자監軍使者가 되고 익주목益州牧을 겸했으며, 양성후陽城侯에 봉해져 극검을 잡아들여 그 죄를 문초하는 일을 맡았다.[5] 동부도 촉군蜀郡 서부의 속국도위屬國都尉가 되기를 바랐고, 태창령太倉令[6]인 파서巴西 사람 조위趙韙도 관직을 버리고 함께 유언을 따랐다.

이때 익주의 역적 마상馬相과 조지趙祗 등은 면죽현綿竹縣에서 스스로 황건黃巾이라고 부르면서 역무에 지친 백성을 불러 모아 하루이틀 사이에 무리 수천 명을 얻었다. 먼저 면죽현 현령縣令 이승李升을 죽이고 관리와 백성을 규합하여 총 1만여 명이 되었다. 그들은 계속 진격해 낙현雒縣을 파괴하고, 익주를 쳐서 극검을 죽였으며, 또 촉군과 건위犍爲에 이르러 한 달 만에 세 군(촉군·광한·건위)을 파괴했다. 마상은 스스로를 천자라고 불렀고, 이끄는 병력이 수만 명이나 되었다. 익주의 종사從事 가룡賈龍은 사병 수백 명을 이끌고 건위 동쪽 경계 지역에서 관리와 백성 1천여 명을 수하에 들어오게 했다. 그리고 마상 등을 쳐 며칠 만에 패주시켜 익주 안이 평온을 되찾게 했다.

가룡은 관리와 병사를 선발하여 유언을 맞아들였다. 유언은 관청을 면죽현으로 옮기고, 반란을 일으킨 자들을 다시 받아들여 관용

---

5) 이때 조정은 유우劉虞를 기용하여 유주목幽州牧으로, 유언을 익주목으로, 유표를 형주목으로, 가종賈琮을 기주목冀州牧으로 임명했다. 유우 등은 모두 천하에서 청렴하기로 유명했는데, 그중 어떤 이는 열경列卿이나 상서尙書에서 선발되어 목牧이 되었다.

6) 중앙의 양식 창고 책임자로서 각 군국에서 수도로 운송되는 양곡의 접수를 책임졌다.

과 은혜를 베푸는 정치에 힘쓰며 은밀히 독자적인 계획을 추진했다. 장로張魯의 어머니는 처음에 무술巫術을 써서 늘 젊은 모습을 하고 유언의 집을 왕래했다. 그러므로 유언은 장로를 독의사마督義司馬[7]로 임명하여 한중漢中으로 파견해 골짜기의 다리(장안으로 통하는 길목)를 끊고 한漢나라 사자를 죽이도록 했다. 유언은 조정에 편지를 올려 말했다.

> 미적(米賊, 오두미도五斗米道의 신봉자)이 길을 끊어놓아 수도와 연락할 수 없게 되었습니다.

한편으로는 또 다른 일을 빌려 익주의 호족 왕함王咸과 이권李權 등 10여 명을 죽이고 자기의 권력욕을 드러냈다. 건위 태수健爲太守 임기任岐와 가룡은 이 사건으로 인해 유언을 공격했지만 유언은 임기와 가룡을 격파시키고는 죽여버렸다.

유언의 마음은 점점 강렬해져 천자가 타는 수레 용구 1천여 대를 만들었다. 형주목荊州牧 유표劉表는 유언에게 자하가 공자가 죽은 뒤 서하西河에서 성인처럼 논의할 방법이 없음을 회의한 것과 같은 점이 있다고 상주했다. 그 무렵 유언의 아들 유범劉範이 좌중랑장左中郎將으로, 유탄劉誕이 치서어사治書御史로, 유장劉璋이 봉거도위奉車都尉로 있었는데, 모두 헌제獻帝를 모시며 장안長安에 있었다. 단지 셋째 아들 별부사마別部司馬 유모劉瑁만이 줄곧 유언을 모셨다. 헌제는 유장을 보내 유언을 일깨우도록 했는데, 유언은 유장을 머물게 하고

---

7) 정벌을 담당했다. 촉蜀나라 익주목 유언이 장로를 위해 임시로 둔 관직이다.

돌려보내지 않았다.

　이때 정서장군征西將軍 마등馬騰이 미현郿縣에 주둔하고 있다가 모반했는데, 유언과 유범은 그와 내통하여 일을 도모해 병사를 이끌고 장안을 습격했다. 그러나 계획한 일이 누설되자 유범은 괴리槐里로 도망치고 마등은 패하여 물러나 양주로 돌아갔다. 유범은 끝내 살해되고, 유탄도 붙잡혀 사형에 처해졌다.

　의랑議郎 하남河南 사람 방희龐羲는 유언과 대대로 교분이 있었으므로 유언의 자손들을 불러 촉으로 들어오게 했다. 이때 유언은 낙뢰를 맞아 성이 불타고 수레 용구를 모두 탕진했으며, 민가에까지 피해를 끼쳤다. 유언은 관서官署를 성도成都로 옮겼지만 죽은 아들에 대한 비통함과 하늘에서 내린 재난으로 상심하다가 흥평興平 원년(194)에 등에 악성 종양이 나서 죽었다.

　익주의 고위 관리인 조위 등은 유장의 성품이 온후하고 인자함을 탐내어 그를 익주 자사로 임명하라는 편지를 올렸다. 이에 조서를 내려 유장을 감군사자로 임명하고 익주목을 겸하도록 했다. 조위를 정동중랑장征東中郎將으로 임명하고 병력을 통솔하여 유표를 공격하게 했다.

# 어리석어 유비에게 촉 땅을 빼앗기다

**유장전劉璋傳**

유장은 자가 계옥季玉이고 유언의 관직을 계승했다. 그래서 장로는 좀 교만하게 굴고 제멋대로 하면서 유장에게 복종하려 하지 않았다. 유장이 장로의 어머니와 동생을 죽이니 결국 두 사람은 원수가 되었다. 유장은 여러 차례 방희 등을 보내 장로를 쳤지만 번번이 그에게 패하고 말았다. 장로의 사병은 대부분 파서에 있으므로 방희를 파서 태수巴西太守로 임명하여 장로를 막도록 했다.[8] 나중에는 방희와 유장의 우정에도 틈이 벌어졌다.

평소 백성에게 인심을 얻은 조위가 내부에서 병사를 일으켜 유장을 공격했지만, 유장의 역공으로 병력은 뿔뿔이 흩어지고 살해되었다. 이 일은 모두 유장에게 명석한 판단력이 부족하고 외부 사람의 말을 듣는 데서 비롯된 것이다.[9]

유장은 조조曹操가 형주荊州를 정벌하여 벌써 한중을 평정했다는 말을 듣고, 하내河內 사람 음부陰溥를 보내 조조에게 경의를 표하게 했다. 조조는 유장에게 진위장군振威將軍을, 형 유모에게는 평구장군

---

8) 방희와 유장은 예전부터 알고 지내는 사이인 데다가 방희가 유장의 아들들을 위험에서 구해주었다. 그래서 유장은 방희를 후하게 대접하고 은혜에 감사하여 파서 태수로 임명한 것이다.

平寇將軍을 더했다. 유모는 미치광이 질병으로 죽었다.

유장은 별가종사別駕從事 촉군 사람 장숙張肅을 시켜 촉의 병사 3백 명과 함께 여러 물건을 조조에게 보냈다. 조조는 장숙을 광한 태수廣漢太守로 임명했다. 유장은 또 별가別駕 장송張松을 보내어 조조를 알현하도록 했는데, 조조는 이때 형주를 평정하고 선주(先主, 유비劉備)를 달아나게 했으므로 다시 장송에게 관심을 기울여 관직을 주지는 않았으니, 장송은 이 일을 원망했다. 그러다가 조조의 군대가 적벽赤壁에서 패하고 역병까지 겹쳐 사망자가 속출하자, 장송은 돌아와 조조의 험담을 늘어놓으며 유장에게 조조와 절교하기를 권했다. 아울러 유장에게 이렇게 말했다.

"유예주(劉豫州, 유비)는 사군使君의 친척이니 그와 왕래를 맺을 수 있습니다."

유장은 장송의 말을 다 그럴듯하게 여겨 법정法正을 보내 유비와 교분을 맺도록 했다. 또 법정과 맹달孟達에게 명령하여 유비에게 병사 수천 명을 보내 수비를 돕도록 했다. 법정은 곧 돌아왔다. 뒤에 장송이 또 유장에게 말했다.

---

9) 이전에 남양과 삼보三輔 사람들이 익주로 많이 흘러 들어왔는데, 그 사람들을 모아 병사라 하고 동주병東州兵으로 불렀다. 유장은 성격이 우유부단하고 엄격하지 않아 동주東州 사람들이 그 땅에서 옛날부터 살던 백성을 침략해도 막지 못하고 정치와 법령에도 허점이 많아 익주 백성은 자못 원망하는 마음이 있었다. 조위가 평소 인심을 얻었으므로 유장은 이 문제를 그에게 맡겼는데, 조위는 백성의 이러한 마음을 이용하여 모반을 계획하고 형주에 성대한 뇌물을 보내 화해를 청하면서도 은밀히 호족들과 손을 잡고 함께 병사를 일으켜 유장을 공격했다. 촉군·광한·건위가 모두 조위에게 호응했다. 유장은 성도로 달려 들어가 성을 굳게 지켰다. 동주 사람들은 조위가 두려워 마음을 합쳐 일제히 유장을 도와 필사적으로 싸워 반역자들을 격파하고, 진군하여 강주江州에 있는 조위를 공격했다. 조위의 수하에 있던 장수 방락龐樂과 이이 등도 오히려 조위의 군사를 죽이고 조위의 목을 베었다.

"지금 익주 내부의 장수 방희와 이이李異 등은 모두 자기의 공로에 기대어 교만하고 외부와 손을 잡으려는 마음이 있습니다. 그러니 유예주를 얻지 못한다면 적은 외부를 공격하고 백성은 내부를 공격하여 틀림없이 패배하는 길이 됩니다."

유장은 또 장송의 건의를 받아들여 법정을 보내 유비에게 청했다. 유장의 주부主簿 황권黃權이 이 일의 이로운 점과 해로운 점을 서술하고, 종사 광한 사람 왕루王累도 직접 익주의 성문에 거꾸로 매달려 간언했지만 유장은 하나도 받아들이지 않고 유비가 이르는 곳에 각 물품을 대주도록 명령했다. 유비는 익주로 들어가는 것을 집으로 돌아가듯이 했다. 유비는 강주의 북쪽에 이르러 점강墊江 수로에서 북쪽으로 올라가 부현涪縣에 다다랐다. 부현은 성도로부터 360리 떨어져 있었다. 이해가 건안建安 16년(211)이다. 유장은 보병과 기병 3만여 명을 거느리고 수레에 휘장을 달아 태양처럼 선명한 광채를 뿜어내며 가서 유비와 만났다.

유비가 이끄는 장수와 사병은 유장이 있는 곳으로 가서 1백여 일 동안 즐겁게 마셨다. 유장은 유비에게 물자를 주어 장로를 토벌하도록 한 뒤에 헤어졌다.

다음 해에 유비는 가맹葭萌에 이르러 군대를 돌려 남쪽으로 향해 이른 곳에서 모두 승리를 거두었다. 19년(214)에 성도까지 전진해 열흘 동안 포위했다. 성안에는 오히려 3만의 정예 병사가 있고 곡식과 옷은 1년 분량이 있으므로, 관리와 백성은 모두 죽을힘을 다해 싸우려고 했다. 그러나 유장이 말했다.

"부자父子가 익주에 20여 년 동안 있었지만 백성에게 은덕을 베풀지 못했습니다. 백성이 3년간이나 공격하여 싸우다가 들풀 속에 버려진 시체가 된 것은 나 유장 때문입니다. 어찌 마음이 편할 수 있겠습니까!"

마침내 성문을 열고 나와 항복하자, 유장의 부하 가운데 눈물을 흘리지 않는 이가 없었다. 유비는 유장을 남군南郡의 공안公安으로 옮기고, 그의 재물과 전에 찼던 진위장군의 인수印綬를 다 돌려주었다. 손권孫權이 관우關羽를 죽이고 형주를 탈취했을 때, 유장을 익주목으로 임명하고 자귀秭歸에 주둔하도록 했다.

유장이 죽자 남중南中의 호족 옹개雍闓가 익군益郡을 점거하고 반란을 일으켜 오吳에 붙었다. 손권은 다시 유장의 아들 유천劉闡[10]을 익주 자사로 임명하여 교주交州와 익주의 경계에서 살도록 했다. 승상丞相 제갈량諸葛亮이 남쪽 땅을 평정했으므로 유천은 오吳나라로 돌아와 어사중승御史中丞이 되었다.

유장의 큰아들 유순劉循의 아내는 방희의 딸이었다. 유비가 촉을 평정하자 방희는 좌장군사마左將軍司馬가 되었다. 유장은 그때 방희의 말에 따라 유순을 성도에 남겨두었는데, 유비가 그를 봉거중랑장奉車中郎將[11]으로 삼았다. 이 때문에 유장의 두 아들의 후대가 오와 촉으로 나누어졌다.

---

10) 유천은 일명 위緯라고도 한다. 그는 사람됨이 공손하고 삼가며, 재물을 가벼이 여기고 의로움을 중요시하며, 어질고 겸양했다. 나중에 질병으로 집에서 죽었다.

11) 유비가 유순을 위해 특별히 둔 관직명으로 직책은 봉거도위와 같았다.

【평하여 말한다】

옛날 전한 초기에 위표魏豹는 허부許負의 말을 듣고 박희薄姬를 아내로 맞이했고, 유흠劉歆은《도참》의 문장을 보고 이름과 자를 바꾸었지만 끝내 몸은 그 위험을 면하지 못하고 두 군주(전한의 효문제孝文帝와 후한의 광무제光武帝)에게 그 행운이 주어졌다. 이는 신명神明이란 헛되이 구할 수 없고, 천명天命은 망령되이 바랄 수 없는 것이라는 말에 대한 필연적인 증거이다. 그런데 유언은 동부의 말을 듣고 익주 땅에 마음을 두었고, 점치는 사람의 말을 듣고 오吳씨와 혼인을 구했으며, 급히 천자의 수레와 관복을 만들고 황제 자리를 훔치려고 기도했으니, 그의 미혹됨이 심하다. 유장의 재능은 영웅에 미치지 못하지만 땅을 차지하고 세상을 혼란스럽게 만들었다. 소인이 군자의 지위를 빼앗아 도둑이 되는 것은 자연스러운 이치이다. 그가 익주목의 지위를 탈취당한 것은 결코 행운이라고 할 수 없다.

2

# 선주전先主傳

### 때를 기다린 천하의 효웅梟雄

# 때를 기다린 천하의 효웅梟雄

## 선주전先主傳

선주는 성이 유劉이고 휘가 비備이며 자는 현덕玄德이다. 탁군涿郡 탁현涿縣 사람으로, 한나라 경제景帝의 아들 중산정왕中山靖王 유승劉勝의 후예이다.[1]

유승의 아들 유정劉貞이 원수元狩 6년(기원전 117)에 탁현의 육성정후陸城亭侯에 봉해졌지만 주금酎金을 조금 바쳤다는 이유로 작위를 박탈당하고 집에 있었다.[2] 유비의 할아버지 유웅劉雄, 아버지 유홍劉弘은 대대로 주군州郡에서 일을 했다. 유웅은 효렴孝廉으로 천거되어 관직이 동군東郡 범현范縣의 현령까지 이르렀다.

유비는 어려서 아버지를 여의고 어머니와 함께 짚신과 자리를 엮어 생계를 꾸려 나갔다. 그의 집 동남쪽 모퉁이 울타리 옆에 높이가 5장丈쯤 되는 뽕나무가 있었는데, 나뭇가지와 잎이 무성하여 멀

---

1) 사실상 진수는 유비와 조조를 비교하면서 유비는 치켜세우고 조조는 깎아내렸다. 심지어 〈무제기〉에 보면 조조의 출생에 대해서 그 본말을 알 수 없다고까지 했다. 특히 조조를 '임협방탕任俠放蕩'이라 했으나, 유비에 대해서는 '교결호협交結豪俠'이라고 한 것은 진수가 역사 인물을 보는 관점이 도덕과 신의에 치중되었음을 드러낸다.

2) 한대漢代에는 천자가 햇곡식으로 빚은 순주醇酒를 종묘에 바칠 때 제후들에게 각기 그 자격에 따라 금을 바치고 술을 마시도록 했는데, 금의 양이 부족하거나 품질이 나쁘면 봉토를 깎았다.

리서 바라보면 마치 작은 수레 덮개와 같았다. 그곳을 오가는 사람은 모두 이 나무를 기이하게 여겼으며, 어떤 이는 이 집에서 틀림없이 귀인이 나올 것이라고 생각했다. 유비는 어릴 때 같은 종중宗中의 아이들과 이 나무 밑에서 놀며 말했다.

"나는 반드시 깃털로 장식한 개거(蓋車, 천자의 수레)를 탈 거야."

그때 작은아버지 유자경劉子敬이 말했다.

"너, 허튼소리 하지 마라. 우리 가문을 멸망시키겠구나!"

열다섯 살이 된 유비는 어머니가 공부하도록 하여 같은 종중인 유덕연劉德然, 요서군遼西郡의 공손찬公孫瓚과 함께 전에 구강 태수九江太守를 지낸 같은 군 출신 노식盧植의 제자가 되었다. 유덕연의 아버지 유원기劉元起는 늘 유비의 학비를 대주고 아들 덕연과 똑같이 대했다. 원기의 아내가 말했다.

"각각 따로 일가一家를 세우는데, 어찌하여 늘 이와 같을 수 있습니까!"

유원기가 말했다.

"우리 종중에 있는 이 아이는 평범한 사람이 아니오."

공손찬과 유비는 서로 우정을 쌓았다. 공손찬이 연장자이므로, 유비는 그를 형으로 대했다. 유비는 책 읽기는 그다지 좋아하지 않고 개와 말, 음악과 아름다운 옷을 좋아했다. 그는 키가 7자 5치로 손을 아래로 내리면 무릎까지 닿고 눈을 돌려 자기 귀를 볼 수 있었다. 평소 말수가 적고 아랫사람들에게 잘 대해주며 기쁨이나 노여움을 얼굴에 나타내지 않았다. 의로운 사람들과 사귀기를 좋아하므로 젊은이들은 다투어 그를 가까이했다. 중산中山의 큰 상인 장세평張世平과 소쌍蘇雙 등은 천금의 재산을 모아 탁군 일대에서 말을 사려다가 유비를 보고 뛰어난 인물이라 여겨 그에게 많은 돈을 주었다. 유비는 이로부터 돈을 얻어 무리를 모을 수 있게 되었다.

영제 말에 황건적이 일어나자 주군에서는 각기 의병을 일으켰다. 유비는 부하들을 이끌고 교위校尉 추정鄒靖을 따라가 황건적을 토벌하여 공을 세우고 안희현安喜縣의 위尉에 임명되었다.

군의 독우督郵가 공적인 일로 현에 왔을 때 유비가 만나기를 청했지만 거절하자, 유비는 직접 안으로 들어가 독우를 묶고 곤장 2백 대를 때렸다. 이어 인수를 풀어 그의 목에 매고 말뚝에 걸어두고 관직을 버리고 도망갔다. 오래지 않아 대장군 하진이 도위都尉 관구의毌丘毅를 파견하여 단양丹楊으로 가서 병사를 모집하게 했는데, 유비도 그와 함께 가 하비현下邳縣에 이르러 적을 만났다. 힘껏 싸워 공을 세웠으므로 하밀현下密縣의 승丞에 임명되었으나 또다시 관직을 버렸다. 뒤에 고당현高唐縣의 위尉가 되었다가 현령으로 승진했다. 현이 적에게 격파되자 유비는 중랑장 공손찬이 있는 곳으로 달아났다. 공손찬은 표表를 올려 유비를 별부사마로 삼도록 하고, 청주자사靑州刺史 전해田楷와 함께 기주목 원소袁紹에게 대항하도록 했다. 그는 여러 차례 공을 세웠고, 잠시 평원平原의 현령을 대행했으며, 뒤에 평원의 상相에 임명되었다.

군의 백성 유평劉平은 평소 유비를 업신여겼으므로 그에게 통치를 받는 게 수치로 여겨져 자객을 보내 죽이려고 했다. 자객은 차마 찌르지 못하고 유비에게 이 일을 말하고는 떠났다. 유비가 인심을 얻은 것이 이와 같았다.

원소가 공손찬을 공격하자 유비는 전해와 함께 동쪽으로 가서 제齊에 주둔했다. 조조가 서주徐州를 공격하자, 서주목徐州牧 도겸陶謙은 사자를 보내 전해에게 위급함을 알렸다. 전해는 유비와 함께 그를 구하러 갔다. 이때 유비는 사병 1천여 명과 유주의 오환족烏丸族

에 속하는 부족의 기병이 있었으며, 굶주린 백성 수천 명을 얻었다. 서주에 다다르자 도겸은 단양의 병사 4천 명을 유비에게 증원시켜 주었으며, 유비는 마침내 전해를 떠나 도겸에게 귀의했다. 도겸은 표를 올려 유비를 예주 자사豫州刺史로 삼고 소패小沛에 주둔시켰다. 도겸은 질병이 악화되자 별가 미축麋竺에게 말했다.

"유비가 아니면 이 서주를 안정시킬 수 없소."

도겸이 죽자 미축은 주의 백성을 인솔하여 유비를 맞이하려 했지만 유비가 감히 받아들이지 못했다. 하비 사람 진등陳登이 유비에게 말했다.

"지금 한나라 왕실은 점차 쇠약해지고 천하는 엎어지려고 합니다. 공업功業을 세우기에는 오늘이 좋은 기회입니다. 이 주는 튼실하고 풍요로우며 인구가 1백만입니다. 당신이 이 주를 맡아주시기를 머리 숙여 원합니다."

유비가 말했다.

"원공로(袁公路, 원술)가 가까이 수춘壽春에 있습니다. 그의 집안은 네 대에 걸쳐 공경 다섯 명을 배출했고, 천하의 인심이 그에게 돌아가고 있습니다. 당신은 이 주를 그에게 부탁할 수 있습니다."

진등이 말했다.

"원공로는 교만하고 오만하여 혼란을 다스릴 만한 군주가 못 됩니다. 지금 서주에서는 당신을 위해 보병과 기병 10만 명을 모으려고 합니다. 위로는 천자를 돕고 백성을 구제하여 춘추시대의 오패五霸와 같은 위업을 이룰 수 있고, 아래로는 영지를 나눠 받아 국경을 지켜 공적을 대나무와 비단에 적을 수 있습니다. 만일 당신이 제 청을 들어주지 않는다면 저도 감히 당신 뜻을 듣지 않겠습니다."

북해北海의 재상 공융孔融이 유비에게 말했다.

"원공로가 어찌 나라를 걱정하고 집안을 잊는 사람입니까? 그는 무덤 속에서 살이 썩어 없어진 송장의 뼈와 같은데 생각할 가치가 있겠습니까? 현재 상황으로는 백성이 유능한 인물 곁에 있어야 합니다. 하늘이 내려준 좋은 기회를 받지 않으면 나중에 후회해도 미치지 못합니다."

그리하여 마침내 유비는 서주를 다스리게 되었다.[3] 원술袁術이 와서 유비를 공격하자, 유비는 우이盱眙와 회음淮陰에서 저항했다.

| 건안 원년(196) | 조조는 표를 올려 유비를 진동장군鎭東將軍으로 삼고 의성정후宜城亭侯에 봉했다.

유비와 원술이 한 달 넘게 서로 대치하는 동안, 여포呂布가 그 빈틈을 노려 하비를 습격했다. 하비를 지키던 장수 조표曹豹가 배반하여 남모르게 여포를 맞아들였다. 여포가 유비의 처자식을 포로로 잡고 있으므로 유비는 군대를 돌려 해서海西로 갔다. 양봉楊奉과 한섬韓暹이 서주와 양주 일대를 소란스럽게 하자, 유비는 그들을 맞아 공격해 모조리 목을 베어 죽였다. 유비가 여포에게 화해를 구하자, 여포는 유비의 처자식을 돌려보냈다. 유비는 관우를 보내 하비를 지키게 했다.

유비는 소패로 돌아와 다시 병사 1만여 명을 얻었다. 여포는 이

---

3) 진등 등은 사자를 보내 원소에게 이렇게 말했다. "하늘이 재앙을 내려 화가 우리 주에까지 이르렀으니, 주의 장수는 죽을 것이고 백성은 주인을 잃게 될 것입니다. 간사한 영웅이 갑자기 나타나 맹주(원소)에게 침식을 잊고 걱정하게 할까 두렵습니다. 협력하여 평원의 상 유비를 종주宗主로 삼아 백성에게 의지할 바가 있음을 알리십시오. 지금은 밖으로부터 침략이 끊이지 않아 무장을 풀 틈이 없으니 삼가 하급 관리를 보내 일을 집행하시기를 급히 고합니다." 원소는 다음과 같이 말했다. "유현덕은 도량이 넓고 신의가 있소. 지금 서주가 그를 추대하고자 하는 것은 내 바람이기도 하오."

를 꺼려 직접 병사를 이끌고 나와 유비를 공격했다. 유비는 싸움에
서 져 조조에게 몸을 의탁했다.

　조조는 유비를 매우 두텁게 대하고 예주목豫州牧으로 삼았다. 유
비가 패 땅으로 가서 흩어진 병사들을 모집하려고 하므로 조조는
그에게 군량미를 공급하고 병사를 늘려주어 동쪽의 여포를 치게
했다.

　여포가 고순高順을 보내 유비를 치자, 조조는 하후돈夏候惇을 보내
유비를 돕도록 했지만 구하지 못하고 고순에게 패하여 다시 유비
의 처자식을 포로로 여포에게 보냈다. 조조는 직접 동쪽으로 정벌
을 나가 유비를 도와 하비에서 여포를 포위했다. 그리고 여포를 사
로잡았다.

　유비는 다시 처자식을 얻어 조조를 따라 허도許都로 돌아왔다. 조
조는 표를 올려 유비를 좌장군左將軍에 임명했다. 그리고 유비에 대
한 예절은 갈수록 정중하여 밖으로 나갈 때는 똑같은 수레에 타고
앉을 때도 자리를 같이했다. 원술이 서주를 지나 원소가 있는 북쪽
으로 가려고 하자, 조조는 유비를 보내 주령朱靈과 노초路招를 이끌
고 원술을 치게 했다. 서주에 다다르기 전에 원술은 병으로 죽었다.

　유비가 원술을 치러 출발하기 전, 헌제의 장인[4]이며 거기장군車騎
將軍인 동승董承이 궁궐을 나올 때 헌제의 허리띠에 쓴 밀조密詔를
주며 조조를 죽이도록 했다. 유비가 미처 행동으로 옮기지 않고 있
을 때 조조가 유비에게 조용히 말했다.

---

4)　동승은 후한 영제의 어머니 동 태후董太后의 조카로서, 헌제에게는 장인이다. 옛날에는
　장인丈人이라는 말이 없었으므로 원문에는 '구구舅'라고 되어 있다.

"지금 천하에 영웅이 있다면 당신과 나뿐이오. 원술 같은 사람은 그 안에 들지 못하오."

유비는 마침 밥을 먹고 있었는데, 이 말을 듣고 숟가락과 젓가락을 떨어뜨렸다.[5] 그리고 동승, 장수교위長水校尉 충집种輯, 장군 오자란吳子蘭, 왕자복王子服 등과 함께 대책을 상의했다. 마침 유비는 원술을 맞아 공격하라는 명령을 받았지만 행동으로 옮기지 않았는데, 일이 발각되어 동승 등은 모두 처형되었다.[6]

유비는 조조를 떠나 하비를 근거지로 삼았다. 주령 등이 돌아오자 유비는 곧바로 서주 자사徐州刺史 차주車冑를 죽이고 관우를 뒤에 남겨 하비를 지키도록 하고, 자신은 소패로 돌아갔다.[7] 동해군東海郡의 창패昌覇가 반란을 일으키자, 군현의 많은 사람이 조조를 배반하고 유비에게 의탁하므로 유비의 병력은 수만 명에 이르렀다. 유비

58

---

5) 이때 마침 번개가 쳤다. 그래서 유비는 조조에게 다음과 같이 말했다. "성인이 '갑작스런 번개는 격렬한 바람이 있으면 반드시 변한다.'라고 했는데 진실로 그러합니다. 한 차례 우렛소리의 위세가 이 정도까지 이를 수 있습니다!"

6) 동승 등은 유비와 모의했지만 아직 행동하지 않았는데 유비가 출정했다. 동승이 왕자복에게 "곽다(郭多, 곽범郭汜)는 병사 수백 명을 갖고 이각李傕의 수만 명을 멸했습니다. 그대와 나는 다를 뿐입니다! 지난날 여불위呂不韋의 문은 자초(子楚, 시황제의 아버지인 진秦의 장양왕莊襄王)에 의해 높아졌습니다."라고 하자, 왕자복은 "두려워 감당하지 못하겠습니다. 게다가 병사도 적습니다."라고 했다. 동승이 "행동을 일으킨 뒤 조조의 정규병을 손에 넣고도 불충분한가를 돌아보십시오."라고 하자, 왕자복은 "지금 수도에 어찌 믿을 만한 자가 있겠습니까?"라고 했다. 동승이 말했다. "장수교위 충집과 의랑 오석吳碩은 내 심복으로 일을 처리할 수 있는 자입니다." 그래서 마침내 계획을 정하게 되었다.

7) 조조는 자주 측근을 파견하여 장수들 가운데 빈객을 초대해 주연을 베푸는 자가 있는지 살피게 했다. 유비는 이때 대문을 닫고 사람들과 채소를 심고 있었는데, 조조가 사람을 보내 그 문안을 살피도록 했다. 유비는 장비張飛와 관우에게 "내가 어찌 야채를 심는 사람인가? 조조가 틀림없이 의심하고 있으니 더는 머물 수 없겠다."라고 말하고, 그날 밤 뒷문 울타리를 열어 장비 등과 함께 날쌘 말을 타고 떠났다. 조조에게 받은 옷은 밀봉하여 남겨두고 소패로 가서 병사들을 모았다.

는 손건孫乾을 보내 원소와 연합하도록 했다. 조조는 유대劉岱와 왕충王忠을 보내 유비를 쳤지만 이기지 못했다.

| 건안 5년(200) | 조조는 동쪽으로 유비를 토벌하여 그 병력을 다 손에 넣었으며, 유비의 처자식을 포로로 잡고 아울러 관우를 사로잡아 돌아왔다.[8]

유비는 청주로 달아났다. 청주 자사 원담袁譚은 전에 유비의 무재茂才였으므로 보병과 기병을 이끌고 유비를 맞이했다. 유비가 원담을 따라 평원에 이르자, 원담은 사자를 보내 원소에게 보고했다. 원소는 부장을 보내 길에서 유비를 맞이하여 받들도록 하고, 자신은 업성鄴城에서 2백 리 떨어진 곳까지 가서 유비와 만났다. 이곳에 머문 지 한 달쯤 되자 뿔뿔이 달아났던 병사들이 점점 모여들었다.

조조가 관도官渡에서 원소와 서로 대치하고 있을 때, 여남汝南의 황건적 유벽劉辟 등이 조조를 배반하고 원소에게 호응했다. 원소는 유비를 보내 병사들을 지휘하여 유벽 등과 허현許縣 주변을 탈취하게 했다. 관우는 유비가 있는 곳으로 도망쳐 돌아왔다. 조조는 조인曹仁에게 병사들을 지휘하여 유비를 치게 했다. 원소의 군대로 돌아온 유비는 은밀히 원소에게서 떠나려고 생각하며 그에게 남쪽 형주목 유표와 연합하라고 진언했다. 원소가 유비에게 부하들의 지휘를 맡기자 유비는 여남으로 가서 적군 공도龔都 등과 합류했으므로 그 병력이 수천 명이나 되었다. 조조는 채양蔡陽을 보내 유비를 공격했는데, 채양은 오히려 유비에게 살해되었다.

---

8) 유비는 수십 년 동안 떠돌이 생활을 했으나, 관우를 비롯하여 장비와 조운趙雲 등이 그의 곁에서 온 힘을 다해 지켜주었다.

조조는 원소를 깨뜨리고 직접 남쪽으로 내려와 유비를 공격했다. 유비는 미축과 손건을 보내 유표와 서로 소식을 알리도록 했다. 유표는 직접 교외까지 마중 나와 상빈上賓의 예절로 대접하고[9], 그의 병력을 늘려 신야新野에 주둔하도록 했다. 형주의 호걸 중에서 유비에게 기탁하는 자가 나날이 늘어나자 유표는 유비의 마음을 의심하여 몰래 그를 방비하고, 하후돈과 우금于禁 등을 박망博望에서 막도록 했다. 오랜 시간이 지나 유비는 복병을 두고 하루아침에 직접 자기 군대의 진영을 불태우고 거짓으로 도주했다. 하후돈 등이 그를 뒤쫓았지만 복병에게 격파되었다.

| 건안 12년(207) | 조조가 북쪽으로 오환을 정벌하러 갔으므로, 유비는 유표에게 허창許昌을 습격하라고 했지만 유표는 받아들이지 않았다.[10] 조조가 남쪽으로 내려와 유표를 정벌할 무렵 유표가 죽었다.[11] 그 아들 유종劉琮이 자리를 잇고 조조에게 사자를 보내 항

---

9) 유비는 형주에서 수년 동안 거주했는데, 일찍이 유표가 베푼 주연에서 넓적다리에 군살이 붙어 있는 것을 보고 개탄하며 눈물을 흘렸다. 이를 이상하게 여긴 유표가 유비에게 그 까닭을 묻자, 유비는 다음과 같이 말했다. "나는 늘 말안장에서 떨어져 있은 적이 없으므로 넓적다리에 살이 없었습니다. 그런데 지금은 다시 말을 타지 않으므로 넓적다리에 살이 붙었습니다. 세월이 이처럼 빨리 흐르고 자꾸만 늙어가는데 어떠한 공업도 이루지 못했기 때문에 슬픕니다."

10) 조조가 유성柳城에서 허창으로 돌아온 뒤, 유표는 유비에게 이렇게 말했다. "그대 말을 받아들이지 않아서 이 큰 기회를 잃었습니다." 그러자 유비는 다음과 같이 말했다. "지금 천하는 분열되어 매일같이 전쟁이 계속되고 있으니 어찌 이번 기회가 마지막이겠습니까? 만일 오늘 이후로 기회가 온다면 아직 한탄하기에는 충분치 못합니다."

11) 유표는 병세가 위독하므로 나라를 유비에게 맡기고 그쪽을 돌아보며 말했다. "내 아들은 재능이 없고 의지하던 장수는 모두 죽었소. 내가 죽은 뒤에는 그대가 형주를 다스리시오." 그러나 유비는 이렇게 말했다. "자제분들은 각기 현명합니다. 그대는 병만 걱정하십시오." 어떤 이가 유비에게 유표의 말대로 하기를 권하자, 유비는 다음과 같이 말했다. "이 사람은 나를 후대했습니다. 지금 그 말을 따르면 사람들은 나를 박정하다고 할 것입니다. 나는 그렇게 할 수 없습니다."

복을 청했다. 유비는 번성樊城에 주둔하고 있었는데 조조의 군대가 쳐들어오는 줄을 몰랐다. 조조 군대가 완성宛城에 이르렀을 때에야 그 소식을 듣고 병력을 인솔하여 번성을 떠났다. 유종이 있는 양양襄陽을 지날 때, 제갈량이 유비에게 유종을 치면 형주를 지배할 수 있다고 하자, 유비는 이렇게 말했다.

"나는 차마 그렇게 하지 못하겠소."

그러고는 곧 말을 멈추고 유종을 부르니 유종은 두려워서 일어날 수 없었다. 유종의 측근과 형주 사람 다수가 유비에게 귀의했다. 당양當陽에 이를 무렵에는 병력이 10만여 명이나 되고 군수물자는 수천 대나 되어 하루에 10여 리밖에 가지 못하므로 따로 관우를 보내 배 수백 척에 그들 중 일부를 태우도록 하고 강릉江陵에서 만나기로 했다. 어떤 이가 유비에게 말했다.

"마땅히 빨리 가서 강릉을 보존해야 합니다. 지금은 비록 사람이 매우 많지만 무장한 이는 적습니다. 만일 조조 군대가 다다르면 그들을 어떻게 막겠습니까?"

유비가 말했다.

"무릇 큰일을 이루려면 반드시 인심을 근본으로 해야 하오. 지금 백성이 나에게 돌아왔는데, 내가 어찌 그들을 버리고 가겠소!"

조조는 강릉에 군수물자가 풍부하다고 생각했으므로 유비가 그곳을 점거할까 봐 두려웠다. 그래서 곧 군수물자를 후방에 두고 날쌘 병력으로 양양에 이르렀다. 유비가 이미 이곳을 지나갔다는 말을 들은 조조는 정예 기병 5천 명을 이끌고 급히 뒤쫓아 하루 밤낮에 3백여 리를 가서 당양의 장판長坂까지 추격했다. 유비가 처자식을 버리고 제갈량·장비·조운 등의 수십 기마와 달아나자, 조조는 백성과 군수물자를 크게 거두어들였다. 유비는 한진漢津으로 달려

갔는데, 마침 관우의 배와 만나 면하沔河를 건넜다. 그곳에서 유표의 장남인 강하 태수江夏太守 유기劉琦의 병력 1만여 명을 만나서 함께 하구夏口에 이르렀다. 유비는 제갈량을 보내 손권과 손을 잡았다. 손권은 주유周瑜, 정보程普 등 수군 수만 명을 보내 유비와 힘을 합쳐 적벽에서 조조와 싸워 크게 깨뜨리고 그 군선을 불태웠다. 유비와 오의 군대는 바다와 육지로 동시에 나아가 남군까지 추격했다. 그때 역병이 발생하여 북쪽 조조 군대에 사망자가 많으므로 조조는 병사들을 인솔하여 돌아갔다.

유비는 표를 올려 유기를 형주 자사荊州刺史로 임명하는 한편, 또 남쪽으로 4군四郡을 정벌하러 갔다. 무릉 태수武陵太守 김선金旋, 장사 태수長沙太守 한현韓玄, 계양 태수桂陽太守 조범趙範, 영릉 태수零陵太守 유도劉度는 모두 항복했다. 여강군廬江郡의 뇌서雷緒는 부하 수만 명을 이끌고 투항했다. 유기가 병으로 죽자, 부하들은 유비를 형주목으로 추대하고 공안현公安縣을 다스리도록 했다. 손권은 점점 유비를 두려워하여 여동생을 시집보내 우호 관계를 공고히 했다. 유비는 경성으로 가서 손권을 만나 친밀한 관계를 맺었다.[12]

손권이 사자를 보내 함께 촉을 취하자고 말했다. 어떤 사람이 오가 형주를 넘어 촉을 지배하기란 불가능하니, 촉 땅을 우리 것으로 할 수 있으므로 손권에게 승낙하는 대답을 하라고 주장했다. 형주 주부荊州注簿 은관殷觀이 나아가 말했다.

"만일 우리가 오의 선봉이 되어 나아가면 촉을 이길 수 없고, 물

---

12) 《산양공재기山陽公載記》를 보면, 유비는 돌아와 측근에 있는 자에게 "손권은 위에 있는 사람을 칭찬하고 아래에 있는 자를 무시하므로 그 사람 밑에 있을 수 없습니다. 나는 다시는 그를 만날 수 없습니다."라고 말하고 밤낮을 이어 떠났다고 한다.

러나서 오에게 기회를 준다면 큰일을 할 좋은 기회가 떠나게 됩니다. 지금은 다만 구두로 촉을 토벌하는 일에 찬성하고, 우리는 여러 군을 새로 점거했으므로 아직 행동을 일으킬 수는 없음을 설명하십시오. 그러면 오는 틀림없이 감히 우리 영토를 넘어 혼자 촉을 취하지 못할 것입니다. 이와 같이 나아가고 물러나는 계획이 있다면 오와 촉의 이익을 얻을 수 있을 것입니다."

유비가 그 말을 따랐더니 손권은 정말로 자신의 계책을 중단했다. 유비는 은관을 별가종사로 승진시켰다.

| 건안 16년(211) | 익주목 유장은 조조가 종요鍾繇 등을 한중으로 보내 장로를 토벌할 것이라는 소문을 듣고 마음속으로 두려워했다. 별가종사인 촉군의 장송이 유장에게 말했다.

"조조의 병력은 강성하여 천하에서 대적할 자가 없는데, 만일 그가 장로의 물자를 이용하여 촉 땅을 취한다면 누가 그에게 대항할 수 있겠습니까?"

유장이 말했다.

"나는 본시 이 일을 걱정했지만 방법이 없었소."

장송이 말했다.

"유예주는 당신의 종실이며 조조의 철천지원수입니다. 그는 용병에도 뛰어나니 그를 시켜 장로를 토벌하게 한다면 장로는 반드시 격파될 것입니다. 장로가 격파되면 익주는 강성해질 테고, 비록 조조가 오더라도 할 수 있는 방법이 없을 것입니다."

유장은 옳은 말이라고 생각하고 법정을 보내 병사 4천 명을 인솔하여 유비를 맞이하게 하고 앞뒤로 값비싼 선물을 보냈다. 법정은 이 기회에 익주를 취할 계책을 유비에게 자세히 말했다. 유비는 제갈량과 관우 등에게 형주에 남아 지키라고 하고, 보병 수만 명을 이끌고 익주로 들어갔다. 부현에 이르자 유장이 직접 나와 맞이하므로 서로 만나 매우 기뻐했다. 장송은 법정을 시켜 유비와 모신(謀臣, 모사謀事에 뛰어난 신하) 방통龐統에게 진언할 때 회담 장소에서 유장을 습격할 수 있다고 말하도록 했다. 유비가 말했다.

"이것은 중대한 일이니 조급하게 할 수 없소."

유장이 유비를 행대사마行[13]大司馬 겸 사예교위司隸校尉로 추천했으며, 유비도 유장을 행진서대장군行鎭西大將軍 겸 익주목으로 추천했다. 유장은 유비의 병력을 늘려 장로를 치도록 하고, 또 백수白水의 주둔군을 지휘하도록 했다. 유비는 군사 총 3만여 명을 모으고 수레와 갑옷, 무기, 자재를 매우 풍부하게 갖추었다. 이해에 유장은 성도로 돌아갔다. 유비는 북쪽 가맹에 이르러 곧바로 장로를 토벌하지 않고 두터운 은덕을 베풀어 인심을 얻었다.

다음 해에 조조가 손권을 정벌하려고 하자 손권은 유비를 불러 구원하도록 했다. 그러자 유비가 유장에게 사자를 보내 말했다.

"조조가 오를 정벌하려고 하자 오는 위급함을 걱정하게 되었습니다. 손씨와 저는 본래 입술과 이처럼 밀접한 관계이고, 또 낙진樂進이 청니靑泥에서 관우와 대치하고 있습니다. 지금 관우를 도우러 가지 않으면 낙진은 반드시 크게 이기고 돌아서 익주의 국경을 침범할 테니, 그 근심은 장로에 대한 것보다 더 클 것입니다. 장로는 스스로를 지키고 있는 적이니 걱정할 필요가 없습니다."

그리고 유장에게 병사 1만 명과 군수물자를 빌려 동쪽으로 가려

---

13) 여기서 '행'이란 대행한다는 말로서 대신하거나 시험 삼아서 쓴다는 의미가 있다. 즉 높은 관직을 가진 자가 낮은 직책을 겸임하는 경우에 사용된다. 예를 들면 사공司空으로 있으면서 그보다 한 단계 낮은 거기장군을 겸직하는 것을 말한다.

고 했다. 유장은 단지 병사 4천 명만 주기로 하고, 그 나머지는 모두 요구한 것의 절반만 주었다.[14] 장송은 유비와 법정에게 편지를 보내 말했다.

지금 큰일을 이루려고 하는데 어찌하여 이것을 버리고 익주를 떠나십니까!

장송의 형 광한 태수 장숙은 화가 자기에게까지 미칠까 두려워 유장에게 그 계획을 폭로했다. 그래서 유장이 장송을 붙잡아 목을 베니 유비와 유장 사이에 처음으로 불화가 생기게 되었다. 유장은 관소를 지키는 장수들에게 문서를 보내 다시는 유비와 관계를 맺지 말도록 명령했다. 유비는 화가 치밀어 유장의 백수군白水軍 총독 양회楊懷를 불러 무례함을 꾸짖고 그 목을 베었다. 곧 황충黃忠과 탁응卓膺에게 병사를 이끌고 유장에게 가도록 했다. 유비는 직접 관중關中에 이르러 장수들과 병사들의 처자식을 인질로 잡고 병사들을 인솔해 황충, 탁응 등과 부현까지 나아가 그 성을 점거했다. 유장은 유귀劉璝·냉포冷苞·장임張任·등현鄧賢 등을 보내 부현에서 유비에게 저항했지만 모두 패하고 물러나 면죽을 지켰다. 유장은 다시 이엄李嚴을 보내 면죽의 군사들을 지휘하게 했지만 이엄은 병사들을 이끌고 유비에게 항복했다. 유비의 군대는 점점 강대해졌고, 각 장수

---

14) 유비는 이 일 때문에 격노하여 수하의 병사들에게 이렇게 말했다. "우리는 익주를 위해 강대한 적을 토벌하고 이 일로 병사들은 피곤하며 안정된 생활을 할 여유가 없는데, 지금 창고에 재산과 보물을 쌓아놓고 포상을 아끼고 있다. 사대부에게 죽을힘을 다해 싸우기를 바라건대 이러한 일을 할 수 있겠는가!"

를 나누어 보내서 속현屬縣을 평정했다. 제갈량과 장비, 조운 등은 병사를 이끌고 거슬러 올라가 백제白帝·강주·강양江陽을 평정하고 관우만이 형주에 남아 지켰다. 유비는 군사를 나아가게 하여 낙현을 포위했다. 그때 유장의 아들 유순이 성을 지키고 있었는데 공격당한 지 거의 1년이 되었다.

| 건안 19년(214) 여름 | 낙성雒城이 공격을 받았다. 유비가 나아가 성도를 에워싼 지 수십 일 만에 유장이 성에서 나와 항복했다. 촉은 풍요롭고 생산물이 풍부한 곳이므로 유비는 주연을 열어 병사들을 위로하고, 성안에 있던 금과 은을 취해 장수와 병사 들에게 나누어 주었으며 곡물과 비단은 원래 있던 곳으로 돌려보냈다.

유비는 익주목을 겸하고, 제갈량은 그를 보좌하며, 법정은 꾀를 내는 상담역을 하고, 관우·장비·마초馬超는 무장이 되고, 허정許靖·미축·간옹簡雍은 귀빈 대우를 받았다. 동화董和·황권·이엄 등은 본래 유장이 임용한 관원이며, 오일吳壹·비관費觀 등은 유장의 인척이고, 팽양彭羕은 유장에게 배척당한 자이며, 유파劉巴는 예전부터 한을 품었던 사람인데, 유비는 이들을 모두 중요한 직책에 임명하여 그 재능을 충분히 발휘하도록 했다. 그러므로 뜻있는 선비 치고 진력함을 다투지 않는 이가 없었다.

| 건안 20년(215) | 손권은 유비가 이미 익주를 손에 넣었다고 여기고 사자를 보내 형주를 돌려받으려는 생각을 말했다. 유비는 이에 대해 다음과 같이 말했다.

"양주를 얻고 나면 당연히 형주를 돌려주겠습니다."

손권은 몹시 분하여 곧 여몽呂蒙을 보내 장사·영릉·계양 세 군을 습격하여 빼앗도록 했다. 유비는 병력 5만 명을 이끌고 공안으로 내려오고, 관우를 익양益陽으로 들어가도록 했다. 이해에 조조는 한중을 평정했고, 장로는 파서로 달아났다. 유비는 이 소식을 듣고 손권과 동맹을 맺고 형주를 나누어 강하·장사·계양을 동쪽 오나라 소속으로, 남군·영릉·무릉을 서쪽 촉나라 소속으로 하고, 병사들을 이끌고 강주로 돌아왔다. 그리고 황권에게 병사를 이끌고 가서 장로를 맞아들이도록 했지만 장로는 벌써 조조에게 투항한 뒤였다. 조조는 하후연夏侯淵과 장합張郃을 한중에 주둔시키고 파巴의 경계를 자주 침범하여 소란스럽게 했다. 유비는 장비에게 병사들과 탕거宕渠로 나아가 와구瓦口에서 장합 등과 싸우도록 하여 격파시키니, 장합은 병사를 추슬러 남정南鄭으로 돌아갔다. 유비도 성도로 돌아갔다.

| 건안 23년(218) | 유비는 장수들을 인솔하여 한중으로 나아갔다. 장수 오란吳蘭과 뇌동雷銅 등을 나누어 보내 무도武都로 들어가게 했으나 조조 군대에게 전멸하게 되었다. 유비는 양평관陽平關에 주둔하며 하후연, 장합 등과 대치했다.

| 건안 24년(219) 봄 | 유비는 양평관에서 남쪽으로 내려와 면수沔水를 건너 산을 따라 점점 앞으로 나아가 정군산定軍山에 진영을 구축했다. 하후연이 병사를 이끌고 와서 그 땅을 놓고 쟁탈전을 벌였다. 유비는 황충에게 명령해 높은 곳으로 올라가 북을 쳐서 공격하도록 하여 하후연의 군대를 크게 깨뜨리고, 하후연과 조조가 임명한 익주 자사 조옹趙顒 등을 참수했다. 조조는 장안에서부터 크게 일어나 남쪽으로 정벌에 나섰다. 유비는 다음과 같이 예언했다.

"조조가 비록 지금 온다고 해도 어쩔 수 없을 것이다. 나는 반드시 한천漢川을 지키겠다."

조조가 이르자 유비는 병력을 집결시켜 요새에 의지한 채 끝까지 싸우지 않았다. 조조는 몇 달이 지나도 함락시키지 못했고 도망가는 자만 나날이 늘어났다. 여름이 되자 조조는 정말로 군대를 이끌고 돌아갔고, 유비는 한중을 지켰다. 유비는 유봉劉封·맹달·이평李平 등을 보내 상용군上庸郡에서 신탐申耽을 공격했다.

| 가을 |  신하들은 유비를 한중왕漢中王으로 추대하고는 한제(漢帝, 헌제)에게 표를 올려 말했다.


　평서장군平西將軍[15] 도정후都亭侯 신臣 마초, 좌장군 장사長史 진군장군鎭軍將軍 신 허정, 영사마營司馬 신 방희, 의조종사중랑議曹從事中郞 군의중랑장軍議中郞將 신 사원射援, 군사장군軍師將軍 신 제갈량, 탕구장군盪寇將軍 한수정후漢壽亭侯 신 관우, 정로장군征虜將軍 신정후新亭侯 신 장비, 정서장군 신 황충, 진원장군鎭遠將軍 신 뇌공賴恭, 양무장군(揚武將軍, 정벌을 담당한 관직) 신 법정, 홍업장군興業將軍 신 이엄 등 120명은 말씀을 올립니다.

　옛날 당요唐堯는 최고의 성인이었지만 조정에는 네 명의 간신(공공共工·곤鯀·환도驩兜·삼묘三苗)이 있었고, 주 성왕周成王은 인자하고 현명했지만 네 제후국(채숙蔡叔·관숙管叔·곽숙霍叔·무경武庚)이 반란을 일으켰습니다. 고후(高后, 한나라 고조의 황후)가 나라의 실권을 장악하자 여씨呂氏 일족은 권력을 찬탈하고, 효소제孝昭帝가 어리므로 상관씨上官氏는 반역을 꾀했습니다. 이런 사람은 모두 대대로 전해진 은총에 의지하여 국가권력을 장악하고 극도로 흉악하게 굴어 혼란스럽게 했으며, 사직을 위태롭게 했습니다. 대순大舜·주공周公·주허후(朱虛侯, 여씨 일족을 죽

68

---

15)  정벌을 담당했다. 평동平東·평남平南·평서平西·평북平北 등 네 장군을 사평장군四平將軍이라고 했으며, 지위는 사정장군四征將軍이나 사진장군四鎭將軍보다 아래였다. 촉나라와 오나라에도 있었다.

인 유장劉章)·박육후(博陸侯, 상관씨 일족을 죽인 곽광霍光)가 없었다면 이런 자들을 내쫓거나 잡아들이고 토벌하여 위기에 빠진 나라를 안정시키기란 불가능했을 것입니다.

엎드려 생각해보면 폐하께서는 위대한 용모와 매우 높은 덕으로 천하를 다스렸지만 액운을 만나 황실이 쇠퇴하는 어려움을 겪고 있습니다. 동탁董卓이 제일 먼저 혼란스럽게 하여 수도를 흔들어놓았고, 조조가 그 재난을 이용하여 제왕의 권한을 몰래 취했습니다. 황후나 태자에게 짐새(광동성廣東省에 사는 독조毒鳥)의 깃을 담근 독주를 마시게 하여 죽이고 천하를 어지럽혀 백성을 파멸 속으로 밀어 넣었습니다. 오랫동안 폐하께 도망하는 괴로움을 겪게 하여 근심시키고 텅 빈 성에 가두었습니다. 백성을 다스리는 임금도 신에게 제사를 지내는 주재자도 없고, 왕의 명령을 끊어버리고 제왕 자리를 가리고 정권을 빼앗으려고 합니다.

좌장군 영사예교위領司隷校尉, 예·형·익 세 주의 목牧, 의성정후 유비는 조정에서 작위와 봉록을 받았으니 힘을 다하여 나라의 어려움을 위해 몸을 바치려 생각하고 있습니다. 일의 징조를 보고 떨쳐 일어나 거기장군 동승과 함께 조조를 주살할 계획을 세워 나라를 안정시키고 옛 도읍(낙양洛陽)을 진정시키려 했습니다. 동승의 기밀이 지켜지지 못하여 조조의 떠도는 혼이 악한 일을 널리 하도록 하여 천하를 파멸시키게 했습니다. 신 등은 언제나 황실에 크게는 염락閻樂의 재앙이 있고, 작게는 정안定安의 변고가 있음을 걱정해왔습니다. 아침부터 저녁까지 불안하여 떨면서 숨도 제대로 쉬지 못했습니다.

옛날 《우서虞書》에는 "너그러운 태도로 구족九族을 대하라."라고 했고, 주周는 두 시대(하와 은)를 참고하여 같은 성姓의 제후국을 세웠으며, 《시경詩經》이 그 의의를 서술하여 오랜 세월이 지났습니다. 한나라 왕조가 세워진 초기에는 영토를 나누어 황실의 자제를 존중했습니다. 이 때문에 여씨 일족의 반란을 결국 뿌리 뽑아 태종太宗의 기초를 완성했습니다. 신 등은 유비가 황실의 일족이고 황실의 울타리로서 한마음으로 나라를 염려하며 혼란을 없애려 한다고 생각합니다. 한중에서 조조를 깨뜨린 뒤부터 천하의 영웅이 유비의 주위로 모여들었는데, 그 작위와 이름이 분명하지 않고 구석九錫의 예도 더하지 않음은 나라를 지켜 보존하고 만대까지 그 공적을 빛나게 하는 것이 아닙니다. 저희는 조정 밖에서 조서를 받드는데 관위官位를 주는 문서가 끊겼습니다. 옛날 하서 태수河西太守 양통梁統 등은 한나라의 중흥을 만났지만 산하에 가로막혀 지위와 권력이 모두 똑같아 서로 통솔할 수 없으므로 모두 두융竇融을 원수로 추대하여 공적을 세우고 외효隗囂를 무찔렀습니다.

지금 사직의 어려움은 농, 촉(두융과 양통 등이 있던 지역)의 상태보다 위급합니다. 밖에서는 조조가 천하를 집어삼키려 하고 안에서는 많은 관료를 죽여 조정에 내란이 일어날 위험이 있지만 황실의 종친들은 협력하여 치욕을 막을 계책을 세우지 않고 있으니 사람들의 마음을 얼어붙게 할 만합니다. 신 등은 옛날 규범에 따라 유비를 한중왕으로 봉하고 대사마로 임명하여 여섯 군軍을 총지휘하도록 하고, 동맹군을 규합하여 역적을 소탕하려고 합니다. 한중·파·촉·광한·건위健爲 등의 군을 국國으로 하고 관서를 설치하는 것은 한나라 초 제후 왕의 옛 예에 따르도록 했습니다. 이처럼 바뀐 제도가 나라에 이익이 된다면 독단적인 행위는 가능합니다. 그런 뒤에 공업이 세워지게 됩니다. 신 등은 물러나 거짓 조서를 받은 죄를 받을 것이며, 설령 죽는다고 해도 후회하지 않을 것입니다.

그리고 면양(沔陽)에서 단장(壇場)을 설치하고 병사들을 정렬시키고 신하들을 배석시켜 상주문 읽기를 끝마치고서 유비에게 왕관을 씌웠다.

유비는 한제에게 상주문을 올려 말했다.

신은 자리나 채우는 신하의 재능으로 상장군(上將軍)의 임무를 맡고 세 군(軍)을 통솔하며 밖에서 조서를 받들었지만 적의 반란을 소탕하여 황실의 안정을 돕지 못해 오랫동안 폐하의 성명한 교화가 쇠미한 상태로 있게 했으며, 천하가 혼란스러워 편안하지 못했습니다. 신은 이런 걱정으로 몸을 뒤척이며 잠을 이루지 못하고 두통 같은 질병으로 고통을 받고 있습니다. 전에는 동탁이 혼란을 조장했고, 그 뒤로는 흉악한 자들이 도처에서 날뛰며 천하를 해롭게 했습니다. 폐하의 성스러운 덕과 위풍에 의지하여 사람과 신이 모두 호응하여 어떤 때는 충의를 떨쳐 일어나 토벌하고, 어떤 때는 하늘이 벌을 내려 포학하고 반란을 일으킨 자들을 소멸시켜 얼음이 서서히 녹는 듯했습니다.

그런데 오직 조조만 오랫동안 제거되지 않아 국가의 권력을 찬탈하고 마음대로 나라를 어지럽히고 있습니다. 신은 예전에 거기장군 동승과 함께 조조를 토벌하려는 계획을 세웠지만 기밀이 지켜지지 않아 동승이 살해되고 말았습니다. 신은 갈 곳을 잃고 떠돌면서도 조정에 충의를 다하려고 했지만 이루지 못했습니다. 조조가 흉악한 반역 행위를 저지르도록 내버려두어 황후가 살해되고 황태자가 독살되었습니다. 비록 동맹을 규합하여 힘을 떨치려고 했지만 유약하고 무력이 없어 몇 해가 지나도록 성과가 없습니다. 항상 느닷없이 죽어 나라의 은덕에 보답하지 못할까 봐 자나 깨나 줄곧 탄식하며 아침부터 저녁까지 걱정하고 있습니다.

지금 신들은 생각합니다. 전에 《우서》에서는 "너그러운 태도로 구족을 대하라. 그들의 현명함으로 나라를 다스리는 일을 보좌하라."라고 했고, 오제(五帝, 황제黃帝 · 전욱顓頊 · 제곡帝嚳 · 요堯 · 순舜)는 여기에 더하고 뺐지만 이 도는 지속되고 있고, 주周는 두 조대를 참고하여 희성姬姓의 나라를 나란히 세운 결과 실제로 진晉과 정鄭의 보좌를 받는 복을 누렸습니다. 고조는 한나라 왕조를 창립하여 황실 자제들을 존중하고 아홉 왕국을 세워 결국 여씨 일족을 참수시켜 본가를 안정시켰습니다. 지금 조조는 정직한 사람을 증오하고 있으며 이미 찬탈하려는 의도를 드러냈습니다. 종실은 이미 쇠약해졌고 황족으로서 중요한 자리에 있는 이가 없기에 옛날 법식을 생각해보면서 권위의 마땅함을 빌려 신을 대사마 한중왕으로 추대했습니다.

신이 엎드려 저 자신을 세 번 반성하건대 나라의 두터운 은혜를 받아 한쪽의 중임을 맡았으면서도 힘을 다해 효과를 얻지 못했고, 얻은 관직이 분에 넘치는데 또다시 높은 지위를 더하여 죄악이나 비난을 무겁게 함은 마땅하지 않습니다. 하지만 관료들은 도의를 갖고 신을 가까이한 것입니다. 신이 한 걸음 물러나 생각해보면 적은 멸망하지 않았고 국가의 혼란은 멈추지 않았으며 종묘는 기울고 사직은 멸망하려고 하므로, 신은 직책을 다하지 못함을 걱정하고 죽음으로써 나라를 구하려는 책임을 갖게 됩니다. 만일의 사태 변화에 대응하여 조정을 안정시킬 수 있다면 비록 물과 불 속으로 달려가는 일일지라도 사양하지 않겠으며, 감히 떳떳함을 고려하여 뒷날에 후회하는 일이 없도록 하겠습니다. 그래서 여러 사람의 의견을 따라 인새印璽를 받아 국위를 높이기로 했습니다. 고개를 들어 이 작호를 생각하면 위치가 높고 총애가 두터우며, 고개 숙여 은덕에 보답할 일을 생각하면 걱정이 깊고 책임이 무거워 놀라 두려워 숨을 몰아쉬니 계곡 옆에 있는 것만 같습니다. 힘을 다해 성의껏 받들고 여섯 군을 떨치도록 하며 정의로운 선비들을 통솔하고 하늘에 호응하고 시운에 따라 역적을 토벌하여 사직을 안정시켜 은혜에 만 분의 일이라도 갚겠습니다. 삼가 상주하여 받들겠습니다. 그리고 역驛에서 가좌장군假左將軍과 의성정후의 인수를 반환하겠습니다.

그러고는 돌아와 성도에 관소를 설치하고, 위연魏延을 발탁하여 도독都督으로 삼아 한중을 달래서 복종하도록 했다. 이때 관우는 조조의 장수 조인을 공격했는데 번성에서 우금을 사로잡았다. 손권이 갑작스레 관우를 습격하여 죽이고 형주를 취했다.

| 건안 25년(220) | 위魏나라 문제(조비曹丕)가 황제 칭호를 쓰고 연호를 바꿔 황초黃初라고 했다. 어떤 이가 한제가 살해되었다고 전하자 유비는 곧 국상을 발표하고 상복을 입고서 시호를 효민제孝愍帝로 추증했다. 이 뒤로 여러 상서로운 조짐이 줄을 이어 보고되었고 해와 달이 서로 접촉했기 때문에 의랑 양천후陽泉侯 유표劉豹, 청의후青衣侯 상거向擧, 편장군偏將軍 장예張裔, 황권, 대사마속大司馬屬[16] 은순殷純, 익주 별가종사 조작趙莋, 치중종사治中從事 양홍楊洪, 종사좨주從事祭酒[17] 하종何宗, 의조종사議曹從事[18] 두경杜瓊, 권학종사勸學從事 장상張爽, 윤묵尹默, 초주譙周 등이 상주문을 올렸다.

---

16) 유비 대사마부大司馬府 소속의 관원으로 유비가 한중왕으로 일컫고 나서 후한의 대사마부를 계승하여 두었는데, 그가 제위를 칭하면서부터는 이것을 없애버렸다.

17) 주 정부 내의 여러 종사사從事史의 우두머리인데, 그 자격으로 덕망이 높은 자가 우선이었다.

18) 촉나라 익주 주목부州牧府의 하속으로 유비가 익주를 취한 이후 자신이 좌장군 겸 익주목을 맡으면서 수하에 둔 관직이다.

신들이 듣기로 《하도河圖》나 《낙서洛書》, 오경五經의 참위서讖緯書는 공자가 밝힌 것인데 사태에 대처하는 징험이 예로부터 있었습니다. 주의 깊게 살펴보면 《낙서견요도洛書甄曜度》에서는 "적(赤, 화덕火德)이 사흘간 나타나면 번창하고, 여러 대를 거쳐 이름과 알맞게 갖추어지면 합쳐 제제帝際가 된다."라고 했고, 《낙서보호명洛書寶號命》에서는 "천도天度와 제왕의 도道가 갖추어지면 황皇이라 칭하고, 왕명을 통솔하여 성공하고 패하지 않는다."라고 했으며, 《낙서녹운기洛書錄運期》에서는 "구후칠걸九侯七傑이 운명을 다투고, 백성은 유해를 불태우며, 길을 지나는 사람들은 가로세로로 뒤섞여 사람의 머리를 밟는다. 누가 사람의 주인이 되게 할까? 현묘한 덕을 갖춘 사람이 와야만 한다."라고 했고, 《효경구명결록孝經鉤命決錄》에서는 "제帝는 세 번 세우고 아홉 번 만나서 갖추어진다."라고 했습니다.

신의 아버지인 주군周羣이 살아 있을 때 서남쪽에서 자주 황색 기운이 나타나 수직으로 올라가는 것이 몇 장이나 되었으며, 나타난 지는 매우 오래되었는데 언제나 상서로운 구름 기운과 길상의 바람이 있어 선기(璿璣, 혼천의渾天儀를 가리킴)로부터 아래에서 황색 기운에 호응했다고 했습니다. 이것은 매우 특별한 징조입니다. 또 건안 22년(217)에 깃발처럼 생긴 구름 기운이 서쪽에서 동쪽으로 이르며 하늘 중앙에서 가는 것을 여러 번 보았는데, 《하도》와 《낙서》에서는 "그쪽에서 반드시 천자가 나온다."라고 풀이했습니다. 게다가 그해에는 태백(太白, 금성金星)과 형혹(熒惑, 화성火星)과 전성(塡星, 토성土星)이 늘 세성(歲星, 목성木星)을 좇아 움직였습니다.

가까이로는 한漢이 일어나던 초기에 오성(五星, 목성·화성·금성·수성·토성)이 세성을 따라 함께 있었는데, 세성은 오상五常 가운데 의義를 주재하며, 한나라의 방위는 서쪽에 위치하므로 의義의 위쪽입니다. 그러므로 한나라 법에서는 늘 세성으로 천자를 점쳤습니다. 따라서 성스러운 군주는 마땅히 이 주에서 일어나 대업을 이루어 중흥시켜야 합니다. 당시 허도에는 한제가 여전히 있으므로 신하들은 그것을 감히 누설하지 못했던 것입니다.

최근 형혹이 또 세성을 따라 운행하여 별자리 위胃·묘昴·필畢에 나타났습니다. 묘와 필은 천체의 중추 부위이며,《역경易經》에서 "제성帝星이 이곳에 있으면 모든 사악함은 사라진다."라고 했습니다. 당신의 성스러운 휘가 미리 예견되어 나타났고, 증험을 추구하는 사이에 부합되는 일이 자주 있었는데, 이와 같은 일은 한 가지가 아닙니다. 신이 듣기로는 성스러운 군주가 하늘에 앞서서 행동할 경우 하늘은 그를 등지지 않고, 하늘 뒤에서 행동할 경우 하늘의 때를 받들기 때문에 그때에 순응하여 태어나고 신과 합치될 수 있다고 합니다. 원컨대 대왕께서는 하늘의 때에 순응하고 민심에 순종하여 곧바로 대업을 넓혀 천하를 안정시키십시오.

**태부太傅 허정, 안한장군安漢將軍[19] 미축, 군사장군 제갈량, 태상 뇌공, 광록훈光祿勳 황권(황주黃柱), 소부少府 왕모王謀 등이 상주문을 올려 말했다.**

조비는 군주를 죽이고 제위를 찬탈했으며, 한나라 황실을 멸망시키고 국가의 대권을 훔쳐 취했으며, 충의롭고 선량한 신하들을 협박하고 잔혹하며 도가 없습니다. 사람도 귀신도 격분하고 모두 유씨劉氏

---

19) 유비가 둔 것으로 지위는 높지만 군대를 통솔하지는 않는 명예직이다. 예: 이회·왕평

를 갈망하고 있습니다. 지금 위로는 천자가 없고 천하는 불안하며 우러를 만한 사람이 없습니다. 신하들 중에서 앞뒤로 글을 올린 사람이 8백여 명이나 되는데 모두 좋은 징조를 서술했고, 도참에서도 분명한 징조를 나타냈습니다. 최근 무양현武陽縣 적수赤水에 황룡이 나타났다가 9일 만에 사라졌습니다. 《효경원신계孝經援神契》에서는 "덕德이 깊은 냇물에 이르면 황룡이 나타난다."라고 했는데, 용은 군주를 상징합니다. 《역》의 건괘乾卦 구오(다섯 번째 효로 앞의 '구'는 양효임을 나타냄)에서는 "날아가는 용이 하늘에 있다."라고 했는데, 대왕께서는 용이 하늘에 오르듯이 제위에 오르셔야 합니다. 또 전에 관우가 번성과 양양을 포위했을 때 양양의 남자 장가張嘉와 왕휴王休가 옥새를 바쳤는데, 옥새는 한수漢水에 잠겨 깊은 샘에 엎드려 있었지만 찬란한 빛을 발산하고 신비한 광채는 하늘에까지 닿았습니다.

　무릇 한漢은 고조가 일어나 천하를 평정했을 때의 국호입니다. 대왕은 선제의 자취를 답습했고, 또 한중에서 일어나게 되었습니다. 지금 천자의 옥새에 신비스러운 광채가 미리 보이고 옥새가 양양에 있는 한수의 하류에서 나타난 것은 선제의 후대를 계승하라고 대왕에게 천자의 자리를 준다는 설명으로, 상서로운 징조가 인사와 합치된 것이지 사람의 힘으로 이룰 수 있는 바가 아닙니다. 옛날 주周에 오어烏魚가 나타나는 조짐이 있었는데 모두 좋은 징조라고 했습니다. 고조와 세조가 천명을 받을 때에는 《하도》와 《낙서》가 먼저 나타나서 징조로 여겼습니다. 지금은 하늘이 상서로운 징조를 고하고 여러 유생이 밝고 뛰어나며 아울러 《하도》와 《낙서》, 공자의 《참기讖記》(예언서)를 발굴하여 모든 징조가 갖추어졌습니다.

　대왕께서는 효경제의 아들 중산정왕의 후예로서 본가와 분가의 백대를 지나게 되었고, 천지의 신이 복을 내렸으며, 성스러운 자태는 아름답고 빼어납니다. 신 같은 무용을 몸에 갖추었고, 인의가 천하를 덮고 은덕이 천하에 쌓였으며, 사람을 사랑하고 선비를 좋아하시므로 사방 사람들이 마음을 의지하고 있습니다. 영도靈圖를 살펴보고 참위서에 근거하면 신명한 의지의 표출로 이름이 매우 분명하게 나타나 있습니다. 마땅히 제왕 자리에 올라 이조二祖의 사업을 계승하고 종묘를 지속시켜야만 천하가 큰 행운을 얻게 될 것입니다. 신 등은 삼가 박사 허자許慈, 의랑 맹광孟光과 함께 즉위 의식을 제정하고 길일을 선택하여 존호尊號를 받들겠습니다.

유비는 성도 무담산武擔山[20] 남쪽에서 제위에 올랐다. 제문祭文을 지어 말했다.

건안 26년(221) 4월 6일에 황제 유비는 감히 현모(玄牡, 검정 소)를 써서 황천의 상제와 후토(后土, 토지를 맡은 신)의 신기(神祇, 하늘의 신령과 땅의 신령)에게 명백하게 보고합니다. 한나라는 천하를 소유하여 제위를 계승한 것이 무궁합니다. 전에 왕망王莽이 찬탈하여 훔쳤을 때 광무제가 진노하여 그를 토벌하고 멸망시켰으므로 나라가 존속되었습니다. 지금 조조는 무력으로 황제와 황후를 잔인하게 죽이고 하늘을 업신여

---

20) 남성에서 여성으로 바뀐 무도 사람이 있었다. 그녀는 용모가 아름답고 산의 정기를 쓰고 있었다. 촉왕蜀王은 그녀를 아내로 맞이했는데 그녀가 풍토에 익숙지 않아 병이 났으므로 자기 나라로 돌아가고 싶어 했다. 하지만 촉왕이 그녀를 붙들어두어 죽고 말았다. 촉왕은 사졸을 무도로 보내 그곳의 흙을 성도의 성곽 안에까지 날라와 묻도록 했다. 넓이가 몇 무畝나 되고 높이는 10장이며 이름을 무담武擔이라고 불렀다. 무담은 성도 서북쪽에 위치했는데, 이쪽은 건(乾, 하늘)의 방위이므로 이 땅을 취해 천자 자리에 올랐다는 것이다.

기며 중원을 소란스럽게 하고 하늘의 밝은 도를 돌아보지 않고 있습니다. 조조의 아들 조비는 조조의 흉악무도함을 본받아 나라의 권력을 훔쳐 차지했습니다.

신하와 장수 들은 나라가 멸망하려고 하므로 저 유비가 마땅히 회복시켜 이조의 사업을 잇고 하늘의 징벌을 집행하도록 주장했습니다. 저는 덕행이 낮고 좁아 제위를 부끄럽게 할까 봐 두렵습니다. 백성에게 의견을 구하고 밖으로는 만이蠻夷의 군장君長에게 의견을 들었는데 모두 "천명에 대답하지 않을 수 없고, 선조의 사업을 오랫동안 방치할 수 없으며, 천하에는 군주가 없을 수 없다."라고 했습니다. 모든 나라가 앙모하는 사람은 저 유비 한 사람뿐입니다. 저는 하늘이 명시한 뜻을 두려워하고, 또 한나라 왕조의 황제 자리가 앞으로 땅에 떨어질까 봐 두려워 삼가 길일을 택하여 백관들과 함께 제단에 올라 황제의 인새를 받습니다. 천지의 신들에게 예의를 차리고 그 일을 천신天神에게 아룁니다. 신께서 한나라 황실에 복을 내려 오랫동안 사해를 안정시켜주시기 바랍니다!

| **장무章武 원년(221) 여름 4월** | 대사면을 실시하고 연호를 고쳤다. 제갈량을 승상으로 삼고 허정을 사도司徒로 삼았다. 백관을 두고, 종묘를 세우고, 고제(高帝, 고조) 이하의 선조에게 합동으로 제사를 지냈다.[21] 5월에 오씨吳氏를 황후로 세우고 아들 유선劉禪을 황태자로 삼았다. 6월에 아들 유영劉永을 노왕魯王으로 삼고 유리劉理를 양왕梁王으로 삼았다.

거기장군 장비가 측근에게 살해되었다. 당초 유비는 손권이 관우를 습격한 일에 분노하여 동쪽으로 정벌에 나서려고 했는데, 가을 7월에야 마침내 군사들을 이끌고 오를 쳤다. 손권이 편지를 보내

화해를 청했지만 유비는 매우 화가 나서 받아들이지 않았다.

오나라 장군 육의陸議·이이·유아劉阿 등이 무현巫縣과 자귀현秭歸縣에 주둔하고 있었는데, 장군 오반吳班과 풍습馮習이 무현에서 이이 등을 쳐서 깨뜨리고 군대를 자귀현에 주둔시켰다. 이때 무릉과 오계五溪의 만이가 사자를 보내 병사를 요청했다.

| 장무 2년(222) 봄 정월 | 유비의 군대는 자귀현으로 돌아왔고, 장군 오반과 진식陳式의 수군은 이릉夷陵에 주둔하며 장강長江 동서쪽 강 기슭에 진영을 설치했다. 2월에 유비는 여러 장군을 거느리고 자귀현에서 나아가 산을 따라 고개를 넘어 이도夷道의 효정猇亭에 진영을 두었다. 항산佷山에서 무릉을 지나서 시중 마량馬良을 보내 오계의 만이를 위로하도록 했으므로, 만이는 모두 서로 호응하여 행동을 일으켰다. 진북장군鎭北將軍 황권이 강북의 군대들을 통솔하여 이릉의 길에서 오나라 군대와 서로 대치했다.

| 여름 6월 | 자귀현에서 10리쯤 되는 곳에 황색 기운이 나타났는데 넓이가 수십 장이나 되었다. 그 뒤 열흘쯤 있다가 육의가 효정에서 유비의 군대를 크게 깨뜨렸으며, 장군 풍습과 장남張南 등은 모두 전사했다. 유비는 효정에서 자귀로 돌아와서 흩어졌던 병사들을 모아 배를 버리고 육로를 통해 어복魚復으로 돌아왔다. 어복현魚復縣을 바꾸어 영안현永安縣이라고 불렀다. 오나라는 장군 이이와 유아

---

21) 유비는 효경제의 혈육이지만 아주 먼 후손이므로 종묘에서 제사 지내는 순위를 분명히 하기가 어려웠다. 유비는 한나라 왕조를 계승하면서도 어떤 황제를 시조로 하고 친묘親廟를 어떻게 세워야 할지 몰랐다. 이때 영명하고 현명한 사람들이 보좌하고 학자가 관직에 있었으므로 종묘 제도에 반드시 헌장憲章이 있지만 기록이 빠졌거나 간략한 것이 유감이다.

등을 보내 유비의 군대를 뒤쫓고 남산南山에 주둔했다.

| 가을 8월 | 유비는 병사를 모아 무현으로 돌아왔다. 사도 허정이 죽었다.

| 겨울 10월 | 승상 제갈량에게 조서를 내려 성도 남교(南郊, 동짓날 하늘에 제사를 지내는 장소)와 북교(北郊, 하짓날 땅에 제사를 지내는 장소)에 제단을 세우도록 했다. 손권은 유비가 백제성白帝城에 주둔하고 있다는 소식을 듣고 매우 두려워하며 사자를 보내 화해를 청했다. 유비가 허락하고 태중대부太中大夫 종위宗瑋를 보내 이 일을 완결하고 돌아오도록 했다.

| 겨울 12월 | 한가 태수漢嘉太守 황원黃元은 유비가 병들었다는 말을 듣고 병사를 일으켜 저항했다.

| 장무 3년(223) 봄 2월 | 승상 제갈량이 성도에서 영안으로 왔다. 3월에는 황원이 병사를 진군시켜 임공현臨邛縣을 쳤다. 유비는 장군 진홀陳曶을 보내 황원을 토벌하게 했다. 황원의 군대는 패하여 장강을 따라 내려갔다. 황원은 자기 호위병에게 결박당하여 그대로 성도로 보내져 참수되었다. 유비는 질병이 심해지자 승상 제갈량에게 아들을 부탁하고 상서령尙書令 이엄에게 보좌하도록 했다.

| 여름 4월 | 계사일에 유비는 영안궁永安宮에서 세상을 떠났다. 이때 나이가 예순세 살이었다.

제갈량은 후주(後主, 유선)에게 상주하여 말했다.

엎드려 생각해보면 이미 고인이 된 황제께서는 인仁을 행하고 덕德을 세웠으며 천하를 덮는 일이 끝없었는데 커다란 하늘은 불쌍히 여기지 않고 중병을 오래 앓도록 하여 이번 달 24일에 갑자기 세상을 떠나게 했습니다. 신하와 비빈妃嬪들이 소리 내어 울고 슬퍼하는 모습이 마치 부모를 잃은 것과 같았습니다. 또 남긴 조서를 돌아보면 일은 종사宗事를 생각하고 행동은 손해와 이익을 용납했습니다. 백관이 애도할 경우는 사흘을 채우면 상복을 벗고 매장하는 날 다시 장례 예절에 따르도록 하셨으니 군국의 태수와 상, 도위, 현령, 현장縣長[22]은 사흘이 지나서 곧 상복을 벗었습니다. 신 제갈량은 직접 칙명을 받은 뒤부터는 선제의 신령을 두려워하며 감히 위배된 행동을 하지 않았습니다. 신은 널리 알려 받들어 시행하도록 하기를 요청합니다.

| 5월 | 영구가 영안에서 성도로 돌아왔고, 시호를 소열제昭烈帝라고 했다. 가을 8월에 혜릉惠陵에 매장했다.

【평하여 말한다】

유비는 도량이 넓고 의지가 강하며 마음이 너그럽고 인물을 알아보며 선비를 예우했다. 그는 한나라 고조의 풍모를 지녔고 영웅의 그릇이었다.[23] 그가 나라를 받들고 태자를 보좌하는 일을 제갈량에게 부탁하되 마음에 의심이 없었던 것은 확실히 임금과 신하의 지극한

---

22) 《한서漢書》에 의거해보면, 현의 높은 관리를 가리켜 장리長吏라고도 불렀는데,《삼국지三國志》에서는 영슈과 장長을 포괄적으로 가리키고 있다. 사실상 현령은 관할 호구 수가 1만 호 이상일 경우에 쓰이고, 현장은 1만 호 이하일 경우에 썼다.

23) 유비의 일생은 세 단계로 나뉜다. 184년 황건적을 무찌르기 위해 일어나서 207년 제갈량을 얻기까지가 1단계이고, 208년 적벽지전부터 221년 4월 황제에 즉위하기까지가 2단계인데, 이때는 천하 삼분의 형세가 이루어졌던 시기이다. 마지막으로 221년 7월 오나라를 공격하면서부터 223년 4월 영안궁에서 병사하기까지가 3단계이다.

공심公心이며 고금을 통해 가장 훌륭한 모범이었다. 유비는 임기응변의 재간과 책략이 조조에 미치지 못했기 때문에 국토도 좁았다. 그러나 좌절해도 굴복하지 않으며 끝까지 조조의 신하가 되지 않았다. 조조의 도량으로는 틀림없이 자신을 받아들이지 못할 것이라 여겨 그와 이익을 다투지 않았으며, 또한 해를 피할 수 있었을 것이다.

# 후주전後主傳

우매하여 나라를 빼앗긴 군주

# 우매하여 나라를 빼앗긴 군주

## 후주전後主傳

후주는 휘가 선禪이고 자는 공사公嗣이며 유비의 아들이다. 건안 24
년(219)에 유비가 한중왕이 되자 그를 왕태자王太子로 세웠다. 유비
가 제위에 오르자 봉책(封冊, 천자가 제후를 임명하는 조서)을 내렸다.

　　장무 원년(221) 5월 12일에 황제는 말한다. "태자 유선아, 짐은 한나
라의 국운이 어렵고 적신賊臣이 찬탈하며 사직에 주인이 없는 때를 만
났다. 올바른 사람과 정직한 신하 들이 하늘의 명령을 밝혀주었으므
로 짐은 한나라의 대통을 잇게 되었다. 지금 유선을 황태자로 삼아 종
묘를 이어 사직을 공경스럽게 받들도록 하겠다. 사지절 승상인 제갈
량으로 하여금 인수를 주도록 하라. 태자는 삼가 사부師傅의 가르침을
듣고 한 가지 일을 실행하여 세 가지 선善을 모두 얻도록 하라. 어찌
힘쓰지 않을 수 있겠는가!"

| 장무 3년(223) 여름 4월 | 유비는 영안궁에서 세상을 떠났다. 5월에
유선이 성도에서 황제 자리를 이어받았는데 그때 나이가 열일곱
살이었다. 유선은 목 황후를 존경하여 황태후皇太后라고 불렀다. 대
사면을 실시하고 나라의 연호를 바꾸었다. 이해가 위나라 황초 4년
이다.

| **건흥建興 원년(223) 여름** | 장가 태수群舸太守 주포朱襃가 군郡을 끼고 반란을 일으켰다.[1] 이보다 앞서 익주군에서는 호족 옹개가 반란을 일으켜 태수 장예를 오나라로 쫓아내고 군을 차지하고는 복종하지 않았다. 월수越嶲 이인夷人의 우두머리인 고정高定도 배반했다. 이해에 유선은 황후 장씨張氏를 세웠다. 상서랑尙書郞 등지鄧芝를 보내 오나라와 우호 관계를 공고히 하도록 했다. 오나라 왕 손권은 촉나라와 화친을 맺고자 사자를 보냈다. 이해에 두 나라는 우호 관계를 맺었다.

| **건흥 2년(224) 봄** | 농경에 힘쓰게 하고 황무지를 개간하여 곡식을 심게 했으며, 월수로 통하는 길의 관문을 닫아 백성을 쉬게 했다.

| **건흥 3년(225) 봄 3월** | 승상 제갈량은 남쪽의 네 군(익주·영창永昌·장가·월수)을 정벌하여 모두 평정했다. 익주군을 건녕군建寧郡으로 바꾸고, 건녕군과 영창군永昌郡의 일부를 나누어 운남군雲南郡을 만들었으며, 또 건녕군과 장가군의 일부를 나누어 흥고군興古郡을 만들었다. 12월에 제갈량은 성도로 돌아왔다.

| **건흥 4년(226) 봄** | 도호都護 이엄이 영안에서 돌아와 강주에 주둔하며 큰 성을 쌓았다.

| **건흥 5년(227) 봄** | 승상 제갈량은 병사를 내어 한중에 주둔하고, 면수 북쪽의 양평군陽平郡 석마현石馬縣에 진영을 설치했다.

---

1) 당초 익주 종사益州從事 상방常房이 순시하던 중에 주포가 다른 마음을 품고 있다는 정보를 듣고 주포의 주부를 체포해 신문하다 죽였다. 주포는 이에 성이 나 상방을 쳐서 죽이고 그가 반역했다고 무고했다. 제갈량은 상방의 자식들을 처형하고 그 동생 네 명을 월수로 유배 보내 주포의 마음을 누그러뜨리려 했다. 그러나 주포는 마음을 바꾸지 않고 군을 끼고 반란을 일으켜 옹개에게 호응했다.

| 건흥 6년(228) 봄 | 제갈량은 병사를 내어 기산祁山을 쳤으나 이기지 못했다. 겨울에 제갈량은 다시 산관散關으로 출병하여 진창陳倉을 포위했지만 식량이 떨어져 물러나고 말았다. 위나라 장수 왕쌍王雙이 군대를 이끌고 제갈량을 추격했으므로, 제갈량은 왕쌍과 싸워 격파하고 그를 베고 한중으로 돌아왔다.

| 건흥 7년(229) 봄 | 제갈량은 진식을 보내 무도와 음평陰平을 치게 했는데, 마침내 이겨 두 군을 평정했다.

겨울에 제갈량은 승상부와 군영을 남산 아래 평원으로 옮기고, 한漢과 낙樂 두 성을 쌓았다. 이해에 손권은 제帝라 일컬으며 촉과 동맹을 맺어 천하를 함께 나누어 다스리기로 했다.

| 건흥 8년(230) 가을 | 위나라는 사마의司馬懿에게 서성西城을, 장합에게 자오子午를, 조진曹眞에게 야곡斜谷을 지나게 하여 한중을 치려고 했다. 승상 제갈량이 성고城固와 적판赤阪에서 그들을 기다리고 있었는데 큰비로 길이 끊기자 조진 등은 모두 돌아갔다. 이해에 위연은 위나라 옹주 자사雍州刺史 곽회郭淮를 양계陽谿에서 무찔렀다.

노왕 유영을 감릉왕甘陵王으로 삼고 양왕 유리를 안평왕安平王으로 삼았는데 노와 양 지역이 모두 오의 경계에 있었기 때문이다.

| 건흥 9년(231) 봄 2월 | 제갈량은 다시 군사를 내어 기산을 포위하고, 처음으로 군량을 목우木牛로 실어 날랐다. 위나라의 사마의와 장합이 기산을 구했다.

| 여름 6월 | 제갈량은 식량이 다 떨어져 군사를 물렸다. 장합이 청봉靑封까지 뒤쫓아 와 제갈량과 싸우다가 화살에 맞아 죽었다. 가을 8월에 도호 이평이 파면되어 재동군梓潼郡으로 쫓겨났다.[2]

| 건흥 10년(232) | 제갈량은 병사들을 쉬게 하고, 황사黃沙에서 농경을 장려하고, 목우와 유마流馬를 완성시키고, 병사를 훈련하며 군사

軍事를 가르쳤다.

| 건흥 11년(233) 겨울 | 제갈량은 군사들에게 쌀을 실어 날라 야곡의 입구에 모아놓도록 하여 군창을 만들었다. 이해에 남방의 이적夷狄 유주劉冑가 모반했으나 장군 마충馬忠이 깨뜨려 평정했다.

| 건흥 12년(234) 봄 2월 | 제갈량은 야곡에서 진격하고, 처음으로 군량을 유마로 실어 날랐다.

| 가을 8월 | 제갈량이 위빈渭濱에서 세상을 떠났다. 정서대장군征西大將軍 위연과 승상장사丞相長史 양의楊儀가 병권을 다투어 협조하지 않고 병사를 내어 서로 공격했다. 위연이 져서 달아나자 양의는 위연의 머리를 베고 군사들을 인솔하여 성도로 돌아왔다.

대사면을 실시했다. 좌장군 오일을 거기장군, 독한중督漢中으로 삼았다. 승상유부장사丞相留府長史 장완蔣琬을 상서령으로 삼아 나랏일을 총괄하게 했다.

| 건흥 13년(235) 봄 정월 | 중군사中軍師 양의가 파면되어 한가군漢嘉郡으로 쫓겨났다. 여름 4월에 장완의 지위를 높여서 대장군으로 임명했다.

| 건흥 14년(236) 여름 4월 | 유선은 전현湔縣으로 가서 관판觀阪에 올라 문수汶水의 흐름을 살펴보고 열흘 뒤에 성도로 돌아왔다. 무도현의 저족氐族 왕 부건符健과 그 백성 4백여 호를 광도廣都로 옮겨 살게 했다.

| 건흥 15년(237) 여름 6월 | 황후 장씨가 세상을 떠났다.

---

2) 겨울 10월 강양에서 강주에 이르는 지역에 장강 남쪽에서 날아와 북쪽으로 건너가는 새들이 있었는데, 목적지에 이르기도 전에 물에 떨어져 수천 마리가 죽는 일이 일어났다.

| 연희延熙 원년(238) 봄 정월 | 황후 장씨(이전 황후의 여동생)를 세웠다. 대사면을 시행하고, 연호를 바꾸었다. 아들 유선劉璿을 세워 태자로 삼고, 그의 아들 유요劉瑤를 안정왕安定王으로 삼았다.

| 겨울 11월 | 대장군 장완이 병사를 내어 한중에 주둔했다.

| 연희 2년(239) 봄 3월 | 장완의 지위를 높여 대사마로 임명했다.

| 연희 3년(240) 봄 | 월수 태수越巂太守 장의張嶷에게 월수군越巂郡을 평정하게 했다.

| 연희 4년(241) 겨울 10월 | 상서령 비의費禕가 한중에 이르러 장완과 정무를 상의하고 토론하고 연말에 돌아왔다.

| 연희 5년(242) 봄 정월 | 감군監軍 강유姜維가 한 군대를 인솔하여 한중에서 돌아와 부현에 주둔했다.

| 연희 6년(243) 겨울 10월 | 대사마 장완이 한중에서 돌아와 부현에서 살았다.

| 11월 | 대사면을 실시했다. 상서령 비의를 대장군으로 삼았다.

| 연희 7년(244) 윤달 | 위나라 대장군 조상曹爽과 하후현夏侯玄 등이 한중으로 향하자 진북대장군鎭北大將軍 왕평王平이 흥세興勢의 포위에 저항했으며, 대장군 비의가 군대를 인솔하여 도우러 가자 위나라 군대는 물러났다.

| 여름 4월 | 안평왕 유리가 세상을 떠났다.

| 가을 9월 | 비의가 성도로 돌아왔다.

| 연희 8년(245) 가을 8월 | 황태후가 세상을 떠났다.

| 12월 | 대장군 비의가 한중에 이르러 수비 진영을 시찰했다.

| 연희 9년(246) 여름 6월 | 비의가 성도로 돌아왔고, 가을에 대사면을 시행했다.

| 겨울 11월 | 대사마 장완이 죽었다.

│ 연희 10년(247) │ 양주의 호왕胡王 백호문白虎文과 치무대治無戴 등이 무리를 거느리고 투항했으므로 위장군衛將軍 강유가 가서 맞아 위로하고 그들을 번현繁縣에서 살게 했다. 이해에 문산군汶山郡 평강현平康縣의 이족이 모반을 했으므로 강유가 가서 토벌하고 깨뜨려 평정했다.

│ 연희 11년(248) 봄 5월 │ 대장군 비의가 병사를 내어 한중에 주둔했다. 가을에 부릉군涪陵郡 속국屬國의 백성과 이적이 모반하자 거기장군 등지가 가서 모두 깨뜨려 평정했다.

│ 연희 12년(249) 봄 정월 │ 위나라 대장 조상 등을 처형했고, 우장군右將軍 하후패夏侯覇가 와서 투항했다.

│ 여름 4월 │ 대사면을 시행했다. 가을에 위장군 강유가 출격하여 옹주를 쳤으나 이기지 못하고 돌아왔다. 장군 구안句安과 이소李韶가 위나라에 투항했다.

│ 연희 13년(250) │ 강유는 다시 서평西平으로 출격했지만 이기지 못하고 돌아왔다.

│ 연희 14년(251) 여름 │ 대장군 비의가 성도로 돌아왔다. 겨울에 다시 북상하여 한수漢壽에 주둔했다.

│ 연희 15년(252) │ 오나라 왕 손권이 세상을 떠났다. 아들 유종劉琮을 세워 서하왕西河王으로 삼았다.

│ 연희 16년(253) 봄 정월 │ 대장군 비의가 투항한 위나라 사람 곽순郭循에게 한수에서 살해되었다.

│ 여름 4월 │ 위장군 강유가 또 병력을 거느리고 남안南安을 포위했지만 이기지 못하고 돌아왔다.

│ 연희 17년(254) 봄 정월 │ 강유가 성도로 돌아왔으며 대사면을 시행했다.

| 여름 6월 | 강유가 또 병력을 이끌고 농산隴山으로 출격했다.

| 겨울 | 적도狄道·하관河關·임조臨洮 세 현을 함락시키고 그곳 백성을 면죽현과 번현에 살게 했다.

| 연희 18년(255) 봄 | 강유가 성도로 돌아왔다.

| 여름 | 또 군사들을 거느리고 적도로 출격했고, 위나라의 옹주 자사 왕경王經과 조수洮水 서쪽에서 싸워 크게 이겼다. 왕경은 물러나 적도성狄道城을 지키고, 강유도 옮겨 종제鍾題에 주둔했다.

| 연희 19년(256) 봄 | 강유의 지위를 높여 대장군으로 임명하고 병마를 통솔하도록 했다. 강유는 진서장군鎭西將軍 호제胡濟와 상규上邽에서 만나기로 했지만 호제가 약속을 지키지 않았다.

| 가을 8월 | 강유는 위나라 대장군 등애鄧艾에게 상규에서 격파되었다. 강유는 군사를 물려 성도로 돌아왔다. 이해에 아들 유찬劉瓚을 세워 신평왕新平王으로 삼고 대사면을 시행했다.

| 연희 20년(257) | 위나라의 대장군 제갈탄諸葛誕이 수춘을 점거하고 반란을 일으켰다는 소식이 전해지자, 강유는 다시 병사들을 이끌고 낙곡駱谷에서 출전하여 망수芒水에 이르렀다. 이해에 대사면이 있었다.

| 경요景耀 원년(258) | 강유가 성도로 돌아왔다. 사관이 경성(景星, 태평성대에 나타난다는 상서로운 별)이 나타났다고 말했으므로 대사면을 시행하고 연호를 바꾸었다. 환관 황호黃皓가 처음으로 정권을 잡았다. 오나라 대장군 손침孫綝이 그의 군주 손량孫亮을 폐하고 낭야왕琅邪王 손휴孫休를 세웠다.

| 경요 2년(259) 여름 6월 | 아들 유심劉諶을 북지왕北地王으로 삼고, 유순劉恂을 신흥왕新興王으로 삼았으며, 유건劉虔을 상당왕上黨王으로 삼았다.

|경요 3년(260) 가을 9월| 이미 고인이 된 장군 관우·장비·마초·방통·황충의 시호를 추증했다.

|경요 4년(261) 봄 3월| 이미 고인이 된 장군 조운에게 시호를 추증했다.

|겨울 10월| 대사면을 시행했다.

|경요 5년(262) 봄 정월| 서하왕 유종이 죽었다. 이해에 강유가 또 병사들을 이끌고 후화侯和로 출격했다가 등애에게 격파되어 돌아와 답중沓中에 머물렀다.

|경요 6년(263) 여름| 위나라가 대대적으로 병력을 모아 정서장군 등애, 진서장군 종회鍾會, 옹주 자사 제갈서諸葛緖에게 여러 갈래의 길로 동시에 촉을 공격하도록 명령했다. 이 때문에 촉은 좌우 거기 장군 장익張翼과 요화廖化, 보국대장군輔國大將軍[3] 동궐董厥 등을 보내 이를 막도록 했다. 대사면을 시행하고 연호를 바꾸어 염흥炎興이라고 했다.

|겨울| 위나라 장군 등애가 제갈첨諸葛瞻을 면죽에서 깨뜨렸다. 유선은 광록대부光祿大夫 초주의 계책을 받아들여 등애에게 항복하고 편지를 보내 말했다.

장강과 한수로 인해 나누어진 데다 강은 깊고 길이 먼 장애를 만나 촉나라 땅에 의지하여 한쪽 구석에 두절되어 있으면서 천운天運을 범했고, 점점 여러 해를 지나면서 경성 지역과는 만 리나 떨어지게 되었

---

3) 적국을 정벌하거나 적군의 공격으로부터 방어하는 역할을 한 관직. 촉나라와 오나라는 없었다.

습니다. 매번 생각하건대 황초 연간에 문제(조비)께서 호아장군虎牙將軍 선우보鮮于輔에게 명하여 은밀한 조서를 알리게 하고, 세 가지 훌륭한 은덕을 펼쳐 문호를 열어 보이도록 했습니다.

대의大義는 분명한데 부덕하고 어둡고 연약한 저는 전 시대가 남긴 유산을 탐하고 굽어보고 우러러본 지 여러 해가 되었지만 황제의 큰 가르침을 따르지 못했습니다. 황제의 위엄은 이미 천지를 진동시켰고, 사람도 귀신도 유능한 사람에게 돌아가려고 하는 것이 정해졌으며, 폐하의 대군을 두려워하고, 신神 같은 무용은 향할 바이니 태도를 바꾸어 순종하며 감히 당신의 명령에 따르지 않겠습니까! 저는 곧바로 각 장수에게 무기를 버리고 갑옷을 풀고 관부에 쌓아놓은 재산은 조금도 훼손하지 말도록 명령했습니다. 백성은 들판에서 경작하고, 식량은 밭에 놓음으로써 제왕이 뒤에 와서 줄 은혜를 기다리며 백성의 생명을 보존하고자 합니다.

엎드려 바라건대 위대한 위나라는 은덕을 베풀고 교화를 시행하며 은나라의 이윤伊尹이나 주공 같은 이를 재상으로 삼아 우리 백성을 감싸주고 질환이 있었던 자들을 받아주십시오. 저는 삼가 사사로이 임명한 시중 장소張紹, 광록대부 초주, 부마도위駙馬都尉 등량鄧良을 보내 인수를 가져다 당신에게 바치고, 당신의 명령을 청하며 저희의 성의를 나타내도록 했습니다. 저희의 충성스러운 마음을 공손히 바칩니다. 저희의 생존과 멸망, 칙명과 상을 내리는 것은 모두 당신의 재량에 따를 뿐입니다. 수레에 올려놓은 관(자신이 죄를 지었음을 나타냄)이 옆에 있으니 더는 자세히 이야기하지 않겠습니다.

이날 북지왕 유심은 나라의 멸망을 슬퍼하여 먼저 처자식을 죽이고 뒤이어 자살했다.[4] 장소와 등량은 낙현에서 등애와 만났다.

등애는 항복한다는 내용의 편지를 받고 매우 기뻐서 곧장 답하는 글을 적어 장소와 등량을 보내 먼저 돌아가게 했다. 등애는 도성 북쪽까지 이르렀고, 유선은 수레에 올려놓은 관으로 자신을 결박하고 군의 진영 문 앞까지 와서 알현했다. 등애는 유선의 결박을 풀어주고 관을 불태워버리고 앞으로 오게 하여 만났다. 이어서 황제의 명령을 받들어 유선을 표기장군驃騎將軍으로 삼았다. 각 보루를 지키는 병사들은 모두 유선의 칙명을 받은 뒤에야 투항했다. 등애는 유선에게 전에 살던 궁전에서 머물도록 하고 스스로 그곳으로 가서 만났다. 재산은 모두 엄하게 봉해두고 쓰지 않았다.

다음 해 봄 정월에 등애가 체포되었다. 종회는 부현에서 성도에 이르러 반란을 일으켰다. 종회가 죽자 촉나라 군사들은 약탈을 일삼았으며, 죽은 사람이 땅에 널려 있었다. 며칠이 지난 뒤에야 병사들이 안정되고 모아졌다.

유선은 온 가족을 이끌고 동쪽으로 옮겼다. 그들이 낙양에 이르자 위제魏帝가 책명策命을 내려 말했다.

경원景元 5년(264) 3월 27일에 황제는 궁궐 앞에 태상 가嘉를 보내 유선을 안락현공安樂縣公으로 삼는다. 아아! 나아가 짐의 명령을 들으라. 천하를 다스리고 만물을 자라게 하는 데 가장 중요한 것은 모든

---

4) 유선이 초주의 계책을 따르려 할 때 북지왕 유심이 성을 내며 말했다. "만일 길이 곤궁하고 힘이 다하여 패배가 반드시 이르게 된다면 부자군신父子君臣은 성을 등지고 한바탕 싸워야만 합니다. 함께 나라를 위해 죽어 지하의 선제를 만납시다." 유선은 그 말을 듣지 않고 그대로 새수璽綬를 보냈다. 이날 유심은 소열제(유비)의 묘에서 통곡하고, 먼저 처자를 죽이고 자살했다. 측근의 가신 가운데 눈물을 흘리지 않는 이가 없었다.

사람을 편안하게 하는 것이고, 천하를 차지하고 나서는 화목하고 태평한 것이 중요하다. 그러므로 백성과 만물을 자라게 하는 것이 군주의 도리이고, 하늘에 따르는 것이 땅의 으뜸가는 덕행이다. 위(하늘)와 아래(땅)가 서로 섞여 통한 뒤에야 만물이 융합하여 조화를 이루며 많은 사물이 안정을 얻는다.

지난날 한나라가 다스릴 힘을 잃자 천하가 혼란과 분쟁 속으로 빠졌다. 내 태조(조조)께서는 용이 날아오르는 천운을 이어받아 사방 구석까지 구제의 손길을 폈으므로 하늘의 뜻에 부응하고 백성의 요구에 따라 중국[5]을 위로하며 지배하게 되었다. 그때를 생각해보면 사방의 호걸들이 호랑이처럼 다투어 온 나라가 평안하지 못했는데, 그대 부친은 빈틈을 타고 험준한 지세와 먼 거리를 이용하여 용촉庸蜀을 차지했다. 그래서 서쪽 구석은 다른 나라 땅이 되고 먼 지역은 중국과 왕래가 막히게 되었다. 이 뒤부터 전쟁이 끊이지 않았으며, 천하의 백성은 자신들의 생명을 안전하게 보존하지 못한 지 거의 60년이나 되었다. 짐은 줄곧 선조의 유지를 생각하여 사해 안을 안정시켜 천하를 통일하려고 생각해왔다. 그러기에 나라의 군대를 정돈하여 양주와 익주에서 위엄을 나타낸 것이다.

그대는 덕이 있는 태도를 존중하고 정의의 대원칙을 깊이 파악하며, 자신을 굽혀 귀순하기를 꺼리지 않고, 백성을 사랑하고 나라를 보존하는 것을 귀하게 여기며, 마음을 낮추고 생각을 돌려 시기에 순응

---

5) '中國'이란 명칭은 '華夏'·'諸夏'·'新州'·'九州'·'海內'·'中原'이란 명칭으로 두루 쓰였으며 대체로 '中原'이란 개념으로 보면 무방하다. 즉 사방의 오랑캐[四夷]를 제외한 천자가 다스리는 중심의 국가라는 말이다. 우리가 생각하는 포괄적인 중국 전체 의미와는 다르다. 다만 원전의 의미를 살려 그대로 중국이란 단어로 놔둔다.

하여 변하고, 신의를 이행하고 순리를 따르려 생각하고 있다. 이로써 그대의 백성은 무궁한 행복을 누리게 되었으니 어찌 원대한 것이 아니겠는가! 짐은 그대에게 오래도록 높은 봉록을 주는 것이 좋다고 생각했다. 전 시대의 예를 살펴보고 국읍國邑을 세워 영토를 주고, 대체로 옛 제도에 따라서 검은 소를 주고 흰 풀로 자리를 깔게 하노니 영원히 위나라의 번국藩國이 되어 보필하도록 하라. 가라! 존중하라! 그대는 짐의 명령에 공손히 복종하고 인덕의 마음을 넓혀 끝까지 혁혁한 명성을 지키라.

식읍 1만 호, 비단 1만 필, 노비 1백 명을 내렸으며, 다른 하사품은 이에 비례하도록 했다. 자손 중 3명을 도위로 봉하고, 50여 명을 제후로 봉했다. 그리고 상서령 번건樊建과 시중 장소, 광록대부 초주, 비서령秘書令 극정郤正, 전중독殿中督[6] 장통張通을 나란히 열후列侯로 봉했다.

| 태시泰始 7년(271) |  유선은 낙양에서 세상을 떠났다.

【평하여 말한다】

유선은 현명한 승상에게 정치를 맡겼을 때는 도리를 따르는 군주였지만, 환관에게 미혹되었을 때는 어리석은 군주였다. 경전에서 말하기를 "흰색 실은 일정한 색깔이 없고 물들여질 뿐이다.[7]"라고 했는

---

6)  궁궐 내의 불법을 감독하는 관직으로 상당한 권세가였다.

데, 정말 그렇구나! 예禮에서는 국왕이 제위를 이은 뒤에 1년이 지나면 연호를 바꾼다고 했는데, 장무 3년에 건흥이라고 바꾸어 불렀다. 이는 고대의 의리로 살펴보면 나라의 근본 예법에 어긋난다. 또 촉나라는 사관을 두지 않아 기록하는 관원[8]이 없었으므로 시행한 정사가 많이 유실되었으며, 재앙이나 이변도 기록되지 않았다. 제갈량은 비록 정치에는 통달했어도 이러한 일에는 주도면밀하지 못했다. 그렇지만 제갈량이 살아 있는 동안에는 20년이 지나도록 연호를 바꾸지 않고, 군대도 여러 차례 출병했지만 쉽게 사면을 내리지 않은 것은[9] 또한 탁월하지 않은가? 제갈량이 죽은 뒤부터 이런 제도는 점점 무너져 우열이 두드러지게 되었다.

---

7) 원문은 "傳曰, 素糸無常, 唯所染之."로서 인간에 대한 사회적 영향을 말한다.《묵자墨子》〈소염所染〉과《여씨춘추呂氏春秋》〈당염當染〉에도 같은 말이 있다.

8) 여기서는 천자의 언동을 기록하는 관원을 한정해서 가리키는 말로 사관史官과는 다르다.

9) 승상 제갈량 때 공공은 사면에 인색하다고 말하는 이가 있었다. 이에 대해 제갈량은 다음과 같이 답했다. "세상을 다스림에 큰 덕으로 하지, 작은 은혜로 하지 않습니다. 그러므로 광형匡衡과 오한吳漢은 사면을 원하지 않았습니다. 선제께서도 '나는 진원방(陳元方, 진기陳紀)이나 정강성(鄭康成, 정현鄭玄) 사이를 주선할 때 늘 가르침을 받고 어지러움을 다스리는 이치를 알게 해주었지만 일찍이 사면은 말하지 않았다.'라고 했습니다. 만일 유경승(劉景升, 유표)과 유계옥(劉季玉, 유장) 부자父子처럼 해마다 사면한다면 정치에 무슨 이로움이 있겠습니까?"

# 4

# 이주비자전二主妃子傳

두 제왕의 비빈과 자식들

# 후처였으나 바른 행실로 존경받다

**감 황후전**甘皇后傳

유비의 감 황후는 패현沛縣 사람이다. 유비가 예주에 부임하여 소패에 살 때 그녀를 맞아 첩으로 삼았다. 유비는 본처를 여러 차례 잃었으므로 늘 감 황후가 집안일을 관리했다. 감 황후가 유비를 따라 형주로 갔을 때 유선을 낳았다. 마침 조조의 군대가 이르러 유비를 당양의 장판까지 추격했다. 그때 상황이 매우 위급하므로 감 황후와 유선을 버리고 떠났는데, 조운의 보살핌에 힘입어 어려움을 면했다. 감 황후는 세상을 떠난 뒤 남군에 묻혔다.

| 장무 2년(222) | 시호를 황사부인皇思夫人으로 추증하고 촉으로 이장했는데, 영구가 도착하기 전에 유비가 병으로 죽었다. 승상 제갈량이 상주문을 올려 말했다.

황사부인은 품행이 바르고 인덕을 닦아 그 자신을 맑고 공순하게 했습니다. 대행황제(大行皇帝, 유비)께서 예전에 상장上將으로 계실 때 황사부인은 비빈 신분으로 황제와 결합하여 성상(聖上, 유선)을 낳아 기르셨는데 부인의 생명은 오래 지속될 수 없었습니다. 대행황제가 살아 계실 때 정의가 두터웠고 은혜를 내렸으므로, 황사부인의 영구가 먼 곳에서 떠도는 것을 생각하여 특별히 사자를 보내 받들어 맞이하게 한 것입니다. 마침 대행황제께서 붕어하셨고 지금 황사부인의 영구가

98

도착했습니다. 황제의 영구가 길에 있고, 황제의 능묘는 곧 완성될 것이며, 안장 시기도 이미 결정되었습니다.

신은 태상 뇌공 등과 의논했습니다. 《예기》에 말하기를 "천하에서 사랑[愛]을 세우는 것은 육친으로부터 시작하고, 이것에 의거하여 백성에게 효행[孝]을 가르친다. 존경[敬]을 세우는 것은 연장자로부터 시작하고, 이것에 의거하여 백성에게 순종[順]을 가르친다."라고 했습니다. 자기 부모를 잊지 않는 까닭은 부모가 자신을 낳았기 때문입니다. 《춘추春秋》에서 밝힌 의리에 따르면 어머니는 아들의 신분에 따라 존귀해진다고 합니다. 전에 고제는 태상황제(太上皇帝, 황제의 아버지)의 소령부인昭靈夫人을 추존하여 소령황후라 했고, 효화제孝和帝는 그 어머니 양 귀인梁貴人을 개장改葬하고 존호를 공회황후恭懷皇后라 했으며, 효민제도 그의 어머니 왕 부인王夫人을 개장하고 존호를 영회황후靈懷皇后로 불렀습니다.

지금 황사부인에게도 마땅히 존호를 더하여 추운 황천에 있는 혼령을 달래주어야 합니다. 신이 뇌공 등과 시호의 규칙을 검토해보니 소열황후昭烈皇后라고 부르는 것이 마땅합니다. 《시경》에서 말하기를 "살아 있을 때는 방을 다르게 했으나 죽어서는 묘를 같이한다."[1]라고 했습니다. 그러므로 소열황후는 대행황제와 합장해야 합니다. 신은 청하건대 태위에게 종묘에 고하게 하고 천하에 선포하도록 하며 예의를 갖추어 별도로 상주하도록 해야 합니다.

---

1) 상고上古에는 합장하지 않았으니, 합장은 중고中古 이후에나 있었다.

# 유비의 정비正妃

## 목 황후전穆皇后傳

유비의 목 황후는 진류군陳留郡 사람이다. 오라버니 오일은 어려서
고아가 되었는데, 오일의 부친이 유언과 예전부터 알고 지낸 사이
여서 가족 모두가 유언을 따라 촉으로 들어갔다. 유언은 남다른 의
지를 품고 있었는데, 관상을 잘 보는 사람이 목후穆侯의 모습을 보
고 고귀한 신분이 될 것이라고 하는 말을 들었다. 유언은 그때 아들
유모劉瑁에게 자신을 따라오도록 하여 유모를 위해 목 황후를 아내
로 맞이해주었다. 유모가 죽은 뒤 목 황후는 혼자 기거했다. 유비가
익주를 평정한 뒤 손 부인孫夫人이 오나라로 돌아갔으므로[2] 신하들
은 유비에게 목 황후를 맞이하도록 권유했다.[3] 유비는 유모와 동족
이라 마음에 걸려 결정을 내리지 못했는데, 법정이 나와 말했다.

---

2) 유비가 익주로 들어가자 오나라는 사자를 보내 손 부인을 맞으려고 했다. 손 부인은 태자
를 데리고 오나라로 돌아가려 했으나, 제갈량이 조운에게 병사를 지휘해 장강을 끊게 하
여 태자를 남도록 했다.

3) 혼인은 인륜의 시작이고 왕화王化의 기초이다. 평민이라도 예절이 없을 수 없거늘 군주
야 어떠하겠는가? 진나라 문공文公은 예를 무시하고 권세를 휘둘러 그 패업을 이루었다.
그래서 자범子犯은 다음과 같이 말했다. "사람에게 요구하는 것이 있으면 반드시 먼저 그
사람의 요구에 따라야 합니다. 앞으로 그 나라를 빼앗고 어찌 아내를 있게 하겠습니까?"
문공이 까닭 없이 예교를 어긴 것이 아니다. 지금 유비가 핍박하는 상황이 아닌데도 전
시대의 잘못을 이끌어 예로 삼는 것은 주군을 요순의 덕정으로 인도하는 것이 아니다.

"만일 관계가 가깝고 먼 것을 따진다면 어찌 춘추시대 진晉나라의 문공과 자어子圉에 비교하겠습니까?"

이 말에 목 황후를 맞이하여 아내로 삼았다.

| 건안 24년(219) | 그녀를 세워 한중왕후漢中王后로 삼았다.

| 장무 원년(221) 여름 5월 | 책명에서 말했다.

짐은 천명을 이어 존귀한 황제 자리를 받들어 만국에 군림하게 되었다. 지금 후后를 황후로 삼고 사지절·승상인 제갈량을 보내 옥새와 인수를 받들도록 할 테니, 종묘를 받들어 잇고 천하의 어머니가 되도록 하라. 황후는 자신을 공손히 하라!

| 건흥 원년(223) 5월 | 유선이 즉위해 목 황후를 존경하여 황태후라 하고, 거주하는 궁전을 장락궁長樂宮이라고 했다. 오일은 관직이 거기장군까지 올라갔으며 현후縣侯로 봉해졌다.

| 연희 8년(245) | 목 황후가 세상을 떠나자 유비와 혜릉에 합장했다.

# 유선의 부인이 된 장비의 맏딸

## 경애황후전敬哀皇后傳

유선의 경애황후는 거기장군 장비의 맏딸이다.

| 장무 원년(221) | 태자의 비가 되어 궁궐로 들어갔으며, 건흥 원년 (223)에 황후로 세워졌다.

| 건흥 15년(237) | 세상을 떠나 남릉南陵에 묻혔다.

# 유선과 최후를 함께한 장비의 딸

**장 황후전張皇后傳**

유선의 장 황후는 앞서 황후였던 경애황후의 여동생이다.

│ 건흥 15년(237) │ 궁궐로 들어가 귀인이 되었다.

│ 연희 원년(238) 봄 정월 │ 책명을 내려 말했다.

　짐은 대업을 이어받아 총괄하며 천하의 군주가 되어 교묘郊廟와 사
직을 받들고 있다. 지금 귀인을 황후로 삼을 테니, 행승상사行丞相事 좌
장군 상랑向朗에게 지절을 주고 황후에게 옥새와 인수를 주도록 하라.
황후는 후궁을 관리하는 일에 힘쓰고, 공경하며 엄숙하게 제사 지내
라. 황후는 자신을 공손히 하라.

│ 함희 원년(264) │ 유선을 따라 낙양으로 옮겼다.

# 유선에게 배척당한 이복동생

**유영전劉永傳**

유영은 자가 공수公壽이고 유비의 아들이며, 유선의 이복동생이다.
| 장무 원년(221) 6월 | 사도 허정에게 유영을 세워 노왕으로 삼도록
하고, 책명을 내려 말했다.

　　내 아들 유영아, 이 청주靑州 땅⁴⁾을 받아라. 짐은 제왕의 법통을 이
어받아 대업을 관리하고 있는데 고대의 예법을 따라 익혀 네 나라를
세우고 동쪽 국토에 [너를] 책봉하니, 구산龜山과 몽산蒙山을 점유하여
대대로 번국이 되어 보조하도록 하라. 아, 짐의 조서를 공손히 들라!
그 노나라 땅은 조그만 변화가 있어도 도덕에 이르는 곳으로서 풍속
과 교화가 있다. 사람들은 덕을 좋아하여 대대로 미덕을 전한다. 너는
바른 마음으로 예를 따르고 관리와 백성을 안정시키도록 하라. 조상
과 사직의 신령으로 하여금 흠향하게 하고 스스로 마땅히 너 자신을
경계하라!

| 건흥 8년(230) | 감릉왕으로 바꿔 봉했다. 전에 유영은 환관 황호

---

4)　청靑이란 동방東方의 색色이며, 노魯는 동쪽에 있었다.

를 미워했고, 황호는 유선에게 신임을 받아 나랏일을 책임진 뒤 유영을 헐뜯으며 고해바쳤다. 이에 유선은 유영을 점점 멀리하여 10여 년 동안 조정의 알현을 허락하지 않았다.

|함희 원년(264)| 유영은 동쪽 낙양으로 옮기고 봉거도위로 임명되었으며, 향후郷侯로 봉해졌다.

# 요절한 유선의 이복동생

## 유리전劉理傳

유리는 자가 봉효奉孝이고 유선의 이복동생이며, 유영과도 어머니가 다르다.

　│ 장무 원년(221) 6월 │　사도 허정에게 유리를 양왕으로 임명하도록 하고 책명을 내려 말했다.

　　내 아들 유리야, 짐은 한나라의 질서를 받들고 공순하게 천명을 따르며 전장典章 제도를 따라 동쪽에 네 나라를 세워 한나라의 번국이 되어 보조토록 한다. 그 양梁나라 땅은 경성 소재의 나라로서 백성은 교화에 훈련되어 있으므로 쉽게 예의로써 그들을 지도할 수 있을 것이다. 가서 네 마음을 다하며 백성을 잘 보살펴 네 나라를 영원하도록 하라! 양왕은 자신을 공손히 하라!

　│ 건흥 8년(230) │　유리를 안평왕으로 바꾸어 봉했다.

　│ 연희 7년(244) │　세상을 떠나 시호를 도왕悼王이라고 했다.

아들 애왕哀王 유윤劉胤이 후사를 이었는데 19년(256)에 죽었다.

아들 상왕殤王 유승劉承이 후사를 이었는데 20년(257)에 죽었다.

　│ 경요 4년(261) │　조서를 내려 말했다.

안평왕은 선제가 임명했다. 삼 대가 요절하여 나라의 후사가 끊겼
으니 짐은 이 때문에 상심하며 애도한다. 이제 무읍후武邑侯 유집劉輯
이 왕위를 잇도록 하라.

유집은 유리의 아들이다.
| 함희 원년(264) | 동쪽 낙양으로 옮기고 봉거도위로 임명됐으며,
향후로 봉해졌다.

# 종회의 난 때 살해당한 불운의 태자

## 유선전劉璿傳

유선劉禪의 태자 유선劉璿은 자가 문형文衡이다. 어머니 왕 귀인王貴人
은 본래 경애 장 황후敬哀張皇后의 시녀였다.

| 연희 원년(238) 정월 | 책명을 내려 말했다.

  옛날 제왕이 황통을 이을 때 후사를 세워 나랏일을 보좌하도록 한
것은 예나 지금이나 변하지 않는 제도이다. 이제 유선劉璿을 황태자로
삼으니 선조의 위엄을 분명하게 나타내도록 하라. 행승상사 좌장군
상랑에게 지절을 갖고 가 인수를 주도록 명한다. 너는 자신의 훌륭한
본질을 닦는 데 힘쓰고 도의를 공손히 따르며, 예의 제도를 물어 배우
고 스승을 존경하며, 많은 선善을 받아들이려 생각하고 덕을 기르도록
하라. 수양하는 일에 스스로 힘쓰지 않을 수 있겠는가!

이때 유선은 열다섯 살이었다.

| 경요 6년(263) 겨울 | 촉나라가 망했다.

| 함희 원년(264) 정월 | 종회가 성도에서 난을 일으켰고, 유선은 난
을 일으킨 병사들에게 죽임을 당했다.

【평하여 말한다】

《역경》에서는 부부가 있은 다음에야 부자父子가 있다고 했다. 부부는 인륜의 기초이며 은기(恩紀, 인정은 있으나 법은 굽히지 않는 일)의 융성함이니 이보다 존중되는 것은 없다. 그러므로 기록하여 남겨 한 나라의 체제를 살폈다.

# 5

# 제갈량전諸葛亮傳

세상 다스리는 이치를 꿰뚫은 불세출의 정치가

# 세상 다스리는 이치를 꿰뚫은 불세출의 정치가

## 제갈량전諸葛亮傳

제갈량은 자가 공명孔明이고 낭야군琅邪郡 양도현陽都縣 사람이며, 한 나라 사예교위 제갈풍諸葛豊의 후예이다. 아버지 제갈규諸葛珪는 자 가 군공君貢이고, 한나라 말기에 태산군泰山郡의 승을 지냈다. 제갈 량은 어려서 아버지를 여의었다. 작은아버지 제갈현諸葛玄은 원술 에 의해 예장 태수豫章太守로 임명되자, 제갈량과 제갈균(諸葛均, 제갈 량의 동생)을 데리고 부임했다. 그런데 마침 한나라 조정에서는 주호 朱皓를 다시 뽑아 제갈현을 대신하도록 했다. 제갈현은 평소 형주목 유표와 두터운 교분이 있었으므로 그에게 가서 의탁했다. 제갈현이 죽자 제갈량은 직접 밭에서 농사를 지으며 〈양보음梁父吟〉을 즐겨 불렀다. 제갈량은 키가 8자로 늘 자신을 관중管仲과 낙의樂毅에 비유 했지만, 그때 사람들은 이 말을 받아들이지 않았다. 오직 박릉군博 陵郡의 최주평崔州平과 영천군潁川郡의 서서(徐庶, 원직元直)만이 제갈량 과 친교를 맺었으며[1] 확실히 그렇다고 말했다.

그때 유비는 신야에 주둔하고 있었다. 유비는 서서를 만났을 때 인물로 여겼다. 서서가 유비에게 말했다.

"제갈공명은 와룡臥龍입니다.[2] 장군께서는 혹시 그를 만나보고 싶습니까?"

유비가 말했다.

"당신이 그를 데리고 함께 오십시오."

서서가 말했다.

"이 사람은 가서 볼 수는 있어도 억지로 오게 할 수는 없습니다. 장군께서 몸을 굽혀 수레로 찾아가야만 합니다."

이리하여 유비가 마침내 제갈량에게 이르렀는데 세 차례나 찾아간 뒤에야 비로소 만날 수 있었다. 옆에 있는 사람들을 물리고 나서 말했다.

"한나라 황실은 기울고 무너졌으며, 간사한 신하들이 황제의 명령을 도용하여 황제께서 모욕을 당하셨습니다. 저는 덕행과 역량을 헤아리지 못하고 천하에 대의를 펼치려고 했지만 지혜와 모략이 부족하므로 좌절하고 실패하여 오늘 이 지경에 이르렀습니다. 그러나 뜻만은 아직 버리지 않았으니, 어떻게 하면 좋을지 당신이 말씀해주십시오."

제갈량이 대답했다.

"동탁이 나라를 혼란스럽게 한 뒤로 호걸들이 일제히 일어나 주

---

1) 제갈량은 형주에서 살았다. 건안 초기에 그는 영천의 석광원(石廣元, 석도石韜)과 서원직 (서서), 여남의 맹공위(孟公威, 맹위孟違)와 함께 유학했다. 그런데 이 세 사람은 학문의 정밀함을 추구하기 위해 정진하는 데 반해 제갈량은 유독 대략적인 요강만을 보았다. 그들은 매일 새벽부터 밤까지 무릎을 끌어안고 읊조렸다. 제갈량은 이렇게 말했다. "그대들 세 사람은 관직에 몸담으면 자사나 군수까지 오를 것이오." 이 세 사람이 제갈량 자신의 관운은 어떠한지 묻자 제갈량은 그저 웃기만 할 뿐 대답하지 않았다. 나중에 맹공위가 고향이 그리워 북쪽으로 돌아가려고 하자, 제갈량이 말했다. "중원에는 사대부가 많습니다. 즐기는 일을 하필 고향에서 하려 하십니까!"

2) 유비는 사마덕조(司馬德操, 사마휘司馬徽)에게 세상일을 물었다. 사마덕조는 이렇게 말했다. "유학자나 속인이 어찌 시국의 중요한 일을 알겠습니까? 시국의 중요한 일을 아는 자는 영걸英傑입니다. 이 사이에 와룡과 봉추鳳雛가 있습니다." 유비가 누가 그러한 자인지 묻자 "제갈공명과 방통입니다."라고 대답했다.

州를 점거하고 군郡을 접수한 자가 헤아릴 수 없을 정도입니다. 조조가 원소보다 명성이 희미하고 병력이 적지만 원소를 무찌르고 약자에서 강자가 될 수 있었던 까닭은 단지 시운時運 때문만이 아니라 인간의 지모에 의지했기 때문입니다. 조조는 이미 백만 병력을 끌어안고 천자를 끼고 제후들에게 호령하고 있으니, 지금은 확실히 그와 역량을 다툴 수 없는 상황입니다. 손권은 강동江東을 지배한 지 벌써 세 대가 지났고, 나라가 튼튼하고 백성이 의지하며 현명한 사람이나 재간 있는 사람이 그에게 임용되고 있으니 그와 손잡을 수는 있으나 도모할 수는 없습니다.

형주는 북쪽에 한수와 면수가 있어 경제적 이익이 남해南海에까지 이르고, 동쪽으로는 오군吳郡과 회계군會稽郡에 잇닿아 있으며, 서쪽으로는 파군巴郡과 촉군으로 통하니 이는 무력을 쓸 만한 나라이지만 그 주인(유표)은 지킬 수 없습니다. 이것은 아마 하늘이 장군에게 쓰도록 주는 것일 텐데 장군께서는 혹시 뜻이 있습니까? 익주는 요새가 튼튼하고 기름진 들판이 천 리나 되므로 천연의 보고이며, 고조께서는 이것을 기초로 하여 제업帝業을 이루셨습니다. 그 땅의 주인 유장은 어리석고 유약하며, 장로가 북쪽에서 그를 위협하고 있고, 인구가 많고 나라는 부유하지만 백성을 보살피는 데 마음을 둘 줄 모르므로 지혜와 재능이 있는 사람은 현명한 군주를 얻기 원합니다.

장군은 이미 황실의 후예인 데다가 신의는 천하에 빛나고 영웅들을 널리 불러 받아들이며, 목이 마른 것처럼 현인들을 갈망하고 있습니다. 만일 형주와 익주를 점거하여 그 요충지를 지키고, 서쪽으로는 각 만족과 조화를 이루며, 남쪽으로는 이월夷越을 위로하고, 밖으로 손권과 맹약을 맺고 안으로 정치를 개혁하면 천하에 변화가 생길 것입니다. 상장 한 명에게 명하여 형주의 군대를 완현宛縣과 낙양으로 진군시키고, 장군 자신은 익주의 병력을 이끌고 진천秦川으로 출격한다면, 백성이 어찌 감히 대그릇에 담은 밥과 병에 넣은 장으로써 장군을 환영하지 않겠습니까? 진실로 이와 같다면 패업이 이루어지고 한나라 황실은 부흥할 것입니다."

유비가 말했다.

"좋습니다!"

이로부터 유비는 제갈량과 나날이 정이 깊어졌다. 관우와 장비 등이 기뻐하지 않으므로 유비는 그들에게 설명하며 말했다.

"나에게 공명이 있는 것은 물고기가 물을 만난 것과 같소. 원컨대 그대들은 다시는 언급하지 마시오."

관우와 장비는 곧 논의를 그만두었다.

유표의 태자 유기도 제갈량을 매우 중요시했다. 유표는 후처의 말을 듣고 작은아들 유종을 사랑하고 유기를 좋아하지 않았다. 유기는 늘 제갈량과 더불어 자신을 안전하게 할 방법을 상의하려 했지만 제갈량은 번번이 그것을 거절하고 함께 계획을 꾀하지 않았다. 그래서 유기는 제갈량을 데리고 후원을 구경하며 거닐다가 함께 높은 누각에 올라 연회를 여는 사이에 사람들에게 사다리를 치우도록 하고는 기회를 틈타 제갈량에게 말했다.

"오늘 위로는 하늘에 닿지 않고 아래로는 땅에 닿지 않습니다. 말은 당신 입에서 나와 내 귀로 들어올 뿐입니다. 그러니 말씀하실 수 있습니까?"

제갈량이 대답하여 말했다.

"당신은 신생(申生, 춘추시대 진晉나라 태자)이 나라 안에 있다가 위험에 처하고, 중이重耳가 나라 밖에 있어서 안전한 것을 보지 못했습니까?"

유기는 마음속으로 그 뜻을 깨닫고 수도 밖으로 나갈 계획을 은밀히 세웠다. 마침 강하 태수 황조黃祖가 죽었으므로 밖으로 나가 곧 강하 태수가 되었다. 갑자기 유표가 죽고, 유종은 조조가 형주로 쳐들어온다는 소식을 듣자 사자를 보내 투항하기를 청했다. 번성에서 이 소식을 들은 유비는 부대를 이끌고 남쪽으로 갔으며, 제갈량과 서서[3]가 함께 그를 따랐지만 조조의 추격을 받아 패하고 서서의 어머니가 포로로 붙잡혔다. 서서는 유비에게 이별을 알리고 자기 가슴을 가리키며 말했다.

"제가 본래 장군과 함께 왕업, 패업을 꾀하려 한 것은 이 사방 한 촌寸 되는 곳(심장)에서였습니다. 그런데 지금 벌써 노모를 잃어 마음이 혼란스럽습니다. 당신 사업에 이로움이 못 되니 여기서 헤어지기를 청합니다."

그러고는 조조가 있는 곳으로 갔다.

유비가 하구까지 오자 제갈량이 말했다.

---

3) 서서는 처음에 이름을 서복徐福이라 했으며, 명문가 출신은 아니지만 어려서부터 사내답고 용감한 것을 좋아하고 검술에 뛰어났다. 중평中平 말년에 사람들을 위해 원수를 갚고서 얼굴에 흰 흙을 칠하고 머리를 흩뜨리고 달아났다가 관리에게 붙잡히고 말았다. 그의 이름을 묻자 입을 다문 채 말하지 않았다. 그래서 관리는 수레 위에 나무 기둥을 세워 그를 묶고 태고太鼓를 울리며 시장으로 끌고 다녔지만 그를 아는 사람이 나오지 않았다. 그러던 가운데 그 동지였던 자들이 그를 풀어주어 달아날 수 있었다. 이에 감격하여 그는 칼과 창을 버리고 허름한 두건에 홑옷을 걸친 가난한 몸으로서 학문에 정진했다. 처음에 학생들은 그가 전에 무법자였다는 사실을 알고 함께하기를 꺼렸다. 그래서 서복은 겸허한 모습으로 아침 일찍 일어나 늘 혼자 청소하며 사람들의 기분에 맞춰 행동하고, 경학을 배워 경서 내용에 정통하게 되었다. 그리고 마침내 같은 군의 석도와 친하게 지내게 되었다. 초평初平 연간에 중원에 전쟁이 일어났으므로 석도와 함께 남쪽 형주로 갔으며, 그곳에 이르러 특별히 제갈량과 친해졌다.

"사태가 긴급합니다. 청컨대 명령을 받들어 손 장군에게 구원을 요청하도록 해주십시오."

그때 손권은 군대를 모아 시상柴桑에 있으면서 싸움의 성패를 관망했다. 제갈량이 손권을 설득하여 말했다.

"천하가 혼란스러워지자 장군께서는 병사를 일으켜 강동을 점거하게 되었고, 유예주도 한수 남쪽에서 군대를 모아 조조와 천하를 다투고 있습니다. 지금 조조는 큰 혼란을 끊어 거의 평정을 끝내고 형주를 깨뜨려 천하에 위세를 떨치고 있습니다. 영웅이 무력을 쓸 땅이 없으므로 유예주께서는 이곳까지 달려왔습니다. 장군께서는 역량을 헤아리고 이 사태에 대처하셔야 합니다. 만일 오와 월의 병력으로 중국과 맞설 수 있다면 곧바로 국교를 끊어버리는 것만 못하고, 맞설 수 없다면 무엇 때문에 무기를 내버려두고 갑옷을 묶고 북쪽을 보고 신하라 하며 투항하지 않습니까! 지금 장군은 겉으로 복종이라는 이름에 의탁하고 있지만 속마음에는 미룬 계책을 여전히 간직하고 있는데, 사태가 위급해져 결단을 내리지 않는다면 재앙은 매우 빨리 닥칠 것입니다."

손권이 말했다.

"만일 당신 말과 같다면 유예주는 어찌하여 조조에게 투항하지 않습니까?"

제갈량이 말했다.

"전횡田橫은 제齊나라 장수일 뿐인데 절조를 지켜 굴욕적인 투항을 하지 않았습니다. 하물며 유예주는 황실의 후예로서 걸출한 재능이 세상을 덮고 많은 선비가 우러러 흠모함이 마치 물이 바다로 흘러가는 것 같은데, 만일 일이 성공하지 못하면 이것은 곧 하늘의 뜻일 뿐 어찌 다시 조조의 신하가 될 수 있겠습니까!"

손권은 발끈 화를 내며 말했다.

"나는 오나라의 모든 토지와 10만 병사를 들어 다른 사람에게 통제를 받을 수 없습니다. 내 생각은 결정되었습니다! 유예주가 아니면 조조를 감당할 자가 없지만, 유예주는 막 패한 뒤이니 어떻게 강대한 적에 맞설 수 있겠습니까?"

제갈량이 말했다.

"유예주의 군대가 비록 장판長阪에서는 졌지만, 현재 군대로 돌아온 병사와 관우의 수군 정예 병사 1만 명이 있습니다. 유기가 강하의 병사들을 합친 것이 또한 1만 명보다 적지는 않을 것입니다. 조조의 군대는 먼 길을 왔으므로 지쳐 있습니다. 듣건대 유예주를 뒤쫓아 날랜 기병이 하루 낮 하루 밤 동안 3백여 리를 달려왔다고 합니다. 이것은 이른바 '제아무리 강한 활에서 떠난 화살이라도 그 마지막은 노나라의 명주조차 뚫을 수 없다.'와 같은 상태입니다. 따라서 병법에서는 이와 같이 하는 것을 꺼리며 '반드시 상장군이 다치게 된다.'라고 했습니다. 게다가 북방 사람들은 수전水戰에 익숙하지 못하며, 형주 백성이 조조에게 의탁하고 있는 것도 병력에 압박당한 결과일 뿐 마음으로 복종하는 것은 아닙니다. 지금 장군께서 진실로 용맹한 장수에게 명하여 병사 수만 명을 이끌도록 해 유예주와 힘을 합친다면 틀림없이 조조 군을 깨뜨릴 수 있습니다. 조조군이 지면 반드시 북쪽으로 돌아갈 테고, 이와 같이 되면 형주와 오나라의 세력이 강대해져 셋이 정립하는 상황을 이루게 될 것입니다. 성공과 실패의 관건이 오늘에 달렸습니다."

손권은 매우 기뻐하며 곧장 주유·정보·노숙魯肅 등 수군 3만 명을 보내 제갈량을 따라 유비가 있는 곳으로 가서 힘을 합쳐 조조에게 맞서도록 했다.[4] 조조는 적벽에서 져 군대를 이끌고 업성으로 돌아갔다. 유비는 마침내 강남을 되찾고 제갈량을 군사중랑장軍師中郞將[5]으로 삼아 영릉·계양·장사 세 군을 다스리게 했으며, 그 부세를 조달하여 군수물자를 충실하게 했다.

| 건안 16년(211) | 익주목 유장이 법정을 보내 유비를 맞이하고, 장로를 치게 했다. 제갈량은 관우와 형주를 지키고 있었다. 유비는 가맹에서 돌아와 유장을 치고, 제갈량은 장비·조운 등과 군대를 이끌고 강을 거슬러 올라가 강에 가까이 있는 여러 군현을 나누어 평정하고 나서 유비와 함께 성도를 포위했다. 성도를 평정하자 제갈량을 군사장군으로 삼아 좌장군부사(左將軍府事, 그때 유비가 좌장군이었음)를 대리하도록 했다. 유비가 출정할 때 제갈량은 늘 성도에 남아 지키면서 식량과 군수물자를 충분하게 했다.

| 건안 26년(221) | 신하들은 유비에게 제帝로 칭하기를 권했지만 유비는 허락하지 않았다. 제갈량이 설득하며 말했다.

"예전에 오한과 경감耿弇 등이 처음 세조(광무제)에게 제위에 오르기를 권하자, 세조는 사양했는데 앞뒤로 네 번쯤 됩니다. 경순耿純이 나아가 말하기를 '천하의 영웅들은 당신을 매우 우러르며 당신이 갈망하는 바를 얻기를 바랍니다. 만일 당신이 여러 사람의 의견을 따르지 않는다면 사대부들은 각자 돌아가 주인을 찾을 테니 다

---

4) 장자포(張子布, 장소張昭)가 손권에게 제갈량을 추천했지만 제갈량은 그곳에 남고 싶어 하지 않았다. 어떤 사람이 그 까닭을 묻자 이렇게 말했다. "손 장군은 사람의 주인이 될 그릇이라고 할 수 있습니다. 그러나 그 도량을 보면 제 재능을 인정할 수는 있어도 충분히 펼치게 할 수는 없습니다. 저는 이 때문에 남을 수 없습니다."

5) 촉나라의 관직으로 군郡을 다스리고 세금을 거둬 군수물자를 충실히 하는 일을 담당한다.
예: 방통·제갈량

시 당신을 따르는 이가 없게 될 것입니다.'라고 했습니다. 세조는 경순의 말이 매우 깊이가 있음을 깨닫고 곧 승낙했습니다. 지금 조조가 한나라 조정을 빼앗고 천하에 주인이 없어졌습니다. 대왕 당신은 유씨의 후예이며 그 핏줄을 이어 일어났으므로 오늘 황제 자리에 오르는 것이 마땅합니다. 사대부들이 대왕을 따라 오래도록 어려움을 겪은 것도 경순의 말처럼 작은 공로를 얻기 바라는 것일 뿐입니다."

그리하여 유비는 황제 자리에 오르고, 제갈량을 승상으로 삼는 책서策書에서 이렇게 말했다.

짐은 황실의 불행을 만나 황제 자리를 공손히 이어받아 두려워하고 근신하며 감히 편안히 있지 않았으며, 백성의 생활을 안정시키기 원하는데 아직 안정을 얻을 수 없어 걱정하고 있다. 아! 승상 제갈량은 짐의 마음을 잘 알아주고 게으름 없이 짐의 결점을 보좌하며, 짐을 도와 공덕을 드날려 천하를 비추도록 하라. 그대는 힘쓸지어다.

제갈량은 승상 신분으로 상서의 일을 맡고 가절假節을 받았다. 장비가 죽은 뒤에는 사예교위를 겸했다.

| 장무 3년(223) 봄 | 유비는 영안에서 병세가 위중하므로 성도에서 제갈량을 불러와 뒷일을 부탁했다. 유비는 제갈량에게 말했다.

"당신 재능은 조비의 열 배는 되니 틀림없이 나라를 안정시키고, 끝내는 큰일을 이룰 것이오. 만일 후계자가 보좌할 만한 사람이면 그를 보좌하고, 그가 재능이 없다면 당신이 스스로 취하시오."

제갈량이 눈물을 흘리며 말했다.

"신은 감히 온 힘을 다하여 충정의 절개를 바치며 죽을 때까지 이어가겠습니다."

유비는 또 후주 유선에게 조서를 내려 말했다.

너는 승상과 함께 나라를 다스리고 그를 아버지같이 섬겨라.

| 건흥 원년(223)[6] | 제갈량을 무향후武鄕侯로 봉하고, 부서를 세워 나랏일을 맡아보게 했다. 오래지 않아 익주목도 겸했다. 나랏일은 크든 작든 가리지 않고 모두 제갈량이 결정했다. 남중의 여러 군이 한꺼번에 반란을 일으켰지만 제갈량은 방금 국상을 당한지라 곧바로 병사를 보내지 못했다. 그리고 오나라에 사자를 보내 화친을 맺어 동맹국이 되었다.

| 건흥 3년(225) 봄 | 제갈량은 군대를 이끌고 남쪽으로 정벌을 나서이해 가을에 모두 평정했다. 새로 평정한 여러 군에서 군수물자가 나오므로 나라가 풍요로워졌다.[7] 그래서 군대를 정비하고 무예를 익혀 때를 기다렸다가 큰 군사행동을 일으켰다.

| 건흥 5년(227) | 군사들을 이끌고 북쪽 한중에 주둔했는데, 출발할 때 소를 올려 말했다.

선제께서는 창업을 절반도 이루지 못하고 중도에 세상을 떠나셨습니다. 지금 천하는 셋으로 나뉘고, 익주는 황폐해졌으니, 진실로 사느냐 죽느냐 하는 위급한 때입니다. 그런데도 폐하를 가까이 모시는 신

---

6) 이해에 위나라 사도 화흠華歆과 사공 왕랑王朗, 상서령 진군陳羣, 태사령太史令 허지許 芝, 알자복야謁者僕射 제갈장諸葛璋이 각자 제갈량에게 편지를 보내 천명과 세상의 추세 를 설명하고 나라를 들어 번국이 되기를 요구했지만 제갈량은 응하지 않았다.

하늘이 궁궐 안에서 게으름을 피우지 않고, 충실한 장수들이 궁궐 밖에서 자신의 몸을 잊고 있는 것은 선제의 각별한 은총을 추모하고 이를 폐하께 보답하려 함입니다. 폐하께서는 마땅히 성스러운 귀를 열어 선제께서 남긴 덕을 밝히고 뜻있는 인사들의 기개를 넓히셔야지, 비유를 인용하여 의리를 잃어서 공연히 스스로 자신을 깎아내리고 충언이나 간언할 길을 막는 것은 옳지 않습니다. 또한 궁중과 관리가 한 몸이 되어 상과 벌을 주는 데 차이가 있으면 안 됩니다. 만일 간사한 일을 하거나 법률을 범한 자가 있든지 충성스럽고 착한 일을 한 자가 있다면 마땅히 담당 관청에 넘겨 그 형벌과 상을 논하도록 하여 폐하의 공평한 정치를 밝혀야지, 사사로운 정에 치우쳐 안팎으로 법률이 다르게 해서는 안 됩니다.

시중 곽유지郭攸之와 비의, 시랑侍郞 동윤董允 등은 모두 어질고 착실하며 뜻이 충실하고 성실하므로 선제께서 발탁하여 폐하께 남겨주셨

---

7) 제갈량은 남중에 이르기까지 가는 곳마다 싸워 이겼다. 맹획孟獲이라는 자가 이족夷族과 한나라 사람들에게 신임을 받고 있다는 말을 듣고 현상금을 걸어 사로잡도록 했다. 사로잡은 뒤에 진영 안을 살펴보도록 하고 "이 군軍은 어떻소?"라고 물었다. 맹획은 이렇게 말했다. "전에는 허실虛實을 몰랐기 때문에 졌습니다. 이제 진영을 돌아보았으니 만일 이와 같다면 분명히 쉽게 이길 수 있습니다." 제갈량은 맹획을 풀어주고 다시 싸웠다. 일곱 번 풀어주고 일곱 번 사로잡았지만 제갈량은 여전히 맹획을 풀어주었다. 맹획은 멈추어 가지 않고 말했다. "그대는 하늘의 위엄을 지녔습니다. 우리 남인南人들은 두 번 다시 배반하지 않겠습니다." 그러고는 그대로 전지滇池에 이르렀다. 남중이 평정되자 그들의 우두머리를 임용했다. 어떤 이가 이 일로 제갈량에게 간언하자, 제갈량은 이렇게 말했다. "만일 밖에 있는 자를 남게 했다면 얻은 병사들을 주둔시켜야만 했을 것입니다. 병사들을 주둔시키면 식량을 얻지 못해 첫 번째로 곤란한 상황에 처하게 됩니다. 그중 이인夷人들은 져서 부모 형제를 잃었습니다. 밖의 사람들을 남게 하고 병사가 없다면 반드시 재난이 있을 테니 두 번째로 어렵게 됩니다. 또 이인은 관리들을 내쫓고 죽이는 죄를 거듭 지어 스스로 죄가 무거운 것을 꺼리게 될 텐데, 만일 밖의 사람을 남게 한다면 끝내 서로 믿지 못해서 세 번째로 곤란하게 됩니다. 지금 나는 병사를 남기지 않고 식량도 옮기지 않도록 하여 기강을 세우고 이족과 한인이 안정되기를 바랄 뿐입니다."

습니다. 신의 생각으로는 궁중의 일은 크고 작음을 가리지 말고 모두 이 사람들과 상의한 다음 시행하면 반드시 부족한 점이 채워져 널리 이로울 것입니다. 장군 상총向寵은 성질이나 행위가 선량하고 공평하며 군사에 밝아 예전에 시험 삼아 써보고는 선제께서 그를 유능하다고 칭찬하셨습니다. 이 때문에 여러 사람이 의논하여 상총을 추천해 독(督, 사령관)으로 삼았습니다. 신의 생각으로는 군대 안의 일은 모두 이 사람과 상의하시면 틀림없이 군대를 화목하게 하고 우수한 자와 열등한 자가 알맞은 곳을 얻을 수 있을 것입니다.

어진 신하를 가까이하고 소인을 멀리한 것이 전한前漢이 흥성한 까닭이고, 소인을 가까이하고 어진 사람을 멀리한 것이 후한後漢이 쇠한 까닭입니다. 선제께서 살아 계실 때 늘 신과 이 일을 논의하고, 일찍이 후한 말의 환제桓帝와 영제에 대하여 탄식하고 통한해하지 않은 적이 없었습니다. 시중, 상서, 장사長史, 참군參軍은 모두 바르고 어질며 절개를 위해 죽을 신하들입니다. 원컨대 폐하께서 그들을 가까이하고 믿으시면 한나라 황실의 융성은 날을 헤아리며 기다릴 수 있습니다.

신은 본래 무관 신분으로 남양에서 직접 농사를 짓고 있었습니다. 혼란스러운 세상에서 구차하게 목숨을 보존하면서 제후에게 가 명성을 구하려고 하지 않았습니다. 그런데 선제께서는 신을 비천하다고 생각지 않으시고 송구스럽게도 몸소 몸을 굽히고 세 번이나 신의 오두막으로 찾아오셔서 신에게 그때의 세상일을 물으시기에, 이 일로 감격하여 선제께 신명을 다할 것을 허락했습니다. 뒤에 나라가 기울어 전복되려 하고 장판 싸움에서 졌을 때 임무를 맡았고 위급하고 어려울 때 명령을 받들었는데, 그로부터 21년이 지났습니다.[8]

선제께서는 신이 신중함을 아시므로 임종할 때 신에게 큰일을 맡기셨습니다. 명령을 받은 다음부터 밤낮으로 걱정하고 탄식하며 위탁

받은 일에 공적을 세우지 못하여 선제의 명철함을 손상시킬까 봐 두려웠고, 그 때문에 5월에 노수瀘水를 건너 황무지로 깊숙이 들어갔습니다. 지금 남방은 이미 평정되었고, 군대와 무기도 이미 풍족하므로 마땅히 삼군三軍을 거느리고 북쪽 중원을 평정해야 합니다. 바라는 바는 우둔한 재능을 다하여 간사하고 흉악한 자들을 물리치고 한나라 황실을 부흥시켜 옛 도읍지로 돌아가는 것입니다. 이것이 신이 선제께 보답하고 폐하께 충성하는 직분이기 때문입니다.

이익과 손해를 헤아려 나아가 충언을 다하는 것은 곽유지·비의·동윤의 책임입니다. 원컨대 폐하께서는 신에게 적을 토벌하여 한나라 황실을 부흥시킬 공적을 맡겨주십시오. 만일 공적을 이루지 못하면 신의 죄를 다스려 선제의 영전에 아뢰십시오. 만일 덕을 흥성시켰다는 말이 없으면 곽유지·비의·동윤 등의 태만함을 꾸짖어 그 허물을 분명히 하십시오. 폐하께서도 몸소 마음을 써서 신하들에게 옳은 길을 묻고 바른말을 살펴 받아들여 선제의 유언을 깊이 생각하십시오. 신은 큰 은혜를 받고 감격을 이기지 못하고 있습니다. 오늘 멀리 떠나려 하며 표表를 대하니 눈물이 흘러 아뢸 바를 모르겠습니다.

그러고는 출발하여 면양에 주둔했다.

| 건흥 6년(228) 봄 | 제갈량은 야곡도斜谷道에서 나와 미현을 빼앗으려고 있는 힘을 다해 싸우며, 조운과 등지를 보내 의병疑兵으로 삼아 기곡箕谷에 진을 수축하도록 했는데, 위나라 대장군 조진이 군사

---

8) 유비는 건안 13년(208)에 싸움에서 지고 제갈량을 오나라로 보냈다. 제갈량은 건흥 5년(227)에 상주문을 받들어 북방 정벌에 나섰다. 싸움에서 진 때부터 이때까지는 20년이다. 그러므로 유비가 처음 제갈량과 만난 때는 싸움에서 지기 1년 전이다.

를 들어 저항했다. 제갈량 자신은 병사들을 이끌고 기산을 쳤는데, 그 대오가 정연하고 상을 주고 벌을 주는 것이 엄격하며 호령이 분명했다. 남안·천수天水·안정安定 세 군이 위나라를 배반하고 제갈량에게 호응하자[9] 관중이 진동했다. 위나라 명제明帝가 서쪽으로 가서 장안을 지키고 장합에게 명하여 제갈량을 막도록 했다. 제갈량은 마속馬謖에게 군사들을 지휘하여 맨 앞에 서서 가정街亭에서 장합과 싸우도록 했다. 마속은 제갈량의 지시를 어기고 군사행동 중에 잘못을 범하여 장합에게 크게 졌다. 제갈량은 서현西縣의 1천여 가구를 함락시키고 한중으로 돌아와 마속을 죽여 병사들에게 사죄했다. 그리고 소를 올려 말했다.

신은 미미한 재능으로 맡은 일을 해낼 수 없을 정도의 중요한 직무를 담당하여 직접 병사들을 이끌고 싸우러 나갔으나 삼군을 격려하며 법규를 훈도하지 못했고, 큰일에 임해서 신중하지 못하여 가정에서는 명령을 어기는 잘못을 범하고 기곡에서는 근신하지 못하여 실책을 범했습니다. 그 책임은 모두 신이 사람을 부당하게 쓴 데 있습니다. 신은 사람을 알아보는 명철함이 없으며 일을 처리함에 어두운 면이 많습니다. 《춘추》에서 처벌은 군수軍帥에게 하는데, 신의 직무에 근거하여 이것은 타당합니다. 청컨대 신이 스스로 직위를 세 등급 낮추어 그 책임을 지게 해주십시오.

9) 당초 위나라에서는 촉나라에 단지 유비만 있다고 생각했다. 유비가 죽은 뒤 수년간 아무런 소리도 없으므로 방비를 하지 않았다. 그런데 갑자기 제갈량이 출병했다는 소식을 듣자 온 나라가 두려워했으며, 농우와 기산에서는 그 정도가 특히 심했다. 따라서 삼군三郡이 한꺼번에 제갈량에게 호응한 것이다.

그래서 유선은 제갈량을 우장군으로 삼고 승상 직무를 대행하도록 했으며, 총괄하는 직무는 전과 같게 했다.

|겨울| 제갈량은 또 산관을 나와 진창을 포위했는데 조진이 이를 막았고, 제갈량은 식량이 다 떨어져 돌아오고 말았다. 위나라 장수 왕쌍이 기병을 이끌고 제갈량을 뒤쫓아왔는데, 제갈량은 그와 싸워 깨뜨리고 그의 목을 베었다.

|건흥 7년(229)| 제갈량은 진식을 보내 무도군武都郡과 음평군을 치게 했다. 위나라 옹주 자사 곽회가 군사를 이끌고 진식을 뒤쫓아오자 제갈량은 몸소 건위建威까지 나아가 싸웠고, 곽회는 물러나 옹주로 돌아가니 두 군이 평정되었다. 제갈량에게 조서를 내렸다.

가정 싸움에서 진 것은 마속의 책임이다. 그런데 그대는 그 책임을 자신에게 돌려 심하게 폄하하고 자신을 억눌렀으며, 나도 그대의 마음을 거스르지 않고 그대가 고수하려는 의견을 들어주었다. 작년에 그대는 무력을 빛냈고 왕쌍의 머리를 베었다. 올해에 다시 출정하여 곽회가 급히 달아나게 했다. 저족과 강족羌族을 항복시키고 무도군과 음평군을 회복시켰다. 그대의 위풍은 흉악한 무리를 진압했고 공훈이 혁혁하다. 지금 천하는 소란스럽고 원수를 아직 없애지 못했다. 그대는 중대한 임무를 받아 나라의 중요한 일을 처리했는데 오래도록 관직을 낮추고 있으면 큰 공훈을 세울 수 없게 된다. 오늘 그대를 승상으로 복직시키니 그대는 사양하지 마라.

|건흥 9년(231)| 제갈량은 다시 기산으로 출격했으며, 목우를 이용하여 군수물자를 실어 날랐는데 식량이 다 떨어져 군대를 물렸다. 위나라 장군 장합과 싸워 그를 활로 쏘아 죽였다.

| 건흥 12년(234) 봄 | 제갈량은 전군을 거느리고 야곡에서 출병했는데 유마로 군수물자를 실어 날랐으며, 무공현武功縣의 오장원五丈原을 점거하고 사마의와 위남渭南에서 대치했다.

제갈량은 늘 군량이 계속 공급되지 않아 자기 뜻을 펴지 못할까 걱정했으며, 이 때문에 병사를 나누어 둔전을 하여 오랫동안 주둔할 기초를 만들었다. 농사를 짓는 이들은 위수渭水 강가에 거주하는 백성 사이에 섞여 지냈는데, 백성은 편안히 생업에 종사했고, 병사들은 사사로운 이익을 구하지 않았다. 서로 대치한 지 1백여 일이 지났다. 그해 8월에 제갈량이 병들어 군대 안에서 죽었는데 당시 쉰네 살이었다. 촉의 군대가 물러나자 사마의는 제갈량의 군영과 보루 및 거처를 일일이 돌아보고는 말했다.

"천하의 기재奇才로구나!"[10]

제갈량은 임종할 때 한중의 정군산에 묻어달라고 유언했다. 산에 의지하여 무덤을 만들되 무덤은 관을 넣을 수 있을 정도로만 하며, 염할 때는 평소 입던 옷으로 하고 제사 용품은 쓰지 못하게 했다.

조서를 내려 말했다.

그대는 문무의 재능을 갖추고 지혜와 성실함을 지녔으며, 선제께서

---

10) 양의 등이 병력을 정비하고 출발하자, 백성이 사마의에게 급히 달려가 알렸고, 이에 사마의가 급히 뒤쫓아갔다. 강유는 양의에게 명하여 군기를 반대로 하고 태고를 울리도록 하여 사마의를 향하는 것처럼 했다. 사마의는 곧 물러나고 가까이 가지 못했다. 그래서 양의는 대열을 짜고 계곡으로 들어간 뒤에 상을 알렸다. 사마의가 물러났으므로 백성은 속어를 지어 "죽은 제갈공명이 살아 있는 중달仲達을 달아나게 했다."라고 말했다. 어떤 이가 이를 사마의에게 보고하자, 그는 "나는 산 자를 상대할 수는 있지만 죽은 자를 상대할 수는 없다."라고 말했다.

고아를 의탁한 유언을 받들어 짐을 보좌하여 쇠퇴해가는 나라를 끊임없이 보존하고 쇠미한 황실을 일으켰으며, 마음속에는 대란을 평정하려는 뜻이 있었다. 그리고 군대를 정비하고 해마다 군사를 이끌고 나아가 정벌했다. 그대의 신 같은 무예는 빛나고 위세는 온 세상을 눌렀으며, 한나라 말에 특별한 공을 세워 이윤이나 주공의 큰 공훈과 나란히 할 만했다. 어찌 애통하게도 일이 거의 다 이루어질 무렵에 질병으로 목숨을 잃었는가! 짐은 슬퍼 심장과 간장이 찢어지는 듯하다. 그대의 미덕을 숭상하고 공훈을 서술하며 살았을 때의 행적에 따라 시호를 더하겠노라. 이것은 그대 이름을 길이 빛내고 역사책에 기록하여 영원히 사라지지 않게 하기 위함이다. 지금 사지절 좌중랑장 두경을 시켜 그대에게 승상 무향후의 인수를 주고, 충무후忠武侯라는 시호를 내리겠노라. 그대 영혼이 느낀다면 이러한 은총의 영광을 기뻐하리라. 아, 슬프다! 아, 슬프다!

**전에 제갈량이 유선에게 표를 올려 다음과 같이 말했다.**

성도에는 뽕나무 8백 그루와 메마른 땅 열다섯 이랑이 있으므로 제 자손의 생활은 이것으로 여유가 있습니다. 신이 밖에서 임무를 수행할 때에는 특별히 조달해줄 필요가 없고, 몸에 필요한 옷과 음식은 모두 관부에서 대주므로 다른 산업을 경영하여 재산을 만들 필요가 조금도 없습니다. 만일 신이 죽었을 때 저희 집안에 남는 비단이 있게 하거나 밖에 다른 재산이 있게 하여 폐하의 은총을 저버리게 하지 않겠습니다.

**죽었을 때 그가 말한 바와 같았다.**

제갈량은 선천적으로 기민하여 연발식 쇠뇌를 만들었고, 목우와 유마도 모두 그의 생각에서 나온 것이다. 병법을 응용하여 팔진도 八陣圖를 만들었는데 그 요령을 모두 터득했다고 한다. 제갈량이 한 말이나 포고, 편지, 상주문에 볼 만한 것이 많으므로 따로 한 문집으로 엮었다.

| 경요 6년(263) 봄 | 제갈량을 위해 면양에 사묘祠廟를 세우라는 조서가 있었다.[11] 가을에 위나라 진서장군 종회가 촉나라를 정벌하려고 한천까지 왔을 때 제갈량의 사묘에 제사를 지내고, 군사들에게 제갈량의 무덤 주변에서 가축을 방목하거나 나무를 베지 못하게 했다. 제갈량의 동생 제갈균은 관직이 장수교위까지 이르렀다. 제갈량의 아들 제갈첨이 아버지의 작위를 이었다.

11) 제갈량이 세상을 떠나자마자 각처에서 영묘靈廟를 세우도록 건의했지만 조정 회의에서 예의 질서에 근거하여 허락하지 않았다. 사람들은 계절마다 개인적으로 길 위에서 제사를 지냈다. 성도에 영묘를 세우도록 허락할 수 있다고 진언하는 자가 있지만 후주 유선은 따르지 않았다. 보병교위步兵校尉 습융習隆, 중서랑中書郎 상충向充 등이 함께 표를 올려 말했다. "신 등은 주周나라 사람들이 소백(召伯, 희석姬奭)의 덕을 흠모하여 감당甘棠 나무를 이 사람을 위해 베지 않았으며, 월왕(越王, 구천勾踐)은 범려范蠡의 공적을 생각하여 금을 주조해 그의 자태를 남기게 했다고 들었습니다. 한나라 초 이래 작은 선과 작은 덕에 따라 모습을 그리게 하고 영묘를 세우도록 하는 자는 많았습니다. 하물며 제갈량의 덕은 멀고 가까운 곳의 모범이 되고, 공훈은 이 마지막 때를 뒤덮고 있으며, 황실이 파멸하지 않은 것도 사실 이 사람에 의지하고 있기 때문입니다. 그리고 증(烝, 겨울 제사)과 상(嘗, 가을 제사)이 개인의 집에서 행해지는 데 그쳐 영묘도 형상도 없어 세우지 못하고, 백성이 거리에서 제사를 지내며, 이민족에게 들에서 제사 지내게 하는 것은 덕을 보존하고 공훈을 생각하게 하며 옛날을 추억하는 것이 아닙니다. 만일 지금 민심을 따르지 않는다면 제사가 혼란스러워져 원칙이 없어질 것입니다. 이것을 수도에 세운다면 또한 종묘에 가까울 것입니다. 이것이 폐하의 어리석음입니다. 신들의 어리석은 생각으로는 그의 무덤 가까이에 세우는 것이 적당할 듯하므로, 이것을 면양에 세워 친족들에게 때마다 제사 지내도록 하십시오. 제사를 지내려고 하는 아래 신하나 관리는 영묘에서만 하도록 제한하고, 개인적인 제사는 단절시켜 바른 예를 받드십시오." 이 결과 비로소 의견을 따르게 되었다.

《제갈씨집諸葛氏集》목록

개부작목제일開府作牧第一, 권제제이權制第二, 남정제삼南征第三, 북출제
사北出第四, 계산제오計算第五, 훈려제육訓厲第六, 종핵상제칠綜覈上第七, 종
핵하제팔綜覈下第八, 잡언상제구雜言上第九, 잡언하제십雜言下第十, 귀화제
십일貴和第十一, 병요제십이兵要第十二, 전운제십삼傳運第十三, 여손권서제
십사與孫權書第十四, 여제갈근서제십오與諸葛瑾書第十五, 여맹달서제십륙
與孟達書第十六, 폐이평제십칠廢李平第十七, 법검상제십팔法檢上第十八, 법검
하제십구法檢下第十九, 과령상제이십科令上第二十, 과령하제이십일科令下第
二十一, 군령상제이십이軍令上第二十二, 군령중제이십삼軍令中第二十三, 군
령하제이십사軍令下第二十四.

위의 스물네 편은 모두 10만 4112 글자이다.

신 진수陳壽 등이 아룁니다. 신이 전에 저작랑著作郎[12]일 때 시중 영
중서감領中書監 제북후濟北侯 순욱荀勖과 중서령中書令 관내후關內侯 화교
和嶠가 상주하여 신으로 하여금 촉나라 승상 제갈량의 일을 정리하도
록 했습니다. 제갈량은 위기에 처한 나라를 보좌하며 요충지에 의지
하고 위나라에 투항하지 않았습니다. 그러나 오히려 그 말을 보존하
여 기록하고, 좋은 말이 유실됨이 있음을 부끄럽게 여기니, 이는 실로
위대한 진 왕조의 광명이며 은덕이 지극하여 천하에 미친 결과로서
예로부터 이와 견줄 만한 조대는 없었습니다. 겹치는 것은 빼고 같은
종류의 문장을 나란히 놓아 총 스물네 편으로 정리했는데 편명은 위
와 같습니다.

---

12) 저작국著作局에서 전문적으로 역사를 편찬하는 관직으로서 위나라에서 두었으며 한 명
이었다. 진수는 서진西晉의 저작랑이었다. 저작좌랑著作左郎은 저작랑의 부관으로 세
명이었다.

제갈량은 어려서부터 남다른 재능과 영웅다운 기개를 지녔고, 키는 여덟 자이며, 용모는 매우 위엄이 있으므로, 그때 사람들은 그를 범상치 않은 인물로 평가했습니다. 한나라 말에 전란을 만나 작은아버지 제갈현을 따라 난리를 피해 형주로 가서 몸소 들에서 밭을 갈며 입신양명을 바라지 않았습니다. 그때 좌장군 유비가 제갈량을 특수한 재능을 갖춘 인물이라 생각하고, 곧 오두막에 있는 제갈량을 세 번 찾아갔습니다. 제갈량은 유비의 영웅다운 자태와 기개에 깊이 감동을 받아 마음을 열고 진심을 털어놓아 서로 두터운 정을 맺게 되었습니다.

위나라 무제가 남쪽 형주로 정벌하러 갔을 때, 유종이 주州를 바치고 투항했으므로 유비는 힘을 잃고 병력이 적어 발붙일 곳이 없었습니다. 제갈량은 이때 스물일곱 살이었지만 기이한 계책을 세워 몸소 손권에게 사자로 가서 오나라에 구원을 요청했습니다. 손권은 전부터 머리를 숙여 유비를 존경하고 있던 데다가, 또 제갈량의 뛰어난 재능과 고아함을 보고는 그를 매우 존경하고 중요시하여 곧장 병사 3만 명을 내어 유비를 도왔습니다. 유비는 얻은 병사로 무제와 싸워서 위나라 군대를 크게 이겼으며, 유리한 형세를 타고 승리하여 장강 남쪽 지역을 평정했습니다. 뒤에 유비는 또 서쪽으로 익주를 빼앗았습니다. 익주를 평정하고는 제갈량을 군사장군으로 삼았습니다. 유비는 제라 일컫고 제갈량을 승상으로 제수했으며, 녹상서사錄尙書事로 임명했습니다.

유비가 죽자, 뒤를 이은 유선이 어리고 약하므로 큰일이든 작은 일이든 모두 제갈량이 결정하게 되었습니다. 그리고 밖으로는 동오東吳와 동맹을 맺고 안으로는 남월南越을 평정했으며, 법령을 세우고 제도를 폈으며, 군대를 정비하고 기계나 기술은 정묘한 수준까지 이르기를 추구했습니다. 법령이 엄격하고 분명하며, 상을 주고 벌을 주는 것은 반드시 타당성이 있어 악한 일은 반드시 징계하고 착한 일은 꼭 표창했습니다. 관리로는 간교한 사람을 용납하지 않았고, 사람들은 스스로 힘쓰며 길에 떨어져 있는 것을 줍지 않고 강자가 약자를 침해하지 않으므로 사회 기풍이 숙연해졌습니다.

이때 제갈량의 숙원은 나아가서는 용이 날아오르고 호랑이가 주시하는 것처럼 천하를 통일하는 것이었고, 물러나서는 변방을 위협하여 천하를 동요시키는 것이었습니다. 또 자신이 죽은 뒤에 중원을 짓밟을 수 있고 위나라에 대항하는 자가 없게 될 것이라고 생각했습니다. 이 때문에 용병을 멈추지 않고 여러 차례 그의 무력을 과시했습니다. 그러나 제갈량의 재능은 군대를 통치하는 데는 뛰어났지만 기이한 계책이라는 점에서는 열등했으며, 백성을 다스리는 재간이 군사를 지휘하는 재능보다 나았습니다. 그와 맞서 싸운 사람 가운데 어떤 이는 당대의 걸출한 인물이었고, 게다가 병력의 많고 적음도 서로 같지 않았으며, 나아가 치는 것과 지키는 것 두 가지 일이 있으므로 비록 해마다 출병했을지라도 이길 수는 없었습니다. 옛날에 소하蕭何는 한신韓信을 추천했고 관중은 왕자성보王子城父를 천거했는데, 모두 자기 장점만을 헤아리고 능히 겸하여 소유하지 못했기 때문입니다. 제갈량의 재능과 정치 수완은 대체로 관중과 소하에 비길 만하지만, 그때의 명장 중에는 왕자성보나 한신 같은 이가 없었으므로 공업이 쇠퇴한 것이지 대의가 미치지 못해서이겠습니까? 아마 천명이 돌아가는 바가 있어 지력智力을 갖고 다투기가 불가능했던 듯합니다.

청룡 2년(234) 봄에 제갈량은 병력을 인솔하여 무공으로 출전해 병사들을 나누어 둔전을 하도록 하여 오랫동안 주둔할 기지를 만들었습니다. 그해 가을에 제갈량은 질병으로 세상을 떠났고, 백성은 그의 공덕을 추모하고 그 사적을 말로 엮었습니다. 오늘 양주와 익주의 백성으로서 제갈량을 칭찬하는 자는 그 말이 마치 귀에 남아 있는 듯이 말합니다. 비록 《시경》〈감당甘棠〉에서 소공召公을 칭송하고 정鄭나라 사람은 자산子産을 노래했지만 비유한 것이 이것과 멀지 않습니다. 맹가孟軻는 "안락함의 원칙을 갖고 백성을 부리면 비록 피로하더라도 원망하지 않으며, 생존의 원칙을 갖고 사람들을 주살하면 비록 죽어도 성내지 않는다."라고 말했습니다. 이것은 참말입니다! 논의하는 이 가운데 더러 제갈량의 문장이 아름답지 않고 정녕 주도면밀함이 지나치다고 비평하기도 합니다.

신이 생각하기로 구요咎繇는 위대한 현인이고 주공은 성인인데, 그들을 《상서》에 의거하여 살펴보면 구요의 계책은 간략하고 전아하며 주공의 고계誥戒는 번다하고 상세합니다. 무엇 때문이겠습니까? 구요는 순·우와 담소를 나누었고, 주공은 신하들과 맹세하는 말을 했기 때문입니다. 제갈량이 말한 대상은 다 뭇사람과 장사들이었기 때문에 문장에서 그 심오함을 추구할 수 없었던 것입니다. 그러나 그의 가르침이나 유언은 모든 일에 바르게 대처하고 있으며, 공정하고 진실한 마음이 그 문장에 보이니 그 안에서 그의 의도를 충분히 알 수 있고 당대에도 이로운 점이 있습니다.

엎드려 생각하건대 폐하께서 고대의 성왕을 잇도록 힘쓰며 호탕하여 꺼리는 바가 없으므로 비록 적국이 비방하는 말을 할지라도 그 원문을 완전하게 보존하여 바꾸거나 피한 것이 없이 크게 통달한 이치를 밝혔습니다. 신은 삼가 제갈량의 저작을 초록하여 위의 것을 저작국에 주었습니다. 신 진수는 두렵고 불안합니다. 폐하께 머리를 조아리고 조아립니다. 죽을죄를 저질렀습니다. 죽을죄를 저질렀습니다. 태시 10년(274) 2월 1일 계사癸巳에 평양후平陽侯 상 진수가 올립니다.

제갈교諸葛喬는 자가 백송伯松으로 제갈량의 형 제갈근諸葛瑾의 둘째 아들로서, 본래 자는 중신仲愼이다. 형 제갈원손諸葛元遜(제갈각諸葛恪의 자)과 함께 당시 명망이 있었는데, 사람들은 제갈교의 재능이 형에 미치지 못하지만 성품은 그를 뛰어넘는다고 평가했다. 전에 제갈량에게 아직 자식이 없을 때 제갈교를 서쪽으로 보내도록 하자, 제갈량은 제갈교를 자신의 태자로 여겨 그의 자를 바꾸었다. 제갈교는 부마도위에 임명되어 제갈량을 따라 한중에 이르렀다. 건흥 6년(228)에 스물다섯 살로 세상을 떠났다.

제갈교의 아들 제갈반諸葛攀은 관직이 행호군익무장군行護軍翊武將軍까지 이르렀으나 역시 요절했다. 제갈각이 오나라에서 주살당하자 자손이 모두 죽었지만, 제갈량은 자신의 후대가 있으므로, 제갈반은 오나라로 돌아와 다시 제갈근의 후예가 되었다.

제갈첨은 자가 사원思遠이다. 건흥 12년(234)에 제갈량이 무공으로 출전할 때, 형 제갈근에게 편지를 써서 말했다.

제갈첨은 지금 벌써 여덟 살이 되었고 총명하고 사랑스러운 아이인데, 그가 조숙하여 중요한 인재가 되지 못할까 봐 걱정입니다.

제갈첨은 열일곱 살 때 공주를 아내로 맞이하고 기도위騎都尉로 임명되었다. 그다음 해에 우림중랑장羽林中郎將이 되었으며, 여러 차례 승진하여 야성교위射聲校尉, 시중, 상서복야尚書僕射가 되었고, 군사장군을 더했다. 제갈첨은 서화에 뛰어나고 기억력이 좋았으므로 촉나라 사람들은 제갈량을 추모하며 모두 제갈첨의 재능과 총명함을 아꼈다. 늘 조정에서 타당한 법규나 좋은 일을 하면 설령 제갈첨이 건의하여 창도한 것이 아니더라도 백성은 모두 서로 전하며 말했다.

"갈후葛侯가 만든 것이다."

이 때문에 아름다운 명성과 과분한 명예가 제갈첨의 실제 행위를 넘어서게 되었다.

| 경요 4년(261) | 행도호위장군行都護衛將軍이 되고, 보국대장군 남향후南鄕侯 동궐과 함께 평상서사平尙書事가 되었다.

| 경요 6년(263) 겨울 | 위나라 정서장군 등애가 촉을 토벌하고 음평에서 경곡도景谷道를 거쳐 쳐들어왔다. 제갈첨은 병사들을 이끌고 부현까지 와서 주둔했는데, 선봉대가 패했으므로 군사를 물려 돌아와 면죽에 머물렀다. 등애는 편지를 보내 제갈첨을 꾀며 말했다.

만일 항복하면 반드시 표를 올려 낭야왕으로 삼겠다.

제갈첨은 매우 화가 나서 등애가 보낸 사자의 목을 베었다. 곧 싸웠지만 크게 지고 전선에서 죽었는데 그때 나이가 서른일곱 살이었다. 병력은 모두 뿔뿔이 흩어지고 등애는 계속 달려 성도에 이르렀다. 제갈첨의 맏아들 제갈상諸葛尙도 제갈첨과 함께 죽었다. 작은아들 제갈경諸葛京과 제갈반의 아들 제갈현諸葛顯 등은 함희 원년(264)에 하동河東으로 옮겨갔다.

동궐은 제갈량이 승상일 때 그 승상의 영사令史[13]로 있었다. 제갈량은 그를 칭찬하여 말했다.

"동 영사는 훌륭한 인물입니다. 내가 그와 얘기할 때마다 늘 사려

---

13) 승상부 소속으로 문서를 담당하는 하급 관원이다. 지위는 연掾이 속屬보다 낮았다.

깊고 타당합니다."

그리고 동궐을 주부로 전임시켰다. 제갈량이 죽은 뒤 동궐은 점차 승진하여 상서복야까지 이르렀으며 진지陳祗 대신 상서령이 되었다가 대장군, 평대사平臺事로 승진하여 의양義陽 출신 번건이 대신 상서령이 되었다.

| 연희 14년(251) | 번건은 교위로서 오나라에 사자로 갔는데, 마침 손권이 질병을 심하게 앓고 있으므로 직접 만나보지 못했다. 손권이 제갈각에게 물었다.

"번건은 종예宗預와 비교하면 어떻습니까?"

제갈각이 대답하여 말했다.

"재능과 식견은 종예보다 못하지만 아름다운 품성은 그를 뛰어넘습니다."

뒤에 시중이 되었다가 상서령에 제수되었다. 제갈첨·동궐·번건이 나랏일을 주관하고 강유가 늘 밖에서 정벌한 이래로 환관 황호가 정치 실권을 몰래 훔쳤는데, 모두 그를 보호하여 잘못을 바로잡아 줄 수 없었다.[14] 그러나 번건만은 황호와 우호적으로 왕래하지 않았다. 촉이 패한 다음 해 봄에 동궐과 번건은 함께 경도로 와서 상국참군相國參軍[15]이 되었다. 그해 가을에 함께 산기상시散騎常侍를

---

14) 제갈첨과 동궐 등은 강유가 전쟁을 좋아하고 공적이 없으며 나라 안이 황폐해졌다는 이유로 그를 불러들여 익주 자사로 삼고 그의 군사권을 빼앗도록 유선에게 상주하려고 했다. 촉군의 장로長老들은 제갈첨의 상주에 염우閻宇를 강유와 교체하도록 하자는 의견을 싣도록 했다. 진 영화永和 3년(347)에 촉군의 사관史官 상거(常璩, 자는 도장道將이고 촉군의 강원江原 사람으로 291년경에 태어나 361년에 죽음)는 촉군의 장로들에게 다음과 같이 말했다. "진수는 일찍이 제갈첨 수하의 관리일 때 제갈첨에게 치욕을 당한 적이 있습니다. 그러므로 이 일을 근거로 하여 죄악의 원인을 황호에게 돌아가게 하고, 제갈첨은 혼란한 정치를 바로잡을 수 없었다고 적었습니다."

겸하여 사자로 나가 촉나라 사람들을 위로했다.[16)]

【평하여 말한다】

　제갈량은 승상이 되어 백성을 어루만지고 예의와 법도를 보여주었으며, 관직을 간략하게 하고 때에 알맞은 제도를 따랐으며, 성실한 마음으로 공정한 정치를 폈다. 충의를 다하고 시대에 이로움을 준 사람에게는 비록 원수라도 반드시 상을 주고, 법을 어기고 태만한 자에게는 비록 가까운 사람이라도 반드시 벌을 주었다. 죄를 인정하고 반성하는 마음을 가진 이에게는 무거운 죄를 지었다 하더라도 반드시 풀어주었으며, 진실을 말하지 않고 말을 교묘하게 꾸미는 자에게는 비록 가벼운 죄를 지었다 하더라도 반드시 사형에 처했다. 선을 행하면 작은 일이라도 상을 주지 않은 적이 없고, 사악한 행동을 하면 사소한 것이라도 처벌하지 않은 적이 없었다. 여러 사무에 정통하고 사물의 근원을 이해했으며, 명분을 따르고 실질을 구하며 거짓으로 가득한

15)　사마소司馬昭 상국부相國府의 속관으로 군사 참모 격이다. 후한 말 조조가 승상으로 있을 때 참군을 설치하여 정한 것이다.

16)　번건이 급사중給事中으로 있을 때 진晉나라 무제가 제갈량의 정치에 대해 묻자, 번건은 이렇게 대답했다. "자신의 나쁜 점을 알게 되면 반드시 고쳐 허물을 끌고 가지 않으며, 상을 주고 벌을 주는 일에서는 신명을 감동시키기에 충분했습니다." 그러자 무제가 말했다. "훌륭하구나! 내가 이 사람을 얻어 나를 보좌하게 한다면 어찌 오늘의 수고로움이 있으랴." 번건이 머리를 땅에 대고 "신이 가만히 천하의 의론을 들어보니 모두 등애가 까닭 없이 죄를 받았다고 합니다. 폐하께서는 알면서도 처리하지 않은 것입니다. 이것은 풍당馮唐이 '염파廉頗와 이목李牧을 얻어도 기용할 수 없구나.'라고 한 말에 맞먹습니다."라고 하자, 무제는 웃으면서 말했다. "나는 이 일을 밝히려 했소. 그대 말이 내 뜻을 일으켰소." 그러고는 조서를 내려 등애의 혐의를 풀었다.

사람과는 함께하지 않았다. 그 결과 촉나라 안의 사람은 모두 그를 존경하고 아꼈으며, 형법과 정치가 비록 엄격해도 원망하는 이가 없었다. 이는 마음을 공평하게 쓰고 상을 주고 벌을 주는 일을 분명히 했기 때문이다. 제갈량은 세상을 다스리는 이치를 터득한 뛰어난 인재로서 관중, 소하와 비교할 만하다. 그러나 해마다 군대를 움직이고도 성공하지 못한 것은 아마 임기응변의 지략이 그의 장점이 아니었기 때문인 듯하다.

6

# 관장마황조전 關張馬黃趙傳

### 촉나라의 다섯 맹장

# 의리를 목숨보다 중히 여기다

## 관우전關羽傳

관우는 자가 운장雲長이고 본래 자는 장생長生이며, 하동군河東郡 해
현解縣 사람이다. 망명하여 탁군으로 달아났다. 유비가 고향에서 병
사들을 모을 때 관우는 장비와 함께 그를 호위했다. 평원의 상이 된
유비가 관우와 장비를 별부사마로 삼아 군대를 나누어 이끌도록 했
다. 유비는 잠잘 때도 두 사람과 함께했으며 정이 형제 같았다. 여럿
이 모이는 자리에서 관우와 장비는 늘 유비 곁에 서 있었고, 유비를
따라 전쟁터를 돌아다니며 고난과 험난함을 피하지 않았다. 유비는
서주 자사 차주를 습격하여 죽이고 관우에게 하비성을 지키게 했
으며 태수 직무를 대행하도록 하고 자신은 소패로 돌아왔다.

| 건안 5년(200) | 조조가 동쪽 지역 정벌에 나서자 유비는 원소에
게로 달려갔다. 조조는 관우를 사로잡아 돌아와 그를 편장군으로
삼고 매우 후하게 예우했다.

원소가 대장군 안량顏良을 보내 백마白馬에서 동군 태수東郡太守 유
연劉延을 치게 했는데, 조조가 장료張遼와 관우를 맨 앞에 세워 공격
했다. 관우는 안량의 깃발과 수레 덮개를 멀리 바라보다가 말에 채
찍질을 하여 1만 명의 대군 속에 있는 안량을 찌르고 그 머리를 베
어 돌아왔다. 원소의 장수 가운데 관우를 당해낼 자가 없으므로 곧
백마의 포위를 풀었다. 조조는 곧바로 표를 올려 관우를 한수정후

로 봉했다. 처음에 조조는 관우의 사람 됨됨이가 용감하다고 평가했지만, 그의 마음에는 오랫동안 머물려는 뜻이 없음을 살피고 장료에게 말했다.

"그대가 그와의 정에 기대어 물어보시오."

오래지 않아 장료가 관우에게 묻자, 관우는 탄식하며 말했다.

"나는 조공曹公께서 나를 후하게 대우해주는 것을 잘 알고 있습니다. 그러나 나는 유 장군에게 깊은 은혜를 받았고 함께 죽기로 맹세했으니 그를 배신할 수 없습니다. 나는 끝까지 남아 있을 수 없으며, 공을 세워 조조에게 보답한 뒤에 떠날 것입니다."

장료가 관우의 말을 보고하니 조조는 그가 의리 있는 사람이라고 생각했다. 관우가 안량을 죽이자, 조조는 관우가 틀림없이 떠날 것을 알고 두터운 상을 주었다. 관우는 조조가 내린 상을 모두 봉하고 고별의 편지를 써놓고 원소 군대 속의 유비에게로 달려갔다. 조조 옆에 있던 사람들이 그를 뒤쫓으려고 했지만 조조가 말했다.

"사람은 각자 자기 주인이 있으니 뒤쫓지 마시오."

관우는 유비를 따라 유표에게 기탁했다. 유표가 죽은 뒤 조조는 형주를 평정했고, 유비는 번성에서 남쪽으로 장강을 건너려고 하여 관우를 따로 보내 배 수백 척을 이끌고 강릉에서 만나기로 약속했다. 조조가 추격하여 당양현當陽縣의 장판까지 이르자, 유비는 가까운 길을 지나 한진으로 갔는데, 마침 관우의 배와 서로 만나 함께 하구에 이르렀다.[1] 손권이 병사를 보내 유비를 도와 조조에게 맞서도록 했으므로 조조는 병사를 인솔하여 물러났다. 유비는 강남의 여러 군을 되찾고 공적을 세운 자에게 관위를 주었으며 관우를 양양 태수襄陽太守, 탕구장군으로 삼아 강북 일대에 주둔하도록 했다.

유비는 서쪽으로 익주를 평정하고, 관우에게 형주를 감독하고 관리하는 일을 맡겼다. 관우는 마초가 투항해왔다는 소식을 듣고는 일찍이 그에 대해 아는 바가 없었으므로 제갈량에게 편지를 써서 마초의 인품과 재능이 누구와 비교할 만한지 물었다. 제갈량은 우위를 지키려는 관우의 마음을 알았으므로 다음과 같이 대답했다.

맹기(孟起, 마초)는 문무를 고루 갖추었으며 용맹함이 보통 사람을 뛰어넘는 당대의 걸출한 인물로서 한나라의 경포黥布나 팽월彭越 같은 부류로 익덕(益德, 장비)과 나란히 선두를 다툴 수 있지만, 미염공美髯公 당신의 걸출함에는 미치지 못합니다.

관우의 턱수염이 매우 아름다우므로 제갈량이 그를 '염髯'이라고 부른 것이다. 관우는 편지를 보고 매우 기뻐하며 그것을 빈객들에게 보여주었다.

관우는 일찍이 날아오는 화살에 왼쪽 팔이 꿰뚫린 적이 있었다. 나중에 상처는 비록 다 나았지만 구름이 잔뜩 낀 날이나 비가 오는

---

1) 전에 유비가 허도에 있을 때 조조와 함께 사냥한 일이 있었다. 사람들은 사냥하면서 이리저리 흩어지게 되었다. 관우는 유비에게 조조를 죽이기를 권했지만 유비는 따르지 않았다. 하구에 이르러 장강의 강기슭을 떠도는 신세가 되자, 관우는 화가 잔뜩 나서 말했다. "지난날 사냥할 때 제 말을 따랐더라면 오늘 이 어려움은 없었을 것입니다." 유비는 이렇게 말했다. "그때는 역시 나라를 위해 그를 아꼈을 뿐이오. 천도天道가 정의를 돕는다면 어찌 이것이 복을 위한 것이 아님을 알겠소!" 유비는 나중에 동승 등과 결탁하여 조조를 죽일 음모를 꾸몄지만 일이 누설되어 이루지 못했다. 만일 나라를 위해 조조를 아꼈다면 이 같은 행동은 어떻게 설명하겠는가? 관우가 조조를 죽이라고 권했을 때 유비가 따르지 않은 까닭은 조조에게 심복이나 친척 등 실로 따르는 자가 많으므로 미리 계획하지 않고는 행동할 수 없었기 때문이다. 조조가 비록 살해되었다 하더라도 자기 몸 또한 화를 면하지 못했을 것이다. 유비는 이러한 면을 고려하여 멈추었을 뿐 어찌 조조를 아끼는 마음이 있었겠는가! 지난 일이기 때문에 점잖은 말을 빌려 나타냈을 뿐이다.

날이면 으레 뼈에 통증이 왔다. 의원이 말했다.

"화살촉에 독이 있었는데 그 독이 뼛속으로 들어갔습니다. 팔을 찢어서 뼛속의 독소를 없애면 통증이 사라질 것입니다."

관우는 곧 팔을 펴고 의원에게 째도록 했다. 그때 관우는 마침 장수들을 초청하여 연회를 열어 서로 마주하고 있었다. 팔에서 나는 피가 흘러 떨어져 그릇에 가득했지만 관우는 구운 고기를 자르고 술을 마시며 평소처럼 웃으면서 말을 했다.

| 건안 24년(219) | 유비가 한중왕이 되자 관우를 전장군前將軍으로 삼고 가절과 월鉞을 주었다. 이해에 관우가 병사들을 이끌고 가서 번성에서 조인을 치자, 조조는 우금을 보내 조인을 돕게 했다. 가을이 되어 폭우가 쏟아져 한수가 넘쳐흘러 우금이 통솔하는 칠군七軍이 모두 물에 빠졌다. 우금은 관우에게 투항했고, 관우는 또 장군 방덕龐悳을 참수했다. 양현梁縣·겹현郟縣·육혼현陸渾縣의 도적 중에는 멀리서 관우의 인수를 받아 그의 분대가 되기도 하여 관우의 위세가 중원을 진동시켰다.

조조가 허도를 떠나 관우의 예봉을 피할 방법을 상의했는데, 사마의와 장제蔣濟는 관우가 뜻을 얻게 되는 것을 손권으로서는 원하지 않을 테니 사람을 보내 손권에게 다스리도록 하면 번성의 포위는 저절로 풀릴 것이라고 주장했다. 조조는 그들의 의견을 따랐다. 이전에 손권은 아들을 위해 관우의 딸에게 구혼하려고 사자를 보냈다. 관우가 그 사자를 모욕하고 결혼을 허락하지 않았으므로 손권은 무척 화가 나 있었다.[2] 또 남군 태수南郡太守 미방糜芳이 강릉에 있고 장군 사인士仁이 공안에서 주둔했는데, 평소 관우가 자신들을 경시했으므로 싫어했다. 관우가 출병하자 미방과 사인이 군수물자를 대주었는데 힘을 다해 돕지는 않았다. 관우가 말했다.

"돌아가면 반드시 그들을 징벌하겠다."

미방과 사인은 속으로 두렵고 불안했다. 그래서 손권이 미방과 사인을 은밀히 유인하니, 그들은 사람을 시켜 손권을 맞이했다. 게다가 조조가 서황徐晃을 보내 조인을 도왔으므로 관우는 이기지 못하고 군대를 이끌고 돌아왔다.[3] 손권이 이미 강릉을 점령하고 관우의 병사들과 처자식을 모두 포로로 붙잡았으므로 관우의 군대는 흩어지고 말았다. 손권은 장수를 보내 관우를 공격하고, 관우와 그 아들 관평關平을 임저臨沮에서 참수했다.[4]

유비는 관우의 시호를 장무후壯繆侯라고 했다. 아들 관흥關興이 작위를 이었다. 관흥은 자가 안국安國이고, 어릴 때부터 명성이 있었으므로, 승상 제갈량은 그를 매우 높이 평가했다. 약관의 나이에 시중, 중감군中監軍이 되었지만 몇 년 뒤에 세상을 떠났다. 아들 관통關統이 작위를 이었고, 공주를 아내로 맞이했으며, 관직은 호분중랑장

---

2) 관우가 번성을 포위했을 때 손권은 사자를 보내 돕기로 했지만 사자에게 천천히 가도록 칙명을 내리는 한편, 주부를 먼저 보내 관우에게 용건을 전하도록 했다. 관우는 지원군이 늦게 온 데 대해 화가 났고, 또 스스로 우금 등을 얻었으므로 "오소리가 감히 이렇게 하다니, 만일 번성을 공략하게 된다면 내가 너를 멸망시킬 수 없겠는가!"라고 욕했다. 손권은 이 소식을 듣고 관우가 자신을 경시하고 있음을 알고 거짓 편지를 써 용서를 구하고 가기로 약속했다. 사실 형주(관우)와 오(손권)는 겉으로만 화목하지 속으로는 시기했으므로 손권이 관우를 습격하려고 비밀리에 군대를 발동시킨 것이다.

3) 관우와 서황은 예전부터 서로 존경하고 아꼈으므로 먼 거리임에도 서로 이야기를 나누었는데 세상일만 언급할 뿐 군사적인 일에는 미치지 않았다. 서황이 말에서 내려 "관운장의 머리를 얻어오는 자에게는 상금으로 천 근을 주겠다."라고 말했다. 관우는 놀라고 두려워 서황에게 "대형大兄, 이것이 무슨 말씀입니까!"라고 하자, 서황이 "이것은 나랏일입니다."라고 말했다.

4) 손권이 관우를 살려주어 유비가 조조의 적수가 되게 하려고 하자, 측근들이 "이리 새끼는 기를 수 없습니다. 훗날 틀림없이 해를 끼칠 것입니다. 조조가 곧바로 그를 제거하지 않을 테고 스스로 큰 혼란을 부르게 되며 천도遷都를 논의하게 될 것입니다. 지금 어찌 그를 살려줄 수 있겠습니까!"라고 하여 곧 목을 베었다.

虎賁中郎將까지 올라갔다. 관통이 죽은 뒤에는 아들이 없으므로 관흥의 서자 관이關彛에게 작위를 잇도록 했다.

# 장판에서 홀로 조조의 대군을 막다

## 장비전張飛傳

장비는 자가 익덕益德이며 탁군 사람으로, 젊어서 관우와 함께 유비를 섬겼다. 관우가 연장자이므로 장비는 그를 형처럼 대했다. 유비는 조조를 따라 여포를 치고 함께 허도로 돌아왔다. 이때 조조가 장비를 중랑장으로 임명했다.

유비는 조조를 등지고 원소, 유표에게 의지했다. 유표가 죽자 조조가 형주로 들어오므로 유비는 강남으로 달아났다. 조조는 그를 뒤쫓아 하루 낮 하루 밤이 지나 당양현 장판까지 이르렀다. 유비는 조조가 곧 다다를 것이라는 소식을 듣고 처자식을 버린 채 달아나며 장비에게 기병 스무 명으로 뒤를 막게 했다. 장비는 냇물을 점거하여 다리를 끊고, 눈을 부릅뜨고 창을 비껴 잡으며 말했다.

"나는 장익덕張益德이다. 나와 함께 죽음을 결정지으며 싸울 수 있겠는가!"

적군은 모두 감히 가까이 다가가는 자가 없었고, 이로써 유비는 위기를 벗어나게 되었다. 유비는 강남을 평정하고 장비를 의도 태수宜都太守, 정로장군으로 삼고 신정후에 봉했으며 나중에 남군으로 전임시켰다. 유비는 익주로 들어와 군사를 돌려 유장을 치려고 했으므로 장비와 제갈량 등은 물을 거슬러 올라가며 나누어 각 군과 현을 평정했다. 장비는 강주에 이르러 유장의 부장인 파군 태수巴郡

太守 엄안嚴顏을 무찔러 사로잡았다. 장비가 엄안을 꾸짖어 말했다.

"대군이 이르렀는데 어찌하여 항복하지 않고 감히 저항하며 싸웠느냐?"

엄안이 대답했다.

"당신들은 예의도 없고 우리 주를 침략했소. 우리 주에서는 머리를 잘리는 장군만 있을 뿐, 항복하는 장군은 없소."

장비는 화가 나서 측근들에게 끌고 가 머리를 베도록 했지만, 엄안은 얼굴빛도 바뀌지 않은 채 말했다.

"머리를 자르면 자르는 것이지 어째서 화를 내시는가!"

장비는 그 용감함에 감복하여 풀어주고 불러서 빈객으로 삼았다. 장비는 지나는 곳마다 모두 이기고 성도에서 유비와 만났다. 익주가 평정된 뒤 제갈량·법정·장비·관우에게 각각 금 5백 근, 은 1천 근, 동전 5천만 개, 비단 1천 필을 내리고 그 밖의 사람들에게는 각각 차이를 두어 하사했다. 그리고 장비를 파서 태수로 삼았다.

조조는 장로를 무찌르고 하후연과 장합을 시켜 한천에 머물러 지키도록 했다. 장합은 따로 군사를 지휘하여 파서로 내려가 그곳 백성을 한중으로 옮기려고 탕거·몽두蒙頭·탕석瓮石까지 진군하여 장비와 50여 일 동안 대치했다. 장비는 정예 병사 1만여 명을 이끌고 다른 길에서 장합의 군대를 맞아 싸웠는데, 장합의 군대는 길이 좁아 앞뒤가 서로 구원할 수 없으므로 장비에게 패했다. 장합은 말을 버리고 단지 부하 10여 명과 산을 따라서 샛길로 물러나 남정으로 돌아갔고, 파서 지역은 평정을 되찾았다. 유비는 한중왕이 되자 장비를 우장군으로 삼고 가절을 주었다.

| 장무 원년(221) | 거기장군이 되었다가 사예교위를 겸했으며, 승진하여 서향후西鄕侯에 봉해졌다. 책문에서 다음과 같이 말했다.

짐은 황통을 잇고 대업을 받들어 흉포한 무리를 없애고 동란을 진압했지만 아직 그 이치를 밝히지는 못했다. 지금 역적과 강도는 해악을 만들고, 백성은 도탄에 빠져 고통받고 있으며, 한나라 황실을 생각하는 선비들은 학처럼 목을 빼고 바라고 있다. 이 때문에 짐은 슬프고 자리에 앉아 있어도 불안하고 음식을 먹어도 단맛을 모른다. 군대를 정비하고 맹세하여 하늘의 뜻에 따라 적을 토벌했다. 그대의 충성과 강인함은 주周나라 선왕宣王 때 회이淮夷를 토벌한 소호(召虎, 소목공召穆公)에 비교되며 그 이름은 가까운 곳이든 먼 곳이든 퍼졌으므로 특명을 내어 작위를 높이고, 경도와 그 부근을 겸하여 다스리도록 하겠다. 하늘의 위엄을 조장하고, 덕행으로써 복종하는 자들을 위로하며, 형벌로써 반항하는 자를 제압하여 짐의 뜻에 따르라.《시경》에서 "백성을 해롭게 하지 마라. 완성을 구함에 급급하지 마라. 모든 것이 바르려면 주나라 왕조를 본받아야 한다. 큰 공업을 신속하게 세우면 너에게 복을 내리리."라고 하지 않았는가. 힘쓰지 않을 수 있겠는가!

처음에 장비의 웅장함과 위풍과 용맹은 관우에 버금갔는데, 위나라의 모신 정욱程昱 등은 관우와 장비에게는 1만 명을 상대할 만한 힘이 있다고 칭찬했다. 관우는 병사들을 잘 대해주지만 사대부들에게는 오만했고, 장비는 군자를 아끼고 존경하지만 소인은 보살피지 않았다. 유비는 늘 이 점을 경계하여 말했다.

"그대는 형벌에 따라 사람을 죽이는 것이 벌써 지나치고, 또 매일 병사들을 채찍질하면서 그들을 측근에 임용하고 있으니, 이는 화를 부르는 길이오."

그러나 장비는 깨우치지 못했다. 유비가 오나라를 토벌할 때, 장비는 병사 1만 명을 인솔하여 낭중閬中에서 나와 강주에서 유비와

만나기로 했다. 출발하려고 할 때 그 막하의 장수 장달張達과 범강范
疆이 장비를 죽이고, 그 머리를 갖고 장강을 따라 손권에게로 달려
갔다. 장비 군영의 도독이 표를 올려 이를 유비에게 보고했다. 유비
는 장비 도독의 표가 있음을 듣고 말했다.

"아! 장비가 죽었구나."

장비의 시호를 환후桓侯로 추증했다. 맏아들 장포張苞는 일찍 죽었
으므로 둘째 아들 장소가 대를 이었는데, 관직이 시중상서복야侍中
尚書僕射까지 이르렀다. 장포의 아들 장준張遵은 상서가 되어 제갈첨
을 따라 면죽에서 등애와 싸우다가 죽었다.

# 조조도 두려워한 서량의 맹장

## 마초전馬超傳

마초는 자가 맹기孟起이고 부풍군扶風郡 무릉현茂陵縣 사람이다. 아버지 마등은 영제 말기에 변장邊章, 한수韓遂 등과 함께 서주西州에서 기병했다.

| 초평 3년(192) | 한수와 마등은 병사를 이끌고 장안으로 갔다. 한나라 조정은 한수를 진서장군으로 삼아 금성金城으로 보내고, 마등은 정서장군으로 삼아 미현으로 보내 주둔시켰다. 나중에 마등이 장안을 습격했지만 져서 달아나 양주로 돌아왔다. 사예교위 종요는 관중을 지키며, 한수와 마등에게 편지를 보내 복종할 경우의 화와 복을 말했다. 마등은 마초를 보내 종요를 수행하여 평양에서 곽원郭援과 고간高幹을 토벌하도록 했으며, 마초의 장군 방덕이 직접 곽원의 머리를 베었다. 뒤에 마등은 한수와 화합하지 못하여 경기로 돌아가기를 바랐다. 그래서 마등을 불러 위위衛尉로 삼고, 마초를 편장군으로 삼고 도정후로 봉하여 마등의 부하를 통솔하도록 했다.

마초는 군대를 통솔한 뒤 한수와 연합하고 양추楊秋·이감李堪·성의成宜 등과 연결하여 동관潼關까지 군대를 진군시켰다. 조조는 한수, 마초와 더불어 홀로 말을 타고 와서 회담을 했다. 마초는 그의 강대한 힘을 믿고 몰래 조조를 붙잡으려고 했지만, 조조 옆에서 장수 허저許褚가 눈을 부릅뜬 채 노려보고 있으므로 감히 행동하지 못

했다. 조조가 가후賈詡의 책략을 써서 마초와 한수가 서로 의심하게 만들었으므로 그들의 군대는 크게 패했다.[5] 마초는 달아나서 융족들을 지켰다. 조비는 안정까지 뒤쫓아갔지만, 마침 북쪽에 일이 생겨 군대를 이끌고 동쪽으로 돌아갔다. 양부楊阜가 조조에게 권유하며 말했다.

"마초는 한신과 경포의 용감함을 지녔고, 또 강인羌人과 호인胡人의 마음이 있습니다. 만일 대군이 돌아가 그에 대한 방비를 엄밀히 하지 못한다면 농상隴上의 여러 군은 국가의 소유가 되지 않을 것입니다."

조조가 돌아간 뒤 마초는 정말로 각 융족을 인솔하여 농상의 군현을 공격했다. 농상의 군현은 모두 그에게 호응했으며, 양주 자사涼州刺史 위강韋康을 죽이고 기성冀城을 점거하여 그곳 백성을 차지했다. 마초는 스스로 정서장군이라 일컬으며 병주목幷州牧을 겸하고 양주의 군사軍事를 총괄했다.

위강의 옛 관리와 백성 양부·강서姜敍·양관梁寬·조구趙衢 등이 함께 모의하여 마초를 공격했다. 양부와 강서가 노성鹵城에서 병사를 일으켰으므로 마초는 병사를 내어 그들을 쳤지만 공략할 수 없었다. 양관과 조구가 기주의 성문을 닫았으므로 마초는 성으로 들어갈 수 없었다. 진퇴양난에 처한 마초는 곧 한중으로 달려가 장로에

---

5) 이전에 조조의 군대가 포판蒲阪에 주둔하며 황하 서쪽 강기슭을 건너려고 할 때, 마초는 한수에게 말했다. "위수 북쪽에서 이들을 막는 데는 불과 20일이면 됩니다. 하동의 곡물이 바닥나면 그는 틀림없이 달아날 것입니다." 그러자 한수가 말했다. "자유롭게 건너도록 합시다. 황하 속에서 고난을 겪게 하는 것도 즐겁지 않겠습니까." 하지만 마초의 계획은 시행되지 않았다. 조조는 이것을 듣고 말했다. "마초가 죽지 않는 한 나에게는 묻힐 땅이 없을 것이다."

게 의지했다. 장로는 함께 일을 꾀하기에 부족한 인물이므로 마초
는 속으로 고향을 그리워하게 되었으며, 유비가 성도에서 유장을
포위했다는 소식을 듣자 은밀히 편지를 보내 투항하기를 청했다.

유비는 사람을 보내 마초를 맞이했고, 마초는 병사를 이끌고 곧
장 성 아래까지 이르렀다. 성안에서는 두려워 떨었으며, 유장은 곧
바로 항복했다. 유비는 마초를 평서장군으로 삼고 임저를 다스리도
록 했으며, 전에 조조에게 봉해진 것에 따라 도정후에 봉했다.[6] 유
비는 한중왕이 되자 마초를 좌장군으로 삼고 가절을 주었다.

| 장무 원년(221) | 마초는 표기장군이 되었다가 양주목을 겸했으며,
승진하여 태향후蘇鄉侯에 봉해졌다. 책문에서 다음과 같이 말했다.

짐은 부덕한 몸으로 황제 자리를 잇고 종묘를 받들게 되었다. 조조
부자가 대대로 죄를 저질러, 짐은 그 때문에 참담하며 두통 같은 질병
이 있다. 사해 안은 원망하고 분통해하며 정의로 돌아오고 근본으로
돌아와 저족과 강족이 복종했으며, 훈육獫鬻[7]도 정의를 우러르게 되었
다. 그대의 신의는 북쪽 땅에 빛나고 위엄과 무예도 모두 빛나고 있으

---

6) 마초는 유비가 자신을 후하게 대우하는 것을 나타내기 위해 유비와 이야기할 때 늘 유비
   의 자를 불렀다. 관우는 이 점에 화가 치밀어 그를 죽이고 싶어 했다. 유비가 말했다. "사
   람들이 나에게 돌아오고 있는데 그대들은 화를 내며 내 자를 부른 사람을 죽이려고 하니
   천하에 무엇을 보이겠습니까!" 장비가 말했다. "그러면 그에게 예를 가르치십시오." 다음
   날 대회의를 열어 마초에게 안으로 들어오도록 했다. 마초는 자리를 둘러보았지만 관우
   와 장비가 보이지 않았다. 그러다가 그들이 칼을 쥔 채 유비 곁에 서 있는 것을 보고는 매
   우 놀라 다시는 유비의 자를 부르지 않았다. 다음 날 탄식하며 말했다. "나는 오늘 내가
   패배한 까닭을 알았다. 군주의 자를 불렀기 때문에 관우와 장비에게 죽임을 당할 것이다."
   그다음부터는 경의를 가지고 유비를 존중하여 섬겼다.

7) 훈육은 하夏나라 북방의 이민족으로서 주나라 때는 험윤, 한나라 이후에는 흉노라고 일컬
   었다.

므로 그대에게 중임을 맡기니, 강한 적을 누르고 만 리를 다스리며 백성의 질고를 살펴주기 바란다. 그대는 조정의 교화를 밝게 선양하고 먼 곳과 가까운 곳의 백성을 보듬으며 상을 주고 벌을 주는 것을 신중히 함으로써 한나라 왕조의 복운輻運을 증대시켜 천하에 보답해야 한다.

| 장무 2년(222) | 세상을 떠났는데, 그때 나이가 마흔일곱 살이었다. 임종할 즈음에 소를 올려 말했다.

저희 집안의 2백여 명은 조맹덕(曹孟德, 조조)에게 주살당하여 거의 전멸되고, 오직 사촌 동생 마대馬岱만이 있을 뿐입니다. 쇠락한 집안의 제사를 이을 사람이니 폐하께 간절히 부탁드립니다. 이 밖에 또 할 말은 없습니다.

마초에게 위후威侯라는 시호를 추증했다. 아들 마승馬承이 대를 이었다. 마대의 지위는 평북장군平北將軍까지 이르렀고, 승진하여 진창후陳倉侯라는 작위를 받았다. 마초의 딸은 안평왕 유리의 아내가 되었다.

# 하후연을 죽여 노익장을 과시하다

## 황충전黃忠傳

황충은 자가 한승漢升이고 남양군 사람이다. 형주목 유표가 그를 중
랑장으로 삼아, 유표의 조카 유반劉磐과 함께 장사長沙 유현攸縣을 지
켰다. 조조가 형주를 쳐서 함락시키자, 황충은 비장군裨將軍<sup>8)</sup>을 대
행했다가 곧이어 원래 직무를 맡아 장사 태수 한현의 통제 아래 있
었다. 유비가 남쪽의 여러 군을 평정하자 황충은 그에게 귀순하여
유비를 따라 촉으로 들어갔다. 가맹에서 임무를 받고 군대를 돌려
유장을 공격했다. 황충은 늘 먼저 달려가 진지를 함락시켰으며, 용
감하고 강인함이 삼군의 필두였다. 익주가 이미 평정되자 황충은
토로장군討虜將軍에 임명되었다.

| 건안 24년(219) | 한중 정군산에서 하후연을 쳤다. 하후연의 병력
은 매우 정예였지만 황충은 예봉을 뚫고 나아가 앞장서서 병사들
을 격려하여 종과 북이 하늘을 진동시켰으며 환호성은 계곡을 움
직여 한 번 싸움으로 하후연의 목을 베니 하후연의 군대가 크게 패
했다. 그는 정서장군으로 승진했다. 이해에 유비는 한중왕이 되어
황충을 후장군後將軍으로 임용하려고 했다. 제갈량이 유비를 설득하

---

8) 정벌을 담당한 관직. 지위가 높지 않은 장군으로서 승진하면 편장군이 되었다.

여 말했다.

"황충의 명망은 평소 관우나 마초와 같은 서열이 아니었는데 오늘 같은 반열에 두려 하십니다. 마초와 장비는 가까이 있으면서 황충의 공로를 직접 보았으므로 폐하의 뜻을 알 수 있습니다. 그러나 관우는 멀리서 이 소식을 들으면 아마 틀림없이 달가워하지 않을 것입니다. 황충을 이처럼 안배하는 것은 좋지 않습니다."

유비가 말했다.

"제가 직접 그에게 설명하겠습니다."

그러고는 황충을 관우 등과 지위를 나란히 하여 관내후 벼슬을 내렸다. 다음 해에 황충이 세상을 떠나니 시호를 강후剛侯로 추증했다. 아들 황서黃敍가 일찍 죽어 후사가 없었다.

# 유선을 품고 조조의 대군을 돌파하다

## 조운전趙雲傳

조운은 자가 자룡子龍이고 상산군常山郡 진정현眞定縣 사람이다. 그는 본래 공손찬의 부하였는데 공손찬이 전해를 위해 유비를 보내 원소에게 맞서도록 했을 때, 유비를 수행하여 그의 주기主騎가 되었다.[9] 유비가 조조에게 당양의 장판까지 추격당하여 처자식마저 버리고 남쪽으로 달아났을 때, 조운은 직접 어린 자식(유선)을 품에 안고 감 부인(甘夫人, 유선의 어머니)을 보호하여 모두 난을 모면하게 했다. 그는 승진하여 아문장군牙門將軍[10]이 되었다. 유비가 촉으로 들

---

9) 조운은 키가 여덟 자이며 자태와 안색이 웅장하고 위엄이 있었다. 고향 군에서 추천되었고, 관민의 용병을 이끌고 공손찬이 있는 곳으로 갔다. 그 무렵 원소는 기주목이라 일컫고 있었다. 공손찬은 주州 사람들이 원소를 따르므로 매우 걱정했는데, 조운이 자신에게 오자 기뻐하면서도 비웃으며 말했다. "듣자 하니 당신네 주의 사람들은 모두 원씨를 따르고 싶어 한다던데 그대는 어찌 혼자 마음을 돌려 미혹되게 정도에서 돌아올 수 있었소?" 조운은 다음과 같이 대답했다. "천하가 흉흉하여 누가 옳은지 알 수 없으며, 백성은 눈앞에 액운을 걸어놓고 있는 형편입니다. 저희 주의 의견은 인자하게 다스리는 쪽을 따르지, 원공袁公을 경시하고 명장군明將軍을 따르려는 게 아닙니다." 그러고는 공손찬과 더불어 정벌에 나섰다. 그 무렵 유비도 공손찬에게 몸을 의탁하고 있었는데, 늘 조운을 믿었고 조운 역시 돈독한 관계를 맺었다. 조운은 형이 죽어서 공손찬을 떠나 잠시 고향으로 돌아왔다. 유비는 그가 돌아오지 않을 줄을 알기에 악수를 하고 헤어졌다. 조운은 인사하면서 말했다. "절대로 은덕을 저버리지 않겠습니다." 유비가 원소에게 의지하자 조운은 업으로 가서 만났다. 유비는 조운과 한 침대에서 잘 정도였다. 은밀히 조운을 보내 병사 수백 명을 모으게 했는데 모두 유 장군의 부하라고 일컬었고, 원소는 이 사실을 알지 못했다.

어갈 때 조운은 형주에 남았다.

유비가 가맹에서 돌아와 유장을 치고 제갈량을 불렀다. 제갈량은 조운과 장비 등을 데리고 함께 장강을 거슬러 서쪽으로 가면서 군현을 평정했다. 강주에 이르자 조운에게 따로 물을 지나 강양으로 올라와 성도에서 제갈량과 합치도록 했다. 성도가 평정된 다음 조운을 익군장군翊軍將軍으로 삼았다.

| **건흥 원년(223)** | 중호군中護軍, 정남장군征南將軍이 되었다가 영창정후永昌亭侯에 봉해졌고, 승진하여 진동장군이 되었다.

| **건흥 5년(227)** | 제갈량을 따라 한중에 주둔했다. 다음 해에 제갈량이 군대를 출동시켜 야곡도를 지나며 선전하니, 조진은 대부대를 보내 이곳을 맡게 했다. 제갈량은 조운을 시켜 등지와 함께 가서 맞아 싸우도록 하고 자신은 기산을 공격했다. 조운과 등지의 병력은 약하고 적군은 강하므로 기곡에서 패했지만, 군대를 모아 굳게 지켰으므로 참패에 이르지는 않았다. 군대를 물린 뒤에 진군장군으로 강등되었다.

| **건흥 7년(229)** | 조운이 죽자 시호를 순평후順平侯로 추증했다.

처음 유비 때에는 법정만이 시호를 받았다. 유선 때에는 제갈량이 세상 사람들을 뛰어넘는 공적과 덕행이 있었고 장완과 비의가 나라의 중요한 일을 맡았으므로 또한 시호를 받았으며, 진지는 총애를 받아 특별한 장려를 주었고, 하후패는 먼 곳에서 돌아왔으므로 또한 시호를 받았다. 그리고 관우·장비·마초·방통·황충·조운

---

10) 아문牙門 혹은 아문장牙門將이라는 약칭으로 사용한다. 군통수의 장막 앞 아기牙旗를 책임지는 관직인데, 이 관직이 장군으로 바뀐 것이다. 장군 중에서 낮은 급이며 정벌을 담당했다. 예: 조운·위연

이 시호를 추증받게 되었는데, 그 무렵 논의하는 사람들은 영예로 생각했다. 조운의 아들 조통趙統이 대를 이었으며, 관직은 호분중랑장, 독행령군督行領軍까지 이르렀다. 작은아들 조광趙廣은 아문장이 되어 강유를 따라 답중으로 출정했다가 싸움터에서 죽었다.

【평하여 말한다】

관우와 장비는 모두 1만 명을 상대할 만하며 그 시대의 용맹한 신하이다. 관우는 조조에게 보답했고, 장비는 대의로써 엄안을 풀어주었으며, 이들은 모두 국사國士의 풍모를 지녔다. 그러나 관우는 굳세고 교만하며, 장비는 포학하고 은혜를 베풀지 않았는데, 그 단점 때문에 실패하게 되었으니 이치상 당연한 것이다. 마초는 오랑캐와 용감함에 의지했으므로 그 가족을 멸망시켰으니 애석하구나! 뜻을 얻지 못하고 평안함에 이르는 것이 오히려 낫지 않겠는가! 황충과 조운이 강하고 용맹하여 유비의 무신武臣이 되었던 것은 한나라 고조 때 관영灌嬰과 하후영夏侯嬰의 무리 같구나.

# 7

# 방통법정전龐統法正傳

## 두 명의 핵심 책략가

# 익주 탈환책을 내고 화살에 맞아 아깝게 전사하다

**방통전龐統傳**

방통은 자가 사원土元이고 양양군襄陽郡 사람이다. 어릴 때는 소박하고 굼떠서 그를 높이 평가하는 이가 없었다. 영천의 사마휘(사마덕조)는 청아하며 인물을 감별할 줄 알았다. 방통이 약관의 나이 때 그를 찾아가 만났다. 사마휘는 뽕나무 위에서 뽕잎을 따고 방통은 그 나무 아래 앉아서 낮부터 밤까지 함께 담소를 나누었다. 사마휘는 방통을 매우 특이한 인물로 여기고 그를 남주南州 선비 가운데서 으뜸이 될 만하다고 했다. 이로부터 방통의 명성은 점점 빛나게 되었다. 나중에 군에서 공조功曹로 임명했다. 방통은 천성이 인물을 평가하기 좋아하고 사람을 길러내는 일에 힘썼다. 그는 말할 때마다 칭찬만 해서 듣는 사람이 자신의 재능을 뛰어넘는 경우가 많았는데, 그때 사람들은 이를 괴이하게 여겨 물어보았다. 방통은 이렇게 대답했다.

"지금 천하는 크게 어지럽고 정도正道는 무너졌으며, 착한 사람은 적고 나쁜 사람이 많습니다. 지금 풍속을 일으키고 도덕적 행위를 드날리게 하려 하면서 담론을 좋게 하지 않으면 사람들이 우리를 가치가 모자랄 테고, 우리를 가치가 모자라면 착한 일을 하는 사람이 적을 것입니다. 지금 칭찬한 열 명 가운데 다섯 명은 잃어도 그 절반을 얻어 세상의 교화를 높일 수 있으며, 뜻있는 선비가 노력하게 하니 또한 옳지 않겠습니까?"

오나라 장수 주유는 유비를 도와 형주를 얻었으므로 남군 태수를 겸하게 되었다. 주유가 죽자 방통이 그 유해를 가지고 오나라로 갔다. 오나라 사람들은 대부분 방통의 명성을 듣고 있었다. 방통이 서쪽으로 돌아오려고 할 때 그를 전송하기 위해 창문昌門에 모였는데, 육적陸勣·고소顧劭·전종全琮이 모두 있었다. 방통이 말했다.

"육 선생은 느리고 둔한 말이나 빠른 발의 힘을 갖고 있고, 고 선생은 느리고 둔한 소이지만 무거운 짐을 지고 먼 곳까지 갈 수 있겠지요."[1]

전종에 대해서는 이렇게 말했다.

"당신은 펴기를 좋아하고 명성을 흠모하므로 여남의 번자소樊子昭와 비슷한 점이 있습니다. 비록 지혜의 힘은 많지 않지만 역시 한 시대의 빼어난 인물입니다."[2]

육적과 고소가 방통에게 말했다.

---

1) 어떤 사람이 방통에게 물었다. "품평한다면 육씨가 낫습니까?" 그러자 방통이 말했다. "느리고 둔한 말은 아무리 훌륭할지라도 한 사람만 실어 나를 뿐입니다. 느리고 둔한 소는 하루에 3백 리를 가는데 싣는 것이 어찌 한 사람의 무게뿐이겠습니까!" 허소(許劭, 허자장許子將)는 방통의 숙소로 가서 물었다. "그대는 사람을 알아보기로 유명한데 나와 당신 중 어느 쪽이 낫습니까?" 방통이 말했다. "세속을 교화시키고 인물의 우열을 판단하는 점에서는 내가 당신에게 미치지 못하지만, 제왕의 비책을 생각하고 인간의 돌고 도는 운명의 요체를 파악하는 면에서는 내 쪽에 하루쯤 느슨함이 있는 듯합니다."

2) 장제는 허자장의 인물평이 불공평하여 번자소를 높이 평가하고 허문휴(許文休, 허정)를 부당하게 낮추었다고 했다. 유엽劉曄은 이렇게 말했다. "번자소는 상인 신분으로 예순 살이 되어 관직을 떠날 때까지 평정한 생활을 지켰으며, 관직에 있을 때는 타협하지 않았다." 그러자 장제가 답했다. "번자소는 진실로 어려서부터 노인이 되었을 때까지 청렴결백했습니다. 그러나 그가 이를 부딪쳐 울리게 하고 뺨의 근육을 세우며 입술에서 토해내는 것을 살펴보면 허문휴의 적이 아닙니다."

"천하가 태평해지면 마땅히 그대와 함께 사해의 인사들을 평가해야겠습니다."

그들은 방통과 서로 깊이 사귀고 돌아갔다.

유비는 형주를 다스리게 되자 방통에게 종사 신분으로 뇌양현耒陽縣 현령을 대행하게 했는데, 그는 현에 재임하여 치적을 쌓지 못해 면직되었다. 오나라 장수 노숙이 유비에게 편지를 보내 말했다.

방사원(龐士元, 방통)은 백 리(百里, 현을 가리킴)를 다스릴 만한 재능을 갖고 있지 않습니다. 치중, 별가의 임무를 맡겨야 비로소 뛰어난 재능을 펼칠 수 있습니다.

제갈량도 방통을 유비에게 추천했다. 유비는 방통을 만나 깊은 얘기를 나누고 유능한 인물로 여겨 치중종사로 삼았다. 유비는 방통을 제갈량에 버금가게 신임해서 마침내 그를 제갈량과 함께 군사중랑장으로 삼았다. 제갈량이 형주에 남아 지킬 때 방통은 유비를 수행하여 촉으로 들어갔다.

익주목 유장이 유비와 부성涪城에서 회견했는데, 방통이 나와 계책을 말했다.[3]

"지금 이 회담을 이용하여 유장을 잡을 수 있다면 장군께서는 병사를 쓰는 수고로움이 없이 앉아서 한 주를 평정할 수 있습니다."

유비가 말했다.

"처음으로 다른 나라에 들어왔으므로 은혜나 신의가 아직 빛나지 않으니 그렇게 할 수 없습니다."

유장이 성도로 돌아간 다음, 유비는 유장을 위해 북쪽으로 한중을 정벌해야 했다. 방통이 또 설득하여 말했다.

"은밀히 정예 병사를 뽑아 밤낮으로 가서 성도를 직접 습격하십시오. 유장은 본래 무용이 없으며, 또 평소 미리 방비하지 않으니 대군이 갑작스럽게 이르면 한 번의 행동으로 평정할 수 있습니다. 이것이 최상의 계책입니다. 양회와 고패高沛는 유장의 명장으로서 각각 굳센 병사를 가지고 관두關頭를 지키고 있습니다. 듣자 하니 이들은 유장에게 여러 차례 간언하여 장군을 형주로 돌아가게 하라고 했습니다. 장군이 아직 이르기 전에 사자를 보내 그들에게 알리기를 형주에 위급한 일이 생겼으므로 돌아와 구원해주기를 바란다고 설명하고, 아울러 군대가 행장을 꾸려 겉보기에 돌아가는 듯한 모양새를 만들도록 하십시오. 이 두 사람은 장군의 영명英名에 감복하고 있으며, 또 장군이 가는 것을 좋아하니 틀림없이 날쌘 말을 타고 만나러 올 것입니다. 장군께서는 이 기회에 그들을 붙잡아놓고 나아가 그들의 병사를 빼앗아 성도로 향하십시오. 이것이 다음으로 좋은 계책입니다. 물러나 백제성으로 돌아가 형주까지 연결하여 천천히 일을 강구하십시오. 이것이 맨 마지막 계책입니다. 만

---

3) 방통이 유비를 설득하여 말했다. "형주는 황폐하고 인물도 없으며, 동쪽에 오나라 손씨가 있고 북쪽에는 조씨가 있어 삼국정립의 계획이 뜻을 이루기 어렵습니다. 지금 익주의 나라는 풍요롭고 백성도 굳세며, 인구는 백만이고 네 부대의 병마도 출동할 준비가 되어 있으니 재물을 다른 데서 구하는 일이 없습니다. 지금 이것에 기대어 큰일을 결정하는 것이 좋겠습니다." 이에 유비는 이렇게 말했다. "지금 나와 불과 물 사이인 자는 조조입니다. 조조가 엄격하다면 나는 관대하고, 그가 힘에 의지한다면 나는 인덕에 의지합니다. 으레 조조와 반대로 행동한 일은 처음부터 이루어졌습니다. 지금 작은 일 때문에 천하에 신의를 잃는 것은 내가 취할 바가 아닙니다." 그러자 방통이 말했다. "변화를 꾀하는 시대에는 진실로 한 길로 결정될 수만은 없습니다. 약한 자를 병합하고 어리석은 자를 치는 것은 오패의 일이었습니다. 무리한 수단으로 익주를 빼앗아도 바른 방법으로 유지하고, 도의로써 그들에게 보답하며, 일이 안정된 뒤에 대국大國으로 봉한다면 어찌 신의에 어긋나는 일이겠습니까? 지금 취하지 않으면 결국 다른 사람을 이롭게 할 뿐입니다."

일 깊이 생각만 하다가 가지 못한다면 앞으로 큰 어려움에 빠져 오래 지탱할 수 없을 것입니다."

유비는 두 번째 계책을 받아들여 곧바로 양회와 고패의 목을 베고 군사를 돌려 성도로 향해 가면서 지나가는 곳마다 승리를 거두었다. 유비는 부성에서 크게 연회를 열어 술을 차리고 음악을 울리면서 방통에게 말했다.

"오늘 연회는 즐겁다고 할 만합니다."

방통이 말했다.

"다른 사람의 나라를 토벌하고 즐거이 여기는 것은 어진 사람의 군대가 아닙니다."

유비는 술에 취했으므로 노여워하며 말했다.

"무왕이 주나라를 토벌할 때 앞에는 노래 부르는 이가 있고 뒤에는 춤추는 이가 있었으니 어진 사람이 아니었겠군요? 그대 말은 맞지 않소. 빨리 일어나 나가시오."

그래서 방통은 머뭇거리다 물러났다. 유비는 곧바로 후회하고 돌아오기를 청했다. 방통은 다시 원래 자리로 돌아왔지만 돌아보고 사과하지 않고 태연히 음식만 먹었다. 유비가 말했다.

"방금 한 논쟁에서 누가 잘못한 것입니까?"

방통이 대답했다.

"군신君臣이 함께 잘못했습니다."[4]

유비는 크게 웃고 처음처럼 연회를 즐겼다.

진군하여 낙현을 에워쌌다. 방통은 병력을 거느리고 성을 공격하다가 화살에 맞아 목숨을 잃었다. 이때 그는 서른여섯 살이었다. 유비는 애통해하며 그에 대해 말하면서 눈물을 흘렸다. 유비는 방통의 아버지를 의랑으로 임명했다가 간의대부諫議大夫로 옮기게 했으며, 제갈량이 친히 임명했다. 방통에게 관내후 작위를 추증하고 시호를 정후靖侯라고 했다.

방통의 아들 방굉龐宏은 자가 거사巨師이고, 강직하고 솔직하며 다른 사람에게 고개를 숙이지 않는 인물이었다. 상서령 진지를 경시하고 오만하게 보여 그에게 미움을 받았으며, 부릉 태수涪陵太守를 지내다가 세상을 떠났다.

방통의 동생 방림龐林은 형주 치중종사 신분으로 진북장군 황권이 오나라를 정벌하는 데 함께 갔다가 패하자 황권을 따라 위나라로 들어갔다. 위나라에서 열후에 봉해졌고, 관직이 거록 태수鉅鹿太守까지 이르렀다.

---

4) 부장을 습격하려는 계획, 그 책략은 방통이 제기한 것인데 도의에 어긋나게 공업을 이루었으므로 나쁜 방법이다. 그러나 유비는 이것을 기뻐하며 즐거워할 만하다고 했다. 또한 술자리의 흥이 한창 무르익었을 때는 마땅함을 잃어 마치 재화를 즐기는 것과 같은 모습이었으며, 더욱이 자신을 무왕에게 비하며 조금도 부끄러워하지 않았다. 이는 유비의 잘못이지 방통에게 허물이 있었던 것이 아니다. 그런데 방통이 "군신이 함께 잘못했습니다."라고 한 말은 유비에게 모두 돌아갈 비난을 나누어 받고자 한 것이다.

# 계책을 내어 하후연을 죽이고 한중을 평정하다

**법정전法正傳**

법정은 자가 효직孝直이고 부풍군 미현 사람이다. 할아버지 법진法眞은 청렴한 절개로 명성이 높았다. 건안 초에 천하가 굶주림에 시달렸는데, 법정은 같은 군의 맹달과 함께 촉으로 들어가 유장에게 의지했다. 그는 오랜 시간이 지나 신도현新都縣 현령이 되었다가 나중에는 불려가 군의교위軍議校尉로 임명되었다. 그가 임용되기 전에는 그 주에 사는 동향 사람들의 품행이 바르지 못하다는 비방을 받아 뜻을 얻지 못했다.

익주의 별가 장송은 법정과 서로 친하게 지냈다. 이들은 유장이 큰일을 할 만한 인물이 아니라고 여겨 늘 남몰래 탄식했다. 장송은 형주에서 조조를 만나보고 돌아와 유장에게 조조와 관계를 끊고 유비와 교류하기를 권유했다. 유장이 말했다.

"누가 사자의 임무를 할 수 있습니까?"

장송은 곧 법정을 추천했다. 법정은 사양했지만 어쩔 수 없이 가게 되었다. 법정은 돌아와 장송에게 유비에게는 영웅다운 재략이 있다고 말하고 은밀히 상의하여 계획을 세워 함께 받들어 섬기기를 바랐지만 아직 기회가 없었다. 뒤에 유장은 조조가 장수를 보내 장로를 정벌하려 한다는 소식을 듣고 두려워했다. 장송은 유장에게 유비를 맞아들여 그로 하여금 장로를 토벌하게 하라고 설득하고,

166

다시 법정에게 명령을 전하도록 했다. 법정은 유장의 뜻을 전한 다음 은밀히 유비에게 계책을 바쳤다.

"장군의 영웅다운 재략에 의지하고 유목劉牧의 유약함을 틈타십시오. 장송은 주州의 팔다리 같은 신하이므로 안에서 호응할 것입니다. 그런 다음 익주의 풍부한 자원에 의지하고 하늘로부터 받은 험준한 지세에 기대십시오. 그러면 이로써 사업을 이루는 일이 손바닥을 뒤집는 것과 같을 것입니다."

유비는 법정의 계책을 그럴듯하게 여겨 장강을 거슬러 서쪽으로 올라가 유장과 부현에서 만났다. 북쪽으로 가맹까지 갔지만, 얼마 안 가서 두 사람 사이가 멀어졌으므로 유비는 남쪽으로 군대를 돌려 유장을 취하려 했다.

정도鄭度는 유장에게 이렇게 건의했다.

"좌장군(유비)은 멀리 본거지를 떠나 우리를 습격하는데 그 병력은 1만 명이 채 못 되며, 병사들은 복종하지 않고 들녘에 있는 곡식에 의지한 채 군대에는 치중이 없습니다. 계략을 짠다면 파서군과 재동현梓潼縣 백성을 모조리 쫓아 부수涪水 서쪽으로 들어가도록 하여 창고 속의 식량과 들녘의 곡식을 다 불태우고, 높은 보루와 깊은 계곡을 만들어 편안히 기다리는 것이 최고입니다. 유비가 이르러 싸움을 걸어와도 응하지 마십시오. 오래도록 식량 얻을 곳이 없으니 백 일도 못 되어 틀림없이 스스로 물러갈 것입니다. 그들이 달아날 때 뒤쫓으면 반드시 사로잡을 것입니다."

유비는 이 소식을 듣고 매우 걱정스러워하며 법정에게 물었다. 법정이 말했다.

"유장은 정도의 계책을 끝까지 쓸 수 없을 것입니다. 그러니 걱정할 필요가 없습니다."

유장은 정말 법정의 말처럼 했다. 그는 자기 부하들에게 말했다. "나는 적에게 맞서서 백성을 안정시킨다는 말은 들었어도 백성을 움직여 적을 피한다는 말은 들어보지 못했소."

그러고는 정도를 파면시키고 그 계책을 쓰지 않았다. 유비의 군대가 낙성을 에워싸자, 법정은 편지를 써서 유장에게 말했다.

저 법정은 임무를 받았지만 재능이 부족하여 우호 관계를 깨뜨렸습니다. 주위에 있는 자들이 일의 시작과 끝을 분명히 하지 않고 모든 허물을 저에게 돌려 제가 평생 부끄럽게 살도록 하고, 그 치욕이 그대에게까지 이르게 될까 두렵습니다. 이 때문에 나라 밖에서 몸을 훼손해가며 감히 돌아가 보고하지 못합니다. 당신이 다시 제 소식 듣기를 싫어하리라고 생각했기 때문에 그사이 편지를 보내지 못했습니다. 지난날 받은 은덕을 생각하면 매우 슬픕니다. 그러나 일이 생긴 앞뒤로 진심을 나타내려고 애썼으며, 처음부터 끝까지 솔직한 감정을 숨기고 다하지 않은 것이 없습니다. 다만 제가 어리석고 책략이 부족하며, 충성으로 당신을 감동시키지 못하여 여기에 이르게 했습니다.

지금 나랏일이 이미 위급해져서 재화가 곧 닥치려고 합니다. 저는 비록 밖에서 떠돌고 있으며 말은 증오와 비난을 불러일으킨다는 것을 알지만, 마음속의 생각을 모두 털어놓음으로써 마지막 충심을 다하고 싶습니다. 명장군의 본심은 저 법정이 압니다. 실제로는 구구하게 좌장군의 마음을 잃고 싶었던 것이 아닌데 결국 이 같은 국면에 이르게 된 것은 주위 사람들이 영웅의 행동 이치를 깨닫지 못하고 신의를 저버리고 맹세를 어길 수 있다고 말하여 분위기로 끌어들이고, 시간이 지나면서 이목의 기쁨만 좇고 당신 곁에 붙어 아부나 하며 앞날을 생각하여 나라를 위한 깊은 계획을 꾀하지 않기 때문입니다. 사태가 이미 변한 뒤에도 세력의 강함과 약함을 헤아리지 않은 채 좌장군의 멀리 나온 병사들에게 식량이 충분하지 못하다고 생각하고, 많은 수로 적은 수를 공격하는 데 시간이 오래 걸린다고 생각합니다.

그러나 관소에서 이곳까지 이르는데 지나는 곳은 파괴되었고, 당신의 이궁離宮이나 다른 곳에 주둔하고 있는 병사는 날마다 부서져가고 있습니다. 성 아래에는 비록 병사 1만 명이 있지만 모두 전쟁에서 진 병졸이며 무너진 군대의 장수인데, 만일 한번 싸우려고 결심한다면 병사와 장수 들의 세력은 실제로 감당하지 못할 것입니다. 각자 오랫동안 유지할 식량을 계산하기를 바란다면서 지금 이곳 진영의 수비는 이미 튼튼하고 식량은 벌써 쌓아놓았지만, 명장군의 토지는 깎여가고 백성은 나날이 곤궁해지며 적대하는 자가 많아져 식량을 제공해야 하는 곳이 멀리까지 넓어질 것입니다. 제 계산으로는 반드시 먼저 식량이 바닥날 것이니 더 오래 싸울 수 없습니다. 그리고 이처럼 대치하는 것은 서로 견디지 못합니다.

지금 장익덕의 수만 군사가 이미 파동巴東을 평정하고 건위犍爲 경계 지역으로 들어와 군사를 나누어 자중資中과 덕양德陽을 평정했으며 세 갈래 길에서 한꺼번에 쳐들어오니 어떻게 막겠습니까? 본래 명장군을 위해 계략을 세우는 자는 틀림없이 이 군대는 현에서 멀리 떨어져 있으므로 식량이 없고 군수물자의 수송이 미치지 못할 것이며 병력이 적고 후속 부대도 없다고 말했을 것입니다. 이제 형주 길이 통하고 병력은 열 배나 되며, 게다가 손거기(孫車騎, 손권)가 동생과 이이, 감녕甘寧 등을 보내 그 뒤를 잇게 했습니다. 만일 쳐들어온 자와 지키는 자가 세력을 다툴 때 토지로 승자를 결정한다면 지금 유비는 파동군巴東郡을 완전히 차지했고, 광한군廣漢郡과 건위군犍爲郡은 벌써 절반 넘게 평정했으며, 파서 한 군도 명장군의 소유가 아닙니다. 생각해보면 익주가 의지하는 곳은 오직 촉나라뿐인데 촉나라도 파괴되었습니다.

3분의 2를 잃었고, 백성과 관리들은 지쳐 있으며, 난을 일으키려고 생각하는 자가 열 집 가운데 여덟 집이나 됩니다. 만일 적이 먼 곳으로 향한다면 백성은 노역을 감당할 수 없을 테고, 적이 가까이 온다면 하루아침에 주인이 바뀔 것입니다. 광한군의 여러 현은 분명한 예가 됩니다. 또 어복과 관두는 사실 익주의 복과 재앙을 만드는 문인데 지금 두 문이 모두 열려 있고, 견고한 성이 다 함락되었으며, 군대들도 나란히 패하여 병사와 장수가 다했습니다. 적군이 여러 갈래의 길에서 나란히 나아가 이미 중심부까지 들어갔으니, 당신이 앉아서 성도와 낙현을 지키고 있다 한들 존망存亡의 대세는 분명해졌다고 할 수 있습니다. 이것은 대략 그 겉으로 드러난 것만 비교한 것이고, 나머지 여러 사정은 말로 다 헤아리기 어렵습니다.

저 법정은 어리석은데도 이러한 일이 다시 성공할 수 없음을 아는데, 하물며 명장군 곁에서 현명한 지혜를 가지고 계책을 꾀하는 사람이 어찌 이러한 것을 헤아리지 못하겠습니까? 그들은 아침저녁으로 장군의 총애만 받으려 하며 장군에게 받아들여지기를 구하고, 먼 앞일을 꾀하려 생각지 않고 마음을 다해 훌륭한 계책을 바치려 하지 않을 따름입니다. 만일 상황이 곤궁하고 사태가 절박해지면 각자 살 길을 찾으며 일족이나 구제하려 할 뿐, 뒤집어엎어 지금과 다른 계획을 세워 명장군을 위해 몸을 던져 위험한 데로 향하지는 않을 것입니다. 장군의 일가는 고통을 겪게 될 것입니다. 저 법정은 비록 충성하지 않는다는 비방을 받았지만 마음으로는 스스로 장군의 성스러운 은덕을 저버릴 수 없다고 말하며, 명분과 정의를 생각하여 실제로 장군을 위해 가슴 아파하고 있습니다. 좌장군은 본분에 따라 움직여서 옛 마음을 잊지 않았고, 진실로 박대할 뜻이 없습니다. 제가 생각하기에 책략을 바꾸면 일가를 보존할 수 있을 것입니다.

| 건안 19년(214) | 유비는 나아가 성도를 둘러쌌다. 유장의 촉군 태수蜀郡太守 허정이 성을 나와 투항하려고 했지만 일이 발각되어 이루어지지 못했다. 유장은 위급함이 가까이 닥쳤기 때문에 허정을 죽이지 않았다. 유장이 항복한 뒤 유비는 이 일 때문에 허정을 경시하고 등용하지 않았다.

법정이 설득하여 말했다.

"천하에는 헛된 명예를 얻어 실질이 없는 자가 있는데 허정이 그렇습니다. 그러나 지금 주군께서는 막 대업을 세우셨으므로 천하 사람들에게 일일이 설명할 수 없습니다. 허정의 헛된 명성이 온 나라에 퍼져 있는데 그를 예우하지 않는다면 천하 사람들은 주군께서 현명한 사람을 천시한다고 말하게 될 것입니다. 마땅히 허정을 존경하고 중요시하여 세상 사람들의 눈을 미혹시켜야 하니, 예전에 연燕나라 소왕昭王이 곽외郭隗를 예우했던 바를 따르십시오."

그래서 유비는 허정을 후하게 대우했다. 법정을 촉군 태수, 양무 장군으로 삼아 밖으로는 경내를 다스리게 하고 안으로는 모사가 되도록 했다. 법정은 그에게 한 끼 밥을 먹도록 하는 은덕을 베풀거나 작은 원망이라도 있는 사람에게는 반드시 은혜를 갚거나 보복했으며, 자신을 헐뜯고 다치게 한 사람을 여러 명이나 죽였다. 어떤 사람이 제갈량에게 말했다.

"법정은 촉군에 지나치게 멋대로 하고 있으니, 장군께서는 주공께 말씀드려 형벌과 상을 내리는 그의 행위를 누르게 해주십시오."

제갈량이 대답하여 말했다.

"주공이 공안에 있을 때 북쪽으로는 조조의 강대함을 두려워하고, 동쪽으로는 손권의 압박을 걱정하며, 가까이로는 손 부인 신변에 변고가 생길까 두려워했습니다. 그때는 진퇴양난의 처지였습니다. 법효직(法孝直, 법정)은 주공을 도와 하늘 높이 날도록 하고 다른 사람에게 또다시 압박을 받지 않도록 했습니다. 그런데 어떻게 법정이 자기 생각대로 하는 것을 금지시킬 수 있겠습니까!"

처음에 손권은 여동생을 유비에게 시집보냈는데, 그 여동생은 재기(才氣)가 있고 강인하고 용감하여 여러 오라비의 풍모를 지니고 있었다. 시비 1백여 명이 모두 직접 칼을 잡고 모시며 서 있으므로 유비는 내실로 들어갈 때마다 늘 마음 깊숙이 두려움을 느꼈다. 제갈량은 또 유비가 줄곧 법정을 사랑하고 신임했기 때문에 이와 같이 말한 것이다.

| 건안 22년(217) | 법정이 유비를 설득하여 말했다.

"조조는 한 번의 행동으로 장로를 항복시키고 한중을 평정했는데 이 형세에 의지하여 파와 촉을 취하지 않은 채 하후연과 장합을 남겨 주둔하며 지키게 하고 자신은 북쪽으로 돌아갔습니다. 이것은 그 지혜가 충분하지 않고 힘이 모자라서가 아니라 틀림없이 속으로 급박한 걱정거리가 있었기 때문입니다. 지금 하후연과 장합의 재능과 책략을 생각해보면 우리 장수들보다 낫지 못하니 병사들을 출동시켜 토벌하게 하면 반드시 이길 수 있습니다. 이기는 그날 농업을 발전시키고 식량을 쌓아두며 틈을 살피십시오. 상上이면 강적들을 소멸시켜 황실을 높이 받들 수 있고, 중中이면 옹주와 양주를 잠식하여 영토를 넓힐 수 있으며, 하下이면 요충지를 굳게 지켜 지구전을 꾀할 수 있습니다. 이는 하늘이 우리에게 내려준 것이니 기회를 잃을 수 없습니다."

유비는 이 책략이 훌륭하다고 생각하여 곧 장수들을 거느리고 병사들을 한중으로 나아가게 했으며, 법정도 따라갔다.

| 건안 24년(219) | 유비는 양평에서 남쪽으로 면수를 건너 산을 따라 천천히 앞으로 나아가 정군산 홍세에 진영을 만들었다. 하후연은 병사들을 이끌고 나와 그 땅을 두고 싸웠다. 법정이 말했다.

"칠 만합니다."

유비는 황충에게 높은 곳에 올라 북을 울리며 공격하도록 하여 하후연의 병력을 크게 무찌르고, 하후연 등의 머리를 베었다. 조조는 서쪽으로 정벌을 나갔다가 법정이 올린 계책을 듣고서 말했다.

"나는 본래 현덕(유비)이 이러한 일을 할 수 없음을 안다. 틀림없이 다른 사람의 가르침을 받은 것이다."[5]

유비는 한중왕이 되자 법정을 상서령, 호군장군護軍將軍으로 삼았다. 이듬해에 죽었는데 그때 나이가 마흔다섯 살이었다. 유비는 며칠간 그를 애도하며 눈물을 흘렸다. 시호를 익후翼侯라고 했다. 아들 법모法邈는 관내후 작위를 받았으며 관직이 봉거도위, 한양 태수漢陽太守까지 이르렀다. 제갈량과 법정은 비록 좋아하는 것이 다르지만 나라의 이로움을 위해서는 서로 힘을 모았다.

제갈량은 늘 법정의 지모와 책략이 뛰어나다고 보았다. 유비가 제로 일컬어진 뒤 동쪽의 손권을 정벌하여 관우의 원수를 갚으려 할 때, 신하들이 대부분 간언했지만 유비는 하나도 따르지 않았다.

| 장무 2년(222) | 대군이 패하여 백제성으로 돌아와 주둔했다. 제갈

---

5) 촉나라와 한나라는 입술과 이빨 같은 사이이다. 유비의 지혜로움이 어찌 여기에 미치지 못하겠는가! 계략을 펴기 전에 법정이 먼저 말했을 뿐이다. 무릇 책략을 듣고 받아들여 공업을 이루는 것은 패자霸者나 왕이 된 군주 누구나 다 그렇게 하지 않던가? 조조가 만약 유비가 사람들에게 가르침을 받는다고 여겼다면 이는 어리석은 생각이다!

량이 탄식하며 말했다.

"만일 법효직이 있었다면 주상이 동쪽으로 가지 못하도록 말렸을 것이고, 설령 동쪽으로 갔다 하더라도 틀림없이 위험한 데로 기울지는 않았을 텐데."[6]

【평하여 말한다】

방통은 인물 품평하기를 좋아하고 경학과 책모에 뛰어났으므로 그 무렵 형荊과 초楚 사람들은 그를 고아하고 준수한 사람이라고 했다. 법정은 일의 성공과 실패를 정확히 예견하며 기이한 계획과 책술을 가진 사람이었지만 평소 덕성으로는 칭찬받지 못했다. 이들을 위나라 신하들과 비교하면 방통은 순욱의 형제뻘이고 법정은 정욱과 곽가郭嘉의 무리이다.

6) 유비가 조조와 싸울 때 형세가 불리하므로 마땅히 물러나야 하지만 매우 화를 내며 물러나려 하지 않았으며, 간언하는 자도 없었다. 화살이 비 오듯 쏟아지는데 법정이 유비 앞으로 나아갔다. 유비가 "효직, 화살을 피하시오."라고 말하자, 법정은 "명공께서 몸소 화살과 돌 가운데에 있는데 어찌 소인이 피하겠습니까?"라고 말했다. 이에 유비는 "효직, 나는 그대와 함께 가겠소."라고 말하며 그제야 물러났다.

# 8

# 허미손간이진전 許糜孫簡伊秦傳

출중한 재능의 문신들

# 인재를 사랑하여 후진 양성에 힘쓰다

## 허정전許靖傳

허정은 자가 문휴文休이고 여남군汝南郡 평여현平輿縣 사람이다. 젊을 때 사촌 동생 허소와 함께 인물을 평가하는 것으로 명성을 얻었지만 사사로운 정에 이끌리지는 않았다. 허소는 군의 공조가 되었으나 허정을 배척하여 봉록을 얻을 수 없게 했다. 그래서 허정은 혼자 힘으로 살아야 했다.

영천군의 유익劉翊은 여남 태수汝南太守가 되자 허정을 계리計吏[1]로 천거하고, 효렴으로 추천했다. 허정은 상서랑으로 임명되어 관리를 뽑는 일을 주관했다. 영제가 붕어하고 동탁이 정권을 잡자 한양군漢陽郡의 주비周毖를 이부상서吏部尚書로 삼아 허정과 함께 상의해 천하의 선비들을 발탁하거나 물러나게 하고, 탐관오리를 내쫓으며, 사람들에게 알려지지 않은 인물을 뽑아 쓰게 했다. 그들은 영천의 순상荀爽·한융韓融·진기 등을 승진시켜 공·경·군수로 임용하고, 상서 한복韓馥을 기주목으로, 시중 유대를 연주 자사兗州刺史로, 영천의 장자張咨를 남양 태수로, 진류의 공주孔伷를 예주 자사로, 동군의 장

---

1) 군郡의 인사와 호구, 세금 등과 관련한 장부인 계부計簿를 주관하는 지방 관원으로서 연말에 군의 회계를 조정에 보고하는 역할을 맡았다. 효렴과 마찬가지로 공사(貢士, 여러 지방에서 추천된 인물)라고 불렀다.

막張邈을 진류 태수陳留太守로 삼았으며, 허정을 파군 태수로 옮겨가게 했으나 그는 취임하지 않고 어사중승을 보좌했다. 한복 등은 관직에 취임한 뒤 각각 병사를 내어 경도로 돌아가 동탁을 죽이려고 했다. 동탁은 주비에게 노여워하며 말했다.

"여러분은 훌륭한 선비를 발탁하여 등용해야 한다고 주장했고, 나는 여러분의 건의에 따라 천하의 인심을 등지지 않으려고 했습니다. 그러나 여러분이 임용한 사람들은 취임한 날 돌아와 나를 공격했습니다. 내가 어떻게 의지하겠습니까!"

주비를 꾸짖어 내보내고 밖에서 그를 죽였다. 허정의 사촌 형인 진陳나라의 상 허창許場이 또 공주의 모반 계획에 협력했으므로 허정은 죽게 될까 두려워 공주에게로 달아났다.[2] 공주가 죽은 뒤 허정은 양주 자사 진휘陳褘에게 의지했다. 진휘가 죽자 오군의 도위都尉 허공許貢과 회계 태수會稽太守 왕랑은 평소 허정과 사이가 좋았으므로 가서 보호해주었다. 허정은 친척이나 같은 마을 사람들을 거두어 구휼하고 생계를 꾸려나갔는데 어질고 후덕한 마음에서 비롯한 것이다.

손책孫策이 동쪽으로 장강을 건너자 모두 교주로 달아나 난리를 피했다. 허정은 직접 강가에 앉아 그를 따르는 사람들과 먼 친척을 먼저 가게 한 뒤에야 비로소 떠났는데, 그때 이 모습을 본 사람 가운데 감탄하지 않는 이가 없었다. 교지에 이르자 교지 태수交阯太守

---

2) 허정은 뒤에 직접 표를 올려 이렇게 말했다. "역적 무리에게 삶을 구하는 것은 차마 하지 못할 바이고, 관직에 연연하여 스스로 위험에 빠지면 죽어도 도의를 이루지 못하게 됩니다. 가만히 생각해보면 옛사람은 위험이나 곤란에 처하면 일상적인 도의를 떠나 비상수단으로 자신의 이상을 이루었습니다."

사섭士燮이 경의를 가지고 후하게 대우했다. 진나라의 원휘袁徽가 교주에 의탁하여 머물고 있었는데, 원휘는 상서령 순욱에게 편지를 보내 이렇게 말했다.

　허문휴는 뛰어난 재능을 갖춘 훌륭한 선비로서 지모와 책략이 나라의 큰일을 계획하기에 충분합니다. 그는 고향을 떠난 뒤로 많은 선비와 함께 행동했는데, 위급한 상황이 닥칠 때마다 으레 다른 사람을 먼저 위하고 자신은 나중에 생각했으며, 멀고 가까운 친족들과 굶주림이나 추위를 함께했습니다. 동족에 대한 규율도 인자함이나 용서, 측은히 여김으로 하여 모두 효과가 있었는데, 이것을 또 일일이 나열할 수 없습니다.

　거록군鉅鹿郡의 장상張翔은 왕명을 받들어 교부交部에 사자로 갔는데, 그 기회를 틈타 허정을 초빙하여 그와 충성을 맹세하도록 하려고 했으나 허정은 거절하고 허락하지 않았다. 허정은 조조에게 편지를 보내 말했다.

　세상에는 서로 싸우고 죽여서 재앙이나 난리가 모여들고 있습니다. 겁이 많고 보잘것없는 저는 목숨을 보존하기 위해 직접 이민족으로부터 도망쳐 나온 지 10년이나 되었으며 길흉과 예의는 무너져버렸습니다. 지난날 회계에 있을 때 당신이 보낸 편지를 받았는데 말씀과 정이 따뜻하여 오랫동안 잊을 수 없었습니다. 원술이 명을 어기고 종족을 해치면서 혼란을 만들고 반역자들을 부추겨 나루터나 길을 모두 막도록 했을 때 비록 마음은 북방을 향했지만 어쩔 방법이 없었습니다. 유정례劉正禮의 군대가 물러나고 원술의 병사가 앞으로 나아갔으

므로 회계가 무너지고 경흥景興은 근거지를 잃었으며 삼강오호三江五湖
가 다 반란자의 세상이 되었습니다. 그때의 곤궁함은 헤쳐나갈 방법
이 없었습니다.

저는 원패袁沛, 등자효鄧子孝 등과 배를 타고 푸른 바다를 건너 남쪽
교주까지 갔습니다. 도중에 동구東甌와 민閩, 월越나라를 지나며 만 리
길을 왔는데 한나라 영토는 보이지 않았고 풍랑 속에 떠밀려 다녔습
니다. 또 양식이 없어 풀을 먹고, 굶주려 죽은 자가 대부분이었습니
다. 남해를 건넌 뒤에 남해 태수南海太守 아효덕兒孝德을 만나 당신이 충
의를 떨치고 군대를 정비하여 서쪽으로 가서 황제를 맞아들이고, 중
악(中嶽, 숭산嵩山)을 순행했다는 소식을 들었습니다. 이런 기쁜 소식을
얻은 뒤 저는 한편으로는 슬프고 한편으로는 기뻐하며 곧장 원패, 서
원현徐元賢과 다시 한 번 행장을 꾸려 북쪽 형주로 올라가려고 했습니
다. 그런데 마침 창오蒼梧의 여러 현에서 이족과 월족이 반란을 일으
켜 주부州府가 함락되고 길이 막혔으며 서원현은 살해되고 노약자들
도 한꺼번에 죽임을 당했습니다.

저는 해안을 따라 5천 리쯤 달아났는데 전염병을 만나 큰어머니께
서 돌아가셨습니다. 아울러 따르던 자와 각자의 처자식에게까지 퍼
져서 한꺼번에 거의 다 죽었습니다. 남은 사람들은 서로 부축하고 의
지했는데 이 군에 이르기 전에 전쟁과 질병으로 죽은 사람 수를 헤아
려보면 열 명 가운데 한두 명만 남아 있습니다. 백성의 고난, 쓰디쓴
어려움을 어찌 다 말할 수 있겠습니까![3] 저는 갑자기 길거리에서 죽
어 영원히 떠돌게 될까 두렵고 걱정하는 마음이 겹쳐 몸이 여위고 잠
자고 먹는 것을 잊었습니다. 조정의 뜻을 받들어 공품을 바치는 사자
를 따라 돌아다닐 수 있어서 천자의 조정으로 돌아가 죽기를 원합니
다. 그러나 형주의 바다와 육지의 교통이 끊겼고, 교부로 연락하는 사

자도 끊어졌습니다. 익주로 올라가려면 또 엄격한 방어가 있어서 옛 관리나 현의 영장令長은 한 사람도 들여보내주지 않습니다. 전에 교지 태수 사위언(士威彦, 사섭)에게 의뢰하여 익주에 있는 형제들에게 진정으로 도와주기를 부탁했고, 저도 그들에게 편지를 보내 고통스런 상황을 말하여 도와주기를 간절히 원했습니다만 막막하게 아무 소식도 없고 아직 답장도 없습니다. 비록 당신의 광휘를 우러러 목을 길게 빼고 발끝을 들어볼 수는 있지만 어떻게 날개를 빌려 당신이 있는 곳으로 직접 갈 수 있겠습니까?

성스러운 천자란 지혜롭고 총명하여 당신에게 정벌의 모든 권한을 분명히 주었음을 저는 알고 있습니다. 여러 곳의 반역자가 대부분 주살당하거나 토벌된 것은 힘을 다투는 자들이 마음을 하나로 하고 따르는 자들이 기획을 함께했기 때문이라고 생각합니다. 또 장자운(張子雲, 장진張津)은 전에 수도에 있을 때 황실을 도울 뜻이 있었습니다. 지금은 비록 황폐한 지역에 있어 조정에 참여할 수는 없지만 역시 나라의 번진藩鎭이며, 당신을 바깥에서 돕고 있습니다. 만일 형과 초가 평화로워지고 황실의 은택이 남쪽까지 내려와 당신이 홀연히 자운에게 명령을 내리게 된다면, 딸린 자들에게 삼가 보호의 손길을 나타내주어 저희가 길을 빌려 형주로 나올 수 있도록 해주십시오. 그러지 못한

180

---

3) 공자는 《논어論語》 〈헌문憲問〉에서 이렇게 말했다. "지혜로운 사람은 어지러운 시대를 피하고, 그다음 사람은 어지러운 곳을 피한다." 그는 안전함과 위험함을 보고 앞으로 나아갈지 물러설지 결정하는 것을 중요하게 여긴 것이다. 허정은 회계에 몸을 맡긴 평범한 선비이다. 손책이 온 것이 허정의 안전에 어떤 관계가 있는가? 1만 리 바다를 건너 풍토병이 매우 심한 땅으로 들어가고, 남녀노소를 도탄 속에서 허우적거리게 하고, 숱한 근심을 끌어안았으나 이것도 허정 스스로 초래했다고 할 수 있다. 모신이 이와 같으면 지혜롭다고 말하기 어렵다.

다면 다시 저희를 익주에 있는 형제들에게 소개시켜 서로 받아들이도
록 해주십시오. 만일 하늘이 세월을 빌려주고 사람들이 재앙을 누그
러뜨려 나라로 돌아가 죽을 수 있게 하고 도망치는 죄책감에서 벗어
나게 한다면, 제 몸이 구천九泉 아래 깊은 곳에 있어도 앞으로 또 무엇
을 한스러워하겠습니까! 때에는 위험한 때와 평안한 때가 있고, 일에
는 순조로움과 곤란함이 있으나 사람 목숨은 영원하지 않아 목숨을
놓으면 돌이킬 수 없으므로 영원히 죄책감을 지고 땅속에 묻힙니다.

전에 영구(營邱, 제나라의 수도. 초대 제후齊侯 여향呂尚을 가리킴)는 주周를
도왔고 월鉞을 잡고 마음대로 정벌할 수 있는 권한을 받았으며, 박육
(博陸, 곽광)은 한나라를 보좌하여 호분虎賁을 받고 경필(警蹕, 천자가 행차
할 때 앞에서 통행을 금한 일)을 허락받았습니다. 오늘 당신은 위험 속에
있는 군주를 도와 기우는 나라의 운세를 지탱하여 나라의 기둥이 되
었으며, 사망(師望, 태공망太公望 여상呂尚)과 똑같은 임무를 맡고 곽광과
같은 중요한 직책을 겸하며 오후(五侯, 공公·후侯·백伯·자子·남男의 제후를
말함)와 구백(九伯, 구주九州의 우두머리)을 손에서 제어하고 있습니다. 예
로부터 지금까지 사람의 신하로서 존중받는 것이 그대에 미치는 이
가 없었습니다. 무릇 벼슬이 높으면 근심이 깊고 봉록을 후하게 받으
면 책임이 무겁습니다. 당신은 높은 벼슬에서 직무를 차지하고 책임
이 무거운 자리에 있으므로 입에서 내뱉는 말이 그대로 상벌賞罰이 되
고, 마음속에 있는 경우는 곧 화복禍福이 됩니다. 당신의 행위가 도리
에 맞으면 나라가 평안하고, 당신의 행위가 도의를 잃으면 곧바로 사
방이 나누어져 난리가 일어나게 됩니다. 나라의 안위가 당신에게 달
려 있고 백성의 목숨은 권력을 쥔 사람의 손에 달려 있습니다.

중원에서 이민족에 이르기까지 당신을 엄숙하게 주시하고 있습니
다. 당신이 이러한 일을 책임지게 되었으니 역사책 속의 흥망이나 멸

망의 원인, 영광과 굴욕을 받는 까닭, 사람들의 지난 잘못을 잊어버리고 관리를 너그러움으로 보살피는 것, 다섯 가지 재능을 헤아려 나라를 위해 적합한 사람을 선택하는 것을 멀리 보지 않을 수 있습니까? 진실로 적임자를 얻었다면 설사 원수라 하더라도 반드시 기용해야 하며, 진실로 적임자가 아니라면 설령 친척이라 하더라도 관직을 줄 수 없습니다. 나라를 안정시키고 백성을 구제하십시오. 일을 함에 공업을 세우면 관현管絃의 조화에 합쳐 송가頌歌를 연주하도록 하고 공훈을 금석에 새기십시오. 원컨대 당신은 힘쓰십시오! 나라를 위해 스스로를 중요시하고 백성을 위해 자신을 아끼십시오.

장상은 허정이 자신을 받아들이지 않은 것 때문에 원한을 품고 있었으므로 허정이 보낸 편지를 찾아내어 모두 물속에 던져버렸다. 나중에 유장이 사자를 보내 허정을 초빙하자 허정은 촉으로 들어갔다. 유장은 허정을 파군 및 광한 태수로 삼았다. 남양의 송중자(宋仲子, 송충宋忠)는 형주에서 촉군 태수 왕상王商에게 편지를 보내 말했다.

문휴는 뜻이 크고 기개 있는 뛰어난 인물로서 지금 세상에서 출중한 재간을 지니고 있습니다. 당신은 문휴를 지도자로 여겨야 합니다.

| 건안 16년(211) | 허정은 촉군으로 전임되었다. 19년(214)에 유비가 촉을 지배하게 되자 허정을 좌장군장사左將軍長史로 삼았다. 그리고 유비가 한중왕이 되었을 때는 허정을 태부로 삼았다. 제에 즉위하여 허정에게 책명을 내려 말했다.

짐은 대업을 이어받아 만국의 군주가 되었지만 아침저녁으로 마음이 편안하지 않으며 나라를 잘 돌볼 수 없을까 봐 두렵다. 백성끼리 화목하지 않고 가정의 다섯 가지 질서(아버지·어머니·형·동생·아들의 존비)가 정돈되지 않았으니 그대를 사도로 삼겠다. 다섯 가지 가르침, 즉 오교(五敎, 의義·자慈·우友·공恭·효孝)를 공손히 실행시키되 너그러움을 기본으로 하라. 그대는 힘쓸지어다! 덕을 지키고 게으르지 말며 짐의 뜻에 걸맞게 하라.

허정은 비록 나이가 일흔 살을 넘었지만 인물을 사랑하여 후진들을 받아들이고 청담淸談을 논의하면서 피곤함을 느끼지 못했다. 승상 제갈량 이하 모든 사람이 그를 존경했다.

허정은 장무 2년(222)에 세상을 떠났다. 아들 허흠許欽은 허정보다 앞서 일찍 죽었다. 허흠의 아들은 허유許游인데, 경요 연간(258~263)에 상서가 되었다.

처음에 허정은 영천의 진기를 형으로 섬겼으며 진군陳郡의 원환袁渙, 평원의 화흠, 동해의 왕랑 등과 친하게 지냈다. 화흠, 왕랑 및 진기의 아들 진군陳羣은 위나라 초기에 삼공三公을 보좌하는 대신이 되었고, 모두 허정에게 편지를 보내 옛 우정을 서술했으며, 정과 의리가 깊었다. 그러한 문장이 많으므로 여기에는 싣지 않았다.

# 유비가 곤궁할 때 군자금을 대주다

**미축전麋竺傳**

미축은 자가 자중子仲이고 동해군 구현朐縣 사람이다.[4] 그의 선조는 대대로 재물을 늘려 고용한 사람이 1만 명이나 되고 재산은 억대에 이르렀다. 나중에 서주목 도겸이 미축을 초빙하여 별가종사로 삼았다. 도겸이 죽은 뒤에 미축은 도겸이 남긴 명을 받들어 소패에서 유비를 맞이했다.

| 건안 원년(196) | 여포는 유비가 출정하여 원술에게 대항하는 틈을 타 하비를 습격하여 유비의 처자식을 포로로 붙잡았다. 유비는 군대를 광릉군 해서로 돌렸다. 미축은 이때 여동생을 유비에게 보내 아내가 되게 하고 노비 2천 명을 보냈으며, 금은 재화를 주어 군자금에 보탰다. 그 무렵 곤궁하던 유비는 이에 힘입어 다시 떨쳐 일어나게 되었다. 뒤에 조조가 표를 올려 미축을 영군 태수嬴郡太守로,[5]

---

4) 미축은 낙洛에서 돌아오는 길에 집까지 몇십 리 남은 곳에서 한 여자를 만났다. 그녀는 미축에게 수레에 태워달라고 부탁했다. 몇 리를 가서 그 여자는 고맙다고 하고는 떠나며 미축에게 이렇게 말했다. "저는 천사입니다. 지금 동해에 있는 미축의 집을 불태우러 가는 길인데, 그대가 수레를 태워준 데 감사해서 알려주는 것입니다." 미축이 그녀에게 사사로이 부탁하니, 그 여자가 말했다. "불태우지 않을 수는 없습니다. 그러니 그대는 빨리 가십시오. 저는 천천히 가겠습니다. 정오에 불이 날 것입니다." 미축이 집으로 돌아가 재물을 모두 꺼내니 정오에 큰불이 났다.

미축의 동생 미방을 팽성의 상으로 삼도록 했지만 모두 관직을 버리고 유비를 따라 떠돌아다녔다.

유비는 형주로 가려고 하면서 먼저 미축을 보내 유표에게 알리도록 하고 그를 좌장군 종사중랑으로 삼았다. 익주가 평정된 다음에 미축은 안한장군으로 임명되었는데, 서열이 군사장군 제갈량보다 위였다.

미축은 온화하고 인정이 많으며 아정雅正했지만 사람을 통솔하는데는 뛰어나지 못했다. 이 때문에 유비는 미축을 상빈上賓의 예로대우하면서도 일찍이 군대를 통솔하게 한 적은 없었다. 그러나 그에게 내린 상이나 총애는 그와 비할 만한 사람이 없었다.

미방은 남군 태수가 되어 관우와 함께 일했는데, 사사로운 불화로 두 마음이 생겨 모반하여 손권을 맞아들였으므로 관우가 이 때문에 패했다. 미축은 직접 결박하고 처벌을 청했다. 유비는 형제의죄는 서로 연루되지 않는다고 말하여 위로하고 처음처럼 정중하게대우했다. 미축은 부끄러워하고 노여워하다가 병이 나 1년여 만에죽었다. 아들 미위麋威는 관직이 호분중랑장까지 이르렀다. 미위의아들 미조麋照는 호기감虎騎監[6]이 되었다. 미축부터 미조에 이르기까지 모두 활쏘기와 말달리기에 뛰어났다고 한다.

---

5) 조조는 표를 올려 이렇게 말했다. "태산군은 워낙 넓어서 예로부터 가볍게 여기며 난폭하게 구는 자가 많았습니다. 임시 처방으로 오현五縣을 나누어 영군을 세우고 청렴결백한관리를 엄선하여 지키도록 할 수 있습니다. 편장군 미축은 평소 성실하고 문무에 밝으므로 그에게 영군 태수를 맡겨 관민을 위로하도록 하시기 바랍니다."

6) 호기는 조조 수하의 정예부대 이름이며, 이와 동시에 표기豹騎가 있어 이 둘을 합쳐 호표기라고 했다. 호기감이란 그 감독관이다.

# 유비를 그림자처럼 수행하다

## 손건전孫乾傳

손건은 자가 공우公祐이고 북해군北海郡 사람이다. 유비가 서주를 대신 관리할 때 손건을 초빙하여 종사로 삼았다. 손건은 나중에 유비를 따라 떠돌아다녔다.

유비가 조조를 등졌을 때 손건을 보내 원소와 손을 잡았고, 형주로 가려고 할 때 손건이 또 미축과 함께 유표에게 사자로 가서 모든 일을 유비의 뜻대로 이루었다. 뒤에 유표는 원상袁尙에게 편지를 보내 그들 형제의 분열과 다툼을 다음과 같이 말했다.

늘 유 좌장군이나 손공우와 함께 이 일을 의논했는데 일찍이 뼛속까지 마음의 고통이 사무쳤고, 그대를 위해 슬퍼하지 않은 적이 없습니다.

손건이 유표에게 존중받음이 이와 같았다. 유비가 익주를 평정하자 손건은 종사중랑에서 병충장군秉忠將軍이 되었으며, 미축 다음으로 대우받았고, 간옹과 동등했다. 오래지 않아 세상을 떠났다.

# 풍자와 기지가 넘쳤던 유비의 세객

## 간옹전簡雍傳

간옹[7]은 자가 헌화憲和이고 탁군 사람이다. 젊을 때 유비와 왕래가
있었으므로 그를 따라 두루 돌아다녔다. 유비가 형주에 이르자 간
옹은 미축, 손건과 함께 종사중랑이 되었고, 늘 세객說客이었으며,
명을 받들어 여러 곳을 오가는 사자 노릇을 했다.

유비가 익주로 들어갔을 때 유장은 간옹을 보고 매우 좋아했다.
뒤에 유비가 성도를 에워쌀 때 간옹을 보내 유장에게 가서 설득하
도록 했다. 유장은 곧 간옹을 같은 수레에 태우고 성에서 나와 명령
에 복종했다. 유비는 간옹을 소덕장군昭德將軍으로 임명했다.

간옹은 여유로운 태도로 풍자하며 논의했는데, 성격이 오만하고
구애됨이 없으므로 유비 앞에서도 책상다리를 하고 의자에 기대어
위엄이나 엄숙한 모습은 하나도 없이 제멋대로 했다. 제갈량 아래
의 관리들 앞에서는 혼자 긴 의자를 하나 차지해 팔베개를 하고 누
워서 말하고, 다른 사람을 위해 변론하는 경우가 없었다.

그 무렵 날이 가물어 음주를 금하고 술을 거르는 자는 형벌에 처

---

7) 간옹은 본래 성이 경耿인데 유주 사람들이 간簡으로 발음했으므로 그 발음을 따라 성을
바꾸었다고 한다.

했다. 어떤 집에서 술그릇을 찾아내면 사건을 논의하는 관리는 술을 만든 자와 똑같이 처벌하려고 했다.

간옹이 유비와 산책하다가 남녀 한 쌍이 길을 가는 것을 보고 유비에게 말했다.

"저 사람들은 음탕한 행위를 하려고 하는데 어째서 결박하지 않습니까?"

유비가 말했다.

"그대가 그것을 어찌 아는가?"

간옹이 대답했다.

"저들은 음란한 기구를 갖고 있으니 술을 만들려고 하는 사람과 똑같습니다."

유비는 크게 웃으며 술을 만들려고 하는 자들에 대한 형벌을 없애버렸다. 간옹의 기지는 대부분 이런 식이었다.

# 언변이 뛰어났던 유비의 비서

## 이적전伊籍傳

이적은 자가 기백機伯이며 산양현山陽縣 사람이다. 젊을 때부터 같은 고향의 진남장군鎭南將軍 유표에게 의탁하여 살았다.

유비가 형주에 있을 때 이적은 늘 오가며 의탁했다. 유표가 죽자 곧바로 유비를 따라 남쪽으로 장강을 건넜고, 수행하여 익주로 들어왔다. 익주가 평정되자 이적을 좌장군 종사중랑으로 삼고 대우를 간옹, 손건 등에 버금가게 했다.

이적이 오나라에 사자로 갔을 때, 손권은 그의 재능과 말솜씨가 뛰어나다는 말을 듣고 이야기를 나누는 중에 굴복시키려고 마음을 먹었다.

이적이 마침 들어와서 인사를 했다. 손권이 말했다.

"도道가 없는 군주를 섬기느라 수고하십니다."

이적이 곧바로 대답했다.

"한 번 절했을 뿐인데 수고한다고 말하기엔 충분하지 못하지요."

이적의 기지가 대체로 이와 같이 민첩했다. 손권은 그를 매우 기이하게 보았다. 뒤에 이적은 소문장군昭文將軍[8]으로 승진했고, 제갈

---

8) 촉나라 관직명으로서 한직에 속하므로 고정된 임무도 없었고 군대를 거느리지도 않았다.

량·법정·유파·이엄과 함께 〈촉과蜀科〉(촉의 법률)를 만들었다. 〈촉과〉의 체제는 이 다섯 명에 의해 만들어졌다.

# 탁월한 문장가이자 절세의 논객

## 진복전秦宓傳

진복秦宓은 자가 자래子勅이고 광한군 면죽현 사람이다. 젊어서 재능과 학식이 있었으므로 주나 군에서 초빙했지만 질병이 있다며 나아가지 않았다. 진복은 주목州牧인 유언에게 상서해 유학자 임정조任定祖를 추천했다.

옛날에 백리해百里奚와 건숙蹇叔은 나이가 많지만 계책을 정했으며, 감라甘羅와 자기子奇는 나이가 어리지만 공을 세웠습니다. 그러므로 《상서》에서는 나이 든 사람을 칭찬했고, 《역경》에서는 안연顔淵을 칭송했습니다. 진실로 인재를 뽑을 때는 능력에 근거해야지 나이가 많고 적음에 구애되지 않아야 함을 알 수 있습니다. 이것은 명백한 일입니다. 그 뒤로 나라 안에서 찾아 뽑은 사람은 대부분 영재와 젊은 자가 많고 옛 노인은 빠져버렸습니다. 사람들의 논의가 같지 않고 찬성과 반대가 서로 절반씩 되는 이런 인물은 태평스러운 때에는 순서대로 승진할 수 있지만 혼란스러운 세상에서 긴급히 필요로 하는 사람은 아닙니다. 위급함을 구하고 혼란을 진정시키고 스스로 수양하여 다른 사람들을 편안하게 하고자 한다면 당연히 일반 사람을 뛰어넘는 탁월한 재능을 가지고 있어야 하며, 그 시대 사람들과 지향하는 바를 다르게 하여 이웃 나라를 진동시켜 놀라게 하고 사방을 두려워 떨

게 만들며 위로는 하늘의 뜻에 맞고 아래로는 사람들의 뜻에 합쳐져
야 합니다. 하늘과 사람이 합쳐지고 안으로 자신에게 물어 부끄러움
이 없다면 비록 환란을 만난다 하더라도 무엇을 걱정하며 무엇을 두
려워하겠습니까!

　옛날 초楚나라 섭공葉公이 용 그림과 장식품을 좋아하자 신성한 용
이 그 집으로 내려왔습니다. 위조품을 좋아하는 것도 하늘에 이르거
늘 하물며 진실한 것이라면 당연하겠지요. 지금 처사處士 임안任安은
인자하고 의로우며 정직하여 명성이 사방에 퍼졌으니 그를 임용하면
한 주의 인심을 돌아오게 할 수 있습니다. 지난날 탕이 이윤을 등용하
자 어질지 못한 사람들은 멀리 달아났고, 하무何武가 공승龔勝과 공사
龔舍 두 사람을 천거했는데 두 사람은 사서史書에 이름을 올렸습니다.
그러므로 보통 높이를 탐하고 만 인仞의 숭산을 홀시하며, 눈앞의 장
식을 좋아하고 천하의 명예를 가벼이 여기는 바는 진실로 옛사람들
이 신중히 삼갔습니다. 처음에는 돌을 쪼개 옥을 찾고 조개를 잘라 진
주를 구하려고 했지만, 지금 수후隨侯의 진주와 화씨의 구슬은 빛나는
태양과 같습니다. 또 무엇을 의심하겠습니까! 진실로 대낮에 촛불을
밝힐 필요가 없음을 아는 것은 햇빛이 충분히 있기 때문인데, 단지 제
감정이 구구하여 소견을 많이 털어놓으려고 욕심을 냈습니다.


**유장이 익주를 다스릴 때 진복과 같은 군의 왕상이 치중종사가
되었는데, 진복에게 편지를 보내 말했다.**


　빈천하고 어려운 고통 속에서도 언제나 그대와 끝까지 몸을 같이
할 수 있습니다! 변화卞和는 보옥에 의지하여 세상에 이름을 빛냈습니
다. 마땅히 한번 와서 주목과 만나십시오.

진복이 답장을 하여 말했다.

옛날 요가 허유許由를 우대한 데에는 넓지 않음이 없었지만 자신의
두 귀를 씻었고, 초나라가 장주莊周를 초빙함에 넓지 않음이 없었지만
낚싯대를 쥐고 돌아보지 않았습니다.

《역》에서는 "확실하구나, 뽑을 수 없음이."라고 말했습니다. 무엇 때
문에 빛날 수 있습니까? 군주의 현명함이 있은 뒤에야 자식이 훌륭
히 보필합니다. 이때 소하와 장량張良의 책략을 실행해도 지혜가 충
분하다고는 할 수 없습니다. 저는 밭두렁 사이에서 등으로 태양을 받
으며 안회顔回처럼 보잘것없는 음식을 먹고 원헌原憲의 띠로 두른 허
름한 집을 노래하며 때때로 숲이나 연못에서 노닐며 장저長沮, 걸닉桀
溺 등의 무리와 짝하여 검은 원숭이의 슬픈 소리를 듣고 학이 구고(九
皐, 소택)에서 우는 것을 보며 편안한 삶을 즐기고 걱정이 없는 것을 복
으로 알고 있습니다. 텅 비고 헛된 이름 속에 있고 영험하지 않은 거
북의 지위에 있어 나를 아는 이가 적으면 나는 고귀한 것입니다. 이는
곧 제가 지향하는 데 이를 수 있는 때인데 어찌 고통스럽고 슬프겠습
니까?

뒤에 왕상은 엄군평嚴君平과 이홍李弘을 위해 사당을 세웠다. 진복
이 왕상에게 편지를 보내 말했다.

저는 질병이 낫지 않아 은둔한 채 나아가지 않았는데 방금 당신이
엄군평과 이홍을 위해 사당을 세웠다는 소식을 들었습니다. 같은 고
향 사람을 후하게 대우했다고 할 만합니다. 엄군평의 문장을 보니 천
하의 으뜸이고 허유, 백이伯夷 같은 뛰어난 절조는 산처럼 움직이지

않으니 설령 양웅揚雄이 그것을 감탄하지 않는다 하더라도 진실로 스스로 비출 수 있습니다. 만일 이중원李仲元이 《법언法言》을 만나지 못했다면 분명 명성이 묻혀버리고 말았을 것입니다. 그것은 호랑이와 표범 같은 문채가 없기 때문이니 용이나 봉황(양웅을 가리킴)에 의지하여 명성을 얻은 자라고 할 수 있습니다. 양자운(揚子雲, 양웅) 같은 경우는 저술에만 마음을 기울여 세상에 보탬이 있었으며, 진흙 속에 있으면서도 오염되지 않고 행위는 성인 스승(공자)을 본받았으므로 오늘날 천하에서 그의 문사를 담론하고 읊는 것입니다. 지방에도 이와 같은 사람이 있어 사방을 밝힐 수 있는데, 기괴한 점은 당신이 이런 사람을 잊고 사당을 세워주지 않는 것입니다.

촉나라에는 본래 학자가 없었는데 문옹文翁이 사마상여司馬相如를 보내 동쪽에서 칠경(七經, 오경과 《논어》 및 《효경孝經》을 가리킴)을 배워 돌아와서 관리와 백성에게 가르치도록 했고, 그 결과 촉의 학문은 제나라나 노나라에 견줄 수 있게 되었습니다. 그러므로 《지리지地里志》에서는 "문옹이 교육을 제창하고, 사마상여가 그들의 스승이 되었다."라고 말했습니다. 한나라 왕조는 선비를 얻어 그때보다 흥성했습니다. 동중서의 무리는 봉선(封禪, 천자가 천지의 신에게 제사 지내는 일)의 예절에 밝지 못했는데 사마상여가 그 예의를 제정했습니다. 무릇 예의를 제정하고 음악을 만들어 풍속을 바꿀 수 있으면 예교 질서에 따라 인간 세상을 위해 좋은 일을 하는 사람이 아니겠습니까? 사마상여는 비록 탁왕손卓王孫의 딸을 유혹한 죄에 연루되어 있지만 공자가 제나라 환공桓公의 패업을 칭찬하고, 공양公羊이 숙술(叔術, 어머니를 위해 군주를 죽인 사람임)의 겸양을 현명하다고 한 것과 같습니다. 저도 사마상여의 교화를 칭찬합니다. 마땅히 그에게 사당을 세워주고 그 명문銘文을 빨리 확정지어야 합니다.

이에 앞서 이권이 진복에게 《전국책戰國策》을 빌렸는데 진복이 말했다.

"《전국책》은 합종연횡合縱連衡의 기술을 적고 있는데 그것으로 무엇을 하시렵니까?"

이권이 말했다

"공자와 엄평嚴平은 많은 책을 끌어모아 《춘추》와 《지귀指歸》 같은 책을 만들었습니다. 그러므로 바다는 흐르는 물이 합쳐져 넓어지고 군자는 폭넓은 지식으로써 커집니다."

진복이 대답하여 말했다.

"책이 역사책이나 주나라 도서가 아니면 공자는 싣지 않았습니다. 엄평은 이치가 허무자연虛無自然한 것이 아니면 서술하지 않았습니다. 바다는 진흙을 받아들여도 매년 한 차례씩 맑게 하면 되지만 군자는 학식이 넓어도 예의에 어긋나는 것은 보지 않습니다. 지금 《전국책》은 장의張儀와 소진蘇秦의 술수를 되풀이하여 다른 사람을 죽여 자기가 살고, 다른 사람을 없애서 스스로 보존하라고 하니 경전에서 꺼리는 바입니다. 이 때문에 공자는 발분해서 《춘추》를 지어 바르게 사는 것을 중요시했고, 또 《효경》을 만들어 덕행을 널리 진술했습니다. 악의 싹을 잘라버려 징조를 막는 데는 먼저 제압하는 바가 있어야 합니다. 그러므로 노자老子는 악이 싹트기 전에 나쁜 일을 끊어버려야 한다고 했으니 어찌 진실이 아니겠습니까? 은殷나라 탕왕湯王은 위대한 성인이지만 들에 사는 물고기를 보고 달려가 잡는 허물이 있었고, 정공定公은 현인이지만[9] 기녀의 노래를 듣고는 조정의 일을 팽개쳐버렸습니다. 이 같은 부류의 사람을 어찌 이루 다 말할 수 있겠습니까. 도가의 법에서는 '욕심부리는 바를 보지 않으려면 마음을 어지럽히지 말라.'라고 말했습니다. 그러

므로 천지의 도는 정관貞觀이 되고 일월의 도는 정명貞明이 되는 것
입니다. 화살처럼 곧은 것이 군자가 행하는 바입니다. 《홍범洪範》은
재앙을 군주의 언어나 태도 속에서 설명하고 있는데 어찌 《전국책》
의 교활한 기술을 배우겠습니까?"

어떤 사람이 진복에게 말했다.

"당신은 자신을 소부巢父·허유·사호四晧에 견주려 하면서 무엇 때
문에 문학적 재능을 발휘하고 탁월한 재지를 다른 사람에게 나타
내려 하십니까?"

진복이 대답하여 말했다.

"내 문장은 말하고자 하는 것을 다 나타낼 수 없고 말은 뜻을 모
두 드러낼 수 없는데 어찌 아름다운 문장으로 드날릴 것이 있겠습
니까! 옛날에 공자는 애공哀公을 세 번 만나보고 그때의 말을 책 일
곱 권으로 만들었습니다.[10] 그때 일을 묵묵히 말하지 않을 수 없었
던 것입니다. 접여接興는 걸어가면서 노래를 했고, 평론하는 자들
은 그것으로 문장의 광채를 더했습니다. 어부(漁父, 굴원의 작품 속에 나
오는 인물)는 창랑滄浪을 노래했고, 현자(굴원屈原)는 이것으로 시편을
꾸며 빛냈습니다. 이 두 사람은 그 시대에 무엇을 구하려고 한 것
이 아닙니다. 무릇 호랑이는 태어나면서 아름다운 문양이 있고, 봉
황은 태어나면서 다섯 가지 색채가 있는 것이지 어찌 다섯 색깔로

---

9) 기록에 따르면 노나라 정공은 칭찬할 만한 선행이 없다고 한다. 진복이 그를 현자라고 한
   것은 이해할 수 없는 일이다.

10) 유향劉向은 《칠략七略》에서 공자가 애공을 세 번 만나보고 《삼조기三朝記》 일곱 편을
    지었는데, 지금은 《대대례大戴禮》만 남아 있다고 했다. 배송지裵松之의 조사에 따르면
    《중경부中經部》에 《공자삼조孔子三朝》 여덟 권이 기록되어 있는데, 한 권은 목록이고
    나머지가 유향이 말한 일곱 편이라고 한다.

스스로 그렸겠습니까? 선천적으로 자연스럽게 이루어진 것입니다. 《하도》와 《낙서》는 문자가 있음으로 해서 흥기되었고, 육경은 문장에 의하여 이루어졌습니다. 군자는 문덕文德으로써 아름답게 하니 문장을 화려하게 꾸며도 손상시킨 것이 무엇입니까? 어리석은 저도 문채를 경시한 혁자성革子成의 잘못[11]을 부끄러워하는데, 하물며 저보다 지혜로운 사람이야 어떻겠습니까!"

유비가 익주를 평정한 뒤에 광한 태수 하후찬夏侯纂이 진복을 초청하여 사우좨주師友祭酒[12]로 삼고 오관연五官掾[13]을 겸하도록 했으며 중부仲父[14]라고 불렀다. 진복은 질병이 있다며 집에 누워 움직이지 않았다. 하후찬이 공조 고박古朴과 주부 왕보王普를 데리고 요리사와 식품을 갖고 진복의 집에 찾아왔는데, 진복은 전처럼 누워 있었다. 하후찬이 고박에게 물었다.

"그대의 주(익주)에서 생산하는 생활필수품은 실제로 다른 주보다 단연 뛰어나지만, 선비들은 다른 주와 비교하여 어떤지 모르시오?"

고박이 대답했다.

"한漢 이래로 작위를 받은 자는 아마 다른 주만 못할 것입니다만, 저작著作을 하여 세상의 사표가 되게 한 점에서는 다른 주에 뒤지지 않습니다. 엄군평은 황제와 노자의 학문을 보고 나서 《지귀》를 지

---

11) 《논어》〈안연〉에는 극자성棘子成이라고 쓰여 있다. 극자성은 "군자의 조건은 질박하면 충분한데 어찌 문채가 필요하겠습니까!"라고 하여 자공子貢의 말에 반박했다. 그러므로 잘못이라고 말한 것이다.

12) 관직명인데, 군 태수의 스승이나 고문 격이다.

13) 군 태수부의 소속으로 태수가 처리하는 공무를 도와 처리해주는 속관이다.

14) 제나라 환공이 관중을 존중하여 '중부'라고 불렀는데, 훗날 탁월한 신하에 대한 존칭이 되었다.

었고, 양웅은 《역》을 보고서 《태현太玄》을 지었으며 《논어》를 보고 《법언》을 지었고, 사마상여는 한나라 무제를 위해 봉선의 문장을 제정했는데 오늘날 모두 천하에 알려졌습니다."

하후찬이 말했다.

"중부는 어떠한가?"

진복은 수판으로 얼굴을 치고 말했다.

"원컨대 명부明府께서는 중부라는 이름을 작은 풀에 의탁하지 말아주십시오. 저는 명부를 위해 일의 근원을 설명할 수 있기를 청합니다. 촉에는 문부산汶阜山이 있고, 장강이 그 산의 한가운데로부터 흘러나오며, 천제天帝는 그곳에 번창할 운을 모았고, 신명神明이 이 땅으로 복을 세웠으므로 비옥한 땅이 천 리나 될 수 있었습니다. 회하淮河와 제하濟河 등 네 하천 가운데 장강이 그 우두머리입니다. 이것이 첫째입니다. 우禹는 석뉴石紐에서 태어났는데,[15] 지금의 문산군입니다. 옛날 요가 홍수를 만나고 곤鯀이 물을 잘 다스릴 수 없었는데, 우는 장강을 소통시키고 황하의 제방을 무너뜨려 동쪽 바다로 흘러들게 하여 백성을 위해 재해를 없앴습니다. 인류가 있은 뒤로 공이 그를 넘는 이가 없었습니다. 이것이 둘째입니다. 천제는 방房과 심心의 움직임을 보고 정치를 펴고, 삼參과 벌伐의 움직임을 보고 정책을 결정했는데, 삼과 벌은 익주의 분야(分野, 하늘의 별자리와 서로 일치하는 지방)입니다. 삼황(三皇, 중국 고대 전설 중 세 명의 걸출한 임금으로 《사기史記》에는 천황天皇·지황地皇·태왕泰皇이라는 설도 있으나 《상서》에

---

15) 곤은 유신씨有莘氏의 딸 지志를 아내로 맞이했다. 그녀는 산에 오르다가 유성流星이 묘성昴星을 꿰뚫는 것을 본 다음에 석뉴에서 우를 낳았다.

의거하여 수인씨·복희씨·신농씨로 보는 설이 일반적이다. 또한 복희씨와 신농씨는 일치하되 수인씨 대신 여왜 혹은 축융祝融 혹은 공공公工, 황제皇帝를 넣기도 하는 등 이설이 많다.)은 지거祇車를 타고 곡구谷口를 나왔는데 지금의 야곡에 해당합니다. 이것이 곧 저희 주의 개략입니다. 명부의 고견으로 평론하면 천하와 비교하여 어떻습니까?"

이에 하후찬은 반나절이 지나도록 아무 대답도 하지 못했다. 익주에서는 진복을 초빙하여 종사좨주로 삼았다. 유비가 제로 일컬은 뒤 동쪽으로 오나라를 정벌하려고 했는데, 진복은 하늘의 때가 틀림없이 유리하지 않다고 진언했다. 이 일로 해서 옥에 갇혔다가 나중에 풀려났다.

│ 건흥 2년(224) │ 승상 제갈량이 익주목을 겸할 때 진복을 뽑아 별가로 삼았으며, 이어서 좌중랑장, 장수교위로 임명했다. 오나라가 사자 장온張溫을 보냈을 때 백관이 모두 가서 전송했다. 사람들이 모두 모였는데 진복이 아직 가지 않자, 제갈량이 여러 차례 사람을 보내 재촉했다. 장온이 말했다.

"그는 어떤 사람입니까?"

제갈량이 말했다.

"익주의 학자입니다."

진복이 이르자 장온이 물었다.

"그대는 학문을 했습니까?"

진복이 말했다.

"다섯 자 되는 어린이조차 모두 학문을 하거늘 어째서 꼭 저에게 묻습니까?"

장온이 또 물었다.

"하늘에는 머리가 있습니까?"

진복이 말했다.

"있습니다."

장온이 말했다.

"어느 쪽에 있습니까?"

진복이 말했다.

"서쪽에 있습니다.《시경》에서 '네 머리를 돌려 서쪽을 보라.'라고 했으니, 이 구절로 미루어보면 머리는 서쪽에 있습니다."

장온이 말했다.

"하늘에는 귀가 있습니까?"

진복이 말했다.

"하늘은 높은 곳에 있으면서 낮은 곳의 소리를 듣습니다.《시경》에서 '학은 구고에서 울고, 소리는 하늘에서 듣는다.'라고 했습니다. 귀가 없다면 어떻게 듣겠습니까?"

장온이 말했다.

"하늘에는 발이 있습니까?"

진복이 말했다.

"있습니다.《시경》에서 '하늘의 걸음은 어렵구나. 너는 이렇게 할 수 없다.'라고 말했습니다. 만일 발이 없다면 어떻게 걷겠습니까?"

장온이 말했다.

"하늘에는 성姓이 있습니까?"

진복이 말했다.

"있습니다."

장온이 말했다.

"성이 무엇입니까?"

진복이 말했다.

"성은 유劉입니다."

장온이 말했다.

"어떻게 그것을 아십니까?"

진복이 대답했다.

"천자의 성이 유劉이므로 이로써 압니다."

장온이 말했다.

"해는 동쪽에서 태어납니까?"

진복이 말했다.

"동쪽에서 태어나지만 서쪽에서 죽습니다."

대답이 마치 울림처럼 질문을 따라 곧바로 나오니, 이에 장온은 진복을 매우 존경하게 되었다. 진복의 문재文才와 변론이 모두 이와 같았다. 대사농大司農으로 승진했다가 건흥 4년(226)에 세상을 떠났다. 처음에 진복은 황제의 계보를 적은 문장에서 오제가 다 같은 일족으로 되어 있는 것을 보고 그렇지 않은 근본을 밝혔다. 또 황皇·제帝·왕王·패霸·용龍에 대해 논의를 전개했는데 이치상 매우 통했다. 초윤남譙允南은 젊을 때 여러 번 그를 찾아가 묻고 그의 말을 《춘추연부론春秋然否論》에 기록했는데 문장이 많으므로 여기에는 싣지 않았다.

【평하여 말한다】

허정은 일찍부터 명예가 있었고 독실하다고 평판을 받았으며, 또 인물 추천에 마음을 두었다. 비록 그가 행위나 일을 처리하는 데 모두 타당했던 것은 아니지만 장제는 "대체로 조정의 대들보 신하라고 할 만하다."라고 말했다. 미축·손건·간옹·이적은 모두 포용력 있는 태도로 풍자의 논의를 받들어 그 시대에 예우를 받았다. 진복은 처음에 세속을 벗어난 고고한 사람을 흠모했지만 어리석은 사람과 같은 신실함은 없었다. 그러나 응대하는 재능에는 남음이 있고 문장이 웅장하고 화려했으므로 한 시대의 재능 있는 선비라고 할 만하다.

# 9

동유마진동진여전董劉馬陳董陳呂傳

제왕을 제대로 보필한 명신들

# 제갈량과 나랏일을 협의한 청빈한 관료

## 동화전董和傳

동화는 자가 유재幼宰이며 남군 지강현枝江縣 사람이다. 그의 선조는
본래 파군 강주 사람이었다. 한나라 말기에 동화는 종족을 이끌고
서쪽으로 옮겨왔다. 익주목 유장은 그를 우비장牛鞞長, 강원장江原長,
성도 현령으로 삼았다. 촉 땅은 풍요롭고 충실하므로 당시 풍속이
사치스럽고, 재산이 있는 사람들은 제후의 옷을 입고 맛있는 음식
을 먹으며 혼인과 장례 의식에 가산을 기울이기까지 했다.

　동화는 앞장서서 아껴 쓰며 수수한 옷을 입고 간소한 식사를 하
고 신분에 벗어나는 행위를 금하며 이런 것에 대한 규제를 만들었
으므로, 그가 부임한 곳마다 풍속이 바뀌어 올바르게 변해가고, 백
성은 법규를 두려워하여 범하지 않았다. 그러나 현 안의 호족들은
동화가 만든 엄한 법을 싫어하여 유장에게 동화를 파동의 속국도
위로 삼아달라고 말했다.

　수하의 관리와 백성, 나이가 많거나 병약한 사람 가운데는 동화
가 머무르기를 간절히 원하는 이가 수천 명이나 되었다. 그래서 유
장은 그를 2년 동안 더 머무르게 했다. 임지에서 돌아와 익주 태수
益州太守로 옮겨서도 청렴하고 검소하기가 전과 같았다. 이민족과
힘을 모아 일하고 진실한 마음으로 일관하여 일에 매달리므로 남
쪽 지역 사람들은 그를 아끼고 믿음직스러워했다.

유비가 촉을 평정한 뒤에 동화를 불러들여 장군중랑장(掌軍中郞將, 촉나라의 무관)으로 삼고 군사장군 제갈량과 함께 좌장군 대사마(유비의 관직명)의 막부 일을 맡게 했는데, 행할 수 있는 것과 그럴 수 없는 것을 말하여 제갈량과 기꺼이 사귀었다. 동화는 관직에 올라 봉록을 먹은 뒤로 밖에서는 먼 지역의 장관이 되었고, 안에서는 나랏일의 중추를 맡아 20여 년을 지냈건만 죽었을 때 집에는 쌀 한 섬의 재산조차 없었다. 제갈량은 나중에 승상이 되어 부하들을 가르치면서 이렇게 말했다.

"각기 직무를 맡은 자는 사람들의 의견을 모으고 주군에게 충성스럽고 이로운 의견을 널리 받아들이도록 하라. 만일 작은 불만이 있는 사람을 멀리하고 다른 의견을 내는 것을 곤란하게 여긴다면 나라의 큰일에 손실을 입힐 것이다. 다른 의견이 타당하면 찢어진 신발을 버리고 주옥을 얻듯이 하라. 그러나 사람들의 마음이 고통스러우면 다할 수 없다. 오직 서원직만은 이러한 일에 처하여 미혹되지 않았고, 또 동유재董幼宰는 직무를 맡은 7년 동안 일에 불충분한 점이 있으면 열 번이라도 되풀이하여 상담하고 지적해내었다. 진실로 여러분이 서원직의 10분의 1과 동유재의 은근함을 본받아 나라에 충성한다면 나도 허물을 줄일 수 있을 것이다."

또 말했다.

"나는 전에 처음에는 최주평과 사귀면서 잘한 것과 잘못한 것을 자주 지적받을 수 있었고, 나중에는 서원직과 사귀어 그에게 여러 번 가르침을 받았다. 전에 동유재와 함께 일한 적이 있는데 매번 자기 의견을 다 말했고, 뒤에 위도(偉度, 호제胡濟)가 일을 처리하면서는 여러 차례 간언하여 부당한 결정을 막았다. 비록 내 성품이 어리석고 닦이지 않아 그들의 의견을 다 받아들이지는 못했을지라도 이

네 명과는 처음부터 끝까지 친밀했으며, 또한 그들의 직언을 의심하지 않았음을 충분히 밝힐 수 있다."

제갈량이 동화를 추억하여 생각하는 정이 이와 같았다.

# 청렴하고 고상했던 문장가

## 유파전劉巴傳

유파는 자가 자초子初이며 영릉군零陵郡 증양현烝陽縣 사람이다. 젊을 때부터 유명했으므로 형주목 유표가 여러 차례 초빙하려 했고, 수재秀才로 추천했지만 모두 취임하지 않았다. 유표가 죽고 조조가 형주를 정벌했다. 유비가 강남으로 달아나자 형과 초의 수많은 선비가 구름처럼 그를 따라갔지만 유파는 북쪽 조조에게로 갔다. 조조는 그를 초빙하여 속관으로 삼고 그를 보내 장사군·영릉군·계양군桂陽郡이 귀순하도록 했다.[1] 마침 유비가 이 세 군을 점령했으므로 유파는 명을 받들 수가 없어 그대로 멀리 교지로 달려갔다. 유비는 이 일을 매우 유감스럽게 생각했다.

유파는 교지에서 다시 촉군에 이르렀다.[2] 갑자기 유비가 익주를

---

1) 조조는 오림烏林에서 패하고 북쪽으로 돌아갈 때, 환계桓階를 장사 등 세 군으로 보내려고 했지만 그는 자신이 유파에게 미치지 못한다며 사퇴했다. 유파가 조조에게 "유비가 형주를 지배하게 되면 안 됩니다."라고 말하자, 조조는 "유비가 만일 도모한다면 나는 육군六軍을 이끌고 그의 뒤를 이을 것이오."라고 했다.

2) 유파는 교지로 들어와 성을 장張씨로 바꾸었다. 교지 태수 사섭과 의견이 맞지 않으므로 장가의 길을 지나서 갔다. 익주군에 구류되자 태수가 죽이려고 했다. 그곳 주부는 유파가 범상치 않은 인물임을 알아보고는 처형을 말리고 자청하여 주부까지 호송했다. 그러던 중 익주목 유장을 만났다. 유장의 아버지 유언이 예전에 유파의 아버지 유상劉祥에 의해 효렴으로 천거되었으므로, 유장은 유파를 보고 놀라고 기뻐하며 중대한 일은 늘 그와 의논했다.

점령하자 유파는 유비에게 사죄했는데 유비는 그를 나무라지 않았다.[3] 제갈공명이 그를 자주 칭찬하고 천거했으므로 유비는 그를 초빙하여 좌장군 서조연西曹掾으로 삼았다.[4]

| 건안 24년(219) | 유비는 한중왕이 되었고, 유파는 상서가 되었다가 뒤에 법정 대신 상서령이 되었다. 그는 몸소 청렴하고 수수한 생활을 하며 재산을 늘리지 않았다. 또 자신이 유비를 따르는 것은 본마음이 아니므로 의심을 받을까 봐 두려워했다. 그래서 공손하며 말없이 조용한 태도를 지키고, 집으로 돌아와서는 사사로이 사귀지 않고 공적인 일이 아니면 말하지 않았다.[5] 유비가 황제 존호를 일컬었을 때 황천상제皇天上帝와 후토, 신기에게 보고했는데, 그 문장

3) 유장이 법정을 보내 유비를 맞이할 때, 유파는 간언하여 "유비는 영웅이라서 들어오면 틀림없이 해가 될 것입니다. 들어오게 하면 안 됩니다."라고 말했다. 유비가 들어온 뒤에도 유파는 또 간언하여 "만일 유비에게 장로를 토벌하게 한다면 이는 숲 속에 호랑이를 풀어놓는 것과 같습니다."라고 했지만 유장은 듣지 않았다. 유파는 문을 닫고 나가지 않으며 질병을 핑계 댔다. 유비는 성도를 공격하며 군중軍中에 명하여 "유파를 죽이는 자가 있으면 삼족까지 사형에 처하겠다."라고 말했다. 유파를 얻게 되자 매우 기뻐했다.

4) 장비는 일찍이 유파가 머물고 있는 곳을 찾아갔는데, 유파가 그와 말을 하지 않아 화가 치밀었다. 제갈량이 유파에게 "장비는 비록 무인이지만 당신을 매우 존경하고 있습니다. 주군께서는 지금 문무를 모두 모아 큰일을 결정하려 하십니다. 당신은 비록 고상한 천성을 갖고 있지만 굽히려는 뜻이 적습니다."라고 말하자, 유파는 "대장부가 이 세상에 살면서 마땅히 사해의 영웅들과 사귀어야 합니다. 어찌 무사와 함께 말을 하겠습니까?"라고 했다. 유비는 이 말을 듣고 매우 화가 나서 말했다. "우리는 천하를 평정하기 원하는데, 자초는 그것을 어지럽히고 있다. 북쪽으로 돌아가고 싶어서 이 땅을 이용하는 것인가. 어찌 혼자 일을 이루려고 하는가?" 유비는 또 말했다. "자초의 재능은 뛰어나다. 나 같은 사람은 그를 임용할 수 있지만 나와 같지 않은 자는 임용하기 어렵다."

5) 이때 중국 사람들의 감정은 일관되지 못하여, 유비가 촉군에 있다는 소식을 듣고는 사방에서 목을 길게 빼고 그의 내방을 기대했다. 유비는 제위에 오르려 생각하고 있었는데, 유파는 그 같은 일은 천하에 기량이 좁음을 나타내는 것으로 생각하여 느긋하게 하기를 바랐다. 주부 옹무雍茂가 유비에게 간언했는데, 유비는 다른 일을 들어 옹무를 죽였다. 이 때문에 먼 곳에 있는 사람들이 다시는 오지 않았다.

이나 책명은 모두 유파가 지은 것이다.

| 장무 2년(222) | 유파는 세상을 떠났다. 그가 죽은 뒤에 위나라의 상서복야 진군이 승상 제갈량에게 편지를 보내 유파의 소식을 물었다. 제갈량은 유파를 유군자초劉君子初라 일컫고 매우 존경하며 중시하는 마음을 보이면서 그의 소식을 전했다.

# 백미白眉 고사의 주인공

## 마량전馬良傳

마량은 자가 계상季常이고 양양군 의성현宜城縣 사람이다. 마량의 형제 다섯 명은 모두 재능과 명성이 있었고, 고향 마을에서는 이것을 다음과 같은 가요로 만들었다.

"마씨네 다섯 상常 중에서 백미(白眉, 마량을 가리킴)가 가장 훌륭하구나!"

마량의 눈썹 가운데에 흰 털이 있으므로 '백미'라고 불렀다. 유비가 형주를 다스릴 때 마량을 초빙하여 종사로 삼았다. 유비가 촉으로 들어가자 제갈량도 뒤따라갔는데, 마량은 형주에 머물면서 제갈량에게 편지를 보냈다.

낙성이 벌써 함락되었다고 들었는데, 이것은 하늘이 내려준 복입니다. 존경하는 형님[6]은 필요한 때에 순응하여 세상을 보좌하고 대업을 이루고 나라를 빛냈으므로 성공할 징조를 볼 수 있습니다. 변하는 국면에서 필요한 것은 빼어난 사려이고, 판단에 필요한 것은 명철함

---

6)  마량은 제갈량과 의형제를 맺었으므로 친분이 두터웠다. 제갈량이 위여서 형님이라고 불렀다.

을 넓히는 일입니다. 이렇게 하여 재능 있는 자를 뽑는다면 시대의 요구에 적합할 것입니다. 만일 당신이 광휘를 사방으로 펴 먼 곳에 있는 사람들을 기쁘게 하고 덕을 부지런히 천지에 이르게 하여 그 시대 사람이 듣는 데 한가롭게 하며, 세상이 도리에 복종하고, 고아하고 오묘한 음악을 일제히 연주하고 정풍鄭風과 위풍衛風 같은 소리를 바르게 하여 모든 의견이 국가 대사에 이롭고 서로 다투지 않는다면 이는 관현악의 지고한 소리이며 백아伯牙와 사광師曠이 연주한 악곡일 것입니다. 비록 종자기鍾子期처럼 음악을 알지는 못하지만 감히 박자를 치지 않겠습니까!

유비는 마량을 불러 좌장군의 속관으로 삼았다.

뒤에 마량을 사자로 삼아 오나라에 보냈다. 마량이 제갈량에게 말했다.

"지금 저는 나라의 운명을 맡아 두 나라 사이를 우호적으로 만들려고 합니다. 저를 손 장군(손권)에게 소개시켜주시기 바랍니다."

제갈량이 말했다.

"그대가 직접 편지를 써 보내시오."

마량은 곧바로 초고를 만들어 보냈다.

저희 군주께서는 속관인 마량을 보내 우호 관계를 지속시켜 곤오(昆吾, 하夏나라 제후)와 시위(豕韋, 하 시대의 제후)의 공훈을 받아 잇도록 했습니다. 그는 재능과 덕망이 뛰어난 선비이며 형초荊楚 지방의 유명한 사람으로서 화려함은 적으나 끝까지 지속되는 아름다움을 갖추고 있습니다. 그대는 마음을 낮추어 받아들임으로써 그가 임무를 다하도록 해주시기 바랍니다.

손권은 경의를 가지고 마량을 대접했다.

유비는 제라 일컫고 마량을 시중으로 삼았다. 유비는 오나라를 정벌할 때 마량을 무릉으로 들여보내 오계의 이민족들을 귀순시키도록 했다. 이민족의 우두머리는 모두 촉나라의 관위를 나타내는 관인과 칭호를 받고 모두 그의 생각처럼 했다. 마침 유비가 이릉에서 패하자 마량도 살해되었다. 유비는 마량의 아들 마병馬秉을 기도위로 삼았다.

마량의 동생 마속은 자가 유상幼常이다. 형주 종사 신분으로 유비를 따라 촉군으로 들어가 면죽현과 성도현成都縣의 현령, 월수군의 태수로 임명되었다. 마속은 일반 사람을 뛰어넘는 걸출한 재능을 가졌고 군사 전략에 관한 논의를 좋아했는데, 승상 제갈량은 그를 높이 평가했다. 유비는 임종할 무렵에 제갈량에게 말했다.

"마속은 말이 실질을 넘어 크게 쓸 수 없으니 그대는 그를 잘 살피시오!"

그러나 제갈량은 그렇지 않다고 생각하고 마속을 참군으로 삼아 불러서 담론을 하면 으레 대낮부터 밤까지 이르기 일쑤였다.[7]

---

7)  건흥 3년(225)에 제갈량이 남쪽으로 정벌하러 나갈 때 마속은 몇십 리까지 그를 전송했다. 제갈량이 '몇 년 동안이나 함께 작전을 짰는데 오늘 다시 좋은 계책을 줄 수 있습니까?'라고 묻자 마속은 이렇게 대답했다. "남쪽은 험난하고 먼 지역에 의지하여 오랫동안 복종하지 않았습니다. 비록 오늘 그들을 무찌른다 하더라도 내일이 되면 또 반기를 들 것입니다. 지금 공은 국력을 기울여서 북벌하여 강력한 적을 무찌르려 하십니다. 만일 그들이 나라 안에 군사적 공백이 생기는 걸 안다면 그 반역도 이르게 될 것입니다. 만일 남은 무리를 다 죽여 뒷날의 근심을 없앤다면 어진 사람의 마음이 아니며, 또한 간단히 하기란 불가능합니다. 무릇 용병用兵의 도道는 마음을 굽히는 싸움을 상책이라 하고, 무기로 싸우는 것을 하책이라고 합니다. 원컨대 공께서는 그들의 마음을 굽히도록 하십시오." 제갈량은 그 계책을 받아들여 맹획을 풀어주어 남방을 굴복시켰다. 그 때문에 제갈량이 세상을 떠날 때까지 남쪽은 두 번 다시 반란을 일으키지 않았다.

| 건흥 6년(228) | 제갈량은 기산으로 출병했다. 그때 경험이 풍부한 장수 위연과 오일 등이 있었다. 논의하는 자들은 모두 이들로 선봉을 삼아야 한다고 주장했다. 그러나 제갈량은 사람들의 의견과는 반대로 마속을 뽑아 병사들을 이끌고 맨 앞에 서서 위나라 장수 장합과 가정에서 싸우게 했는데 장합에게 격파되어 병사들이 뿔뿔이 흩어졌다. 제갈량은 나아가 의지할 곳이 없으므로 군대를 물려 한중으로 돌아왔다.

마속이 옥에 갇혔다가 죽었으므로 제갈량은 눈물을 흘렸다. 마량이 죽었을 때 그의 나이가 서른여섯 살이었고, 마속은 서른아홉 살이었다.[8]

---

8) 마속은 죽을 무렵 제갈량에게 편지를 써서 말했다. "명공께서는 저를 자식처럼 돌보았고 저도 명공을 아버지처럼 여겼으니 되돌아보면 곤鯀과 우禹의 의리처럼 깊다고 생각합니다. 평생의 교분이 여기에서 무너지게 하지 않을 것이며, 제가 비록 죽어 황천에 가더라도 한이 없을 것입니다." 이 편지를 보고 10만의 무리가 눈물을 비 오듯 흘렸다.

# 오나라와 맹약을 맺어 평화를 이끌어내다

**진진전陳震傳**

진진陳震은 자가 효기孝起이고 남양군 사람이다. 유비가 형주목을 겸할 때 부름을 받아 종사가 되어 관하의 여러 군을 다스렸으며, 유비를 따라 촉으로 들어갔다. 촉 지역이 평정되자 진진은 촉군의 북부 도위가 되었다가 군 이름이 바뀜으로써 문산 태수汶山太守가 되었으며, 건위 태수로 전임되었다.

| 건흥 3년(225) | 중앙으로 들어가 상서로 임명되었고, 상서령으로 승진했으며, 명령을 받아 오나라에 사신으로 갔다.

| 건흥 7년(229) | 손권이 황제 존호를 일컬었을 때, 유선은 진진을 위위로 삼고 손권의 즉위를 축하하도록 했다. 그때 제갈량이 형 제갈근에게 편지를 보내 말했다.

효기의 충성스럽고 순박한 성품은 나이가 들수록 더욱 독실해집니다. 그가 동서(東西, 오나라와 촉나라) 사이를 칭찬하며 두 나라가 함께 평화를 지켜 즐겁게 한 것은 귀중한 공헌이라고 할 만합니다.

진진은 오나라 국경으로 들어간 뒤, 관소의 관리에게 문서를 보내 말했다.

동쪽과 서쪽은 연락하는 관리가 오가며 사자의 관모와 수레를 서로 바라볼 수 있도록 하고, 진실하게 맹세하여 처음의 우호 관계를 지키며 날마다 그 사이를 발전시켜 나가도록 합시다. 동쪽 군주는 마땅히 하늘에서 내려준 복을 지키며 나무를 불태워 하늘에 알려 부符를 받고, 토지를 나누어 천하가 호응하며 각기 돌아갈 곳이 있게 해야 합니다. 이때 우리가 마음을 같이하여 적을 토벌하면 어찌 적이 소멸되지 않겠습니까! 서쪽 조정의 군주와 신하는 목을 빼고 기뻐하며 의지할 곳이 있게 될 것입니다.

저 진진은 재능은 없지만 사자의 임무를 충실히 하여 명령을 받들어 두 나라의 우의를 서술했으므로 국경을 넘을 때 고무되었으며 오나라로 들어올 때도 집으로 돌아가는 것만 같았습니다. 헌자獻子가 노나라로 갔을 때 노나라 선군(先君, 헌공구獻公具와 무공오武工敖)과 이름이 똑같은 산을 범했기 때문에 《춘추》에서 그를 풍자했습니다. 그대는 반드시 우리가 주의해야 할 것을 알려주어 사자인 내가 두 나라를 화목하게 할 수 있게 해주기를 바랍니다. 이날 중에 깃발을 들어 여러 사람에게 알리고 각자 서약하도록 합시다. 장강의 흐름을 따라 표류했지만 두 나라의 제도에 차이가 있으니 혹시라도 귀국의 제도를 어기게 될까 두렵습니다. 원컨대 그대는 마음을 써서 우리가 해야 할 일을 가르쳐주십시오.

진진이 무창武昌에 이르자 손권은 진진과 함께 제단으로 올라가 희생의 피를 마시며 맹약하고서 천하를 고르게 나누었다. 서주·예주·유주·청주는 오나라에 귀속시켰고, 병주·양주·기주·연주는 촉나라에 귀속시켰으며, 사주司州의 땅은 함곡관을 경계로 삼았다. 진진은 귀국하여 성양정후城陽亭侯에 봉해졌다.

| 건흥 9년(231) | 도호 이평이 출전 중인 제갈량에게 병사와 식량 수송이 제대로 이루어지지 않자 책임을 떠넘기며 모함하고 헐뜯어 면직되었다. 제갈량은 장사長史 장완과 시중 동윤에게 편지를 보내 말했다.

진효기가 전에 오나라로 갔을 때, 나에게 정방(正方, 이평)은 뱃속에 비늘 갑옷이 있어 마을 사람이 모두 가까이 갈 수 없는 사람이라고 생각한다고 말했습니다. 나는 비늘 갑옷이 있는 사람은 단지 범할 수 없을 뿐이라고 생각하고, 소진과 장의처럼 궤변을 늘어놓는 일이 또 갑자기 나타나리라고는 생각하지 않았습니다. 효기에게 이것을 알려야 합니다.

| 건흥 13년(235) | 진진이 죽고 아들 진제陳濟가 대를 이었다.

# 충심으로 유선을 바르게 보좌하다

## 동윤전董允傳

동윤은 자가 휴소休昭이고 장군중랑장 동화의 아들이다. 유비가 태자를 세우고, 동윤을 뽑아 태자의 사인舍人으로 삼았다가 태자의 세마洗馬[9]로 전임시켰다. 유선이 황제 자리를 이은 뒤에 동윤은 황문시랑黃門侍郎으로 승진했다.

승상 제갈량이 북쪽 정벌에 나서 한중에 주둔할 때 유선의 나이가 어려 일의 옳고 그름을 판단하기 어려울까 걱정했다. 제갈량은 동윤이 공명정대함으로 일관된 인물이므로 그에게 궁궐 일을 맡기려고 했다. 제갈량이 유선에게 소를 올려 말했다.

시중 곽유지와 비의, 시랑 동윤 등은 선제께서 뽑아 폐하께 남긴 사람들로 나랏일을 상의하고 고려하며 정사를 규범 지어 이롭게 하고, 앞으로 나아가 폐하께 충언을 다하는 것이 이들의 임무입니다. 궁궐 안의 일은 크든 작든 가리지 말고 모두 그들에게 의견을 물으십시오. 신의 생각으로는 틀림없이 부족한 부분을 채우고 널리 이로운 바가

---

9)  태자세마太子洗馬의 준말이다. 태자가 행차할 때 거마의 앞에서 의장儀仗을 선도했다. 정원은 16명이며, 직책은 알자謁者와 같다. 공문의 발송과 접수도 했다.

있을 것입니다. 만일 덕을 일으키는 말이 없다면 동윤 등을 처형하여
그들이 맡은 일에 게을렀음을 밝히십시오.

이어서 제갈량은 비의를 초청하여 참군으로 삼고, 동윤을 시중으
로 승진시켜 호분중랑장을 겸하도록 했으며, 황궁을 수비하는 근위
병을 모두 관리하도록 했다. 곽유지는 성품이 늘 온순하고 화목하
게 잘 어울려 관리가 되기에 충분했다. 평론을 건의하고 문서를 처
리하는 일은 동윤이 다 혼자 관리할 수 있었다. 동윤이 사건에 대처
하는 방법은 방비 위주로 하고, 천자의 잘못을 바르게 구하는 이치
에 열심을 다했다. 후주 유선은 늘 미인을 뽑아 후궁을 채우기 원했
지만 동윤은 고대에 천자의 후비 수는 12명을 넘지 않았으며, 지금
궁궐 안의 비빈은 벌써 채워졌으므로 더 늘리는 것은 마땅치 않다
고 주장하며 끝내 들어주지 않았다. 유선은 그를 더욱 어려워하고
꺼리게 되었다. 상서령 장완은 익주 자사를 겸할 때 소를 올려 비의
와 동윤에게 자리를 양도하려 했고, 또 유선에게 표를 올렸다.

동윤은 안에서 여러 해 동안 황제를 모시고 황실을 보좌했습니다.
마땅히 그에게 작위와 봉토를 내려 공로를 포상해야 합니다.

동윤은 간곡히 사양하고 받지 않았다. 유선은 점점 자라면서 환
관 황호를 아꼈다. 황호는 기민하고 아첨을 잘하며 자신을 꾸미고
들어가려고 했다. 동윤은 늘 위에서는 바른 안색으로 군주의 잘못
을 바로잡고, 아래에서는 황호를 여러 차례 꾸짖었다. 황호는 동윤
이 두려워서 감히 그릇된 행동을 하지 못했다. 동윤이 세상을 떠날
때까지 황호의 지위는 황문승黃門丞에 지나지 않았다.

동윤은 일찍이 상서령 비의, 중전군中典軍 호제 등과 함께 밖으로 나가 연회를 열어 즐기기로 했다. 나갈 수레가 이미 준비되었으므로 낭중인 양양 사람 동회董恢가 동윤에게 인사하여 경의를 표했다. 동회는 나이가 어리고 관직이 낮았는데 동윤이 나가다 멈추는 것을 보고는 머뭇거리면서 떠나게 해달라고 청했으나, 동윤은 허락하지 않고 말했다.

"본래 내가 나온 까닭은 좋아하는 선비들과 환담을 나누기 위해서였소. 지금 그대는 벌써 자신을 굽히고 쌓아놓은 것을 말하려고 했소. 이러한 환담을 버려두고서 그러한 연회에 가는 것은 그른 일이오."

그러고는 말을 수레에서 풀도록 명령했다. 비의 등도 수레를 멈추고 가지 않았다. 동윤이 정직함을 지키고 아래 선비들에게 겸허하게 대하는 것이 대체로 이와 같았다.

| 연희 6년(243) | 보국장군輔國將軍[10]을 더했다. 7년(244)에 시중수상서령侍中守尙書令으로서 대장군 비의의 차관이 되었다. 9년(246)에 세상을 떠났다.[11]

진지가 동윤 대신 시중이 되자 황호와 서로 도왔으며, 황호는 처음으로 정사에 관여하게 되었다. 진지가 죽은 뒤에 황호는 황문령黃門令에서 중상시中常侍, 봉거도위로 승진하여 권력을 쥐고 흔들어 나라를 뒤엎는 지경까지 이르게 했다. 촉나라 사람 가운데 동윤을

---

10) 정벌을 담당했는데, 위나라를 보호한다는 뜻이다. 촉나라는 보한장군輔漢將軍이라고 했고, 오나라는 보오장군輔吳將軍이라고 했다. 오나라의 경우, 일종의 명예직에 불과했다.

11) 촉나라 사람들은 제갈량·장완·비의·동윤을 사상四相으로 삼고 사영四英이라 일컬었다.

추모하지 않는 이가 없었다. 등애는 촉나라에 쳐들어간 뒤에 황호가 교활하고 음험한 사람이라는 말을 듣고 체포하여 가두었다가 죽이려고 했는데, 황호는 등애의 측근들에게 많은 뇌물을 주어 풀려났다.

진지는 자가 봉종奉宗이고 여남군 사람이며, 허정의 형의 외손자이다. 어려서 고아가 되어 허정의 집에서 자랐다. 약관의 나이에 이름을 알렸고 점점 승진하여 선조랑選曹郎[12]까지 이르렀으며, 사람됨이 엄하므로 위엄 있는 자태가 있었다. 여러 기예를 갖추고 천문과 역학에도 뛰어났다. 비의는 그를 매우 높이 평가하여 동윤의 뒤를 이어 가까이서 군주를 모시도록 했다. 여예呂乂가 죽은 뒤에 진지는 또 시중수상서령이 되었으며, 진군장군을 더했다. 대장군 강유는 비록 계급은 진지보다 높아도 늘 군대를 이끌고 밖에 있으므로 조정의 정사에 직접 참여하는 일이 드물었다. 진지는 위로 황제의 뜻을 받고 아래로는 환관이나 소인들과 사귀므로 유선에게 깊이 신임과 총애를 받아 강유보다 실권이 컸다.

| 경요 원년(258) | 진지가 세상을 떠나자, 유선은 비통해하며 눈물까지 흘렸다. 그리고 조서를 내렸다.

진지가 직무를 맡은 지 12년이 되었는데 온화하고 선량한 성품은 세상의 모범이 되었으며, 일을 처리하는 능력과 엄함에는 절도가 있었다. 도의에 맞게 하여 만물에 이로움을 주었고 정치적 업적이 두드러졌다. 목숨은 영원히 지속되는 것이 아니니 짐은 이 점이 애통하다.

---

12)  상서선조랑尙書選曹郎의 준말이다. 선조상서選曹尙書를 도와 관리 선발을 담당했다.

살아 있을 때 아름다운 명예가 있던 사람이니 죽은 뒤에도 아름다운 시호를 더해야 할 것이다. 시호를 충후忠侯라고 하라.

아들 진찬陳粲에게 관내후 작위를 내리고, 작은아들 진유陳裕를 뽑아 황문시랑으로 삼았다. 진지가 총애를 받은 뒤부터 유선이 죽은 동윤을 원망하는 마음은 나날이 깊어갔으며, 자신을 경시했다고 말했다. 이것은 진지가 유선에게 혼자 아부하는 데다가 황호가 그 사이에서 말을 더했기 때문이다. 동윤의 손자 동굉董宏은 진의 파서 태수가 되었다.

# 청빈하고 유능했으나 지나치게 엄해 신망을 잃다

## 여예전呂乂傳

여예는 자가 계양季陽이고 남양군 사람이다. 아버지 여상呂常은 옛 장수 유언이 촉나라로 들어가는 것을 호송할 때, 마침 중원으로 가는 길이 통하지 않으므로 돌아오지 못했다. 여예는 어려서 고아가 되었고, 책 읽기와 거문고 타기를 좋아했다. 처음에 유비가 익주를 평정했을 때 염부교위鹽府校尉를 두어 소금과 철의 이익을 관리했는데, 뒤에 교위 왕련王連은 여예를 남양의 두기杜祺, 남향南鄕의 유간劉幹 등과 함께 전조도위典曹都尉로 임명했다. 여예는 신도와 면죽의 현령으로 승진했는데, 그 마음이 선량하고 다른 사람을 동정하고 도우므로 백성이 그를 칭찬하여 주州에 있는 성읍 가운데 최고의 정치라고 평가했다. 파서 태수로 승진했다.

승상 제갈량은 해마다 출병하며 여러 군에서 병사와 물자를 조달받았는데 병사 대부분이 화합하지 못했다. 여예는 병사 5천 명을 모아 제갈량에게 이르러 이들을 위로하고 엄격하게 감독하므로 도망치는 자가 하나도 없었다. 여예는 전임하여 한중 태수漢中太守가 되고 독농(督農, 군량미의 생산과 공급을 책임짐)을 겸하여 군량미를 계속 대주었다.

제갈량이 죽은 뒤 그는 여러 차례 승진하여 광한과 촉군 태수가 되었다. 촉군은 한나라 수도가 있는 곳으로 인구가 많았다. 또 제갈량이 죽은 다음에 달아났던 병사가 들어와 다른 사람의 호적이나 이름을 빌려 써 교활한 간계가 끝없었다.

여예가 촉군 태수로 취임하여 그에 대한 방지책을 세워 가르치고 지도하므로 수년 사이에 간사한 무리에서 벗어나 스스로 촉군에서 나간 자가 1만여 명이나 되었다. 뒤에 조정으로 들어가 상서가 되고 동윤 대신 상서령이 되었는데, 여러 사무가 남아 있지 않으며 문에서 기다리는 빈객도 없어졌다.

여예는 안팎의 일을 두루 맡았는데 몸을 닦아 검소하게 절약하며 생활하고, 겸허하고 말이 적으며, 정치적인 일에서는 간명하고 복잡하지 않으므로 청능淸能이라 불렸다. 그렇지만 법률을 지키는 일이 매우 엄하고 법에 능통한 속리俗吏를 임명했으므로 고관 자리에 있을 때의 명성은 군이나 현에 있을 때만 못했다.

│ 연희 14년(251) │ 여예는 세상을 떠났다. 아들 여신呂辰은 경요 연간에 성도의 현령이 되었다. 여신의 동생 여아呂雅는 알자가 되었다. 여아는 청렴하고 엄격했으며, 문재가 있어 《격론格論》 15편을 지었다.

두기는 군수와 감군, 대장군사마를 지냈고, 유간은 관직이 파서 태수까지 올랐는데, 모두 여예와 친밀한 사이로 당시에 높은 평가를 받았다. 그러나 검소하고 법을 지키는 점에서는 여예에 미치지 못했다.

【평하여 말한다】

　동화는 고양羔羊[13] 같은 순박한 품덕이 있었고, 유파는 청렴하고 고상한 절개를 이행했으며, 마량은 정직하고 성실하여 훌륭한 선비로 칭찬받았고, 진진은 충실하고 공경하며 나이가 들수록 더욱 독실했으며, 동윤은 군주를 바르게 보좌하고 도의를 얼굴에 나타냈다. 이들은 모두 촉나라의 훌륭한 신하이다. 여예는 군에 있을 때는 칭찬받았지만 조정에 있을 때는 명성이 줄었으니 황패黃霸와 설선薛宣 같은 부류의 사람이다.

_____

13)　〈고양〉은 《시경》의 편명으로, 청렴하고 정결한 군자를 비유한다.

# 10

# 유팽요이유위양전 劉彭蓼李劉魏楊傳

### 자기 관리에 실패한 인물들

# 죄를 부인하다가 자살을 명령받은 유비의 양자

## 유봉전劉封傳

유봉은 본래 나후羅侯에 있는 구씨寇氏의 아들이며, 장사長沙 유씨劉
氏의 조카이다. 유비가 형주에 이르렀을 때 아직 후사가 될 아들이
없으므로 유봉을 양자로 삼았다. 유비는 촉군으로 들어간 뒤 가맹
에서 돌아와 유장을 치려고 했다. 그 무렵 유봉은 스무 살 남짓으로
무예가 있고 힘이 다른 사람보다 뛰어나므로 병사들을 이끌고 제
갈량, 장비 등과 함께 장강을 거슬러 서쪽으로 올라가며 가는 곳마
다 승리를 거두었다. 익주가 평정된 다음에 유봉은 부군중랑장副軍
中郎長으로 임명되었다.

처음에 유장은 부풍의 맹달을 법정의 부장으로 보내고, 각기 병
사 2천 명을 데리고 유비를 맞이하게 했다. 그래서 유비는 맹달에
게 병사들을 이끌고 강릉에 남아 주둔하도록 했다. 촉나라가 평정
된 뒤에 맹달은 의도 태수가 되었다.

| 건안 24년(219) | 맹달에게 명하여 자귀에서 북쪽으로 방릉房陵을
치게 했다. 방릉 태수房陵太守 괴기蒯祺가 맹달의 병사들에게 살해되
었다. 맹달이 앞으로 나아가 상용을 치려고 하자 유비는 맹달이 혼
자서 이기기 어려울까 봐 은근히 걱정하여, 곧 유봉을 보내 한중에
서 면수를 따라 내려가 맹달의 군대를 통솔하도록 하여 맹달과 함
께 상용에서 모이게 했다.

상용 태수上庸太守 신탐은 사람들을 데리고 투항하고 처자식과 종족을 성도로 보내 인사하게 했다. 유비는 신탐에게 정북장군征北將軍 지위를 주고, 상용 태수 원향후員鄕侯를 전처럼 겸임시켰으며, 신탐의 동생 신의申儀를 건신장군建信將軍 및 서성 태수西城太守로 삼고, 유봉을 부군장군副軍將軍으로 승진시켰다. 관우는 번성과 양양을 에워싼 뒤부터 유봉과 맹달을 여러 차례 불러 병사를 일으켜 자신을 돕도록 했다. 유봉과 맹달은 산속의 군이 막 종속되기 시작하여 동요시킬 수 없다며 관우의 명령을 듣지 않았다. 결국 관우가 지자 유비는 이들을 원망했다. 또 유봉과 맹달은 다투며 화합하지 못했고, 유봉이 맹달의 군악대를 빼앗았다. 맹달은 죄지은 것을 두려워하고, 또 유봉의 행위에 대해 화가 치밀어 유비에게 표를 올려 이별을 고하고 부하들과 함께 위나라로 투항했다. 위나라 문제 조비는 맹달의 자태와 재능을 칭찬하며 산기상시, 건무장군建武將軍으로 삼고 평양정후平陽亭侯로 봉했다. 방릉·상용·서성 세 군을 합쳐 신성군新城郡이라 하고 맹달에게 신성 태수新城太守를 맡겼다 위나라 문제는 정남장군 하후상, 우장군 서황을 보내 맹달과 함께 유봉을 습격하게 했다. 맹달이 유봉에게 편지를 보내 말했다.

　　옛사람은 이렇게 말했습니다. "사이가 먼 사람은 친밀한 사람들 사이의 우정을 찢지 못하며, 새롭게 알게 된 사람은 오랜 친구에게 혼란을 더하지 못한다." 이것은 위에 있는 군주가 현명하고 아래에 있는 신하가 정직하면 사악한 일을 하지 못한다는 말입니다. 권세를 쥐고 다른 사람을 속이는 군주는 물론이고 어진 아버지나 자애로운 친척이라도 충신이 공을 세워서 화를 부르며 효자가 인의를 따라서 어려움에 빠지는 경우가 있는데, 문종文種·상앙商鞅·백기白起·효기孝己·백기

伯奇가 모두 이런 유類에 속하는 사람입니다.[1] 그들이 이렇게 된 까닭은 골육지간이 헤어지는 것을 좋아하고 육친이 화 입는 것을 기뻐해서가 아닙니다. 어떤 때는 은혜의 정이 다른 사람에게로 옮겨가고 사랑하는 대상을 바꾸며, 또 어떤 때는 중간에서 헐뜯어 멀어지게 하므로 비록 충신이라도 군주의 생각을 바꿀 수 없고 효자라도 아버지의 마음을 돌려놓을 수 없습니다. 권세나 이익을 더하려고 한다면 친척을 바꾸어 원수가 되게 하는데, 하물며 친척이 아닌 사람이야 어떠하겠습니까? 그러므로 신생·위급衛伋·어구禦寇·초건楚建은 타고난 군주 모습의 기질로써 후사를 잇기에 마땅했는데도 이같이 되었습니다.

지금 당신과 한중왕은 길에서 만난 사람일 뿐입니다. 친분으로 보면 당신은 뼈와 피를 나누지는 않았지만 권세를 차지하고 있고, 명의상으로 보면 군주와 신하 사이라고 할 수 없지만 높은 자리에 있으며, 원정할 때는 한쪽을 책임지는 위엄이 있고 주둔할 때는 부군장군의 칭호가 있는데, 이것은 멀건 가깝건 간에 모두 알고 있는 바입니다. 아두(阿斗, 유선)를 세워 태자로 삼은 이래 식견 있는 사람들은 당신 때문에 두려움을 느끼게 되었습니다. 만일 신생이 자여子輿의 말을 따랐다면 반드시 진에서 도망쳐 나와 주나라 무왕에게 자리를 양도받아 오나라를 지배하는 태백太伯이 되었을 테고, 위급이 그 동생의 망명 계획을 들었다면 아버지 선공宣公에 대한 비난이 빛나지 않았을 것입니다. 또 소백(小白, 제나라 환공)은 다른 나라로 달아났으므로 나중에 들

---

1) 문종은 월나라 왕 구천의 신하이고, 상앙은 진秦나라 효공孝公의 신하이며, 백기白起는 진나라 소왕의 신하인데 모두 충신이므로 죽게 되었다. 그리고 효기는 은나라 고종高宗의 아들이고, 백기伯奇는 은나라 명신 윤길보尹吉甫의 아들인데, 이 두 사람은 후처의 헐뜯는 말로 인해 죽음을 맞았다.

어와 패자霸者가 되었고, 중이(重耳, 진나라 문공)는 담을 넘어 달아났으므로 마침내 돌아올 수 있었습니다. 이러한 일은 고대부터 있던 것이지 유독 지금에만 있는 것은 아닙니다.

지혜가 귀한 것은 화를 면할 수 있기 때문이고, 밝은 식견이 존중되는 것은 사태를 통찰함이 있기 때문입니다. 제가 판단하기에 한중왕은 마음속으로 결정을 내리고 밖으로는 의심하고 있습니다. 결단을 내리면 마음은 굳건해지고 의심이 생기면 마음은 두려워집니다. 어지러움이나 재앙이 생기고 만들어지는 것은 일찍이 계승자를 폐위시키고 세우는 사이에서 비롯되지 않은 적이 없습니다. 개인적인 원한이나 인정을 살피지 않을 수 없습니다. 아마 곁에 가까이 있는 사람들은 반드시 한중왕에게 참언할 것입니다. 그러한즉 의심이 들고 원한이 알려져 순식간에 터져버릴 것입니다. 지금 당신은 먼 곳에 있으므로 잠시 쉴 수 있습니다. 그러나 만일 위나라 대군이 나아간다면 당신은 근거지를 잃고 돌아오게 될 테니 저는 사사로이 위험할 것이라고 느낍니다. 지난날 미자微子는 은나라를 버렸고, 지과智果는 일족과 헤어졌는데[2] 재난을 피하고 화를 등지기 위해 모두 이같이 했습니다. 지금 당신이 부모를 버리고 다른 사람의 아들이 된 것은 예가 아니며, 앞으로 화가 미칠 줄을 알면서도 그곳에 머무는 것은 지혜가 아니고,

---

2) 지선자智宣子가 아들 요瑤를 후계자로 삼으려고 하자, 지과는 그가 서자인 소霄만 못하다고 말했다. 지과가 생각하기에 소는 강인함이 겉으로 드러나는 인물인 반면 요는 아름다운 수염과 체격, 활쏘기와 수레 몰기, 기예, 문장을 교묘하게 하고 변설하는 것 등 다섯 가지 점에서 보통 사람보다 뛰어나지만 인자한 면에서는 미치지 못했다. 그래서 만일 후계자가 된 요가 다섯 가지 뛰어난 것으로써 사람들을 업신여기며 인仁을 행하지 않는다면 지씨는 멸망하게 될 것이라고 했다. 그러나 지선자는 지과의 말을 듣지 않았다. 지과는 일족과 헤어져 태사씨(太史氏, 씨족을 관할하는 것)를 나와 보씨輔氏가 되었다. 지씨智氏가 멸망했을 때 보과輔果만 무사할 수 있었다.

바른 것을 보고 따르지 않고 의심하는 것은 의로운 행위가 아닙니다. 스스로 장부라고 부르면서 이 세 가지를 행하는 것이 어떻게 귀하겠습니까?

당신의 재능으로 몸(유비)을 버리고 동쪽으로 와서 나후를 잇는다면 가까운 사람을 등지는 것이 아니고, 북쪽으로 신하라고 하며 군주를 섬김으로써 군신의 기강을 바르게 한다면 옛 주인을 버리는 것이 아니며, 화를 내며 혼란을 초래하지 않음으로써 위험이나 멸망을 면하게 한다면 헛되이 행동하는 것이 아닙니다. 게다가 폐하께서는 방금 선양禪讓을 받고 어떤 사심도 없이 현명한 사람이 오기를 기다리며 덕으로써 먼 곳에 있는 자를 복종시키고 있습니다. 만일 당신이 마음을 돌려 위나라에 의지한다면 단지 우리와 동료가 되어 봉록 3백 호를 받아 나국羅國의 뒤를 이을 뿐만 아니라 마땅히 한 걸음 더 나아가 큰 나라를 영지로 삼도록 하여 초대 군주가 되게 할 것입니다. 폐하의 대군은 이미 전쟁 북을 울렸으며, 촉과 오를 옥죄기 위해 수도를 완宛과 등鄧으로 옮기려 하고 있습니다. 만일 두 적이 소멸되지 않는다면 군대는 돌아올 기한이 없게 될 것입니다. 당신은 이 기회에 일찌감치 좋은 계획을 결정해야 합니다. 《역경》에 "고귀한 인물을 보면 좋은 점이 있다."라는 말이 있고, 《시경》에 "스스로 많은 복을 구한다."라는 말이 있는데 실행해야 합니다. 지금 당신은 애써야 하니 호돌(狐突, 춘추시대 진晉나라 사람)처럼 문을 닫고 나가지도 않으면서 그대를 돕도록 하지 마십시오.


유봉은 맹달의 말을 따르지 않았다.

신의가 유봉을 배반하자 유봉은 싸움에서 지고 달아나 성도로 돌아왔다. 신탐은 위나라에 항복했으며, 위나라는 신탐에게 회집장

軍懷集將軍을 대행시키고 남양으로 옮겨 살도록 했다. 신의는 위흥
태수魏興太守로 임명되고 원향후로 봉해졌으며 순구洵口에 주둔했
다. 유봉이 이르자 유비는 유봉에게 맹달을 옥죄고 침해한 것과 관
우를 구원하지 않은 것을 꾸짖었다. 제갈량은 유봉이 용맹하고 강
직한 인물이므로 유비가 죽고 나면 제어하기 어려우리라 생각하고
유비에게 그를 없애라고 권했다. 그래서 유봉에게 자살하도록 했
다. 유봉이 탄식하며 말했다.

"맹자도(孟子度, 맹달)의 말을 듣지 않은 게 한스럽구나."

유비는 그를 위해 눈물을 흘렸다. 맹달은 본래 자가 자경子敬이었
는데, 유비의 작은아버지 유경劉敬의 이름을 피해 자도子度라고 바
꾸었던 것이다.

# 오만하여 반역을 꾀하다가 처형되다

## 팽양전彭羕傳

팽양은 자가 영년永年이고 광한군 사람이다. 키가 여덟 자이고 용모는 매우 위용이 넘치며 성격이 교만하여 사람들을 홀시하는 경향이 많았다. 오직 같은 군의 진자래秦子勅만은 존경하여 그를 태수 허정에게 추천하면서 이렇게 말했다.

"옛날 은나라 고종께서는 부열傅說을 꿈속에서 보았고, 주나라 문왕은 여상을 구했으며, 전한의 고조는 역이기酈食其를 평민 신분에서 받아들였습니다. 이것은 제왕이 대업을 일으키고 왕통을 전하며 그 공업을 발휘하게 된 까닭입니다. 지금 현명한 태수께서는 고대 제왕들의 통치 준칙을 분명히 살피시고 성심성의껏 신령스러운 염원을 보존하고 공유(公劉, 주나라 선조)의 덕의를 갖추며 후대까지 흠모하는 은혜를 시행하십시오. 그 결과 〈청묘淸廟〉 같은 시는 이로부터 흥기하게 되고 칭찬하고 폄하하는 의로움이 이로부터 일어나게 됩니다. 그러나 보좌할 만한 신하는 아직 완전하지 못합니다.

저는 처사 면죽현의 진복을 보았는데 중산보仲山甫 같은 덕을 품고 준생雋生 같은 정직함을 실행하면서 돌을 베개 삼아 자고 흐르는 물을 마시며, 허름한 옷을 입고 노래 부르며 인의仁義의 길 위에 누워 쉬면서 넓디넓은 자연의 우주 속에서 담담하게 있으며, 고상한 기개와 바른 품행이 있고 순진한 자연의 본성을 지켜 이지러짐이 없었습니다. 설령 고대의 운둔 지사라 하더라도 그를 뛰어넘을 수는 없을 것입니다. 만일 명부께서 이 사람을 불러 이르게 할 수 있다면 틀림없이 충의를 얻은 인물로 평판이 날 테고, 성대한 공업과 후한 이익을 얻고 공적과 공훈을 세운 뒤 왕의 궁전 안에 공을 기록하여 대대손손 그대의 미명美名을 칭송하도록 할 것입니다. 매우 아름답지 않습니까!"

팽양은 주에서 임무를 맡았는데 서좌書佐에 지나지 않았다. 나중에는 사람들에게 주목 유장을 헐뜯었다고 고발당했다. 유장은 팽양을 곤겸(髡鉗, 머리를 깎고 칼을 씌우는 형벌)에 처하고 노역하는 죄수가 되게 했다. 마침 유비가 촉나라로 들어가 장강을 따라 거슬러 북쪽으로 가고 있었다. 팽양은 유비가 자신을 받아들이도록 유세하기 위해 곧바로 가서 방통을 만났다. 방통은 전부터 팽양을 알고 지낸 사이가 아니며, 또 마침 빈객이 있었는데, 팽양은 줄곧 방통의 침대 위에 누워 방통에게 말했다.

"손님이 오면 마땅히 그대와 충분히 담소를 나눠야 합니다."

방통은 빈객이 떠난 뒤 팽양이 있는 곳으로 가서 앉았다. 팽양은 먼저 방통에게 식사를 요구한 다음에 함께 이야기를 나누었다. 이렇게 묵으며 며칠이 지났다. 방통은 그를 높이 평가했고, 법정은 전부터 팽양의 재능을 알고 있었으므로 그와 함께 유비가 있는 곳으로 갔다. 유비도 팽양을 기이한 재주를 지닌 인물로 평가하고, 여러 번 팽양으로 하여금 군사 명령을 전달하여 장수들에게 지시를 내리도록 했다. 그는 사자로서 군주의 뜻을 빛냈으므로 그에 대한 대우가 나날이 깊어갔다. 성도가 평정된 뒤 유비는 익주목을 겸하게 되자 팽양을 뽑아 치중종사로 삼았다. 팽양은 형을 받은 신분에서 기용되어 하루아침에 주州 사람들 위에 서게 되니 기세가 당당해지고 갈수록 총애를 많이 받아 오만해졌다. 제갈량은 비록 겉으로는 팽양을 접대했지만 속으로는 좋아하지 않았다. 그래서 유비에게 은밀히 팽양은 원대한 야심을 갖고 있어 안전을 지키기 어려울 것이라고 여러 번 진언했다. 유비는 제갈량을 존경하고 신임하므로 팽양의 말과 행동을 살펴보고 마음속으로 팽양에게서 점점 멀어져 그를 강양 태수江陽太守로 지위를 낮추었다.

팽양은 자신이 먼 곳으로 전출되었다는 소식을 듣고 속으로 불쾌하여 곧 마초를 찾아가 만났다. 마초가 팽양에게 물었다.

"그대는 재능이 빼어나므로 주공께서 그대를 중용하시며 마땅히 제갈공명, 효직(법정) 등과 함께 발을 나란히 하고 달려갈 것이라고 하더니 어찌하여 외지에 있는 작은 군에 임명되었습니까? 그대에 대한 사람들의 바람을 저버렸습니까?"

팽양이 말했다.

"늙어서 황당하고 어그러졌으니 무엇을 더 말할 수 있겠습니까!"

또 마초에게 말했다.

"그대가 바깥을 맡고 내가 안쪽을 맡으면 천하는 충분히 평정되지 않겠습니까?"

마초는 멀리서 떠돌다가 초나라에 투항해왔으므로 늘 위험과 두려움을 생각하고 있었는데, 팽양의 말을 듣고 매우 놀라 대답하지 않았다. 팽양이 돌아간 뒤 마초는 표를 올려 그의 말을 모두 아뢰었다. 이 때문에 팽양은 붙잡혀서 담당 관리에게 보내졌다.

팽양은 옥에서 제갈량에게 편지를 써서 보냈다.

저는 지난날 제후에게 임명된 적이 있지만 조조는 포학하고 손권은 무도하며 진위장군 유장은 어리석고 연약했는데, 오직 주공만은 패왕의 자질을 갖추었으므로 함께 공업을 일으키고 잘 다스릴 수 있다고 생각했습니다. 그러므로 마음을 바꿔 주공에게로 날아가 뜻을 펼치려고 했습니다. 마침 주공께서 서쪽에 오셨고, 저는 법효직을 통해 스스로를 빛냈으며, 방통이 그 사이에서 도와주어 마침내 가맹에서 주공을 만났습니다. 손가락으로 손바닥에 그어가며 세상을 다스리는 요점을 논의하고, 패자와 왕자의 의미를 말했으며, 익주를 빼앗을 방법을 건의했습니다. 주공께서도 전부터 명확하게 생각한 바가 있으므로 제 건의에 찬성하고 칭찬했고, 마침내 큰일을 일으켰습니다.

저는 유장에게서 평범한 지위를 벗어나지 못하고 형벌을 받아 걱정해야 했습니다. 화살이 쏟아지는 풍운의 때를 만나 군주를 찾았을 때 주공을 얻었기에 제 뜻이 시행되어 명성이 빛나게 되었고, 평범한 백성 신분에서 뽑혀 국사國士가 되었으며 수재 자리를 차지했습니다. 주공께서는 아들에게 주는 것 같은 두터운 은정을 제게 나누어주었는데 누가 또 이것을 넘었겠습니까. 저 팽양은 하루아침에 반역하여 스스로 살을 소금에 절여야 되는 죄를 범해 불충불의한 혼령이 될 처지입니다. 전 사람들의 말에 따르면 왼손에 천하의 지도를 쥐고 오른손으로 목구멍을 자르는 것은 어리석은 사람도 하지 못하는 일입니다. 하물며 저는 콩과 보리를 잘 식별하는 사람인데 어떠하겠습니까!

제가 원망하는 마음을 갖게 된 것은 스스로의 역량을 헤아리지 못하고 오히려 처음으로 대업을 일으킬 수 있다고 생각했기 때문인데 강양으로 쫓아내자는 논의가 있게 되고 주공의 마음을 이해하지 못하여 결국 감정이 과격하게 일어났으며, 게다가 술까지 마셔 '노老' 자를 들먹이는 실언을 했으나 실제로 주공께서는 늙지 않았습니다. 그리고 공업을 세움이 어찌 나이가 많고 적음에 있겠습니까. 서백西伯이 아흔 살에 어찌 뜻이 쇠약해졌겠습니까? 저는 자애로운 아버지를 저버렸으니 그 죄는 백번 죽어 마땅합니다. 제가 안과 밖을 말한 것에 이르러서는 맹기로 하여금 북방의 주에서 공을 세우게 하여 주군께 죽을힘을 다하고 함께 조조를 치고자 했을 뿐 어찌 감히 다른 뜻이 있었겠습니까? 맹기가 전한 말은 옳지만 그 사이의 의미를 구별하지 않아 사람 마음을 아프게 했습니다.

예전에는 늘 방통과 함께 서로 서약하여 당신의 자취를 따르고 주공의 사업에 마음을 다하여 옛사람의 이름을 좇고 공훈이 역사책에 적히기를 바랐습니다. 방통은 불행하게도 전사했고, 저는 스스로 재앙을 취하여 패망했습니다. 저 스스로 이곳까지 떨어졌는데 앞으로 또 누구를 원망하겠습니까! 당신은 당대의 이윤이고 여망이니 주공과 큰일을 잘 상의하여 그를 도와 큰 계획을 확정해야만 됩니다. 천지는 분명하게 살필 수 있고 신기神祇에는 영험이 있으니 또 무엇을 말하겠습니까! 원하는 바는 당신에게 제 본심을 밝히려는 것뿐입니다. 힘써 행하십시오. 스스로 아끼고 또 아끼십시오!

**팽양은 끝내 죽임을 당했다. 그때 나이가 서른일곱 살이었다.**

# 인사에 불만을 품고 조정을 비방하다 유배되다

## 요립전廖立傳

요립은 자가 공연公淵이고 무릉군 임원현臨遠縣 사람이다. 유비가 형주목을 겸하고 있을 때 초빙되어 종사가 되었으며, 서른 살이 되기 전에 장사 태수로 발탁되었다. 유비가 촉으로 들어가고 제갈량이 형주 땅을 지키고 있을 때 손권이 사자를 보내 제갈량에게 우호의 뜻을 전했다. 그리고 선비들 가운데서 누가 나라를 다스리는 일을 도울 수 있는지 물었다. 제갈량이 대답하여 말했다.

"방통과 요립은 초나라의 우수한 인재로서 후세에 전해질 제왕의 사업을 보좌하여 일으킬 수 있는 이들입니다."

| 건안 20년(215) | 손권은 여몽을 보내어 주의 남쪽에 있는 세 군(장사·영릉·계양)을 급습하게 했다.

요립은 탈출해 유비가 있는 곳으로 갔다. 유비는 평소 그를 알고 있었으므로 예우하여 심하게 문책하지 않고 파군 태수로 삼았다.

| 건안 24년(219) | 유비는 한중왕이 되자 요립을 불러 시중으로 삼았다. 유선이 지위를 이은 뒤에는 장수교위로 전임되었다. 요립은 자기 재능과 명성이 제갈량 다음간다고 자부했지만 다시 한직에 임명되어 이엄 등의 아래에 있게 되자 마음속으로 늘 불만을 품었다. 뒤에 승상연丞相掾 이소李邵와 장완이 오자 요립은 자기 생각을 말했다.

"군대는 원정을 나서려고 하는데 당신들은 이 일을 주의 깊게 생각해보십시오. 예전에 유비는 한중을 손에 넣지 못하고 오나라로 달려가 그 나라 사람들과 남쪽의 세 군을 다투었는데, 결국 세 군은 오나라 사람에게 주게 되고 헛되이 관리와 병사만 수고롭게 했을 뿐 이익 없이 돌아온 적이 있습니다. 한중을 잃은 뒤 하후연과 장합을 시켜 파군 깊숙이 들어오게 했다가 한 주를 거의 잃었습니다. 나중에 한중으로 진군하여 관후關侯는 죽고 산 사람이 하나도 없었으며, 상용은 패하여 헛되이 한쪽 지방을 잃었습니다. 이는 관우가 자신의 용맹함과 명성에 기대어 병사를 인솔하는 정확한 법칙이 없으며 자기 기분에 따라 돌발적으로 공격했기 때문에 앞뒤로 여러 차례에 걸쳐 많은 병사를 잃게 된 것입니다.

관우도 상랑과 문공文恭처럼 평범한 사람이었을 뿐입니다. 문공은 치중이 되었지만 기강이 없었고, 상랑은 전에 마량 형제를 받들어 그들을 성인이라고 했으므로 지금 장사가 되어서도 늘 도에 부합될 수 있는 것입니다. 중랑 곽연장郭演長도 다른 사람들을 따라 했을 뿐이므로 큰 사업을 함께 경영하기에는 부족하여 시중이 된 것입니다. 지금은 약소한 시대이므로 이 세 사람을 임용하려는 것은 적절하지 못한 생각입니다. 왕련은 세속에서 흘러가는 자로서 세금을 가혹하게 거둬 백성을 황폐하게 만들었기에 오늘 같은 상황에 이르게 된 것입니다."

이소와 장완은 이러한 말을 다 제갈량에게 했다. 제갈량은 요립의 일을 표를 올려 말했다.

장수교위 요립은 자신을 존대하고 선비들을 평가하며, 나라에서는 현명하고 달통한 인물을 임용하지 않고 평범하고 속된 사람을 임명했다고 공공연히 말하며, 또 만인을 인솔하는 자는 모두 소인이라고 말했습니다. 이는 황제를 비방하고 여러 신하를 헐뜯어 명예를 훼손시킨 것입니다. 어떤 사람이 나라의 병사들은 훈련을 통해 정예가 되고 대오가 조직화되며 군령을 준수한다고 말하자, 요립은 머리를 쳐들어 지붕 끝을 보고 벌컥 성을 내며 안색을 바꾸어 "무슨 말할 가치가 있습니까!"라고 했습니다. 이 같은 일은 그 수를 헤아릴 수 없을 정도입니다. 양이 무리를 어지럽히는 것도 오히려 해가 되는데 하물며 요립은 높은 지위에 기대고 있으니 보통 사람 이하가 그의 진위眞僞를 식별할 수 있겠습니까?[3]

그래서 요립을 폐하여 서민이 되게 했다. 요립은 문산군으로 쫓겨갔다. 그는 직접 처자식을 데리고 농사일을 하여 스스로 생계를 꾸려나갔는데, 제갈량이 죽었다는 말을 듣고 눈물을 흘리며 탄식하여 말했다.

"나는 끝까지 이민족이 되겠구나!"

뒤에 감군 강유가 한 부대를 이끌고 문산을 지나 요립을 찾아왔는데, 요립에게 의기가 쇠하지 않았고 논의하는 것도 아주 자연스럽다고 칭찬했다. 요립은 그 유배지에서 생을 마쳤다. 그의 처자식은 촉군으로 돌아왔다.

---

3)  제갈량의 표에 대한 답장으로 내린 조서는 이렇다. "삼묘(三苗, 서쪽에 있는 이민족)가 정치를 어지럽혔을 때 유우(有虞, 순舜)가 명을 도와 유형(流刑, 죄인을 먼 곳으로 추방하여 그곳에 있게 하는 형벌)을 하게 했다. 요립은 무도하고 미혹한 자이지만 짐은 사형에 처하는 것만은 참을 수 없다. 그를 불모의 땅으로 내쫓으라."

# 제갈량을 모함하여 쫓겨나다

## 이엄전李嚴傳

이엄은 자가 정방正方이고 남양군 사람이다. 젊을 때 군의 관리가 되었고, 재주와 솜씨로 인하여 칭찬을 받았다. 형주목 유표는 그를 보내 여러 군현의 장을 지내게 했다. 조조가 형주로 들어왔을 때 이엄은 자귀현을 다스리고 있다가 서쪽 촉나라로 달아났다. 유장은 그를 성도 현령으로 삼았고 그는 또 유능하다는 평가를 받았다.

| 건안 18년(213) | 이엄을 호군으로 임명하여 면죽에서 유비를 막아내도록 했다. 그런데 이엄은 병사들을 이끌고 유비에게 투항했다. 유비는 이엄을 비장군으로 임명했다. 성도가 평정된 다음 건위 태수, 흥업장군이 되었다.

| 건안 23년(218) | 도적 마진馬秦, 고승高勝 등이 처郪에서 모반하여 수만 명을 모아 자중현資中縣으로 진격했다. 그때 유비는 한중에 있었고 이엄은 병사를 더 징발할 수 없었다. 오로지 그 군의 병사 5천 명을 이끌고 토벌하러 가서 마진과 고승 등의 머리를 베었다. 남은 무리는 뿔뿔이 흩어져 다 민적民籍으로 회복되었다. 또 월수 만족의 우두머리 고정이 군대를 보내 신도현을 둘러싸자 이엄이 기병을 이끌고 달려가 구원하니 적이 모두 달아났다. 보한장군을 더했으며, 건위군을 관리하는 것은 전과 같았다.

| 장무 2년(222) | 유비는 이엄을 불러 영안궁까지 오도록 하여 상

서령으로 임명했다. 3년(223)에 유비의 질병이 악화되자, 이엄은 제갈량과 함께 어린 유선을 보좌하라는 유조遺詔를 받았다. 이엄을 중도호中都護로 삼고 안팎의 군사를 통솔하며 영안에 주둔하게 했다.

| 건흥 원년(223) | 도향후로 봉하고 가절을 주었으며 광록훈을 더했다. 4년(226)에 전장군으로 전임되었다. 제갈량은 한중으로 출병하려고 하면서 이엄이 반드시 뒷일을 맡아주리라 생각하고 강주로 옮겨 주둔시키고, 호군 진도陳到를 남겨 영안에 주둔시켜 모두 이엄의 통솔 아래 두었다. 이엄은 맹달에게 보내는 편지에서 말했다.

저는 제갈공명과 함께 유비의 부탁을 받았습니다. 책임이 막중하여 걱정입니다. 좋은 동반자를 얻고 싶습니다.

제갈량도 맹달에게 편지를 보내 말했다.

일을 처리하는 것이 마치 물 흐르듯 하여 해야 할 일과 버려야 할 일을 결정할 때 주저함이 없는 게 정방의 성격입니다.

이엄이 귀하게 존중받기가 이와 같았다.[4)]

| 건흥 8년(230) | 표기장군으로 승진했다. 조진이 세 갈래 길로 나누어 한천으로 진격해오므로 제갈량은 이엄에게 병사 2만 명을 이끌고 한중으로 달려가도록 명령했다.

제갈량은 표를 올려 이엄의 아들 이풍李豊을 강주 도독독군都督督軍으로 삼고 이엄의 후방 일을 맡게 했다. 제갈량은 다음 해 출병을 확정하고 이엄에게 중도호 신분으로 승상부의 일을 맡도록 명령했다. 이엄은 이평李平으로 이름을 바꾸었다.

제갈량의 군대는 기산에 주둔했고, 이평이 수송 업무를 재촉하며 감독했다. 여름부터 가을에 걸쳐 계속 장맛비가 쏟아져 식량을 나르는 일이 이어지지 못하므로 이평은 참군 호충 狐忠과 독군督軍 성번成藩을 보내 그 뜻을 설명하고 제갈량에게 돌아오도록 하라고 하니, 제갈량은 그 말을 따라 군사를 물렸다. 이평은 군사를 물렸다는 말을 듣고 거짓으로 놀란 체하며 말했다.

"군량미가 아직 충분하거늘 어째서 돌아오십니까?"

이평은 이렇게 하여 자기가 일을 제대로 처리하지 못한 책임을 벗어나고, 제갈량이 진군하지 않은 잘못을 분명히 나타내려고 했다. 또 유선에게 표를 올려 말했다.

> 우리 군대가 거짓으로 물러난 것은 적을 꾀어내서 함께 싸우려고
> 하는 것입니다.

그러나 제갈량이 이평이 앞뒤로 쓴 편지를 처음부터 끝까지 모두 공개함으로써 이평의 잘못이 분명히 드러났다. 이평은 힘껏 변

---

4) 이엄은 제갈량에게 보내는 편지에서 구석九錫을 받고 작위를 높여 왕으로 칭하기를 권유했다. 이때 제갈량은 다음과 같이 답장했다. "나와 당신이 알고 지낸 지 오래되었는데도 서로 이해하지 못하는 부분이 있을 수 있겠습니까! 당신이 지금 나라를 빛내려 하는 것을 나타내며 도에 얽매이지 않으려는 것을 경계합니다. 이 때문에 묵묵히 있지 못하는 것입니다. 나는 본래 동쪽의 하급 선비 신분이었는데 선제께 잘못 쓰임을 받아 지위가 최고 신하에 오르고 백 억이나 되는 봉록을 하사받았습니다. 지금 적을 토벌하여도 효과가 없고 지기知己에게 대답도 하지 못하면서 제齊, 진晉에 필적할 만한 은총을 받고 스스로 고귀한 신분이 되려고 하는 것은 도의에 어긋나는 행위입니다. 만일 위나라를 멸망시키고 조예曹叡의 목을 베고 천자가 옛 거처로 돌아가고 제군들과 더불어 출세하게 된다면 매우 특별한 대우를 받을 수 있을 것입니다."

명하며 죄를 자백하고 용서를 빌었다. 이에 제갈량은 이평의 일을
표를 올려 말했다.

선제께서 붕어하신 뒤부터 이평은 임지에서 집안을 다스리며 작은
은혜 베푸는 일을 하기 원하고 자신을 지키고 명예를 좇으며 나랏일
은 걱정하지 않았습니다. 신이 북방으로 출병하면서 이평의 병사들에
게 한중을 지키도록 하려고 했습니다. 이평은 이 일을 직접 하기는 어
려우며 올 뜻이 없으므로 다섯 군을 주어 파주 자사巴州刺史로 삼아달
라고 요구했습니다. 작년에 신은 서쪽으로 정벌을 나가려고 하면서
이평이 한중을 관리하게 했는데, 이평은 사마의 등이 관서를 설치하
여 자신을 초청했다고 말했습니다. 이평은 신이 출병한 기회를 틈타
신을 핍박하여 이익을 얻으려는 계획이었습니다. 신이 이를 알고 표
를 올려 이평의 아들 이풍에게 강주를 관리하게 하고 융성한 대우를
해줌으로써 한때의 정무를 처리하게 했습니다.

이평이 한중에 있을 때 모든 일을 그가 책임지도록 했으므로 신하
들은 지위가 높고 낮음을 가리지 않고 모두 신이 이평을 너무 후하게
대우한다며 나무랐습니다. 그때는 나라의 큰일이 아직 확정되지 않았
으며 한나라 황실이 기울어 위험하므로 이평의 잘못을 문책하는 것은
그를 칭찬하는 것만 못한 일이었습니다. 그러나 이평의 마음이 영예
와 이익에만 있을 뿐이라고 생각했지, 그의 마음이 옳고 그름을 뒤엎
는 데 있으리라고는 생각지 못했습니다. 만일 일 처리를 늦춘다면 재
앙과 실패를 부르게 될 것입니다. 이는 신이 재빠르지 못한 결과이며
설명을 많이 할수록 허물만 늘어날 것입니다.

곧바로 이평의 관직을 폐하여 서민이 되게 하고는 재동군으로

내쫓았다.[5]

| 건흥 12년(234) | 이평은 제갈량이 죽었다는 소식을 듣고 병이 들어 죽었다. 이평은 늘 제갈량이 자신을 다시 살려주리라 기대하고, 제갈량의 후계자는 이런 기회를 주지 않을 줄을 헤아렸으므로 격분하여 결국 병들어 죽은 것이다.[6] 이풍의 관직은 주제 태수朱提太守까지 이르렀다.

5) 제갈량은 또 이평의 아들 이풍을 가르치며 말했다. "나는 그대 부자와 힘을 합쳐 한나라 황실을 치켜세울 수 있었는데, 이는 신들이 알고 사람들이 아는 바이오. 표를 올려 도호 (이평)에게 한중을 다스리도록 하고 그대에게 동관(강주)을 맡긴 것은 사람들과 상의한 일이 아니었소. 마음속으로 감동하여 평생 지킬 수 있다고 생각했는데 어찌하여 중도에 등을 돌렸소! 예전 초나라의 경(卿), 영윤슈尹 자문子文은 여러 번 물러났지만 또 곧 복직되었소. 도道를 생각하면 행복해지는 것은 자연스러운 이치요. 원하는 바는 도호를 위로하고 지난 잘못을 바로잡도록 격려하는 일이오. 지금은 해임되어 전의 자격을 잃었지만 노비나 식객 수백 명을 끼고 있고, 그대는 중랑참군中郎參軍으로 군부軍府에 있으니 똑같은 운명에 있는 사람들에 비하면 상류의 집이라고 할 수 있소. 만일 도호가 죄를 뉘우치고 나랏일에 전념하며, 그대가 공염(公琰, 장완)과 협력할 마음으로 직무에 임한다면 닫힌 운명도 다시 열리고 지나간 시간도 돌려놓을 수 있을 것이오. 이 경계를 깊이 생각하고 내 마음을 분명히 살피시오. 편지를 쓰며 한참 탄식하고 눈물을 흘렸소."

6) 예전에 관중은 백씨伯氏의 변읍駢邑 3백 호를 빼앗았지만 백씨는 평생 원망하지 않았다. 성인이라도 이렇게 하기는 어려울 것이다. 제갈량은 죽음으로써 요립에게 눈물을 흘리게 했고, 이평을 죽게 했다. 어찌 원망하는 말을 하지 않은 것뿐이겠는가! 무릇 물은 완전히 평평하므로 기우는 자가 그것을 모범으로 삼고, 거울은 밝게 비춰주므로 추하게 생긴 자라도 노여워하지 않는다. 물과 거울이 사물의 본질을 그대로 드러내도 원망하지 않는 까닭은 그것에 사심이 없기 때문이다. 물과 거울에 사심이 없어 헐뜯음을 당하지 않는데 하물며 대인군자가 생명을 좋아하는 마음을 품고 있고 안타까운 마음으로 덕을 펴며, 어쩔 수 없을 때에만 법을 집행하고 자신이 지은 죄에 형벌을 가하며, 사심에 따르지 않고 봉록과 작위를 주고, 노여워하지 않으면서 처벌한다면 천하에 따르지 않는 이가 있겠는가! 제갈량은 이에 따라 형벌을 쓸 수 있었으니 진한秦漢 이래로 이러한 사람이 없었다.

# 유선이 아내와 사통했다고 의심했다가 처형당하다

**유염전劉琰傳**

유염은 자가 위석威碩이고 노나라 사람이다. 유비가 예주에 있을 때 초빙되어 종사가 되었다. 유염은 유비와 같은 종족의 성이며, 풍류가 있고 담론을 잘하므로 두터운 아낌과 대우를 받았다. 그래서 유비를 따라 여러 곳을 다녔는데 늘 빈객이 되어 유비 곁에 있었다. 유비는 익주를 평정하자 유염을 고릉 태수固陵太守로 삼았다.

유선이 제위에 오른 뒤 도향후에 봉해져 관원의 배열 순서에서 늘 이엄에 버금갔으며 위위, 중군사, 후장군이 되었다가 거기장군으로 승진했다. 그러나 나라의 정사에는 참여하지 못하고 단지 병사 1천여 명만을 데리고 승상 제갈량을 수행하면서 풍자하거나 의론했을 뿐이다. 거마와 음식과 옷이 매우 사치스럽고, 시비 수십 명은 다 노래하고 악기를 다룰 줄 알며, 또 모두에게 왕일王逸의 〈노영광전부魯靈光殿賦〉를 가르쳐 외우게 했다.

| 건흥 10년(232) | 전군사前軍師 위연과의 불화로 허무맹랑한 말을 했으므로 제갈량이 그를 꾸짖었다. 유염은 제갈량에게 편지를 보내 용서를 빌며 말했다.

저 유염은 천성이 공허하고 본래 덕스러운 품행이 적으며, 게다가 술에 탐닉하는 병이 있어 선제 때 이래로 저에 대한 의론이 분분하여

파멸할 지경까지 이를 정도가 되었습니다. 당신께서 본시 제 한 마음 속에 나라가 자리하고 있음을 깊이 생각하시어 제 몸에 있는 더러움을 용서하고 지켜주어 봉록과 관직을 얻고 지금까지 이르게 했습니다. 요즘 들어 술에 취해 어그러진 말을 했는데 인자하게 은혜를 베풀어 제 잘못을 너그러이 용서하시고 사법관의 재판에 이르지 않도록 하여 저를 온전케 하고 생명을 지켜주셨습니다. 따라서 저는 깊이 뉘우치고 꼭 잘못을 고쳐 나라를 위해 죽기를 신령님께 맹세하겠습니다. 목숨을 바칠 경우가 없다면 얼굴을 들어 사람들을 보지 않을 것입니다.

그래서 제갈량은 유염을 성도로 돌아가도록 하고 관위는 전과 같게 했다. 유염은 뜻을 잃고 혼란스러웠다.

| 건흥 12년(234) | 유염의 아내 호씨胡氏는 태후에게 새해 인사를 하기 위해 궁궐로 들어갔다. 태후가 특별히 호씨를 궁궐 안에 머무르도록 명하여 한 달이 지나서야 궁궐에서 나오게 되었다. 호씨가 미색이므로 유염은 아내가 유선과 사사로이 정을 통했을 줄로 의심하여 오백(五百, 사졸)을 불러 호씨를 때리게 하고, 심지어는 신발로 호씨의 얼굴을 때리고 나서 버려 떠나게 했다. 호씨가 이런 사실을 다 알려서 유염은 옥에 갇혔다. 담당 관리가 재판하여 말했다.

"사졸은 아내를 때릴 수 있는 이가 아니고, 얼굴은 신발을 받을 수 있는 곳이 아니다."

유염은 결국 저자에서 처형되었다. 이 뒤로 대신의 아내나 어머니가 조정에 나아가 축하 인사를 하는 풍습이 사라졌다.

# 양의와 제갈량의 후계를 다투다가 패하여 죽다

## 위연전魏延傳

위연은 자가 문장文長이고 의양군義陽郡 사람이다. 그는 부속部屬 신분으로 유비를 따라 촉으로 들어가 여러 차례 전공을 세웠으므로 아문장군으로 승진했다.

유비는 한중왕이 되어 성도로 옮겼으므로 한천을 지킬 중요한 장수를 얻어야 했다. 사람들이 논하기는 틀림없이 장비가 임용될 것이라고 했고, 장비도 마음속으로 자신일 거라고 생각하고 있었다. 그런데 유비가 뜻밖에 위연을 뽑아 한중을 감독하는 진원장군으로 삼고 한중 태수를 겸하도록 하자 군사들은 다 놀랐다.

유비는 신하들을 모아놓고 위연에게 물었다.

"지금 그대에게 중요한 임무를 맡겼는데 그대는 직무를 어떻게 감당할지 말해보시오."

위연이 대답했다.

"만일 조조가 천하를 들어서 온다면 대왕을 위해 그를 막기 원합니다. 부장이 이끄는 10만 병사를 이르게 한다면 대왕을 위해 그들을 소멸시키기 원합니다."

유비는 그를 매우 칭찬했고, 사람들도 다 그의 장엄한 말에 감복했다. 유비가 제라 일컬은 뒤 위연은 진북장군으로 승진했다.

| 건흥 원년(223) | 위연은 도정후에 봉해졌다. 5년(227)에 제갈량은

한중에 주둔하면서 위연을 독전부督前部[7]로 삼고, 승상사마丞相司馬와 양주 자사를 겸하게 했으며, 8년(230)에는 그를 서쪽 강중羌中으로 들어가게 했다. 위나라 후장군 비요費瑤와 옹주 자사 곽회가 위연과 양계에서 싸웠는데 위연은 곽회 등을 크게 무찔러 전군사정서대장군으로 승진하고 가절을 받았으며, 남정후南鄭侯에 봉해졌다.

위연은 매번 제갈량을 수행하여 출정했는데 문득 병사 1만 명을 요청하여 제갈량과는 다른 길로 나아가 동관에서 만나 한신의 선례에 따르려고 했지만 제갈량이 제지하고 허락하지 않았다.

위연은 늘 제갈량을 겁쟁이라고 하며 자기 재능을 맘껏 펼칠 수 없음을 한탄했다.[8] 위연은 사졸을 잘 양성하고 사람들을 뛰어넘는 용맹함이 있으며 성격이 오만하므로, 그때 사람들은 다 그를 피했다. 오직 양의만은 위연에게 조금도 양보하지 않으므로 위연이 매우 분개했는데 마치 불과 물 같았다.

| 건흥 12년(234) | 제갈량이 북곡구北谷口로 출병하는데 위연이 맨 앞에 섰다. 제갈량의 진영에서 10리 떨어진 곳까지 나간 위연은 머

---

7) 촉나라 제갈량이 북벌할 때 둔 관직으로 대군의 전방 지휘관 중 하나인데 이외에 독후부督後部와 독좌부督左部도 있다.

8) 하후무夏侯楙가 안서장군安西將軍이 되어 장안 수비를 맡았다. 제갈량이 남정에서 부하들과 전략을 논의할 때 위연이 이렇게 말했다. "듣자 하니 하후무는 젊고 조조의 사위로서 겁쟁이이며 지모가 없다고 합니다. 지금 저에게 정예 5천 명과 지닐 식량 5천 석을 주시면 곧장 포중褒中을 뚫고 나가 진령산秦嶺山을 따라 동쪽으로 가서 자오곡子午谷에 이르러 북쪽으로 간다면 열흘이 못 되어 장안에 이를 수 있을 것입니다. 하후무는 저 위연이 갑자기 습격했다는 소식을 들으면 틀림없이 배를 타고 도망칠 것입니다. 장안성 안에는 오로지 어사와 경조 태수만이 있을 뿐이므로 횡문橫門에 있는 식량 저장 창고와 흩어지는 백성의 곡물로 군사의 식량은 충분할 것입니다. 동쪽(위)이 병력을 모으는 데 20일은 걸릴 것이므로 공공이 야곡을 뚫고 나오면 반드시 이를 수 있습니다. 이와 같이 하면 한 번 행동으로 함양咸陽 서쪽 지역을 평정할 수 있습니다."

리에 뿔이 돋는 꿈을 꾸었다. 꿈을 풀이하는 조직趙直에게 묻자, 조직은 위연을 속여 말했다.

"기린은 뿔이 있지만 쓰지 않습니다. 이것은 싸우지 않고 적군이 자멸하려는 징조입니다."

조직은 물러나와 다른 사람들에게 말했다.

"각角이라는 글자는 칼(刀) 아래에 쓰였습니다. 머리 위에 칼을 쓰고 있으므로 매우 불길합니다."

|가을| 제갈량이 질병이 심해져서 위험한 지경에 이르자 비밀리에 장사 양의, 사마 비의, 호군 강유 등에게 자신이 죽은 뒤에 군사를 철수시키는 일에 관한 지침을 주었다. 위연에게는 적이 뒤쫓아오는 것을 막게 하고, 강유에게는 그 앞에 서게 했다. 만일 위연이 명령을 따르지 않을 경우에는 군대를 그대로 출발시키도록 했다. 제갈량이 세상을 떠난 뒤 이 사실을 비밀로 하고 상을 발표하지 않았다. 양의는 비의에게 명하여 위연이 있는 곳으로 가서 태도를 살피게 했다. 위연이 말했다.

"승상은 비록 죽었지만 나는 건재합니다. 승상부에서 신임을 받은 관리들은 시신을 싣고 귀국하여 장례를 치러야 합니다. 나는 직접 병사들을 이끌고 적을 공격하겠습니다. 어찌 한 사람이 죽었다고 천하의 일을 내팽개칠 수 있겠습니까? 그리고 나 위연이 어떤 사람인데 양의의 지휘를 받아 후방을 끊는 장수가 되겠습니까!"

그래서 비의와 함께 떠날 부대와 남을 부대를 구분하고, 비의는 위연을 속여 말했다.

"저는 그대를 위해 돌아가 양 장사楊長史를 이해시키겠습니다. 장사는 문관이라서 군사를 그다지 알지 못하므로 반드시 그대의 명령을 어기지 않을 것입니다."

비의가 문을 나와 말을 달려 떠난 뒤에야 위연은 비의를 보낸 것을 후회하고 뒤쫓았지만 따라잡을 수 없었다. 위연은 사람을 보내 양의 등을 살피게 했는데 제갈량의 지침에 따라 군영들은 순서대로 군대를 이끌고 돌아가려 한다는 사실을 알았다. 위연은 크게 화가 나서 양의가 출발하기 전에 자기가 이끌던 부하들을 먼저 남쪽으로 돌아가게 하고 지나친 길은 불을 질러 다리를 끊어놓았다. 위연과 양의는 각자 서로 반역했다는 내용의 표를 올렸으며, 하루 사이에 긴급함을 알리는 문서가 조정에 전해졌다. 유선은 시중 동윤과 유부장사留府長史 장완에게 이 일을 물었다. 장완과 동윤은 모두 양의를 보증하고 위연을 의심했다. 양의 등은 산에 있는 나무를 잘라 길을 열기를 밤낮으로 하여 역시 위연 군대의 뒤를 바짝 이었다. 위연이 먼저 이르러 남곡구南谷口를 차지하고 병사들을 보내 양의 등을 역으로 공격했다. 양의 등은 하평何平에게 앞에서 위연을 막도록 했다. 하평이 위연의 선봉대에게 꾸짖어 말했다.

"제갈공명이 죽어 그 시신이 아직 식지도 않았거늘 너희는 어찌 감히 이런 행동을 하느냐!"

위연의 병사들은 잘못이 위연에게 있음을 알았으므로 명령에 따르는 자가 없고 군대는 모두 흩어졌다. 위연은 혼자 아들 몇 명과 함께 한중으로 달아났다. 양의는 마대를 보내 뒤쫓아가서 그 머리를 베도록 했다. 위연의 머리가 양의에게 전해지자, 양의는 일어나 직접 그 머리를 밟고 말했다.

"평범하고 보잘것없는 놈아! 또다시 나쁜 일을 할 수 있겠느냐!"

그러고는 위연의 삼족을 멸했다. 처음에 장완은 숙위宿衛[9] 여러 군영을 이끌고 위험을 피해 북쪽으로 갔는데, 몇십 리 가서 위연이 죽었다는 연락을 받고 돌아왔다. 위연의 마음을 추측해볼 때 북쪽

으로 가서 위나라에 항복하지 않고 남쪽으로 돌아온 것은 단지 양
의 등을 없애려고 한 것이다. 평소에 여러 장수와 늘 의견이 달랐
고, 그때 여론이 틀림없이 자신이 제갈량을 대신해야 한다고 하기
를 바랐을 뿐, 본래 뜻은 촉나라를 배반하려고 한 것이 아니다.

9) 황궁을 경비하는 장수 혹은 경호 부대를 일컫는 말로서 황제를 보호하는 임무를 맡았다
   는 의미를 가지고 있다.

# 제갈량의 후계가 되지 못하자 불만을 토로하다 죽다

## 양의전楊儀傳

양의는 자가 위공威公이고 양양군 사람이다. 건안 연간(196~221)에 형주 자사 부군傅羣의 주부가 되었는데, 부군을 등지고 양양 태수 관우에게 갔다. 관우는 그를 공조로 삼고 서쪽으로 가서 유비에게 인사하도록 했다. 유비는 양의와 군사나 국정에 관한 계책, 정치의 득실을 논의하고 매우 기뻐했다. 그래서 그를 초빙하여 좌장군 병조연兵曹掾[10]으로 삼았다.

유비는 한중왕이 되었을 때 양의를 뽑아 상서로 삼았다.

유비가 제라 일컫고 동쪽으로 오를 정벌하러 갔을 때, 양의는 상서령 유파와 화합하지 못해 멀리 홍농 태수弘農太守로 좌천되었다.

| 건흥 3년(225) | 승상 제갈량은 그를 참군으로 삼아 부서의 일을 맡기고 남쪽으로 원정을 떠나려고 했다. 5년(227)에 제갈량을 따라 한중으로 갔다. 8년(230)에는 승진하여 장사가 되었고, 수군장군綏軍將軍을 더했다.

제갈량이 여러 번 출병할 때마다 양의는 늘 계획을 짜서 부대를 편성하고 군량미를 계산했는데 생각할 것도 없이 짧은 시간에 처

---

10) 사병에 관한 것을 담당하며 조조 때 설치되었다가 238년에 다시 증치한 것이다.

리했다. 군사상 필요한 물품도 양의가 조달해주어 얻었다. 제갈량은 양의의 재간을 매우 아끼고 위연의 용감함에 의지했으므로 늘 두 사람이 사이좋게 지내지 못함을 안타까워하며 그들 중 한쪽으로 치우쳐 한쪽을 버리는 것은 차마 하지 못했다.

| 건흥 12년(234) | 양의는 제갈량을 수행하여 곡구에 주둔했다. 제갈량은 적과 싸우던 곳에서 세상을 떠났다. 양의는 군사들을 이끌고 돌아왔고, 또 위연을 주살시켰으므로, 스스로 공훈이 매우 크다고 생각하고는 마땅히 제갈량 대신 정권을 잡으리라 마음먹었다. 그러고는 도위 조정趙正을 불러 《주역周易》에 의거하여 길흉을 점치게 했는데, '가인家人'의 괘를 얻자 잠잠하며 기뻐하지 않았다.

제갈량은 평소 은밀히 살펴보고 평가하기를 양의는 성격이 좁으므로 장완이 뒤를 잇도록 해야겠다고 했다. 장완은 상서령이 되고, 익주 자사가 되었다. 양의가 수도에 이르자, 중군사에 임명되었지만 통솔하거나 다스릴 일이 없으므로 한가하게 지낼 뿐이었다.

처음에 양의는 유비의 상서가 되고 장완은 상서랑이었다. 나중에는 비록 두 사람 다 승상참군장사丞相參軍長史가 되었지만 양의는 늘 수행하여 원정에 나가 수고스러운 일을 맡았으므로 스스로 나이나 관리가 된 시간이 장완보다 앞서며, 재능도 그를 뛰어넘는다고 생각했다. 그래서 원망하고 분해하는 모양이 목소리와 얼굴빛에 나타났으며, 탄식하고 노여워하는 소리가 속에서 흘러나왔다.

그때 사람들은 그의 말에 절제가 없음을 두려워하고 감히 따르려 하지 않았으나, 오직 후군사(後軍師, 군사 참모 격) 비의만이 가서 그를 위로하고 살폈다. 양의는 비의에게 원망을 토로하며 앞뒤 상황을 늘어놓았다. 또 비의에게 말했다.

"지난날 승상이 세상을 떠났을 때 내가 만일 군대를 들어 위나라로 갔다면 이 세상에서 내 처지가 이와 같이 떨어졌겠습니까! 사람으로 하여금 후회막급하게 함이 이 지경에 이를 수는 없습니다."

비의는 은밀히 이 말을 표를 올려 말했다.

| 건흥 13년(235) | 양의를 폐하여 서민이 되게 하고 한가군으로 내쫓았다. 양의는 유배지에 이르러 다시 글을 올려 비방했는데, 그 말이 격렬하므로 군郡에 명령을 내려 양의를 잡아들이게 했다. 양의는 자살했고, 그 아내와 아들은 촉으로 돌아갔다.

【평하여 말한다】

유봉은 시기하는 지위에 처했으므로 자신을 지키는 대책을 충분히 세우지 못했다. 팽양과 요립은 재능에 따라 뽑혀 승진했고, 이엄은 재간에 의해 출세했으며, 위연은 용맹함으로써 임명되었고, 양의는 실무를 처리하는 능력이 뛰어났으며, 유염은 예로부터 임명되었는데, 이들은 모두 조정에서 귀해지고 중시되었다. 그들의 거동을 보고 언행이 예법에 부합되는지 아닌지를 살펴보면 재앙을 부르고 허물을 취한 원인이 자신들로부터 나오지 않은 경우가 없다.

# 11

곽왕상장양비전霍王向張楊費傳

**사적에 기록할 만한 인물들**

# 수백 명으로 고립된 가맹성을 일 년 넘게 지켜내다

## 곽준전霍峻傳

곽준은 자가 중막仲邈이고 남군 지강현 사람이다. 형 곽독霍篤은 고향에서 병사 수백 명을 모았다. 곽독이 죽자 형주목 유표는 곽준에게 그 병사들을 받아 관리하게 했다. 유표가 세상을 떠난 뒤 곽준은 병사들을 이끌고 유비에게 돌아갔고, 유비는 곽준을 중랑장으로 삼았다.

유비는 가맹에서 남쪽으로 돌아 유장을 습격할 때 곽준을 가맹성에 머물러 지키도록 했다. 장로가 장수 양백楊帛을 보내 곽준을 꾀어 함께 성을 지키자고 요구하도록 했는데, 곽준이 말했다.

"소인의 머리는 얻을 수 있어도 성은 얻을 수 없습니다."

이에 양백은 곧바로 물러났다. 나중에 유장의 장수인 부금扶禁과 상존向存 등의 병사 1만여 명이 낭수閬水에서 올라와 곽준을 공격하며 에워쌌지만 거의 1년이 지나도록 함락시키지 못했다. 성안에 있는 곽준의 병사는 겨우 몇백 명뿐이었는데 적군이 게으름을 부리는 틈을 타서 정예 병사를 뽑아 출격해 크게 무찌르고 곧장 상존의 머리를 베었다.

유비는 촉군을 평정하고, 곽준의 공로를 칭찬하며 광한군을 나누어 재동군으로 만들고 곽준을 재동 태수梓潼太守 및 비장군으로 삼았다. 곽준은 관직에 3년 동안 있다가 나이 마흔에 세상을 떠났으며, 시신은 성도로 옮겨 묻혔다. 유비는 매우 애석해하며, 곧 제갈량에게 조서를 내려 말했다.

곽준은 훌륭한 선비였고 나라에 큰 공을 세우기도 했으니, 뇌(酹, 땅에 술을 부어 혼령에게 제사 지내는 의식)를 거행하고 싶다.

그래서 유비는 몸소 신하들을 이끌고 조제弔祭에 참석하고 그 묘위에서 머무르며 잤다. 그때 사람들은 이것을 영예로 생각했다.

그 아들 곽익霍弋은 자가 소선紹先으로 유비 말년에 태자의 사인이 되었다. 유선이 즉위하자 알자로 제수되었다. 승상 제갈량은 북쪽으로 올라가 한중에서 주둔하고 있을 때 곽익을 초빙하여 기실記室[1]로 삼아 아들 제갈교와 함께 오가며 사귀게 했다. 제갈량이 죽은 뒤에는 황문시랑이 되었다. 후주 유선은 유선劉璿을 태자로 세우고 곽익을 중서자中庶子로 삼았다. 태자는 말타기와 활쏘기를 좋아하고 나가고 들어오는 데 절제가 없었다. 곽익은 옛 도의를 이끌어내 말을 다하여 간하고 절차切磋의 책임을 지극히 다했다.

뒤에 참군으로 내강둔부이도독庲降屯副貳都督이 되었고, 또 호군으로 전임되었지만, 맡은 일은 전과 같았다. 그때 영창군의 요족獠族이 험준한 지세에 기대어 복종하지 않고 약탈과 침략을 여러 번 했으므로, 후주 유선은 곽익에게 영창 태수永昌太守를 맡겨 한 군대를

---

1) 주로 표장表章의 초안 작성이나 공문 발송을 책임지는 관직. 조조가 승상으로 있을 때 설치한 것인데, 220년 이후에는 존재가 분명치 않다. 촉나라에 같은 이름이 있었고 오나라에는 없었다. 후한시대에 삼공과 대장군 아래에 기실 영사가 있어 표문을 쓰고 격문을 지었다. 곽익 이외에 진림陳琳, 완우阮瑀도 이 자리에 있었다.

이끌고 그들을 토벌하도록 했다. 그래서 마침내 그 우두머리의 목을 베고 마을을 파괴하니 영창군 경계가 평안해졌다. 감군, 익군장군으로 옮겼다가 건녕 태수建寧太守를 맡았으며 돌아와서는 남군의 일을 총괄했다.

| 경요 6년(263) | 안남장군安南將軍의 봉호를 더했다. 이해에 위나라가 촉나라를 삼켜버렸다. 곽익은 파동장군破東將軍으로 양양 사람인 나헌羅憲과 각각 한쪽 땅을 보전하다가 군사를 들어 복종했으므로 모두 예전 직무에 따라 일을 맡았고, 총애와 대우는 늘어났다.

# 제갈량의 남방 정벌을 만류한 경제 관료

## 왕련전王連傳

왕련은 자가 문의文儀이고 남양군 사람이다. 유장 때 촉군으로 들어가 재동현 현령이 되었다. 유비가 가맹에서 병사를 일으켜 남쪽으로 진군해오자 왕련은 성문을 닫고 항복하지 않았다. 유비는 그의 의로운 마음에 감동하여 무리하게 핍박을 가하지는 않았다.

성도가 평정된 다음 왕련은 십방현什邡縣의 현령이 되었다가 광도현廣都縣으로 전임되었는데 임지마다 공적을 세웠다. 사염교위(司鹽校尉, 식염의 생산과 공급을 책임지는 관직)로 옮겨 소금과 철의 이익금을 도맡아 관리했으며, 세금 수입이 매우 많아져 나라의 재정을 도왔다. 이때 유능한 사람을 뽑아 관속官屬으로 삼았다. 여예·두기·유간 등은 마침내 모두 높은 관직까지 이르렀는데, 왕련이 뽑은 사람들이다.

왕련은 촉군 태수, 흥업장군으로 옮기고, 염부鹽府를 관리하는 일은 전과 같이 했다.

| 건흥 원년(223) | 둔기교위屯騎校尉가 되고 승상장사를 맡았으며 평양정후에 봉해졌다. 그때 남방의 여러 군이 복종하지 않으므로 제갈량이 몸소 그들을 정벌하려고 하자, 왕련이 간하여 말했다.

"이곳은 불모의 땅으로 풍토병이 많습니다. 한 나라의 기대를 받고 있는 사람이 위험한 행동을 하는 것은 옳지 않습니다."

제갈량은 장수들의 재능이 자신에게 미치지 못한다고 여겨 마음속으로 반드시 가야만 한다고 생각했는데, 왕련의 간언이 매우 간절하므로 오랫동안 머물러 있게 되었다. 마침 왕련이 세상을 떠나자 그 아들 왕산王山이 뒤를 이었으며, 관직은 강양 태수까지 이르렀다.

# 높은 학문으로 모두에게 존경을 받다

## 상랑전向朗傳

상랑은 자가 거달巨達이고 양양군 의성현 사람이다.[2] 형주목 유표는 그를 임저현의 장으로 삼았다.

유표가 죽은 뒤 유비에게로 돌아갔다. 유비는 강남을 평정한 다음 상랑에게 자귀·이도·무산巫山·이릉 등 네 현의 군사와 백성의 일을 감독하게 했다.

촉군이 평정된 뒤 상랑을 파서 태수로 삼았다가 오래지 않아 장가 태수로 전임시켰으며, 또 방릉으로 옮겼다.

유선이 즉위하자 보병교위로 삼았다. 왕련 대신 승상장사를 맡았다. 승상 제갈량이 남쪽으로 정벌을 나갔을 때 상랑은 남아서 후방의 일을 처리했다.

| 건흥 5년(227) | 제갈량을 수행하여 한중에 이르렀다. 상랑은 평소 마속과 사이좋게 지냈으므로 마속이 도망칠 때 그 상황을 알면서도 검거하지 않았다. 제갈량은 이 점이 원망스러워 관직을 빼앗고 성도로 돌아가게 했다. 여러 해가 지난 뒤에 상랑은 광록훈이 되었

---

2) 상랑은 젊어서 사마덕조를 스승으로 모셨고, 서원직·한덕고(韓德高, 한숭韓嵩)·방사원 등과 친하게 지냈다.

고, 제갈량이 죽은 다음 좌장군으로 옮겼는데, 지난날의 공적을 소급하여 현명정후顯明亭侯로 봉하고 특진시켜 지위를 주었다.

처음 상랑은 젊을 때 비록 문학을 폭넓게 섭렵했지만 평소 품행이 바르지 못했고 관리가 된 다음에야 능력을 칭찬받게 되었다. 장사 직책을 떠난 뒤부터 한가하게 노닐며 거의 30년 동안[3] 하는 일 없이 지냈는데, 전적 연구에 매달리고 부지런히 힘쓰며 게으름을 피우지 않았다. 여든 살이 넘어서도 스스로 서적을 교감하여 잘못을 바로잡았으며 책을 소장하고 있는 양이 그 무렵 가장 많았다. 그는 문을 열어 빈객을 접대하고 후학들을 받아 인도했으며, 오직 옛 도의만을 강론할 뿐 그 당시 정사에는 관여하지 않았으므로 칭찬을 받았다. 위로 정치를 맡은 이로부터 아래로 아이들과 청년에 이르기까지 모두 그를 존경하고 존중했다.

| 연희 10년(247) | 그는 세상을 떠났다. 그 아들 상조向條가 뒤를 이었고 경요 연간에 어사중승이 되었다.

상랑의 형의 아들인 상총은 유비 때 아문장이 되었다. 자귀에서 졌을 때 상총의 진영만이 온전했다.

| 건흥 원년(223) | 상총은 도정후에 봉해지고, 뒤에 중부독이 되어 근위병을 지휘했다. 제갈량은 북쪽으로 정벌하러 가기로 결정하고, 유선에게 표를 올려 말했다.

장군 상총은 성격과 행동이 맑고 공평하며 군사에 밝습니다. 예전

---

3)  상랑이 마속의 일로 장사를 면직당한 때는 건흥 6년(228)이다. 상랑이 연희 10년(247)에 죽었으므로 20년이 지났으니 여기서 말한 30년은 글자가 틀린 것이다.

에 임용했을 때 선제께서 그를 칭찬하여 유능하다고 했습니다. 그러므로 중론衆論이 상총을 추천하여 사령관으로 삼도록 했습니다. 신의 생각으로는 군사에 관한 일을 모두 그에게 자문한다면 틀림없이 군대를 화목하게 할 수 있고, 재능이 높은 사람과 낮은 사람이 각기 알맞은 자리를 얻을 것입니다.

중령군中領軍으로 승진했다.

| 연희 3년(240) | 상총이 한가군의 만족을 정벌하다가 살해되었다. 상총의 동생 상충은 야성교위 및 상서를 지냈다.

# 지조가 굳었던 제갈량의 참모

## 장예전張裔傳

장예는 자가 군사君嗣이고 촉군 성도 사람이다.《공양춘추公羊春秋》를 연구했고《사기》와《한서》를 두루 섭렵했다. 여남의 허문휴가 촉으로 들어간 뒤, 장예는 실무를 처리할 능력이 있고 민첩하여 중원 지역의 종원상(鍾元常, 종요鍾繇) 무리로 일컬어졌다. 유장 때 장예는 효렴으로 천거되었고, 어복현의 장이 되었으며, 주州로 돌아와 종사로 임명되었고, 장하사마帳下司馬를 맡았다. 장비가 형주에서 점강현墊江縣을 지나 촉군으로 들어갔을 때, 유장이 장예에게 병사를 주어 덕양현德陽縣의 맥하陌下에서 막도록 했는데, 군대는 패하여 성도로 돌아왔다. 그는 유장을 위해 사자로서 유비가 있는 곳으로 갔다. 유비는 촉군의 군주를 예우하고 그 백성을 안녕하게 하기로 약속했다. 장예가 돌아오자 성문을 곧바로 열었다.

유비는 장예를 파군 태수로 삼고 또 사금중랑장司金中郎將으로 삼아 농기구와 무기 제조를 감독하게 했다. 이에 앞서 익주군이 태수 정앙正昻을 죽인 일이 있었다. 그곳의 호족 우두머리인 옹개의 은덕과 신의가 남방 지역에서 빛났는데, 그는 사자를 보내 먼 곳에 있는 손권과 통하려고 했다. 그래서 장예를 익주 태수로 삼고 직접 익주군으로 가도록 했다. 옹개는 장예를 만나지도 않고 귀신의 힘을 빌려 말했다.

"장 부군張府君은 바가지와 같아서 겉에는 비록 광택이 있지만 안은 확실히 조잡하므로 죽일 만한 가치가 없다. 붙잡아 오나라로 보내라."

그래서 장예는 손권에게로 보내졌다.

마침 유비가 세상을 떠났다. 제갈량은 등지를 오나라에 사자로 보내 말하는 중에 손권에게 장예를 돌려달라고 요청하도록 했다.

장예는 오나라에 온 지 몇 해가 지나도록 떠돌며 숨어다녔으므로 손권은 그를 알지 못했기 때문에 등지에게 장예를 돌려보내 주기로 허락했다. 장예가 떠나려고 할 때 손권은 그제야 그를 불러 보고 물었다.

"과부가 된 촉나라 탁씨卓氏의 딸이 사마상여에게 도망갔다는데 그대 나라의 풍속은 어찌 이렇소?"

장예가 대답했다.

"제 생각으로는 과부가 된 탁씨의 딸은 오나라 주매신朱買臣의 아내(남편이 출세할 때까지 기다리지 못하고 가난을 견디다 못해 이혼한 여자)보다 현명합니다."

손권은 또 장예에게 물었다.

"그대는 돌아가면 반드시 서쪽 촉나라 조정에 기용되지, 결코 시골 농부가 되지는 않을 텐데, 앞으로 나에게 어떻게 보답하겠소?"

장예가 대답했다.

"저는 죄를 짓고 돌아가므로 관리들에게 목숨을 맡길 것입니다. 만일 은총을 입어 다행히 목숨을 보존하게 된다면 쉰여덟 살 전까지는 부모님에게서 받은 목숨이고, 그 뒤부터는 대왕께서 주신 것입니다."

손권은 웃으며 환담하고 즐거워했으며 장예를 훌륭한 인물로 생각했다. 장예는 궁궐 문을 빠져나간 뒤 어리석은 모습으로 꾸미지 못했던 것을 깊이 뉘우치고, 곧장 배를 타고 두 배 빠른 속도로 밤낮을 이어 내달렸다. 손권은 정말 장예를 뒤쫓게 했지만 장예는 벌써 영안현 경계에서 몇십 리 들어갔으므로 뒤쫓는 자들은 따라잡을 수 없었다.

촉군에 이르자 승상 제갈량은 그를 참군으로 삼고 군부의 일을 맡겼으며, 또 익주 치중종사를 담당하게 했다. 제갈량이 출병하여 한중에 주둔하고 있을 때, 장예는 야성교위 신분으로 유부장사를 겸했다. 그는 평소에 제갈량을 칭찬하여 이렇게 말했다.

"공은 상을 줄 때 멀리 있는 사람을 빼놓지 않고, 벌을 줄 때 가까이 있는 사람에게 치우치지 않으며, 공로가 없으면 작위를 취하지 못하게 하고, 형벌은 고귀한 권세에 의지하여 면제되지 못하게 했는데, 이것은 현명한 사람이든 어리석은 사람이든 간에 자기 몸을 잊고 명령에 따르려고 하기 때문입니다."

그다음 해에 장예는 북쪽의 제갈량에게로 가서 일을 상의했는데, 전송하는 자가 수백 명이나 되고 거마는 길을 가득 메웠다. 장예는 한중으로 돌아와 부모에게 보내는 편지에서 말했다.

최근 여행을 했는데 밤낮으로 찾아오는 손님들을 접대하느라 쉴 틈이 없었습니다. 사람들은 승상장사를 자연스레 존경하게 되었지만, 아들 장 군사張君嗣는 그들과 부합하여 피곤해 죽을 지경입니다.

그의 담소는 익살스럽고 유창했는데 모두 이와 비슷했다. 젊어서는 건위健爲 사람 양공楊恭과 사이좋게 지냈다. 양공이 일찍 죽고 몇 살 되지 않은 아이를 남겨놓았으므로 장예가 맞아들여 머물게 하고 방을 나누어주어 살도록 했으며, 양공의 어머니를 자기 어머니처럼 섬겼다.

양공의 아들이 자란 뒤에는 그를 위해 아내를 맞게 해주고 밭과 집을 사주어 일가를 이루게 했다. 장예는 옛 친구들을 어루만져주고 쇠락한 친척들을 구제해주었다. 그 의로운 행위는 매우 지극했다. 장예는 보한장군을 더하게 되었고, 승상장사는 전처럼 겸했다.

| 건흥 8년(230) | 장예가 죽고 아들 장목張翼이 뒤를 이었다. 그는 세 군郡의 군수와 감군을 지냈다. 장목의 동생 장욱張郁은 태자중서자太子中庶子가 되었다.

# 근면하고 공정하여 제갈량의 신임을 받다

## 양홍전楊洪傳

양홍은 자가 계휴季休이고 건위군犍爲郡 무양현 사람이다. 유장 때여러 군의 관리를 지냈다. 유비가 촉을 평정하자 태수 이엄은 양홍을 공조로 삼았다. 이엄이 군의 관소를 옮기려고 하기에 양홍이 간곡하게 간했지만 듣지 않았다. 그래서 공조를 사직하고자 청했다. 이엄은 양홍을 주에 추천하여 촉부종사蜀部從事로 삼으려고 했다.

유비는 한중을 차지하려고 다툴 때 긴급 문서를 보내 병사를 보내라고 요구했다. 군사장군 제갈량이 이 문제를 양홍에게 물으니, 양홍은 이와 같이 대답했다.

"한중은 익주의 목구멍과 같아서 존망의 기회가 되는 곳입니다. 만일 한중을 잃는다면 촉군은 존재하지 않을 것이고, 이것은 각 가문의 화근입니다. 바야흐로 오늘날 남자는 마땅히 싸워야 하고 여자는 나르는 일을 맡아야 하는데 병사를 보냄에 무엇을 의심하십니까?"

그때 촉군 태수 법정은 유비를 따라 북쪽으로 갔다. 제갈량은 이때문에 표를 올려 양홍에게 촉군 태수를 맡게 했다. 양홍은 여러 가지 일을 모두 처리했으므로 결국에는 정식으로 태수가 되었다. 오래지 않아 익주 치중종사로 전임되었다.

유비가 제라 일컫고 오나라 정벌에 나섰지만 이기지 못하고 돌아와 영안에 머물렀다. 한가 태수 황원은 평소 제갈량이 잘 대해주지 않았으므로 유비가 위독하다는 소식을 듣고 후환이 있을까 두려워 군을 들어 모반하고 임공성臨邛城을 불태웠다. 이때 제갈량은 동쪽으로 가서 유비의 병세를 살피고 있고 성도의 병력은 미약하고 텅 비어 있었기 때문에 황원은 더욱더 꺼리는 바가 없었다.

양홍은 이 사실을 곧장 태자에게 알리고 그의 친위병을 보냈으며, 장군 진홀과 정작鄭綽에게 황원을 토벌하도록 했다. 사람들은 황원이 만일 성도를 에워쌀 수 없으면 당연히 월수를 지나 남중을 근거지로 삼을 것이라고 주장했다. 그러나 양홍이 말했다.

"황원은 천성이 흉포하고 어떠한 은혜나 신의가 없는데 어찌 이렇게 할 수 있겠습니까? 물의 흐름을 따라 동쪽으로 내려가는 데 지나지 않을 것입니다. 다행히 주상이 평안하다면 붙잡혀 죽게 될 것입니다. 만일 이변(유비의 죽음)이 생긴다면 오나라로 달아나 살길을 찾을 것입니다. 진홀과 정작에게 명하여 남안협南安峽 입구를 막게 했으므로 곧 잡을 수 있을 것입니다."

진홀과 정작은 양홍의 명령을 받아 정말로 황원을 사로잡았다.

| 건흥 원년(223) | 양홍은 관내후 작위를 받았고, 촉군 태수를 맡았으며, 충절장군(忠節將軍, 군대를 거느리고 지방을 지키는 관직)으로 임명되었다. 나중에 월기교위越騎校尉가 되고 전처럼 촉군 태수를 겸했다.

| 건흥 5년(227) | 승상 제갈량이 북쪽으로 정벌을 나가 한중에 주둔하고 있으면서 장예를 유부장사로 삼으려고 양홍에게 어떨지 물었다. 양홍이 대답했다.

"장예는 선천적으로 똑똑하여 긴급한 일을 처리하는 데 뛰어나 그 재능은 이 일을 감당할 수 있지만, 성격이 공평하지 못하여 그 혼자 완전하게 맡아 할 수 있을지 걱정됩니다. 상랑을 남기는 것만

못합니다. 상랑은 겉과 속의 차이가 적으므로 장예를 그 아래에서 따르게 하여 재능을 발휘하게 한다면 일거양득일 것입니다."

장예는 어려서부터 양홍과 친했다. 장예가 오나라에서 유랑하고 있을 무렵 양홍이 장예가 다스리던 군으로 부임했다. 장예의 아들 장욱을 군리로 임명하고, 자잘한 잘못으로 처벌을 받을 때 특별히 용서한 적은 없었다.

장예는 나중에 돌아와 이 이야기를 듣고 매우 원망하여 양홍과의 우정에 금이 갔다. 양홍은 제갈량을 만나본 뒤에 물러나 장예가 머물고 있는 곳을 찾아가 자신이 제갈량에게 한 말의 내용을 모두 전했다. 장예가 양홍에게 대답했다.

"공은 나를 남도록 했으니 그대는 막을 수 없소."

그때 사람들 가운데 어떤 이는 양홍이 마음속으로 장사가 되고 싶어 하는 줄로 의심했고, 어떤 이는 양홍이 장예가 자신을 싫어하는 줄을 알고 장예가 요직에 올라 후방의 사무를 관장하기를 원하지 않는다고 의심했다.

뒷날 장예는 사염교위 잠술岑述과 화합하지 못하고 원한을 갖는 지경까지 이르게 되었다. 제갈량이 장예에게 편지를 보내 말했다.

그대가 지난날 맥하에서 장비에게 맞서 싸우다가 진영을 훼손시켰을 때 나는 걱정되어 음식을 먹어도 맛을 알지 못했소. 뒤에 그대가 남해를 떠돌아다닐 때는 그대를 위해 슬퍼하고 탄식하며 잠을 자도 자리가 편안하지 않았소. 그대가 돌아온 다음에는 중요한 임무를 맡겨 함께 황실을 보좌하도록 했소. 나는 그대와 예전부터 돌처럼 굳은 우의를 맺고 있다고 생각했소. 돌처럼 굳은 우의의 도리에 근거하여 원수를 추천하여 서로 이롭게 하고 골육지간을 베어내면서 마음을 분명하게 했는데 오히려 서로 용서하지 않았소. 하물며 나는 오로지 원검元儉에게 기대를 걸고 있소. 그대는 받아들일 수 없소?

논의하는 자들은 이로부터 양홍에게 사심이 없었음을 분명히 알게 되었다.

양홍은 젊어서는 학문하기를 좋아하지 않았지만 충성스럽고 청렴하며 성실하고 명석한 인물이었으며, 공적인 일을 자신의 집안일처럼 걱정했고, 계모를 섬김에도 효성이 지극했다.

| 건흥 6년(228) | 재임 중에 세상을 떠났다. 처음 양홍은 이엄의 공조가 되었지만, 이엄이 건위 태수로 임명되어 나가기 전에 양홍은 벌써 촉군 태수로 승진했다. 양홍은 문하서좌門下書佐 하지何祗를 맞이해 재주와 능력이 있으므로 군리로 추천했는데,[4] 몇 년 뒤에 광한 태수가 되었다. 그때 양홍도 여전히 촉군에 있었다. 따라서 서쪽 사람들은 모두 제갈량이 당대 인물의 능력을 다 펼칠 수 있도록 기용한 것에 감복했다.

---

4) 하지는 조회 때마다 양홍의 다음 자리에 앉았다. 양홍이 하지를 비웃으며 "그대 말은 어떻게 해야 달립니까?"라고 묻자, 하지는 "옛 관리의 말이 감히 달리지 않는 것은 단지 명부가 아직 채찍을 빛내지 못했기 때문입니다."라고 대답했다. 사람들은 이 말을 전하며 웃음거리로 삼았다.

# 유비의 칭제稱帝를 반대하다가 좌천되다

## 비시전費詩傳

비시는 자가 공거公擧이고 건위군犍爲郡 남안 사람이다. 유장 때 면죽현 현령이 되었고, 유비가 면죽현을 쳤을 때 비시는 먼저 성을 들어 항복했다. 성도가 평정된 다음 유비는 익주목을 겸했으며, 비시는 독군종사督軍從事[5]가 되었다가 지방으로 나가 장가 태수가 되었고 돌아와서는 주州의 전부사마(前部司馬, 유비 익주 주목부의 수하로서 군사 업무 처리를 돕는 관직)가 되었다.

유비가 한중왕이 되자 비시를 보내 관우를 전장군으로 삼으려 했는데, 관우는 황충이 후장군이 되었다는 말을 듣고 화가 나서 말했다.

"대장부는 평생 노병老兵과 같은 대열에 있지 않는다!"

그러고는 관직을 받으려 하지 않았다. 비시가 관우에게 말했다.

"왕업을 세우는 이가 임용하는 인물은 하나가 아닙니다. 옛날 소하와 조참曹參은 전한의 고조와 어릴 적부터 친분이 있었고, 진평陳平과 한신은 초나라에서 도망쳐 뒤에 한나라에 이르렀지만 관직의

---

5)  군대의 감독관으로 원소가 기주목부冀州牧府의 소속으로 군대를 감독하거나 책임졌던 것이 그 예이다.

순서를 정하는 논의에서는 한신을 가장 높은 자리에 있게 하여, 소하와 조참은 이 때문에 원망하는 마음을 가졌다는 말을 듣지 않았습니다. 지금 한왕漢王께서 한때 공로에 근거하여 한승(황충)을 높은 신분이 되게 했지만 마음속의 평가가 어찌 군후君侯와 같겠습니까! 더구나 한중왕과 당신은 비유컨대 한 몸처럼 기쁨과 슬픔을 함께하고 화와 복도 같이합니다. 제가 당신을 위해 생각해보면 관직과 호칭의 높고 낮음이나 작위와 봉록의 많고 적음을 따져 그 마음으로 여기고 버리는 것은 옳지 않습니다. 저는 일개 관리로 명령을 받아 시행하는 사람이지만, 만일 당신이 관직을 받지 않고 이처럼 행동하여 곧 돌아가게 된다면 이런 거동을 애석해할 것이며, 아마 후회하게 될 것입니다!"

관우는 크게 깨닫고 곧바로 임명을 받았다.

나중에 신하들이 한중왕을 추천하여 제로 일컫기를 논의할 때, 비시가 소를 올려 말했다.

전하께서는 조조 부자가 주상 헌제를 협박하여 자리를 빼앗았기 때문에 만 리 밖에 몸을 기탁하고 병사들과 사람들을 한데 모아 앞으로 역적을 토벌하려 하고 있습니다. 지금 강대한 적을 아직 이기지 못했는데 먼저 스스로 즉위하여 사람들의 마음에 의혹이 생길까 걱정입니다. 옛날 고조는 초나라와 약정하여 먼저 진秦나라를 깨뜨리는 사람을 왕이라고 일컫기로 하고 함양을 함락시킨 뒤 자영子嬰을 붙잡았는데도 오히려 사양하려는 마음을 가졌습니다. 그런데 어찌하여 전하께서는 지금 문 앞 뜰에도 나가지 않았는데 스스로 즉위하려고 하십니까! 어리석은 신하는 진실로 전하를 위해 그런 제의를 받아들일 수 없습니다.

이 때문에 비시는 유비의 뜻을 거스르게 되어 영창의 종사로 좌천되었다.

| 건흥 3년(225) | 제갈량을 수행하여 남쪽으로 정벌을 나갔다가 한양현漢陽縣으로 돌아왔다. 항복한 이홍李鴻이 와서 제갈량을 만났다. 제갈량이 이홍을 만날 때 장완과 비시도 그 자리에 있었다. 이홍이 말했다.

"한가하여 맹달을 찾아갔을 때 마침 왕충王沖이 남쪽에서 왔다는 것을 알게 되었습니다. 지난날 맹달이 유비를 떠나 조조에게 갔으므로 명공께서는 이를 갈며 그의 처자식을 죽이려 했지만 다행스럽게도 선주께서 허락하지 않았다고 말했습니다. 맹달은 '제갈량은 다른 사람을 돌아봄에 근본과 끝이 있으니, 결국 이와 같이 할 수 없었을 것입니다.'라고 말했습니다. 왕충의 말을 다 믿지 않고 명공에 대해 사모하는 마음도 쇠하지 않았습니다."

제갈량이 장완과 비시에게 말했다.

"수도로 돌아가면 꼭 편지를 써서 자도(맹달)와 서로 연락을 해야 합니다."

비시가 진언했다.

"맹달은 소인입니다. 예전에 진위장군을 섬길 때 충성하지 않았고, 나중에는 또 선주를 배반했습니다. 이런 일을 되풀이하는 사람인데 어찌 편지를 받을 만한 가치가 있습니까!"

제갈량은 묵묵히 대답하지 않았다. 제갈량은 맹달을 꼬어 외부의 원조로 삼으려고 했으므로 결국 그에게 편지를 보냈다.

지난해에 남쪽으로 정벌을 갔다가 연말이 되어서야 돌아왔는데, 마침 이홍과 한양에서 만나 그대 소식을 알고는 오랫동안 탄식했습니다. 그대의 평소 뜻이 어찌 헛된 지위와 명성을 위하고 군주 배신하기를 귀히 여긴다고 생각했겠습니까. 아! 맹 선생, 이 일은 실제로 유봉이 침해하여 선주께서 인재를 대우하는 뜻을 손상시킨 것입니다. 또 이홍은 왕충이 헛된 말을 꾸밀 때 그대가 내 마음을 헤아리고 왕충의 말을 받아들이지 않았다고 했습니다. 그대가 토로한 말을 깊이 생각하고 우리의 평생 우의를 추억하여 가만히 동쪽을 바라보며 그대를 생각했기에 편지를 보냅니다.

맹달은 제갈량의 편지를 받은 뒤, 여러 차례 편지를 주고받으며 위나라에 반기를 들려 한다고 말했다. 위나라는 사마의를 보내 맹달을 토벌하도록 하여 곧 맹달의 목을 베었다. 제갈량도 맹달에게는 충성스러운 마음이 없다고 여겨 구조하지 않았다. 장완이 정권을 쥐고 있을 때 비시를 간의대부로 삼았고, 비시는 뒷날 집에서 죽었다.

왕충은 광한군 사람이다. 아문장이 되었고, 강주독江州督 이엄의 통솔 아래 있었다. 왕충은 이엄에게 미움을 받았으므로 처벌될까 봐 두려워 위나라로 투항했다. 위나라에서는 왕충을 낙릉 태수樂陵太守로 삼았다.

【평하여 말한다】

곽준은 고립된 성을 지키며 흔들리지 않았고, 왕련은 절개를 군게 지키고 뜻을 옮기지 않았으며, 상랑은 학문하기를 좋아하여 게으르지 않았고, 장예는 명민하여 임기응변에 능했으며, 양홍은 충성스럽고 공정한 마음을 지녔고, 비시는 솔직하게 간언했으니 이런 사람은 모두 사적을 기록할 가치가 있다. 유비의 넓은 도량, 제갈량의 공정한 태도에 의지하여 비시는 직언을 서슴지 않았지만 오히려 직위가 강등되는 벌을 받았다. 하물며 평범한 군주라면 어떠했겠는가!

# 12

# 두주두허맹래윤이초극전 杜周杜許孟來尹李譙郤傳

한 시대를 풍미한 명망 있는 학자들

# 제갈량의 존경을 받은 은자

## 두미전杜微傳

두미는 자가 국보國輔이고 재동군 부현 사람이다. 어릴 때 광한군의 임안에게 학문을 배웠다. 유장이 임안을 초빙해 종사로 삼았지만 그는 질병으로 인해 관직을 떠났다. 유비가 촉군을 평정한 뒤, 두미는 늘 귀머거리라고 하며 문밖으로 나가지 않았다.

| 건흥 2년(224) | 승상 제갈량이 익주목을 겸하면서 인재를 뽑아 맞아들인 사람은 모두 전부터 덕망이 높았던 이들로, 진복을 별가로 삼았고, 오량五梁을 공조로 삼았으며, 두미를 주부로 삼았다. 두미가 간곡히 사양했지만 제갈량은 그를 수레로 오도록 했다. 두미가 이르자 제갈량이 그를 만났는데, 두미는 제갈량에게 사양의 뜻을 말했다. 제갈량은 두미가 다른 사람의 말을 듣지 않는다고 여기고, 그 자리에서 편지를 써주어 말했다.

나는 그대의 덕행을 듣고 굶주리고 갈증 나는 것처럼 오랫동안 흠모해왔는데, 맑은 물과 탁한 물은 흐름을 달리하니 인연을 맺어 만나 볼 수가 없었습니다. 왕원태(王元泰, 왕모), 이백인李伯仁, 왕문의(王文儀, 왕련), 양계휴(楊季休, 양홍), 정군간丁君幹, 이영남(李永南, 이소) 형제, 문중보(文仲寶, 문공) 등이 늘 그대의 고결한 뜻을 찬탄했으므로 나는 만난 적은 없지만 예전부터 사귄 것 같습니다. 나는 갑작스럽게 허명虛名에

기대어 그대의 주를 다스리게 됐습니다. 덕망은 미미한데 직책이 무거우므로 많이 걱정됩니다. 조정의 주공主公께서는 올해 겨우 열여덟 살이 되었지만 천성이 인자하고 총명하며 덕 있는 자를 아끼고 재간 있는 자를 공손히 대합니다. 천하 사람들은 한나라 황실을 사모하고 있습니다. 그대와 함께 천명을 잇고 민심에 따라 성명한 군주를 보좌해서 쇠약한 한나라 왕조의 공업을 다시 일으켜 역사에 공훈을 남기고 싶습니다. 그대는 현명한 사람과 어리석은 사람이 함께 큰일을 꾀할 수 없다고 말하고, 이 때문에 스스로 세상과 관계를 끊고 아주 수고스럽게 살면서 자신을 굽히려 하지 않았습니다.

두미는 자신이 나이도 많고 병이 들었으므로 집으로 돌아가기를 청했다.

제갈량은 또다시 편지를 써서 말했다.

조비는 제위를 빼앗고 국왕을 죽이고 스스로 일어나 황제가 되었습니다. 이는 토룡(土龍, 흙으로 만든 용으로 비를 갈구할 때 씀)과 추구(芻狗, 풀로 만든 개로 제사에 씀)에 허명이 있는 것에 비유됩니다. 나는 현인들과 함께 그가 사악함과 허위를 타고 있을 때 바른 도리로써 소멸시키고자 합니다. 당신이 나를 가르치고 깨우치게 하지 않고 곧장 산야로 돌아가기를 청하는 것이 기괴하기만 합니다. 조비는 또 노역을 크게 일으켜 오나라와 촉나라로 향하려 하고 있습니다. 지금 조비가 다사다망함을 기회로 삼아 잠시 국경을 닫고 농사에 힘쓰고 백성을 기르며 만물을 자라게 하고, 아울러 군수물자를 준비하여 조비의 군대가 지칠 때까지 기다렸다가 토벌한다면 병사들이 싸우지 않고 백성이 수고하지 않고도 천하는 평정될 것입니다. 그대는 단지 덕행으로써 이 시대의 나랏일을 맡아주시면 됩니다. 그대에게 군사에 관해서는 묻지 않겠습니다. 어찌 떠나기를 요구하는 데에만 급급하십니까!

제갈량이 두미를 존경하는 바가 이와 같았다. 두미는 간의대부로 임명되었고, 그의 뜻을 따랐다.

오량은 자가 덕산德山이고 건위군犍爲郡 남안현 사람이다. 그는 유가의 학문과 절조로 평판을 얻었다. 오량은 의랑에서 간의대부, 오관중랑장五官中郎將으로 승진했다.

# 천문을 읽고 점을 친 자

## 주군전周羣傳

주군은 자가 중직仲直이고 파서군 낭중현閬中縣 사람이다. 아버지 주서周舒는 자가 숙포叔布이고 어려서부터 광한의 양후에게 도술(道術, 앞날의 길흉을 기록한 신비한 예언법)을 배웠으며, 명망은 동부나 임안에 버금갔다. 주서는 여러 번 초빙되었지만 끝내 취임하지 않았다. 그때 사람들 가운데 어떤 이가 그에게 물었다.

"《춘추참春秋讖》에 한나라를 대신하는 것은 '당도고當塗高'라고 했는데 이것은 무슨 말입니까?"

주서가 말했다.

"당도고는 위魏입니다."

고향의 학자들은 사사로이 이 말을 퍼뜨렸다. 주군은 어릴 적부터 주서에게 학문을 배웠고, 자연히 그는 현상으로부터 앞날의 징후를 탐구하는 학문에 마음을 쏟았다. 그래서 정원 안에 작은 누각을 만들었다. 그는 집이 넉넉하여 노비가 많으므로 늘 노비들에게 번갈아 누각 위로 곧바로 올라가 천재天災를 살피게 했다. 이들은 날씨에 조금만 변화가 생겨도 곧장 주군에게 알렸다. 그러면 주군은 누각 위로 올라가 그것을 살폈는데 새벽이든 밤이든 개의치 않았다. 그러므로 징후의 변화가 있으면 그것들을 보지 못한 적이 없었다. 이 때문에 그가 말한 것은 대부분 들어맞았다.

주목 유장은 그를 초빙하여 사우종사師友從事로 삼았다. 유비가 촉군을 평정한 뒤에는 주군을 유림교위(儒林校尉, 촉나라의 유학 고문)로 임명했다.

유비는 조조와 한중을 다투려고 할 때, 이에 관해 주군에게 물었다. 주군은 이렇게 대답했다.

"그 땅은 얻을 수 있지만 그곳 백성은 얻지 못합니다. 만일 일부 군대만을 출정시킨다면 틀림없이 불리할 테니 경계하고 신중을 기해야만 합니다!"

그때 주의 후부사마(後部司馬, 유비 익주 주목부의 수하로서 군사 업무 처리를 돕는 관직)였던 촉군의 장유張裕도 점술에 밝았으며, 천부적인 재능은 주군을 뛰어넘었다. 그는 유비에게 다음과 같이 간언했다.

"조조와 한중을 다투면 안 됩니다. 분명 군세가 불리할 것입니다."

유비는 결국 장유의 의견을 듣지 않았는데, 정말로 땅은 얻었지만 백성은 얻지 못했다. 유비는 장군 오란과 뇌동 등을 보내 무도군으로 들어가도록 했는데 다 죽고 돌아오지 못했으며 모두 주군의 말대로 되었다. 그래서 주군을 무재로 천거했다.

장유는 또 사사로이 다른 사람들에게 말했다.

"경자년(庚子年, 220)에 천하는 조대朝代가 바뀌고 유씨의 제위는 이미 다할 것이다. 주공이 익주를 얻은 때부터 9년 뒤 인년(寅年, 222)과 묘년(卯年, 223) 사이에 그것을 잃을 것이다."

어떤 사람이 유비에게 장유의 말을 은밀히 보고했다. 처음에 유비가 유장과 부현에서 만났을 때 장유는 유장의 종사로서 곁에서 모시고 있었다. 그 사람의 수염이 풍성하므로 유비가 비웃으며 이렇게 말한 적이 있다.

"예전에 내가 탁현에 살 때 모毛씨 성을 가진 자가 특히 많아 동서남북이 다 '모'씨 집이었소. 탁현 현령이 '수많은 털이 탁을 에워 싸고 사는구나!'라고 했소."

장유가 곧바로 답변했다.

"예전에 상당군上黨郡 노현潞縣의 장이 되었다가 탁현 현령으로 승진한 자가 있었습니다. 그는 관직을 떠나 집으로 돌아갔는데, 그때 어떤 사람이 편지를 주었습니다. 거기에는 노현이라고 기록하면 탁현을 무시하는 것이 되고 탁현이라고 기록하면 노현을 무시하는 것이 되므로 '노탁군潞涿君'으로 쓴다고 되어 있었습니다."

유비에게는 수염이 없으므로 장유는 이런 방법으로 그를 깨우친 것이다. 유비는 늘 장유의 불손함을 미워하고 있었는데, 그가 실언을 하여 더욱 화가 났다. 그래서 장유의 한중 쟁탈에 관한 직언이 효험이 없었음을 문제 삼아 옥에 가두고 사형에 처하려고 했다. 제갈량이 표를 올려 그 죄를 용서해달라고 청했지만 유비는 이렇게 대답했다.

"향기 나는 난초가 문에 돋아난다면 부득이 베지 않을 수 없소."

장유는 결국 저자에서 사형에 처해졌다. 뒷날 위魏씨가 즉위한 것이나 유비가 붕어한 것 모두 장유가 예측한 대로 되었다. 장유는 관상술에도 밝아서 늘 거울을 들고 자기 얼굴을 볼 때마다 자기가 곧 죽게 될 것을 알고는 일찍이 땅에 거울을 던져 깨지 않은 적이 없었다.

주군이 죽자 그 아들 주거周臣가 그의 기술을 다소 전했다.

# 촉의 멸망을 예언하다

## 두경전杜瓊傳

두경은 자가 백유伯瑜이고 촉군 성도현 사람이다. 어려서부터 임안에게 학문을 배웠으며 임안의 학술을 깊이 연구했다. 그는 유장 때 초빙되어 종사가 되었다. 유비는 익주를 평정한 뒤 익주목을 겸하며 두경을 의조종사로 삼았다. 유선이 즉위한 뒤에 두경은 간의대부가 되었다가 좌중랑장, 대홍려大鴻臚, 태상으로 승진했다.

두경은 사람됨이 조용하고 말수가 적었으며, 문을 닫고 지조를 지키면서 세상일에 참여하지 않았다. 장완과 비의 등은 모두 그의 재능을 높이 평가했다. 그는 비록 학업에서 깊은 곳까지 들어갔지만 천문天文을 살피고 이론을 내세운 적은 없었다. 박식한 후배 유학자 초주가 늘 그의 생각을 물었는데, 두경은 이렇게 대답했다.

"이런 기술을 분명하게 하기란 매우 어려우니 반드시 자신이 직접 관찰하여 천상天象의 모습과 색깔을 알아야지, 다른 사람을 믿을 수는 없소. 새벽부터 밤까지 각고의 노력을 한 뒤에야 길흉을 알 수 있는데, 또 누설될까 봐 걱정하는 것은 모르는 것만 못하니 이 때문에 두 번 다시 천상을 관측하지 않는 것이오."

초주가 이어서 물었다.

"예전에 주징군(周徵君, 주서)은 '당도고'란 위나라를 가리킨다고 했는데, 이것은 무슨 뜻입니까?"

두경이 대답했다.

"'위'는 궁궐 문의 명칭으로 도로에 닿아 있고 높소. 성인(예언서의 지은이)은 위나라와 궁궐 문의 명칭인 '위'가 같은 글자인 데 근거하여 비슷한 점을 취하여 말했을 뿐이오."

그러고는 초주에게 물었다.

"또 궁금한 점이 있소?"

초주가 대답했다.

"저는 아직 알아듣지 못했습니다."

두경이 말했다.

"옛날에는 관직을 일컬을 때 '조曹' 자를 쓰지 못했는데, 한나라 이래로 관직 이름에 '조' 자를 모두 말하게 되어 관리를 '속조屬曹'라 하고 관졸을 '시조侍曹'라고 했소. 이는 아마 하늘의 뜻일 것이오."

두경은 여든 살 무렵이던 연희 13년(250)에 세상을 떠났다. 그는 《한시장구韓詩章句》10여만 자를 저술했는데, 자식들에게 전수하지 않았으므로 그의 참위학을 배워 전승한 자는 없었다. 초주는 두경의 말을 기초로 하여 비슷한 사상事象을 보고 다음과 같이 서술했다.

《춘추전》을 보면 진晉나라 목후가 태자의 이름을 구仇라 하고, 그 동생 이름을 성사成師라고 했다. 진나라 대부 사복師服은 "주군이 아들 이름을 지은 것이 이상하구나! 사이좋은 짝을 비妃라 하고 원수 같은 짝을 구仇라 하는데 오늘 주군은 태자의 이름을 '구'라 하고 동생의 이름을 '성사'라 했으니, 혼란의 징조가 나타나기 시작한 것이며 형이 폐위될 것이다."라고 말했다. 그 뒤 정말 사복의 말대로 되었다. 한나라 영제는 두 아들의 이름을 사후史侯와 동후董侯라고 지었는데, 이들은 즉위하여 황제가 되었다가 나중에 모두 면직되어 제후가 되었으니 사복의 말과 비슷하다. 선주는 휘를 비備라고 했는데 그 글자를 풀이하면 '具(완결하다)'라는 뜻이다. 후주는 휘를 선禪이라고 했는데 그 글자를 풀이하면 '授(주다)'라는 뜻이다. 이는 유씨가 국통을 완결하여 다른 사람에게 주어야 한다는 것이다. 의미상으로는 진나라 목후나 한나라 영제가 아들 이름을 지은 것보다 더욱 처참하다.

뒤에 환관 황호가 궁궐 안에서 권력을 휘두르자, 경요 5년(262)에 궁궐 안의 큰 나무가 아무 이유도 없이 저절로 부러졌으므로 기둥에 다음과 같이 썼다.

많아지고 커져 약속한 날이 되었다. 다른 사람에게 넘겨줄 준비가 되었으니 어떻게 다시 오르겠는가?

'조曹'라고 말한 것은 백성이 많다는 뜻이고 '위魏'는 크다는 뜻이다. 많고 크면 천하 사람들이 당연히 모여들게 된다. 완전하게 갖추어 다른 사람에게 주어야 한다면 어떻게 다시 제위에 오르는 이가 있겠는가? 촉나라가 멸망한 뒤 모두 초주의 말을 증거로 삼았다. 초주가 말했다.

"이것은 비록 나 스스로 추론한 것이지만 말미암은 바가 있으니 두군(杜君, 두경)의 말을 확충했을 뿐이다. 특별히 신기하게 혼자서 이른 것은 없다."

# 박학으로 이름을 날린 유학자

## 허자전許慈傳

허자는 자가 인독仁篤이고 남양 사람이다. 유희劉熙에게 사사받았고, 정현의 학문을 잘했으며, 《역경》·《상서》·《삼례三禮》·《모시毛詩》·《논어》를 연구했다.

허자는 건안 연간에 허정 등과 함께 교주에서 촉군으로 들어갔다. 그때 또 위군魏郡 사람 호잠胡潛이 있었는데, 자는 공흥公興이고 그가 익주 땅에 머물고 있는 까닭은 몰랐다.

호잠은 비록 학문이 넓지는 않지만 뛰어난 기억력을 갖고 있어서 조상의 제사 의식 순서나 장례 의식 규칙, 가깝고 먼 관계에 따른 오복五服의 예절을 모두 손바닥에 손가락으로 그리거나 땅 위에 그려내었으며, 손을 들어 사물을 꺼내듯이 지식을 꺼냈다. 유비는 촉군을 평정한 뒤 동란이 10여 년간 지속되어 학업이 쇠퇴했으므로 전적들을 수집하며 여러 학파를 정선하고 허자와 호잠을 동시에 학사學士로 삼아 맹광, 내민來敏 등과 함께 선대의 전장 제도를 관장하게 했다.

마침 모든 일이 초창기 상태이므로 많은 다른 의견이 제기되었다. 허자와 호잠은 서로 공격하고 비난하며 원수가 되어 다투는 것이 말투와 얼굴빛에까지 드러났다. 서적이 있든 없든 간에 서로 알려주거나 빌려주지 않았고, 때로는 찾아가 회초리로 볼기나 종아리를 때려 서로의 위엄을 견주기도 했다. 유비는 그들이 이와 같이 하는 것이 걱정스러워서 신하들을 모아 대연회를 여는 자리에서 노래하는 예인들에게 두 사람 모습으로 분장하고 그들이 다투는 모습을 흉내 내도록 했다. 이들은 주연이 무르익고 음악이 연주될 때까지 이것을 오락으로만 생각했다. 예인들은 처음에는 말뜻으로 서로 비난했지만 끝에 가서는 칼과 몽둥이로 상대방을 굴복시키려 했다. 유비는 이것으로써 그들을 감화시켰다. 호잠이 먼저 세상을 떠났고, 허자는 유선이 제위에 있을 때 점점 승진하여 대장추大長秋까지 올랐다. 허자가 죽자, 그 아들 허훈許勛이 그의 학업을 전수받아 또한 박사가 되었다.

# 직언을 좋아하여 세상의 미움을 받다

## 맹광전孟光傳

맹광은 자가 효유孝裕이고 하남군河南郡 낙양현洛陽縣 사람이다. 후한 때 태위를 지낸 맹욱孟郁의 동족이다.

맹광은 영제 말년에 강부리講部吏[1]가 되었다. 헌제가 장안으로 도읍을 옮기자 맹광은 그대로 촉으로 달아나 들어갔는데, 유언 부자는 그를 빈객의 예로 대우했다. 맹광은 박학하고 고대 문화에 상세한 지식이 있으며 모든 책을 독파했는데, 특히 삼사(三史,《사기》·《한서》·《동관한기東觀漢記》)를 전문적으로 연구했고 한나라 왕조의 옛 제도에 정통했다. 그는 공양고公羊高의 《춘추》를 좋아하고 《좌씨전左氏傳》을 비난하여 늘 내민과 함께 이 두 책의 의의를 다툴 때마다 큰소리로 변론했다.

유비가 익주를 평정하자 그는 의랑에 제수되어 허자 등과 함께 전장 제도를 관장했다. 유선이 제위에 오르자 맹광은 부절령符節令, 둔기교위, 장락소부長樂少府가 되었다가 대사농으로 승진했다.

| 연희 9년(246) 가을 | 대사면이 있을 때, 맹광은 많은 사람이 있는

---

1) 후한 때 만든 직책이다. 전문적인 유가 경전을 강의하는 관원으로 상서좨주尙書祭酒, 주역좨주周易祭酒 등이 있었는데, 강부리는 그런 교관의 조수이다.

데서 대장군 비의를 꾸짖어 나무라며 말했다.

"이러한 사면은 치우치고 낡은 것으로, 결코 성명한 시대에 있어야만 하는 것은 아닙니다. 쇠퇴하고 황폐하며 지나치게 곤궁하여 어쩔 수 없는 상황이 된 뒤에야 비로소 이로움과 폐단을 헤아려 사면을 시행할 수 있을 뿐입니다. 지금 주상께서는 인자하고 현명하며 백관들은 직무를 충실히 하고 있습니다. 아침저녁으로 어떤 위급한 상황이 있고 긴박한 사태가 있기에 특별한 은혜를 자주 펴서 악한 사람과 원수의 죄악을 돌아보는 은혜를 주십니까? 또 매나 새매처럼 공격하기 시작할 때에 오히려 죄가 있는 자들을 사면시켜 주는 것은[2] 위로 천명을 범하고 아래로는 사람의 도리를 어기는 일이 됩니다. 저는 늙고 허약하며 정치의 본질에 달통하지는 못했지만 속마음으로 이러한 법은 오래 지속되기가 어렵다고 생각합니다. 어찌 정권을 쥔 자의 위대한 영명함으로써 밝은 덕행을 기대하겠습니까?"

비의는 다만 그쪽을 돌아보고 죄를 빌며 불안해할 뿐이었다. 맹광이 다른 사람의 잘못을 손가락질하는 방식이 대부분 이와 같으므로, 요직에 있는 중신들은 속으로 그를 좋아하지 않아서 그의 작위는 오르지 않았다. 그리고 늘 직언을 하며 돌아 피해서 가는 일이 없으므로 그때 사람들에게 따돌림을 당했다.

태상인 광한 사람 심승譚承과 광록훈인 하동 사람 배준裴儁 등이 나이나 경력 면에서는 맹광보다 뒤이지만 높은 지위를 차지하여

2) 매나 새매가 활약할 때는 가을과 겨울을 말하는데, 이때는 만물이 말라죽는 것에 대응하여 형벌을 집행하는 철이지 은혜를 베풀어 사면시켜주는 때가 아니라는 것이다.

맹광 위에 있었던 것은 대개 이러한 까닭이다.

후진 문사비서랑文士秘書郎 극정은 자주 맹광을 찾아가 의견을 구했다. 맹광은 극정에게 태자(유선)가 공부하는 책과 그의 성정과 좋아하는 것을 물었다. 극정은 대답하여 말했다.

"부모를 섬김에 신중하고 공경스러우며, 아침부터 저녁까지 게으르지 않아 고대 세자의 풍모를 갖추고 있습니다. 신하들을 접대할 때의 거동은 인서仁恕를 기본으로 합니다."

맹광이 말했다.

"그대가 말한 바와 같은 것은 가가호호 있을 수 있습니다. 내가 지금 물어 알고 싶은 것은 그의 권모와 재간이 어떠한가 하는 점입니다."

극정이 말했다.

"태자의 처세 방법은 부모의 뜻에 따르고 그들의 즐거움을 힘껏 좇는 것입니다. 그는 자기 뜻대로 어떠한 행동을 할 수 없습니다. 그리고 재간은 마음속에 숨겨놓고 권모는 그때 상황에 응하여 발휘합니다. 그가 권모와 재간을 갖고 있는지 없는지 어찌 예측할 수 있겠습니까?"

맹광은 극정이 신중하게 적당한 말을 하고 방종한 말을 하지 않음을 깨닫고 이렇게 말했다.

"나는 직언을 좋아하여 회피하는 것이 없습니다. 언제나 병폐를 손가락질하여 세상 사람들에게 비난과 미움을 사게 되었습니다. 그대 마음을 살펴보아도 내 말을 그다지 좋아하지 않지만 내 말에는 조리가 있습니다. 지금 천하는 아직 평정되지 않았으므로 지모가 가장 필요합니다. 지모는 선천적인 요소가 있긴 하지만 애써서 얻을 수 있는 것입니다. 이 태자의 독서는 차라리 우리가 힘을 다하고

지식을 넓혀서 자문을 기다리는 것을 마땅히 본받아야지 박사가
책략을 탐구하고 시책을 강론함으로써 작위를 구하는 것처럼 하는
것이겠습니까! 마땅히 긴급한 지식을 배우는 데 힘써야 합니다."

　극정은 맹광의 견해가 정확하다고 생각했다. 나중에 맹광은 어떤
사건에 연루되어 면직되었다가 아흔 살 무렵에 세상을 떠났다.

# 신중치 못한 언행으로 여러 번 쫓겨난 훈고학자

## 내민전來敏傳

내민은 자가 경달敬達이고 의양군 신야현新野縣 사람이며 내흡來歙의 후예이다. 아버지 내염來豔은 한나라의 사공司空이었다. 한나라 말에 큰 혼란을 만나 내민은 누이를 따라 형주로 도망쳤다. 매부 황완黃琬은 유장의 할머니의 조카였으므로, 유장은 사람을 보내 황완의 아내를 맞이하도록 했다. 그래서 내민은 누이와 함께 촉군으로 들어가 늘 유장의 빈객이 되었다. 내민은 책을 두루 폭넓게 읽어 좌씨의 《춘추》에 뛰어났으며, 특히 〈창힐편倉頡篇〉과 《이아爾雅》의 훈고에 정통했고 문자 바로잡기를 좋아했다.

유비는 익주를 평정하고 나서 내민을 전학교위(典學校尉, 학술 연구를 책임지는 관직)로 임명하고, 태자를 세울 때는 가령家令³⁾으로 삼았다. 유선이 제위에 오른 뒤에는 그를 호분중랑장으로 삼았다. 승상 제갈량이 한중에 주둔했을 때는 내민에게 군좨주軍祭酒, 보군장군輔軍將軍이 되기를 청했는데, 뒷날 어떤 사건에 연루되어 관직을 떠나게 되었다. 제갈량이 세상을 떠난 뒤에 내민은 성도로 돌아와 대장

---

3) 태자궁에 식량과 물품 공급을 책임진다. 유선은 태자로 세워진 후 초주를 복야僕射로 임명했으며, 후에 가령으로 전임시켰다. 직책은 황제의 경우에 비유하며, 대사농의 소부와 비슷했다. 태자가령太子家令이 정식 명칭이다.

추가 되었지만 또다시 면직되었고, 나중에 여러 차례 승진하여 광록대부가 되었으나 또다시 잘못을 범하여 쫓겨났다. 내민이 앞뒤로 여러 번 면직되거나 강등된 것은 모두 말에 절도가 없고 행동이 일상적인 규범을 어겼기 때문이다. 그 무렵 맹광도 중대한 일에 신중한 태도가 없이 시정時政에 간여하는 의론을 발표했는데 내민보다 더 심했다.

그들은 모두 나이가 많고 박학한 학자로서 당시 사람들에게 존경을 받았다. 내민은 형초의 명문가이며 태자의 옛 신하이므로 특별히 우대를 받았다. 이 때문에 그는 면직된 뒤에도 또다시 기용되었다. 뒤에 유선은 내민을 집신장군(執愼將軍, 한직에 속하며 군대를 거느리지 않는 명예직 장수)으로 삼아 관직의 중함으로써 스스로 경계하도록 하고자 했다. 내민은 경요 연간에 아흔일곱 살로 세상을 떠났다. 아들 내충來忠도 유가 경전을 폭넓게 읽었고, 내민의 풍모를 갖추었으며, 상서 상충 등과 함께 대장군 강유를 보좌했다. 강유는 그를 좋아하여 참군으로 삼았다.

# 경서와 사서에 통달하여 유선의 스승이 되다

## 윤묵전尹默傳

윤묵은 자가 사잠思潛이고 재동군 부현 사람이다. 익부益部에서는 대부분 금문今文으로 된 경학을 중시하고 장구章句의 정확한 독음은 중시하지 않았다. 윤묵은 그런 학문의 협소함을 알고 멀리 형주로 유학하여 사마덕조, 송중자 등과 함께 고문으로 된 경학을 배웠다.

윤묵은 여러 경서와 사서에 모두 통달하고 또 좌씨의 《춘추》를 전문적으로 연구하고 유흠의 조례(條例, 《좌전》의 범례에 따라 서술한 것)에서부터 정중鄭衆, 가규賈逵 부자(아버지의 이름은 휘徽), 진원陳元, 복건服虔의 주석과 해설에 이르기까지 모두 외워 두 번 다시 책을 살펴볼 필요가 없었다.

유비는 익주를 평정하고 주목을 겸할 때 윤묵을 권학종사로 삼았다. 태자를 세운 뒤에는 윤묵을 태자 복야로 삼아 유선에게 《좌씨전》을 가르치도록 했다.

유선이 즉위하자 윤묵은 간의대부로 임명되었다. 승상 제갈량이 한중에 주둔하고 있을 때 초빙되어 군좨주가 되었다. 제갈량이 죽자 윤묵은 성도로 돌아와 태중대부에 임명되었다가 세상을 떠났다. 아들 윤종尹宗이 그의 학문을 이어 박사가 되었다.

# 경학과 잡학에 두루 능했던 학자

## 이선전李譔傳

이선은 자가 흠중欽仲이고 재동군 부현 사람이다. 아버지 이인李仁은 자가 덕현德賢이고 같은 현의 윤묵과 함께 형주에서 유학했고 사마휘, 송충 등을 따라 배웠다. 이선은 그들의 학업을 모두 전수받았으며, 또 윤묵을 따라 책에서 말하는 뜻과 이치를 논했고, 오경과 제자백가를 다 독파했다. 게다가 다양한 기예에 흥미를 가졌고, 산술算術과 점술, 의약, 활과 화살, 기계의 기교 등을 깊이 탐구했다. 처음에는 주서좌州書佐, 상서령사尙書令史가 되었다.

| 연희 원년(238) | 유선은 태자를 세우고 이선을 태자 서자庶子로 삼았다가 태자 복야로 승진시켰다. 나중에 그는 중산대부中散大夫, 우중랑장右中郎將으로 전임되었는데, 여전히 태자를 모셨다.

태자는 그의 지식이 풍부함을 아끼고 매우 좋아했다. 그러나 이선은 본성이 경박하고 다른 사람을 놀리기 좋아하여 세상에서는 그를 중시하지 않았다. 그가 지은 고문(《역경》·《상서》·《모시》·《삼례》·《좌씨전》·《태현지귀太玄指歸》)은 모두 가규와 마융馬融의 견해를 준칙으로 하여 정현의 견해와는 달랐다.

이선은 왕숙王肅과는 매우 멀리 떨어져 있었으므로 처음에는 그가 서술한 것을 보지 못했지만, 생각하는 것이나 결론에 일치하는 점이 많았다. 경요 연간에 세상을 떠났다.

296

당시 한중 사람 진술(陳術, 자가 신백申伯)도 박학다식하여《석문釋問》
7편과《익부기구전益部耆舊傳》및《익부기구지益部耆舊志》를 저술했
다. 그는 세 군의 태수를 지냈다.

# 문장 해석에 정통한 일세의 큰 선비

## 초주전譙周傳

초주는 자가 윤남允南이고 파서군 서충국西充國 사람이다. 아버지 초병譙㜸은 자가 영시榮始이며 《상서》를 배웠고, 아울러 여러 경전과 도위(圖緯, 신비한 예언서 《하도河圖》와 《위서緯書》를 이르는 말)에도 정통했다. 주나 군에서 그를 초빙했지만 모두 응하지 않았다. 주에서는 그의 집으로 가서 사우종사 직책을 주었다. 초주는 어려서 아버지를 잃고 동복同腹 형과 함께 살았다. 커서는 고서에 파묻혀 학문에 정진했고, 집은 가난하지만 일찍이 산업을 물은 적이 없으며, 경전을 읽을 때는 흔연히 홀로 미소 지으며 잠자고 먹는 일을 잊었다. 육경六經을 깊이 연구했는데, 특히 편지를 쓰는 데 뛰어났다. 그는 천문에 매우 밝지만 마음을 두지 않았고, 제자백가의 문장에도 관심이 없으므로 다 읽지 않았다. 그는 키가 8자나 되고 풍모는 소박했으며, 성격은 진실하고 꾸미지 않았으며, 뜻하지 않은 물음에 대답하는 재간은 없지만 안에 식견을 감춘 명민한 사람이었다.

건흥 연간(223~237)에 승상 제갈량은 익주목을 겸하면서 초주를 권학종사로 임명했다.[4] 제갈량이 전쟁터에서 세상을 떠났을 때 초주는 집에서 이 소식을 듣고 바로 그곳으로 달려갔다. 곧이어 그곳으로 가는 것을 금지하는 조서가 내려졌지만 초주만은 재빠르게 가서 이르렀다. 대장군 장완이 익주 자사를 겸할 때 초주는 전학종사典學從事로 옮겨 주의 학자들을 총괄했다.

유선은 태자를 세우고 나서 초주를 복야로 삼았으며, 뒤에 가령으로 전임시켰다. 그때 유선은 자주 유람을 나가며 노래 부르는 자와 악단을 늘려나갔다. 초주가 소를 올려 간언했다.

옛날 왕망이 패하자 호걸들이 한꺼번에 일어나 주와 군을 차지하고 신기(神器, 제왕의 옥새)를 갖기 원했습니다. 이때 현명하고 재능 있는 선비들은 돌아가 의탁할 만한 사람을 그리워하고 바랐는데, 반드시 그 세력이 넓고 좁음을 근거로 하지 않고 오직 덕이 얕고 두터운가만 보았을 뿐입니다. 이 때문에 그때 경시更始, 공손술公孫述 및 대중을 갖고 있는 자들은 대부분 세력 면에서는 이미 넓고 크지만 쾌락을 좇고 욕망을 따르지 않는 이가 없고 착한 일을 함에는 게으르고 유람하며 사냥하고 먹고 마시면서 백성을 불쌍히 여기지 않았습니다.

세조(광무제)가 처음으로 하북에 들어갔을 때 풍이馮異 등이 그에게 권유하기를 "마땅히 다른 사람이 할 수 없는 일을 해야만 합니다."라고 말했습니다. 그래서 세조는 억울하게 죄를 뒤집어쓴 이들을 재심하여 처리하는 데 힘쓰고 음식을 절약하며 법률과 제도에 따라 행동했으므로 북쪽의 주에서는 칭송하는 노래를 부르며 감탄했고, 명성이 사방으로 멀리까지 퍼져나갔습니다. 그 결과 등우鄧禹가 남양에서부터 그를 따랐고, 오한과 구순寇恂은 세조를 알지는 못했지만 멀리서 그의 덕행을 전해 듣고 임기응변의 계책을 써서 어양漁陽과 상곡上

---

4) 초주가 제갈량을 만났을 때 곁에 있던 신하들은 초주의 모양새를 보고 모두 웃었다. 초주가 나간 뒤에 담당 관리는 웃었던 자들을 꾸짖기를 바랐다. 이때 제갈량은 "나도 참을 수 없거늘 하물며 곁에 있는 대신들이야 어떠했겠소!"라고 말했다.

谷의 돌격 기병대를 들어 광아廣阿에서 세조를 맞이했습니다. 이 밖에 세조의 덕망을 흠모한 이로는 비융邳肜·경순·유식劉植의 무리부터 병든 몸을 수레에 싣고 관을 지고 오거나 포대기로 어린이를 등에 업고 오는 사람에 이르기까지 수를 헤아릴 수 없을 정도였습니다. 그러므로 약한 것으로써 강한 것을 만들 수 있었고 왕랑을 멸망시키고 동마銅馬를 평정하고 적미赤眉를 무찔러 제왕의 대업을 이루었습니다.

낙양에 이른 뒤 세조가 일찍이 잠깐 외출하려고 거마를 준비시켰는데, 요기銚期가 간하여 말하기를 "천하는 아직 안녕하지 못한 상태입니다. 신은 폐하께서 자주 외출하는 것을 원하지 않습니다."라고 했습니다. 그래서 세조는 바로 수레를 돌렸습니다. 외효를 정벌했을 때 영천의 도적들이 봉기했습니다. 세조는 낙양으로 돌아와 구순만 보내 가도록 했는데, 구순이 말하기를 "영천에서는 폐하께서 원정을 했기 때문에 간사한 자들이 봉기하여 반란을 일으킨 것입니다. 그들은 폐하께서 돌아온 줄을 아직 모르고 있으니 때에 맞춰 항복하지 않을까 걱정입니다. 폐하께서 직접 그곳으로 가시면 영천의 도적들은 반드시 항복할 것입니다."라고 했습니다. 그래서 세조는 영천으로 갔고, 그 결과 구순의 말처럼 되었습니다. 그러므로 긴급한 일이 아니면 잠깐 외출하는 것조차 과감히 하지 않고, 긴급한 일에 이르러서는 자신의 안위도 돌아보지 않으려고 했습니다. 옛 제왕들이 좋은 일을 하려는 것도 이와 같았습니다. 따라서 경전에서는 "백성은 까닭없이 돌아가지 않는다."라고 했으니 진실로 그들은 덕행을 우선했습니다.

지금 한나라는 액운을 만나 천하가 셋으로 나누어져서 영웅과 지혜로운 선비 들이 현명한 군주를 그리워하고 바라는 때입니다. 폐하께서는 천성이 지극히 효성스러워 3년 동안 상을 마쳤는데 말을 할 때마다 눈물을 흘리는 등 증삼曾參, 민손閔損이라도 당신보다 더하지는 못했을 것입니다. 현명한 사람을 존경하고 재능 있는 사람을 임용하여 그들이 힘을 다하도록 하는 점에서는 주나라 성왕과 강왕康王을 뛰어넘고 있습니다. 그래서 나라 안은 한마음으로 협력하고 나이 많은 이와 적은 이가 힘을 내니 신이 일일이 나열할 수 없습니다.

그렇지만 신은 큰 바람을 억누를 길이 없으니, 그것은 폐하께서 다른 사람들이 하지 않는 일을 널리 하시기를 바라는 것입니다. 무거운 수레를 끄는 이는 큰 힘을 내지 않음을 걱정할 것이고, 커다란 곤란을 없애려는 이는 널리 좋은 방법을 찾아내지 못할까 봐 걱정할 것입니다. 그리고 종묘를 받들어 섬기는 이가 헛되이 복을 구하지 않는 까닭은 백성을 거느리고 하늘을 우러르기 때문입니다. 사계절의 제사에 이르러 황제께서는 어떤 때는 참가하지 않고 호수나 숲에서 즐기시고 어떤 때는 자주 출동하시니 신은 어리석고 고집스러워 사사로이 마음이 편하지 않았습니다. 무릇 걱정이나 책임을 몸에 지고 있는 사람은 향락을 다할 틈이 없습니다. 선제의 뜻은 천하를 통일하는 것인데 아직 이루어지지 않았으니 진실로 향락을 다할 때가 아닙니다. 바라건대 악관樂官을 줄이고, 후궁을 늘려 짓는 것은 선제께서 펴시던 일만을 받들어 시행하고, 아래로는 자손들을 위해 절검을 보이십시오.


초주는 뒤에 중산대부로 옮겼지만 여전히 태자를 모셨다.

그 무렵 군대가 여러 차례 출전하여 백성은 초췌해졌다. 초주는 상서령 진지와 형세의 이로움과 해로움을 논의하고 조정에서 물러나 글을 써서 그것을 《구국론仇國論》이라고 했다. 그 문장에는 다음과 같이 적혀 있었다.

인여국因餘國은 약소하고 조건국肇建國[5]은 강대하지만 함께 천하를 다투어 원수가 되었다. 인여국에 고현경高賢卿이라는 이가 있었는데 복우자伏愚子에게 물었다. "지금 나라의 큰일이 아직 안정되지 않았으므로 조정의 윗사람과 아랫사람 들이 속으로 걱정하고 있습니다. 지난 일에서 약한 것으로써 강한 것을 이길 수 있었던 사람은 어떤 방법을 썼습니까?"

복우자가 말했다. "나는 이런 말을 들었습니다. 큰 나라이면서 걱정이 없는 자는 늘 대부분 오만하고, 약소국 처지이면서 걱정이 있는 자는 늘 착한 행동을 생각한다고 합니다. 대부분 오만하면 동란을 낳게 되고 착한 행동을 생각하면 천하를 태평스럽게 하게 되는데, 이것은 당연한 이치입니다. 그러므로 주나라 문왕文王은 백성을 길러 적은 수를 가지고 많은 수를 취했고, 구천은 백성을 불쌍히 여겨 약소국으로써 강대국을 이겼습니다. 이것이 그 방법입니다."

고현경이 말했다. "지난날 강대한 항우項羽와 약소한 한(漢, 유방)은 서로 다투어 하루라도 편안히 쉬는 날이 없었습니다. 그런데 항우는 한나라와 맹약하여 홍구鴻溝를 경계로 삼아 각기 돌아가 백성을 쉬도록 하려고 했습니다. 그때 장량은 백성의 마음이 이미 정해졌다면 형세를 바꾸기가 어렵다고 주장하고 군대를 이끌고 항우를 뒤쫓아가 끝내는 그를 거꾸러뜨렸습니다. 어찌 문왕의 일을 따를 필요가 있겠습니까? 조건국에는 마침 환란이 있으니 나는 이 틈을 타서 그 나라의 변방 지역을 무너뜨리고 그 환란이 심해져서 나라가 망하기를 기다릴

302
—

---

5) '인여국'과 '조건국'은 지어낸 나라로 인여因餘는 선인들의 업적 위에 세워진 나라이고, 조건肇建은 새로 세워진 나라를 뜻한다. 각각 촉과 위를 가리킨다. 뒤에 나오는 '고현경' 과 '복우자'도 꾸며낸 인물이다.

것입니다."

그러자 복우자가 말했다. "은殷과 주周의 교체기에 왕후는 대대로 존경받았고, 임금과 신하 사이는 오래도록 공고했으며, 백성은 군주의 통치에 길들어 있었습니다. 뿌리가 깊으면 뽑기 어렵고 공고함에 의지한 것은 옮기기 어렵습니다. 이 시대에는 비록 한나라 고조라 할지라도 어떻게 칼을 쥐고 말에 채찍질을 하여 천하를 취할 수 있었겠습니까? 진秦나라가 봉후封侯를 폐지하고 군수郡守를 둔 뒤 백성은 노역으로 지치고 천하가 와해되어 어떤 때는 해마다 군주를 바꾸고, 어떤 때는 달마다 공公을 바꾸므로 새나 짐승조차도 놀라 누구를 따라야 할지 몰랐습니다. 그래서 호걸들이 한꺼번에 다투며 호랑이나 이리가 얻은 물건을 찢어 나누듯이 영토를 나누었는데 재빠르게 공격한자가 가장 많이 얻고 행동이 느린 자는 병탄되어버렸습니다.

지금 우리나라와 조건국은 모두 나라를 전승하여 대가 바뀌었고, 이미 진나라 말기 같은 혼란한 때가 아니라 실로 여섯 나라가 한꺼번에 할거하는 형세입니다. 때문에 문왕은 될 수 있지만 한나라 고조가 되기는 어렵습니다. 대체로 백성이 힘들면 소란의 징조가 생기고, 위가 오만하고 아래가 포학하면 와해의 형세가 일어날 것입니다. '화살을 여러 번 쏴서 적을 맞히기를 바라는 것은 신중하게 살피고 쏘는 것만 못하다.'라는 속담이 있습니다. 이 때문에 총명한 사람은 작은 이익 때문에 눈을 옮기지 않고, 옳은 것 같은데 아닌 것으로 계획을 바꾸지 않으며, 할 수 있는 때가 된 뒤라야 행동하고 시운이 부합된 다음에 일어납니다.

지난날 탕왕과 무왕의 군대가 두 번 싸우지 않고 이긴 것은 진실로 백성의 노고를 신중하게 보고 때를 잘 살폈기 때문입니다. 만일 무력을 다하여 몇 번이고 정벌하여 토지가 붕괴되는 형세가 생기고 불행

히 어려움을 만나게 된다면 비록 총명한 사람이라도 다른 방법을 세
울 수 없을 것입니다. 만일 종횡으로 기이한 계책을 내어 신출귀몰하
며 파도를 뚫고 수레가 가는 길을 끊고 계곡을 지나고 산을 넘어 배와
노에 의지하지 않고 나루터를 건너간다면 나는 어리석은 사람이므로
실제로 이르지 못할 것입니다."

초주는 나중에 광록대부로 승진하여 구경九卿 다음가는 지위가
되었다. 초주는 비록 정사에는 참여하지 않았지만 유아儒雅한 품행
으로 존경을 받았고, 때때로 중대한 문제를 자문하러 오면 언제나
경전에 근거하여 대답했다. 그리고 후진 중에서 지적 관심이 강한
이들은 또한 그에게 의심나는 문제를 자문했다.

| 경요 6년(263) 겨울 |  위나라 대장군 등애가 강유江由를 깨뜨리고

막힘없는 기세로 진군했다. 그런데 촉나라는 본래 적군이 곧바로
다다르지 못할 것으로 생각하여 성을 지키기 위한 준비를 하지 않
고 있었다. 등애가 이미 음평으로 들어왔다는 소식을 듣자, 촉나라
백성은 동요되어 불안해하며 모두 산과 들로 달아나니 이를 막을
수 없었다. 유선은 신하들을 모아 상의했지만 누구도 좋은 계책을
내지 못했다. 어떤 사람은 촉은 본래 오와 동맹국이므로 오나라로
달아날 수 있다고 주장하고, 어떤 사람은 남중의 일곱 군(월수·주제·
장가·운남·흥고·건녕·영창)이 험준하고 두절되어 있어 스스로 방어하
기 쉬우므로 남쪽으로 도망칠 수 있다고 주장했다. 단지 초주만이
이렇게 주장했다.

"예로부터 다른 나라에 기탁하고 천자로 있었던 사람은 없습니
다. 지금 만일 오나라로 들어간다면 당연히 신하가 되어 복종해야
할 것입니다. 그리고 정치 규율에 차이가 없으면 큰 나라는 작은 나

라를 삼킬 수 있는데, 이것은 자연스러운 이치입니다. 이로부터 말하면 위나라는 오나라를 삼킬 수 있어도 오나라는 위나라를 삼킬 수 없음이 분명합니다. 똑같이 신하가 된다면 작은 나라의 신하가 되는 것을 어떻게 큰 나라의 신하가 되는 것과 비교하겠습니까? 오나라가 멸망한 뒤 또다시 치욕을 받는 것을 어찌 한 차례만 치욕을 받는 것과 비교하겠습니까? 그리고 만일 남쪽으로 달아난다면 일찍이 계책을 세운 뒤에야 실현될 수 있을 것입니다. 지금 강대한 적군은 가까이 다가왔고 재화와 멸망이 닥치려 하니 소인들의 마음은 한결같이 지킬 수 없습니다. 아마 남쪽으로 출발할 때에는 뜻하지 않은 변란이 생길 것입니다. 어떻게 남쪽으로 가는 일이 가능하겠습니까!"

신하들 가운데 어떤 이가 초주를 비난하며 말했다.

"지금 등애는 멀리 있지 않고, 아마 위나라는 우리의 항복을 받아들이지 않을 것입니다. 어떻게 하겠습니까?"

초주가 말했다.

"지금 동쪽 오나라가 아직 위나라에 귀순하지 않고 있으니 일의 추세가 받아들이지 않을 수 없고, 받아들인 다음에는 대우하지 않을 수 없습니다. 만일 폐하께서 위나라에 항복했는데 위나라가 토지를 나누어 폐하를 봉하지 않는다면 저는 직접 경성으로 가서 고대의 도의로써 항복한 군주에 대해 논쟁하겠습니다."

사람들 가운데 초주가 한 말의 이치를 바꿀 자가 없었다.

유선이 여전히 남쪽으로 들어가기를 결정짓지 못하고 망설이자, 초주가 소를 올려 말했다.

어떤 자는 폐하께서 위나라 군대가 깊숙이 쳐들어오므로 남쪽으로

갈 계획을 갖고 있다고 말하는데, 어리석은 저는 불안한 계책이라 생각합니다. 무엇 때문이겠습니까? 남방은 멀리 만족이 사는 땅으로 평소 조정을 위해 세금을 바친 일이 없고, 오히려 여러 번 모반했는데 승상 제갈량이 남으로 정벌하여 군대의 위력으로 그들을 핍박하자 달아날 길이 없으므로 귀순했습니다. 이 뒤로 그들은 조정에 세금을 냈고, 그것이 군사비로 쓰였습니다. 이로써 근심하고 원망하니 이는 나라를 해롭게 할 사람들입니다. 지금 조정이 곤경에 처해 급박한 상황이므로 그곳에 가서 의지하려고 하는데, 아마 반드시 또 모반할 것입니다. 이것이 첫 번째 이유입니다.

북방 군대가 이곳으로 오는 것은 오로지 촉만을 취하려는 것은 아닙니다. 만일 남쪽으로 달아난다면 반드시 사람들의 힘이 쇠미해진 때를 틈타 뒤쫓을 것입니다. 이것이 두 번째 이유입니다. 설령 남방에 이른다고 하더라도 밖으로는 적군을 막아야 하고 안으로는 옷과 수레를 대야 하므로 경비가 많이 들 것입니다. 다른 곳에서 얻을 수 없으므로 여러 만족을 소모시키는 일이 틀림없이 심할 테고, 심하면 반드시 빠르게 모반할 것입니다. 이것이 세 번째 이유입니다.

예전에 왕랑이 한단邯鄲을 근거로 하여 제호帝號를 참칭했을 때, 신도信都에 있던 세조(광무제)는 왕랑의 위협이 두려워 신도를 버리고 관중으로 돌아가려고 했습니다. 비융이 간언하기를 "명공께서 서쪽으로 돌아간다면 한단성의 백성은 부모를 버리고 성주(城主, 왕랑)를 배반하면서 천 리 저쪽으로 당신을 보내는 것을 수긍하지 못할 테니, 그들이 도망하고 배반하는 일은 필연적입니다."라고 했습니다. 세조는 비융의 간언을 들어 마침내 한단을 깨뜨렸습니다. 지금 북쪽 군대가 온다고 하여 폐하께서 남쪽으로 간다면 진실로 비융의 말이 오늘날 입증될까 두렵습니다. 이것이 네 번째 이유입니다.

원컨대 폐하께서 일찍 계획을 세우면 작위와 토지를 얻을 수 있습니다. 만일 결국 남쪽으로 가서 대세가 다하고 나서야 항복하면 그 화는 반드시 깊을 것입니다. 《역》에서 "항亢 자가 말하는 바는 얻는 것은 알지만 잃는 것은 모르고, 생존하는 것은 알지만 멸망하는 것은 모른다는 뜻이다. 득실존망得失存亡을 알아서 그 정도正道를 잃지 않는 이는 오직 성인뿐이로다!"라고 말했습니다. 그 뜻은 성인은 운명을 알고 구차하게 기약하지 않는다는 것입니다. 그러므로 요와 순은 자식이 착하지 않자 다른 사람에게 천자 자리를 주려는 하늘의 뜻을 알고 천자가 될 만한 인물을 찾아 지위를 주었습니다. 아들은 비록 그릇이 되지 못했어도 재화가 싹트기 전에 다른 사람을 맞아 제위를 주었습니다. 하물며 재앙이 이르렀음에야! 옛날 미자는 은나라 주왕紂王의 형으로서 직접 손을 묶고 죽은 자와 똑같이 옥을 입에 물고 무왕에게 귀순했습니다. 어찌 좋아서 한 것이겠습니까. 어쩔 수 없었던 것입니다.

그래서 유선은 결국 초주의 건의를 따랐다. 유선에게 근심이 없고 한 나라 백성이 의지할 곳을 얻은 것은 초주의 계책을 썼기 때문이다.

그때 진晉나라 문왕文王이 위나라 상국相國이었는데 초주가 나라를 보존한 공로가 있으므로 양성정후陽城亭侯로 봉했다. 또 문서를 보내 초주를 초빙했다. 초주는 출발하여 한중에 이르렀지만 질병 때문에 나아가지 못했다.

| 함희 2년(265) 여름 | 파군의 문립文立이 낙양에서 촉으로 돌아와서 초주를 방문했다. 초주는 이야기를 나누는 중에 서판書版에 다음과 같은 글을 써서 문립에게 보여주었다.

전오典午는 갑자기 월유月酉에 죽는다.

전오란 사마司馬를 뜻하고, 월유는 8월을 말한다. 8월이 되자 정말 문왕이 세상을 떠났다. 진나라 왕실(사마씨)이 제위에 오르자 여러 차례 조서를 내려 초주를 빨리 보내도록 했다. 초주는 병든 몸을 수레에 싣고 함희 3년(266)에 낙양에 이르렀다. 초주가 질병으로 일어나지 못하자 그의 집으로 가서 기도위로 임명했다. 초주는 자신이 공로가 없는데 봉토를 받았으므로 작위와 봉토를 되돌리려 했지만 모두 받아들여지지 않았다.

| 함희 5년(268) | 나(진수)는 일찍이 본군(파서군)의 중정(中正, 인재를 등급대로 추천하는 관직)을 맡고 있었는데, 인물을 평가하는 일을 마치고 휴가를 요청하여 집으로 돌아오면서 초주에게 가서 이별을 했다. 초주가 나에게 말했다.

"옛날 공자는 일흔두 살에, 유향과 양웅은 일흔한 살에 세상을 떠났습니다. 지금 제 나이는 일흔이 넘었습니다. 줄곧 공자의 유풍을 흠모하여 유향, 양웅과 궤를 함께할 수 있었습니다. 아마 다음 해를 넘기지 못하고 반드시 영원히 떠나게 될 테니 다시는 서로 만나지 못할 것입니다."

나는 초주가 앞일을 아는 기술이 있음을 의심했는데, 그는 공자 등의 말을 빌려 서술할 뿐이었다.

| 함희 6년(269) 가을 | 초주는 산기상시가 되었지만 질병이 심해 임명받지 못하고 겨울이 되자 세상을 떠났다. 초주가 저술하거나 편찬한 것으로는 《법훈法訓》·《오경론五經論》·《고사고古史考》 등 1백여 편이 있다. 초주의 세 아들은 초희譙熙·초현譙賢·초동譙同이다. 셋째 아들 초동은 초주의 학업을 매우 좋아하고 또 충성과 질박함을 행

동 기준으로 삼아 효렴으로 천거되었으며, 석현錫縣의 현령, 동궁세마(東宮洗馬, 태자세마로 태자의 시종)로 제수되어 불렀지만 취임하지 않았다.

# 탁월한 문장가로 유선을 끝까지 따른 충신

## 극정전郤正傳

극정은 자가 영선令先이고 하남군 언사현偃師縣 사람이다. 할아버지 극검은 영제 말년에 익주 자사를 지냈는데 도적에게 죽임을 당했다. 마침 천하가 매우 어지러워서 극정의 아버지 극읍郤揖은 촉군에 남았다. 극읍은 장군 맹달의 영도독營都督이 되어 맹달을 따라 위나라에 항복하여 중서령사中書令史가 되었다.

극정의 본명은 극찬郤纂이다. 어려서 아버지가 죽고 어머니가 재혼하여 혼자 외롭게 살았지만 빈곤함 속에서도 편안해하고 학문을 좋아해 고대 전적을 폭넓게 읽었다. 극정은 약관의 나이가 되자 문장을 훌륭하게 지을 수 있었고, 궁궐로 들어가 비서리祕書吏가 되었으며, 영사에서 낭郞으로 승진하고 영令까지 올라갔다.

극정은 선천적으로 영예나 이익은 가볍게 보았지만 문장에는 특히 마음을 기울여서 사마상여·왕포王褒·양웅·반고班固·부의傅毅·장형張衡·채옹蔡邕 등이 남긴 문장이나 사부辭賦에서부터 당대의 우아하고 아름다운 편지와 정묘한 논설에 이르기까지 익주에 있는 것은 찾아 연구하며 거의 다 읽었다. 극정은 궁정 안의 직책에 임명된 뒤로 환관 황호와 함께 일을 처리하며 30년을 보냈다. 황호는 비천한 신분에서 고귀한 신분에 이르러 권력을 쥐었지만, 극정은 그런 황호에게 사랑을 받지도 못했고 미움을 받지도 않았다. 이 때문에 봉록이 6백 석에 지나지 않았지만 황호의 참언에 의한 우환은 면했다.

극정은 앞 시대의 학자들을 본받아 문장을 빌려 자기 생각을 나타내고 〈석기釋譏〉라고 제목을 붙였다. 이 문장은 최인崔駰의 〈달지達旨〉를 이은 것이다. 그는 다음과 같이 썼다.

어떤 사람이 나를 책잡아 말했다.

"지난 기록에서 다음과 같은 것을 알게 되었습니다. 무릇 사업은 시대와 함께 일어나고, 명성은 공功과 더불어 조화를 이룹니다. 그러므로 명성과 사업은 앞 시대 현인들이 긴급하게 처리했습니다. 이 때문에 제도를 세우고 규범을 만들 경우 시대의 요구에 부합하지 못하면 세울 수 없었고, 널리 칭찬하여 이름을 남길 경우 공로가 없으면 기록되지 못했습니다. 명성은 반드시 공을 세운 뒤에 나타나게 되고, 사업도 때를 기다린 다음에야 세울 수 있습니다. 사람이 죽어 이름이 사라지는 것은 군자가 부끄럽게 여기는 바입니다. 따라서 도리에 통달한 인물은 도道를 연구하여 겉으로 드러나지 않는 미세한 진리를 탐구하고 천체가 운행할 때 나타나는 운명의 징조를 살펴서 인간 세상의 흥성하고 쇠함을 고찰하며, 변설가는 유세하러 달려가고 지혜로운 자는 시기에 순응하며, 모사는 계략을 추인하고 용감한 무사는 위엄을 떨치며, 구름이 합치고 안개가 모이고 바람이 거세게 불고 번개가 번쩍이면 때를 살펴서 일의 마땅함을 파악해 세상의 관직과 지위를 취하며, 작은 것을 굽혀 큰 것을 펴고 공적인 것을 보존하고 사사로운 일을 홀시하여 비록 한 자를 굽혀 여덟 자를 폈지만 마지막에는 빛을 드날립니다.

지금은 세 나라가 정립하여 천하는 아직 안정되지 않았으며 드넓은 사해 안에는 재화와 멸망이 닥쳐 도덕과 인의를 잃어버렸음을 한탄하고 있고 불쌍한 백성은 떠돌며 고난을 겪고 있으니, 이는 분명 성인과 현인이 구제할 때이며 열사가 공을 세울 기회입니다. 그대는 고명한 재간과 보옥 같은 미덕을 지녔고 아울러 전적을 폭넓게 읽고 연구했으며 도덕 학술에 마음을 두어 먼 곳까지 이르지 못함이 없고 깊은 데까지 통하지 않음이 없습니다. 당신은 임명을 받아 궁궐의 비밀 문건을 처리하고 제왕 곁에서 조용히 국가 중신의 직책을 맡았으며, 27년 동안 옮기지 않아 궁궐로 들어온 이래 나가지 않고 고금의 진위를 탐구하여 현재 필요한 임무의 득실을 계산했습니다. 당신은 비록 때때로 계책 하나를 바치고 우연히 간언을 한마디 하여 자기 관직을 책임지고 이로써 국가의 봉록을 부끄러워하지 않았지만, 실제로 충성을 다하고 가슴속을 내보이며 바른말을 열거하고 직언을 받들며 백성에게 은혜를 베푸는 점에서는 우리처럼 비천한 사람의 귀에도 할 수 없음이 전해졌습니다. 또한 당신은 어찌 수레를 멈추고 고삐를 느슨히 하여 말머리를 돌려 길을 바꾸어서 수레바퀴를 늦추고 말을 생각하며 가지 않습니까? 물의 깊이를 자세히 살펴 건너고 아름답고 평탄한 길을 구하고 추란秋蘭을 심어 세상에 향기가 나도록 하여 우리 같은 무리가 행정사무에 참여하도록 돕는다면 또한 흥성하는 일이 아니겠습니까!"

나는 듣고 탄식하여 말했다.

"아, 결국 이와 같이 말하는구나! 인심의 차이가 확실히 사람의 얼굴 같다. 그대의 말은 빛나고 화려하며 아름답고 곱지만 대통 구멍으로 표범을 보고 광주리로 바다를 들어 올리면서 자기 식견을 고집하고 있으니, 우주의 형체에 대해 말하거나 여러 사물의 정련精練됨을 서술할 수 없구나!"

어떤 사람은 생각을 하지 않은 채 머리를 들어 눈썹을 떨며 말했다.

"이게 무슨 말입니까! 이게 무슨 말입니까!"

나는 그에게 대답했다.

"우제(虞帝, 무무舞)는 겉으로 순종하는 것을 경계했고, 공성(孔聖, 공자)은 자기를 좋아하는 사람을 허물로 여겼습니다. 당신의 말은 확실히 내가 생각했던 바이니 그대를 위해 나는 이 문제를 논의하여 해석하려 합니다. 아주 먼 옛날에 사람들은 처음으로 몽매한 상태에서 벗어나게 되어 삼황 세 사람은 하늘의 비기秘記에 순응하고 오제는 상서로운 운명을 이어받았으며, 하·상 때에 이르러서는 앞 전적에 이미 적혀 있습니다. 희주姬周가 쇠망하고 도의가 황폐해지자 패자가 왕실을 보좌했는데, 영씨嬴氏는 잔학하여 온 영토를 삼켜버렸습니다. 그래서 합종연횡의 책략가들이 구름처럼 일어나고 속이는 기술이 별처럼 늘어섰으며, 아첨하는 행위는 벌 떼처럼 일어나고 교활한 말은 풀에 싹이 돋는 것 같았습니다. 어떤 사람은 진실을 꾸며 거짓을 공격하고 어떤 사람은 사악한 마음을 끼고 영예를 구했으며, 어떤 사람은 도리를 거짓되게 함으로써 윗사람에게 등용되기를 구하고 어떤 사람은 기교를 부려 자신을 뽐냈습니다. 정의에 등을 돌리고 사악함을 숭상하며 정직함을 버리고 아첨으로 향했고, 충성에는 일정한 내용이 없고 도의의 개념에는 보편적인 원칙이 없었습니다. 그러므로 상앙의 법이 정점에 이르자 사악함이 일어나고, 이사李斯의 법도가 실패하자 간사함이 나타났으며, 여불위의 문중은 크지만 종족은 멸망했고, 한비자韓非子는 능변으로 섰지만 처형되었습니다.

이것은 무엇 때문이겠습니까? 이익이 그 마음을 바꾸고, 총애가 그 눈을 비추며, 빛나는 용 장식과 찬란한 거마와 옷과 한때의 행운을 쥐고 전전반측하며 불안해하고, 사악하고 음란하게 거리낌 없이 스스

로 해쳐서 수레 방울 소리는 아직 조화를 이루지 않았는데 몸은 죽어
서 끌채 곁에 쓰러져 있고, 궁궐 정원은 아직 밟지도 않았는데 마룻대
가 부러지고 서까래가 무너졌기 때문입니다. 하늘이 그 신령을 거두
고 땅이 그 은택을 거르며, 사람이 그 몸을 매장하고 귀신이 그 이마
를 베어냅니다. 처음에는 높은 산 위로 올라갔으므로 마지막에는 깊
은 계곡으로 떨어졌으며, 아침에는 위세를 머금었으므로 저녁에는 말
라비틀어진 혼백이 된 것입니다. 이 때문에 현명한 사람과 군자는 깊
이 계획하고 멀리 생각하여 그 허물을 경계하고 세속을 뛰어넘어 고
상함을 받들고 신령스러운 거북이 차라리 진흙 속에서 꼬리를 끌지언
정 혼탁한 세상의 영예를 더럽게 여기는 것입니다. 그와 같이 하는데
어찌 군주를 경시하고 백성에게 방자하게 굴고 시대의 임무를 가벼이
여기겠습니까?《주역》은 나아감과 물러남에 관한 경계를 나타냈고
《시경》은 안정과 공경의 감탄이 있는데, 이는 신령이 들은 것이고 규
율이 그렇게 하도록 만든 것입니다.

우리는 대한大漢을 창업한 이래 하늘의 명에 응하고 백성의 마음을
따랐으며, 정치의 융성함이 봄날의 햇살처럼 밝게 빛납니다. 고개 숙
여 대지의 법칙을 따르고 얼굴을 들어 하늘의 현상을 법으로 취했습
니다. 황제의 은택을 펼쳐 세상을 비추고, 풍부하고 순박한 교화를 빛
내며, 군주와 신하가 법도를 집행하여 각자 그 본성을 지켰습니다. 군
주는 의견을 듣고 받아들여 도량이 넓음을 나타내고, 신하는 정치를
보좌하는 책임을 지며, 선비들은 겉으로 꾸며 총애받는 자를 없도록
하고, 백성은 전일한 행위를 실천하여 찬란히 빛나도록 힘써 이와 같
이 충성스러운 사업을 숭상합니다. 그러나 도의에는 융성함과 쇠함이
있고, 사물에는 흥함과 황폐함이 있으며, 음행할 때도 있고 정숙할 때
도 있고, 밝을 때가 있으면 어두울 때도 있습니다. 양陽의 기운은 가을

에 쇠하고 음陰의 기운은 초봄에 누그러집니다. 희화(義和, 태양의 수레 몰이)가 가면 망서(望舒, 달의 수레 몰이)가 뒤를 잇고, 달의 기운이 다하면 태양의 빛이 내립니다. 후한의 충제沖帝와 질제質帝가 일찍 죽고 환제와 영제가 실정失政을 하자 영웅이 천하를 구름처럼 덮고 호걸이 그 시대를 압도하여 집집마다 다른 주장을 가지고 사람들마다 다른 계획을 품었기 때문에 권모가들은 자기 마음속에 있는 것을 서술하고 사기를 치는 사람들은 그들의 언론을 토해냈습니다.

지금 하늘의 기강(국법)이 이미 엮어졌고 덕정은 서방 이웃에 세워졌으며, 선조의 커다란 법칙을 이어 선비들의 관직에 대한 야심을 제한하고 다섯 가지 가르침(인·의·예·지·신)을 진흥시켜 습속을 훈도하며, 아홉 가지 덕을 풍부하게 하여 백성을 구조하고 신명한 제사를 정돈하여 행하며, 제왕의 규율을 고찰하여 참된 천자를 보좌하고 있습니다. 비록 할거하는 자는 아직 통일되지 않았고 거짓된 군주도 아직 없어지지 않았지만 성인이 후대에 남긴 훈계, 즉 전체가 평등하여 가난한 자가 없습니다. 그러므로 군주와 신하는 조정에서 아름답게 서로 돕고 백성은 들녘에서 기쁜 마음으로 제왕을 받드니, 행동할 때는 일정한 규칙을 되풀이하는 것 같고 조용히 있을 때는 규칙이 포개진 것 같습니다. 우수한 인재들은 원개元凱 같은 인물이며, 허물이 있으면 반드시 아는 것이 안자顏子와 같은 인덕이 있습니다. 강직한 행정은 염구冉求와 계로季路의 정치 같고, 매처럼 날아오르고 맹금이 솟구쳐 오르는 무용은 이윤과 태공망처럼 일을 할 수 있습니다. 준재俊才들의 우수한 책략을 총괄하면 모두 설공薛公의 세 가지 계책[6]을 포함하고 있으며, 장량과 진평의 신비한 책략을 펴고 있습니다. 그러므로 정벌에 힘써 세상 사람들을 부지런하게 했으며, 영재를 등용함에서는 한가하게 하지 않았는데 어찌 잡초 속에서 마른 대나무 잎을 찾으며 한가로이 있겠습니까!

그렇지만 저는 재능이 없어 조정에서 해를 거듭하면서 제 한 몸을 황상에게 의탁하고 마음을 기대었습니다. 창해滄海의 광활함과 깊음을 좋아하고 숭산의 우뚝 솟은 모습에 감탄하며, 공자가 자하를 칭찬하는 것을 듣고 향교(鄕校, 각 지방에 세워진 학교)가 자기에게 좋음을 감개해했습니다. 저 평중(平仲, 춘추시대 제나라 재상 안영晏嬰)의 보좌 역시 선을 진헌하고 악을 물리치도록 했으므로, 저는 우매하고 어두운 주장이라도 때때로 진언하고 있습니다. 마치 주인(遒人, 교화를 선포하는 일을 맡은 관리)이 길거리에서 민요를 채취하고 놀고 있는 어린아이가 밭에서 노래 부르는 것과 같이 복과 길상이 더하기를 바라므로 힘껏 제왕에게 간언합니다. 만일 간언이 제왕의 마음과 부합하면 우매한 주장이 성명한 군주와 일치하는 것이므로 계속 관리가 되어 신령스러운 부명符命에 따를 것입니다. 만일 간언이 군주의 뜻과 다르다면 제 평범한 자질에서 비롯된 것이므로 관직에서 물러나 자신의 어리석음을 지키겠습니다. 나아가고 물러남은 운명에 따르는 것이니 거짓으로 꾸미지 않고 세상을 속이지 않으며 본성에 순응하고 천명을 즐겨 따르는데 어찌 유감스럽겠습니까? 이것이 궁궐로 들어온 뒤 나가지 않고, 관직에 있지만 없는 것 같았던 까닭입니다.

저는 사람들이 모두 취해 있을 때 늘 깨어 있었던 굴원을 편협하다고 생각하고, 반드시 취해 있는 어부의 태도를 불순하다고 여기며, 유하혜(柳下惠, 춘추시대 노나라 대부)가 몸을 낮추어 업신여김을 받는 태도

---

6) 한나라 초기에 반란을 일으킨 경포의 상·중·하 세 가지 계략을 설공이 예측하여 고조에게 진언했다.

를 경시하고, 백이와 숙제(叔齊)의 고상한 원망을 좁다고 느꼈습니다. 군
주의 마음과 합쳐졌다고 하여 얻지 못하는 게 아니고 다르다고 하여
잃는 게 아닙니다. 뜻을 얻어도 비굴하게 되는 게 아니고 잃어도 애통
해하는 게 아닙니다. 수레에 타서도 앞에 있을 때는 뒷부분의 무게를
생각하지 않고, 뒤에 있을 때는 앞부분의 무게를 아는 일이 없습니다.
평판을 팔아서 은택을 구하지 않고 허물을 변명하여 실각을 피하지
않습니다. 어찌 책임을 버리겠습니까? 어찌 녹을 걱정하겠습니까? 어
찌 바른말을 도모하겠습니까? 어찌 곧은 말을 들이겠습니까? 27년 동
안 옮겨지지 않은 것은 진실로 제가 지켜온 바입니다.

지금 조정의 관리는 산처럼 많고 뽑힌 준재가 무리를 이루고 있어
어류와 패류가 거대한 바닷속에 숨어 있고 새나 짐승이 등림(鄧林, 전설
상의 큰 숲)에 모여 있어 새가 날아가도 그 수가 줄어들지 않고 떠다니
는 방어(魴魚, 담수어의 일종)가 와도 그 수가 늘어나지 않음과 같습니다.
그리고 해는 당(唐, 요堯)의 시대에 쇠했고, 달은 상(商, 은殷)의 시대에
대응하여 성했으며, 양우(陽盱) 냇물에서 하늘에 제사를 지내자 홍수 피
해가 멈추었고, 상림桑林에서 기도하자 은혜로운 단비가 대지를 적셨
습니다. 만물의 움직임과 멈춤에는 도리가 있고 운명의 열고 닫음에
는 때가 있습니다. 제 스승(공자)이 《논어》〈헌문憲問〉에 남긴 교훈에서
'하늘을 원망하지 않고 사람을 탓하지 않는다.'라고 하여 운명에 몸을
맡기고 자기를 단정하게 하라고 했으니 제가 또 무엇을 말하겠습니
까? 말은 다 했고 제 길은 한 가지입니다.

저는 처음의 지절로 돌아가려고 합니다. 경전에 전해 내려오는 향
기를 종합하고 공자가 남긴 학문을 연구하여 미묘하고 심원한 언어를
엮어 도의를 보존하고, 선인의 도를 규범으로 하여 오늘의 제도를 만
들겠습니다. 저는 숙힐(叔肸, 춘추시대 진나라 대부 양설힐羊舌肸로 자는 숙향叔

向임)의 유유자적함을 평가하고, 소씨(疎氏, 한나라 소광疎廣과 그 형의 아들 소수疎受)가 먼 곳으로 떠난 것을 칭찬하며, 멈춤과 만족함을 알고 고향으로 돌아간다고 하고 강물로 떠돌아다니다가 작은 집에 안주하여 욕심 없는 생활을 즐기며, 이 세상에서 받은 허물과 후회를 없애려고 하는데 이 마음이 아직 불안함을 돌아보고 만년의 길이 정체될까 두려워 부단히 격려하며, 노력을 배가하고 마음속 감정을 자유롭게 하여 운명을 받기를 청합니다.

지난날 구방九方은 최고의 끝에서 정기精氣를 고찰했고, 진아秦牙는 다른 형세를 자세히 살폈습니다. 설촉離燭은 보검을 식별하여 명성을 날렸고, 호량狐梁은 현현鉉에 의탁하여 명성을 전했습니다. 제나라의 노예는 손으로 넓적다리를 쳐 닭 울음소리를 내서 전문田文을 구했고, 초나라의 식객은 적진에 몰래 들어가 형초를 보전시켰습니다. 옹문雍門은 금슬을 타서 설득하고, 한애韓哀는 수레를 잘 몰아 명성을 크게 떨쳤습니다. 노오盧敖가 현궐산玄闕山에서 비상하자 그 인물은 오히려 구름 저쪽으로 몸을 두었습니다. 저는 실제로 이러한 사람들과 같은 기예를 갖출 수 없었으므로 조용히 자신을 지키며 스스로를 편안하게 한 것입니다."

| 경요 6년(263) | 유선은 초주의 계책을 따라 등애에게 사자를 보내 항복을 청했는데, 그 편지를 극정이 썼다.

다음 해 정월에 종회가 성도에서 반란을 일으켰으므로 유선은 동쪽 낙양으로 옮겨가게 되었다. 그때는 혼란스러운 형국이므로 촉나라 대신으로서 유선을 보호하며 따르는 자가 없었는데 오직 극정과 전중독, 여남의 장통만이 처자식을 버리고 단신으로 수행했다. 유선은 극정의 합당한 보좌에 의거하여 모든 일에 잘못이 없었

다. 그래서 이를 감개해하며 극정을 늦게야 안 것을 후회했다. 당시 여론은 그를 칭찬했다. 극정은 관내후 작위를 받았다.

태시 연간에 극정은 안양安陽 현령으로 제수되었다가 파서 태수로 승진했다.

| 태시 8년(272) | 조서에서 말했다.

극정은 옛날 성도에 있을 때 세상이 어지러운데 의리를 지키고 충절을 어기지 않았다. 임용을 받음에 이르러서는 마음을 다해 일하여 치적이 있으므로 극정을 파서 태수로 삼는다.

| 함녕咸寧 4년(278) | 극정은 세상을 떠났다. 그가 쓴 시와 논문, 사부 등은 1백여 편이 된다.

【평하여 말한다】

두미는 수양하며 숨어 살면서 조용함을 지키고 당시 조정의 부름을 받지 않았다. 이것은 백이, 사호의 삶과 비슷하다. 주군은 천문을 보고 점치는 데 효험이 있었고, 두경은 침묵을 지켜 삼가고 세밀했으므로 많은 유생 가운데 꽃이다. 허자와 맹광과 내민과 이선은 박학다식했고, 윤묵은 《춘추좌씨전》에 정통했다. 비록 이들은 덕행과 사업으로 일컬어지지는 않았지만 확실히 모두 한 시대의 학자였다. 초주는 문장 해석이 넓고 정통하여 일세의 큰 선비가 되었고, 동중서와 양웅의 규범이 있었다. 극정은 문사가 찬란하며 장형·채옹의 면모를 지닌 데다 행동하고 멈춤에 군자가 취하는 바가 있었다. 이 두 사람은 진 왕조 때의 사적이 적고 촉나라 때의 사적이 많기 때문에 이 편에 기술했다.

**13**

# 황이여마왕장전 黃李呂馬王張傳

## 자신을 필요로 하는 때를 만난 자들

# 위나라에 귀순했으나 끝내 촉나라를 버리지 않다

### 황권전黃權傳

황권은 자가 공형公衡이고 파서군 낭중현 사람이다. 그는 어려서 군郡의 관리가 되었으며, 주목 유장이 불러 주부로 삼았다. 그때 별가 장송은 마땅히 유비를 영접해야 하므로 황권을 시켜 장로를 토벌하자고 건의했다. 황권이 간하여 말했다.

"좌장군(유비)은 용맹한 명성을 떨치고 있습니다. 지금 이곳으로 이르도록 요청하더라도 부하로서 그를 대우한다면 그 마음을 만족시키지 못할 것이고, 빈객으로 접대한다면 한 나라에 두 명의 군주가 있게 되므로 허락하지 못하는 일입니다. 만일 빈객이 태산 같은 편안함을 갖고 있다면 주인은 계란을 쌓아놓은 것 같은 위험을 맞게 될 것입니다. 다만 국경을 폐쇄하고 황하가 맑아지기를 기다릴 수 있습니다."

유장은 황권의 말을 듣지 않고 결국 사자를 보내 유비를 맞이했으며, 황권을 밖으로 내보내 광한현廣漢縣의 장으로 삼았다. 유비가 익주를 습격하여 빼앗았을 때 그의 장수들은 나누어 군현을 공격했고 군현은 그림자가 형체를 따르듯 유비에게 귀순했는데, 황권은 성을 닫고 굳게 지키다가 유장이 항복하기를 기다린 뒤에야 비로소 유비에게 귀순했다. 유비는 황권을 임시로 편장군에 임명했다. 조조가 장로를 쳐부수자 장로는 달아나 파중현巴中縣으로 들어왔는데, 이때 황권이 나아가 말했다.

"만일 한중을 잃게 된다면 삼파(파동군·파서군·파군)는 힘이 약해질 것입니다. 이것은 촉군의 수족을 자르는 일이 됩니다."

유비는 황권을 호군으로 삼아 여러 장수를 이끌고 장로를 맞이하도록 했다. 그러나 장로는 벌써 남정으로 돌아가 북쪽 조조에게 투항한 뒤였다. 두호杜濩와 박호朴胡를 쳐부수고 하후연을 죽이고서 한중을 차지했는데, 이는 모두 황권의 계획이었다.

유비는 한중왕이 되어서도 여전히 익주목을 겸했으며, 황권을 치중종사로 삼았다. 유비가 제라고 일컫고 동쪽으로 오나라를 정벌하려 할 때 황권이 간언했다.

"오나라 사람은 용감하여 전쟁을 잘하고, 또 촉의 수군은 물의 흐름을 따라 행동하므로 앞으로 나아가기는 쉬워도 물러나기는 어렵습니다. 제가 먼저 가서 적군의 허실을 살필 테니 폐하께서는 마땅히 뒤에서 지키시기를 청합니다."

유비는 황권의 의견을 따르지 않고 그를 진북장군으로 삼아 강북의 군대를 거느리고 위나라 군대를 막도록 하고는 자기가 직접 장강 남쪽으로 갔다. 오나라 장군 육의가 물의 흐름을 타고 갑자기 에워싸자 강남의 촉나라 군대는 크게 패했다. 유비는 군대를 이끌고 물러났다. 그러나 이때 길이 끊겼으므로 황권은 돌아올 수 없어서 장수들을 이끌고 위나라로 투항했다. 담당 관리가 법을 집행하면서 황권의 처자식을 체포해야 한다고 아뢰자 유비가 말했다.

"내가 황권을 저버렸지 그가 나를 저버린 게 아니다."

유비는 황권의 식구들을 전과 똑같이 대우했다.

위나라 문제가 황권에게 말했다.

"그대가 천의를 배반한 군주를 버리고 천의에 순종하는 군주를 위해 힘쓰는 것은 진평과 한신[1]을 따르려는 것이오?"

황권이 대답했다.

"신은 유주(劉主, 유비)에게서 과분한 대우를 받았으므로 오나라에 항복하는 일은 할 수 없었는데, 촉으로 돌아가는 길이 없으므로 귀순한 것입니다. 그리고 전쟁에서 패한 군대의 장수이면서 죽음을 면한 것은 다행스러운 일인데 어찌 옛사람을 따라 흠모할 수 있겠습니까!"

문제는 황권의 대답에 감동하여 진남장군으로 임명하고 육양후育陽侯로 봉했으며 시중을 더하고, 그를 수레에 함께 타도록 했다. 투항한 촉나라 사람 가운데 어떤 이가 황권의 처자식이 처형되었다고 말했지만 황권은 그것이 거짓말임을 알고 상을 치르지 않았다. 나중에 상세한 소식을 듣게 되었는데 정말로 황권이 말한 것과 같았다.

유비가 세상을 떠났다는 소식이 전해졌을 때 위나라 신하는 모두 기뻐했지만 황권만은 그러지 못했다.

황권의 도량이 크다고 판단한 위나라 문제는 그를 놀라게 하려고 주위 사람을 황권에게 보내 출두하라는 칙명을 내리고 다다를 때까지 재촉하는 사자를 연달아 보냈다. 말을 탄 사자가 질주하며 길에서 교차했다. 황권 수하의 관원과 시종 들은 혼비백산하지 않은 자가 없는데 황권의 행동거지와 얼굴빛은 태연자약했다. 뒤에 황권은 익주 자사를 겸했고 옮겨 하남을 차지하게 되었다.

대장군 사마의는 황권을 매우 중요하게 여겼다. 사마의가 황권에

---

1)  진평과 한신은 초나라 항우를 버리고 한나라 고조에게 달려갔던 인물들이다.

게 물었다.

"촉나라에는 그대 같은 사람이 몇이나 됩니까?"

황권이 웃으며 대답했다.

"명공께서 제게 그렇게 관심이 깊은 줄은 생각지도 못했습니다."

사마의는 제갈량에게 주는 편지에서 말했다.

> 황공형黃公衡은 호방한 남자입니다. 앉으나 서나 늘 그대를 칭찬했
> 는데 말을 빌려 어떤 구실을 찾으려고 하지 않았습니다.[2]

| 경초 3년(239)·촉나라 연희 2년 | 황권은 거기장군, 의동삼사儀同三司[3]
로 승진했다. 다음 해에 세상을 떠났으며 시호를 경후景侯라고 했
다. 아들 황옹黃邕이 뒤를 이었다. 황옹은 아들이 없으므로 작위가
끊겼다.

황권이 촉에 남겨두었던 아들 황숭黃崇은 상서랑이 되어 위장군
제갈첨을 수행하여 등애를 방어했다. 부현에 이르자 제갈첨은 망설
이며 앞으로 나아가지 못했다. 황숭은 제갈첨에게 마땅히 재빠르게
가서 요충지를 점거하여 적군이 평지로 들어오지 못하게 하도록
여러 차례 권유했다. 제갈첨이 결정하지 못하고 받아들이지 않으므
로 황숭은 눈물까지 흘렸다. 마침 등애가 빠르게 전진해왔다. 제갈

---

2) 위나라 명제(조예)가 황권에게 물었다. "천하는 세 나라가 정립한 상황인데 어느 나라를
정통으로 할 수 있습니까?" 그러자 황권이 말했다. "천문에 따라 정통을 판단할 수 있습니
다. 전에 형혹(熒惑, 화성)이 심성心星이 되어 문 황제가 붕어했지만 오와 촉의 두 군주에
게는 어떠한 일도 없었습니다. 이것이 그 증거입니다."

3) 가관(加冠, 본래의 관직에 덧붙이는 벼슬)으로 삼공과 같은 격식을 수여했다. 촉나라와
오나라에는 없었다. 간단히 의동儀同이라고도 일컫는다.

첨은 물러나면서 싸워 면죽까지 이르렀다. 황숭은 병사들을 독려하며 필사의 각오로 싸우다가 전쟁터에서 죽었다.

# 제갈량의 남정南征을 승리로 이끌다

**이회전李恢傳**

이회는 자가 덕앙德昻이며 건녕군 유원兪元 사람이다. 그는 군에서
독우 벼슬을 했는데, 건령현建伶縣 현령이던 고모부 찬습爨習이 법령
을 어긴 일에 연루되어 파면되었다.

태수 동화는 찬습이 그 지방 호족이라는 점을 고려하여 불문에
부치고 사직을 허락하지 않았다. 뒤에 이회를 주에 천거했다. 이회
는 주로 가는 도중에 유비가 가맹에서 돌아와 유장을 친다는 소식
을 들었다. 이회는 반드시 유장이 패하고 유비가 이길 것을 알고 곧
군의 사자라는 명목으로 북쪽 유비에게로 가 면죽에서 만났다. 유
비는 이회를 칭찬하고 낙성까지 따르게 하고, 이회를 한중으로 보
내 마초와 우호를 맺도록 했다. 그래서 마초는 유비를 따랐다. 성도
가 평정된 뒤 유비는 익주목을 겸했는데 이회를 익주의 공조서좌功
曹書佐[4] 주부로 삼았다. 뒤에 도망자가 이회를 모함하여 그가 모반
하려 한다고 했다. 담당 관리가 이회를 붙잡아 호송하자 유비는 사
실무근임을 밝히고 다시 이회를 별가종사로 승진시켰다.

| 장무 원년(221) | 내강[5] 도독庲降都督 등방鄧方이 죽자, 유비가 이회

---

4)  문공조서좌門功曹書佐이다. 주정부의 속관으로 인사 선발을 책임졌다.

에게 물었다.

"누가 등방을 대신할 수 있겠소?"

이회가 대답했다.

"사람의 재능에는 저마다 장점과 단점이 있으므로 공자는 '사람을 부릴 때는 그 사람의 재능과 덕망을 헤아려서 한다.'라고 했습니다. 그리고 성명한 군주가 위에 있으면 신하는 마음을 다할 것입니다. 선령先零 싸움에서 조충국趙充國은 '노신老臣만 한 자가 없다.'라고 말했습니다. 신은 사사로이 저 자신의 역량을 가늠할 수 없으니 폐하께서 살피십시오."

유비는 웃으며 말했다.

"내 본뜻도 벌써 그대에게 있었소."

그러고는 이회를 내강 도독, 사지절로 삼고 교주 자사를 겸하도록 했으며 평이현平夷縣에 주둔시켰다.

유비가 세상을 떠나자 고정은 월수에서 방자하게 행동했고, 옹개는 건녕에서 교만하게 굴었으며, 주포는 장가에서 모반했다. 승상 제갈량은 남쪽으로 정벌에 나서서 먼저 월수를 지났다. 이회는 길을 따라 건녕으로 향했다. 여러 현은 대대적으로 서로 규합하여 곤명昆明에서 이회 군대를 둘러쌌다. 그 무렵 이회의 병력은 적고 적군은 두 배가 되며, 또 아직 제갈량의 소식을 듣지 못했으므로 남방 사람들을 속여 다음과 같이 말했다.

"관군은 식량이 다 떨어졌습니다. 병사를 물려 돌아가려고 합니

---

5) 배송지가 촉나라 사람들에게 물어보니 내강이라는 곳은 촉에서 2천여 리 떨어져 있는데 그때는 아직 영주寧州가 세워지지 않아 남중이라 불렸으며, 내강 도독을 세워 그 땅을 총괄하게 했다가 진 태시 연간에 처음으로 익주를 쪼개어 영주를 두었다고 했다.

다. 우리는 그사이 오랫동안 고향을 등지고 있었는데 오늘에야 돌아가게 되었습니다. 다시 북쪽으로 갈 수 없다고 하더라도 그대들과 함께 큰일을 꾀하려 하므로 진심으로 알리는 것입니다."

남방 사람들은 이회의 말을 믿고 포위를 느슨하게 했다. 그래서 이회는 출격하여 크게 무찌르고 달아나는 적군을 뒤쫓아 남쪽으로 반강槃江까지 갔으며, 동쪽의 장가와 잇대어 제갈량의 명성과 위세에 서로 호응했다. 남방 땅이 평정되고 이회의 군공이 많으므로 한흥정후漢興亭侯로 봉하고 안한장군을 더했다. 뒤에 군대가 돌아오자 남방의 만족은 또 반란을 일으키고 수비하던 대장을 죽였다. 이회는 직접 토벌에 나서 흉악한 행동을 한 무리를 뿌리 뽑고 그곳 유력자들을 성도로 옮기게 하며, 수叟와 복濮 땅에서 밭을 가는 소와 군마, 금은, 무소 가죽을 공물로 바치도록 하여 끊임없이 군용물자를 충당하므로 당시 비용에 부족함이 없었다.

| 건흥 7년(229) | 교주가 오나라에 종속되었으므로 이회의 교주 자사 직책을 해제했다. 다시 건녕 태수를 맡겼으므로 돌아와 본군에 거주하게 되었다. 한중으로 옮겨 살다가 건흥 9년(231)에 죽었다. 아들 이유李遺가 뒤를 이었다. 이회의 조카 이구李球는 우림우부독羽林右部督으로 제갈첨을 수행하여 등애를 막았으며, 전쟁터에서 명령을 받았고 면죽에서 죽었다.

# 절개를 지켜 반란자 옹개를 꾸짖다

**여개전呂凱傳**

여개는 자가 계평季平이고 영창군 불위현不韋縣[6] 사람이다. 그는 군에 임명되어 오관연공조五官掾功曹가 되었다. 그때 옹개 등은 유비가 영안에서 세상을 떠났다는 소식을 듣고 불손하고 교활한 태도가 더욱 심해졌다. 도호 이엄이 편지 여섯 장을 옹개에게 주어 이해득실을 따졌는데, 옹개는 달랑 한 장으로 이렇게 답했다.

> 무릇 하늘에는 두 태양이 없고 땅에는 두 임금이 없다고 들었습니다. 오늘 천하가 정립하여 역법曆法이 세 종류나 있습니다. 이 때문에 먼 곳에 있는 사람은 두려워하고 의심하며 누구에게 귀순해야 할지 모르고 있습니다.

옹개의 흉포하고 오만함은 이와 같았다. 그는 또 오나라에 항복했는데, 오나라는 먼 곳에서 옹개를 영창 태수로 임명했다. 영창군은 익주군 서쪽에 있으며 길이 막혀 촉과는 두절되었으므로 군 태

---

6)  예전에 진秦은 여불위의 자제나 일족을 촉한蜀漢 지역으로 옮겨 살게 했다. 한나라 무제 때 서남西南의 만족을 교화시켜 군현을 설치하고 여씨를 이주시켜 그 땅 백성이 되게 했다. 그래서 불위현이라고 부른 것이다.

수가 바뀌었다. 여개와 부승府丞인 촉군의 왕항王伉은 관민을 통솔하여 격려하고 국경을 폐쇄시켜 옹개의 침입을 막았다. 옹개는 여러 차례에 걸쳐 영창으로 격문을 보내 이것저것을 말했다.

여개가 격문에 대답하여 말했다.

　하늘이 동란을 내려서 간사한 영웅이 틈을 타니 천하 사람들이 이를 갈며 온 나라가 애통해하고, 관원이든 노복이든 어른이든 아이든 간에 근력을 다하려 생각하지 않는 이가 없으며, 간이나 뇌로 땅을 칠해서라도 나라의 어려움을 없애려고 합니다. 제 생각으로는 장군께서 대대로 한나라 왕조의 은혜를 받았으니 직접 친족과 사람들을 모아 솔선하여 위로는 나라에 보답하고 아래로는 선조를 저버리지 말아서 역사책에 공훈을 적고 이름을 수천 년 동안 남겨야 할 것입니다. 어찌 신이 오나라와 월나라의 노비가 되어 근본을 저버리고 끝을 좇기 바라십니까? 옛날에 순은 백성을 위해 열심히 일하다가 창오에서 죽었는데 경전에서는 그를 찬미했으며, 명성이 끝없이 흐르고 있습니다. 강가에서 돌아가셨다고 해도 어찌 슬프겠습니까! 주나라 문왕과 무왕이 천명을 받아 성왕이 태평성대를 이룩했습니다.

　선제(유비)가 교룡처럼 일어나자 천하 사람들은 그의 풍모를 우러러 바라보며, 일을 주재하는 대신들은 총명하고 지혜로웠으니 하늘에서 내려준 평안입니다. 그러나 장군은 흥하고 쇠하는 이치와 성공하고 실패하는 징조를 돌아보지 않고 있습니다. 이것은 평원에 들불이 일어나고 시냇물의 얼음을 밟고 지나가는 상태에 비유되는데, 불이 사그라지고 얼음이 녹는다면 당신은 어디에 의지하겠습니까? 지난날 장군의 선조 옹후雍侯는 한나라 고조와 원수를 맺었는데도 봉해졌고, 두융은 한나라가 앞으로 흥성할 것을 알고 세조(광무제)에게 마음을 돌려서 모두 후세에 이름을 전했으며, 대대로 그들의 미덕이 찬미되었습니다.

지금 승상 제갈량은 재능이 두드러지게 뛰어나서 아직 싹트지 않은 일을 깊이 볼 수 있고, 선제의 유언을 받아 고아(유선)를 맡아 말세에 다시 일어나는 황실을 보좌하며 사람들을 의심하지 않고 공적을 기록하고 허물을 잊었습니다. 장군이 만일 돌이켜 마음을 바꿔 지금까지의 태도를 고친다면 옛 현인을 배우는 일이 어렵지 않을 텐데, 어찌 변방을 지배하는 데 만족하겠습니까! 초나라가 천자를 공경하지 않았을 때 제나라 환공은 초나라를 꾸짖었고, 오나라 왕 부차夫差가 패자의 이름을 참칭했을 때 맹약하는 자리에서 진나라 사람은 부차를 우두머리로 여기지 않았습니다. 하물며 정식 군주가 아닌 자의 신하가 된다면 누가 그에게 돌아가기를 좋아하겠습니까? 고대의 도의에 대한 제 개인적인 생각으로는 신하에게 국경을 넘는 사귐은 없었습니다. 이 때문에 앞뒤로 하여 오는 일은 있어도 가는 일은 없었습니다. 저는 여러 차례 그대의 고시告示를 받고 화가 나서 먹는 것까지 잊었으므로 마음의 생각을 간략하게 진술하여 장군께서 제 뜻을 살피시기를 바라고 있습니다.

여개의 위세와 은혜는 군대에서 빛났으며, 군 안에 있는 사람들에게 신임을 받았다. 그래서 그 절개를 지킬 수 있었다.

승상 제갈량이 남쪽으로 정벌하여 옹개를 토벌하려고 길에 있을 때 옹개는 이미 고정의 부하에게 살해되었다. 제갈량은 남방에 이른 뒤 표를 올려 말했다.

영창군 관리 여개와 부승 왕항 등은 먼 곳에 있으면서 충성을 지켜

온 지 10여 년이 되었습니다. 옹개와 고정이 그 동북쪽에서 핍박했지만 여개 등은 의리를 지키며 그들과 오가지 않았습니다. 신은 영창군의 풍속이 이처럼 돈후하고 정직하리라고는 생각지도 못했습니다.

여개를 운남 태수雲南太守로 삼고 양천정후陽遷亭侯로 봉했다. 마침 여개는 반란을 일으킨 만족에게 살해되었으므로 아들 여상呂祥이 후사가 되었다. 왕항도 정후亭侯로 봉해지고 영창 태수가 되었다.

# 과감한 결단력으로 여러 차례 남쪽 변방을 평정하다

**마충전馬忠傳**

마충은 자가 덕신德信이고 파서군 낭중현 사람이다. 어려서 외가에서 자랐으며 성을 호狐라 하고 이름을 독篤이라 했는데, 나중에 성을 바꾸고 이름을 충忠으로 고쳤다. 마충은 군郡의 관리가 되었다가 건안 말년에 효렴으로 천거되었으며, 한창현漢昌縣의 장으로 제수되었다.

유비가 동쪽으로 정벌에 나섰다가 효정에서 패했을 때 파서 태수 염지閻芝는 여러 현의 병사 5천여 명을 징발하여 군사가 없는 곳을 보충시키고, 마충을 보내 그곳으로 가게 했다. 유비는 벌써 영안으로 돌아와 마충을 만나 함께 이야기를 나누고 상서령 유파에게 말했다.

"비록 황권을 잃었지만 호독狐篤을 얻었다. 이는 세상에 현인이 부족한 것이 아니다."

| 건흥 원년(223) | 승상 제갈량이 막부를 열어 마충을 문하독門下督으로 삼았다. 3년(225)에 제갈량은 남쪽으로 들어갔으며 마충을 장가 태수로 임명했다.

승상 주포가 모반을 했다. 그가 반란을 일으킨 뒤 3년 만에 평정되었는데, 마충은 주민들을 위로하고 구제했으며 가르치고 관리하여 위엄과 은혜가 컸다.

｜건흥 8년(230)｜ 유선은 마충을 불러 승상참군丞相參軍으로 삼고 장사長史 장완의 차관으로 남겨 부府의 일을 보도록 했다. 마충은 또 주의 치중종사를 겸했다. 다음 해에 제갈량이 기산으로 출격했을 때 마충은 제갈량이 있는 곳으로 가서 군대 안의 일을 관리했다. 군대가 돌아온 뒤 장군 장의 등을 지휘하여 반란을 일으킨 문산군의 강족을 토벌했다.

｜건흥 11년(233)｜ 남방 만족의 호족 우두머리 유주가 모반하여 각 군을 어지럽혔다. 유선은 내강 도독 장익을 불러 돌아오게 하고 마충이 장익을 대신하도록 했다. 마충은 재빨리 유주의 목을 베고 남쪽 땅을 평정했다. 마충에게 감군분위장군監軍奮威將軍을 더하고 박양정후博陽亭侯로 봉했다.

처음에 건녕군에서는 태수 정앙을 죽이고, 그다음에 임명된 태수 장예를 결박하여 오나라로 보냈으므로 내강 도독은 늘 평이현에 주둔했다. 마충에 이르러서는 독부督府를 미현味縣으로 옮겨 만족 주민들이 거주하는 사이에 있었다. 월수군도 오랫동안 땅을 잃었으므로 마충은 태수 장의를 이끌고 옛 군을 되찾았다. 이로 말미암아 마충은 안남장군을 더하고 승진하여 팽향정후彭鄕亭侯에 봉해졌다.

｜연희 5년(242)｜ 마충은 조정으로 돌아왔고, 그 뒤 한중에 이르러 대사마 장완을 만나 조서를 전했으며 진남대장군鎭南大將軍에 제수되었다.

｜연희 7년(244) 봄｜ 대장군 비의는 북쪽으로 가서 위나라 군대에 저항하고 마충을 성도에 남겨 상서의 일을 맡도록 했다. 비의가 돌아온 뒤에 마충은 곧 남쪽으로 돌아갔다.

｜연희 12년(249)｜ 마충은 세상을 떠났다. 아들 마수馬脩가 뒤를 이었다.

마충은 사람됨이 관대하고 도량이 크며, 농담을 잘하고 크게 웃고 화날 때도 얼굴에 나타내지 않았다. 그러나 일을 처리함에는 결단력이 있고 위엄과 은혜를 함께 갖추고 있었다. 이 때문에 만족은 그를 두려워하면서도 사랑했다.

마충이 세상을 떠났을 때 장례를 치르는 곳에 와서 눈물을 흘리며 애도하는 마음을 다하지 않는 이가 없었다. 이 때문에 묘당을 세워 제사를 지냈으며, 그것은 지금까지 남아 있다.

장표張表는 그 무렵 이름난 선비로 청렴과 명망이 마충을 뛰어넘었다.

염우는 줄곧 공로와 재간이 있었고 정치적인 일에 열심이었다. 그는 마충의 뒤에서 그 직무를 이었지만 위풍과 정치적인 업적은 모두 마충에 미치지 못했다.

# 위연의 모반을 평정하다

## 왕평전王平傳

왕평은 자가 자균子均이고 파서군 탕거현宕渠縣 사람이다. 그는 본래 외가 하씨何氏에게서 자랐는데, 나중에 성을 왕王으로 고쳤다. 두호 와 박호를 따라 낙양으로 가서 교위 관직을 받았고, 조조의 한중 정 벌을 수행했다. 그때 유비에게 항복하여 아문장, 비장군으로 임명 되었다.

| 건흥 6년(228) | 왕평은 참군 마속의 선봉대에 소속되었다. 마속 이 수로를 버리고 산으로 올라가 진을 구축하고 어지럽게 지휘하 자 왕평은 여러 번 마속에게 간언했다. 그러나 마속은 그의 의견을 받아들이지 않아 가정街亭에서 크게 졌다. 마속의 부하는 모두 사방 으로 흩어지고 오직 왕평이 인솔하는 1천 명만이 북을 울리며 스스 로 굳게 지켰는데, 위나라 장수 장합은 복병을 의심하여 감히 나아 가지 못했다. 그래서 왕평은 각 군대의 흩어졌던 병사를 천천히 거 두고 장사들을 거느리고 돌아왔다.

승상 제갈량은 마속과 장군 장휴張休, 이성李盛을 죽이고 장군 황 습黃襲 등의 병사를 빼앗았다. 왕평은 특별히 크게 표창을 받고 참 군을 더했다. 또 왕평에게 오부五部의 병사[7]를 이끌 권한을 주고 군 영의 일을 맡겼으며, 지위를 토구장군討寇將軍으로 높이고 정후로 봉했다.

| 건흥 9년(231) | 제갈량이 기산을 둘러쌌을 때 왕평은 따로 남쪽 군영을 지켰다. 위나라 대장군 사마의가 제갈량을 치고 장합이 왕평을 쳤는데 왕평이 수비를 굳게 하고 움직이지 않으므로 장합은 이길 수 없었다.

| 건흥 12년(234) | 제갈량이 무공에서 죽자 군대를 물려 돌아왔다. 위연이 반란을 일으켰을 때 한 차례 싸움으로 패배시킨 것은 왕평의 공로이다. 왕평은 후전군後典軍, 안한장군으로 승진했으며, 거기장군 오일을 도와 한중에 주둔하면서 한중 태수를 겸했다.

| 건흥 15년(237) | 왕평은 승진하여 안한후安漢侯에 봉해지고 오일 대신 한중을 다스렸다.

| 연희 원년(238) | 대장군 장완이 면양에 주둔하고 있을 때 왕평은 다시 전호군前護軍이 되었고 장완 막부의 일을 맡았다. 6년(243)에 장완은 돌아와 부현에 주둔하고 전감군(前監軍, 전방 각 군대를 감독하는 관직), 진북대장군으로 임명되어 한중을 다스렸다.

| 연희 7년(244) 봄 | 위나라 대장군 조상이 보병과 기병 10여만 명을 이끌고 한천으로 향했는데 선봉은 벌써 낙곡에 있었다. 그때 한중에서 수비하던 군사는 3만 명도 안 되므로 장수들은 매우 놀랐다. 어떤 이가 말했다.

"지금 힘으로는 적을 막기가 부족합니다. 마땅히 한중과 낙성 두 성을 굳게 지켜야만 합니다. 적군을 만나면 들어오게 하고, 이 동안 부현의 군대는 관성關城을 구원할 수 있습니다."

---

7) 후한 때 한나라의 영역으로 들어와 산 흉노 백성을 건안 21년(216)에 조조가 다섯 군단으로 나누었다. 똑같은 일이 촉에서도 있었는지는 자세하지 않다.

왕평이 말했다.

"그렇지 않습니다. 한중은 부현에서 1천 리쯤 떨어져 있습니다. 적군이 만일 관성을 얻는다면 곧 화가 될 것입니다. 지금은 마땅히 먼저 유 호군(劉護軍, 유민劉敏)과 두 참군(杜參軍, 두기)을 보내서 흥세를 점거하도록 하고 저는 후방을 막아야 합니다. 만일 적군이 병사를 나눠 황금黃金으로 향하면 제가 1천 명을 이끌고 산을 내려와 직접 공격할 테니, 이 동안 부현의 군대는 나아가 이를 수 있습니다. 이것이 계책 가운데 상책입니다."

호군 유민만이 왕평의 견해에 동의하고 곧바로 시행했다. 부현의 여러 군대와 대장군 비의가 성도에서 서로 연달아 이르렀으므로 위나라 군대는 물러나 돌아가니, 왕평의 본래 계책대로 되었다. 이 때 등지는 동쪽에 있고 마충은 남쪽에 있으며 왕평은 북쪽 변방에 있었는데, 모두 명성과 사적이 빛났다.

왕평은 전쟁터에서 자라 글자를 쓸 수 없고 아는 것이라고는 열 글자밖에 안 되었지만, 구술로 작성한 문서는 모두 식견이 있고 조리 있었다.

왕평은 사람들에게 《사기》와 《한서》의 여러 기전紀傳을 읽도록 하여 그것을 듣고 그 대의大義를 모두 알았으며, 이따금 논설하는 가운데 그 주된 뜻을 잃지 않았다. 그는 법도를 잘 지키고 말할 때는 농담을 하지 않았으며, 아침부터 저녁까지 온종일 단정하게 앉아 있으므로 무장武將다운 모습은 없었다. 그러나 성품이 옹졸하고 의심이 많아 사람들을 스스로 경시함으로써 손해를 입었다. 연희 11년(248)에 세상을 떠났다. 아들 왕훈王訓이 뒤를 이었다.

처음에 왕평과 같은 군 출신인 한창의 구부句扶는 충성스럽고 용감하며 너그럽고 후덕했다. 또한 여러 번 전공을 세웠다. 공명功名

과 작위는 왕평만 못했고, 관직은 좌장군까지 이르렀으며 탕거후宕
渠侯로 봉해졌다.

# 덕으로써 15년간 만족蠻族을 다스리다

## 장의전張嶷傳

장의는 자가 백기伯岐이고 파군 남충국南充國 사람이다. 약관의 나이에 현의 공조가 되었다. 유비가 촉군을 평정할 때 산속의 도적들이 현을 공격하자 현장은 가족을 버리고 도망갔다. 장의가 목숨의 위협을 무릅쓰고 현장의 아내를 보호해주어 재난을 면할 수 있었다. 장의는 이로부터 이름이 났으며 주에서 불러 종사로 삼았다. 그때 군 안의 관리 공록龔祿과 요주姚伷는 2천 석 지위에 있고 명성이 높았는데 모두 장의와 사이가 좋았다.

| 건흥 5년(227) | 승상 제갈량이 북쪽 한중에 주둔했을 때 광한, 면죽의 산적 장모張慕 등이 군자금을 훔치고 관리와 백성을 겁주며 재물을 빼앗았다.

장의가 도위 신분으로 병사들을 이끌고 그들을 토벌하러 갔다. 장의는 그들이 새처럼 흩어져 싸우므로 사로잡기 어렵다고 생각하고, 곧 거짓으로 화친을 맺고 시간을 정해 술자리를 열었다. 술자리가 한창 무르익었을 때 장의는 직접 수하의 사람들을 이끌고 장모 등 50여 명의 목을 베어 산적 우두머리를 모두 없앴다. 장의가 그 남은 무리를 찾아내어 열흘 만에 말끔히 평정했다.

나중에 장의가 중병에 걸렸는데 집이 평소에도 궁핍했다. 광한 태수인 촉군의 하지는 인정이 후하기로 이름나 있었으므로, 장의는 그와 사이가 멀었지만 직접 수레를 타고 하지의 집으로 가서 질병을 치료해달라고 부탁했다. 하지는 재산을 기울여가며 장의를 치료해주었고 몇 년이 지나자 병이 다 나았다. 그가 도리에 통한 이를 친구로 삼고 의리가 두터운 사람을 신뢰한 것이 모두 이와 같았다.

장의는 아문장으로 임명되어 마충에게 예속되었다. 북쪽으로 문산에서 반란을 일으킨 강족을 토벌하고 남쪽으로 네 군의 만족을 평정했는데, 대체로 장의가 세운 작전에 따라 승리를 거두었다.

| 연희 14년(251) | 무도현의 저족 왕 부건이 항복을 요청했다. 조정에서는 장군 장위張尉를 보내 가서 맞이하도록 했는데 약속한 날이 지나도 이르지 않자 대장군 장완이 매우 걱정했다. 장의는 이 일을 평론하여 말했다.

"부건이 항복을 요청함이 매우 진지하고 간절했으니 틀림없이 다른 변고는 없을 것입니다. 평소 부건의 동생이 교활하고 또 만족 중에 부건이 항복하려는 데 동조하지 않는 자가 있다고 들었으니 분열이 일어난 듯합니다. 이 때문에 그곳에 머물러 늦어지는 것입니다."

며칠 뒤 소식이 전해졌는데, 부건의 동생은 정말 4백여 호를 이끌고 위나라로 갔고 부건만이 투항하러 온다고 했다.

이전에 월수군에서는 승상 제갈량이 고정을 토벌한 뒤, 수족曳族과 이족이 자주 반란을 일으켜 태수 공록과 초황焦璜을 죽였다. 이때부터 태수는 감히 군으로 가지 못하고 군에서 8백여 리나 떨어진 안상현安上縣에 머물렀으므로 그 군은 그저 이름만 있을 뿐이었다. 그때 여론은 옛 군을 되찾기를 바랐으므로 장의를 월수 태수로 제수했다.

장의가 수하의 병사들을 거느리고 그 군으로 가서 은혜와 신의로써 이끌므로 만족과 이족은 모두 복종하여 매우 많은 사람이 와서 항복하고 귀순했다. 북쪽 국경의 촉마족捉馬族은 가장 용맹하여 촉나라의 통치를 받지 않고 있었다. 장의는 곧 가서 토벌하고 그 우두머리 위랑魏狼을 사로잡았다가 또 풀어주며 깨우치고 나머지 사람들을 불러 회유하도록 했다. 장의는 표를 올려 위랑을 읍후邑侯로 임명하고 부족 3천여 호는 모두 토지를 안정시켜 자기 직책을 지키도록 했다. 각 부족이 이 소문을 듣고 대부분 항복했다. 장의는 이 공로로 관내후 작위를 받았다.

소기蘇祁의 읍군邑君 동봉冬逢과 동봉의 동생 외거隗渠 등이 항복했다가 다시 모반했다. 장의는 동봉을 죽이고, 동봉의 아내는 모우왕旄牛王의 딸이므로 계략상 그녀를 사면시켰다. 그리고 외거는 서쪽 경계로 달아났다.

외거는 강인하고 용맹하며 날래므로 많은 부족 사람이 그를 매우 두려워하며 꺼렸다. 외거는 측근 두 명을 보내 거짓으로 장의에게 항복시키고 실제로는 소식을 얻으려 했다. 장의는 이 사실을 알아내어 그들에게 후한 상을 약속하고 반대로 계획을 실행하도록 했다. 이 두 명은 함께 모의하여 외거를 죽였다. 외거가 죽자 각 부족은 모두 안정되었다. 또 사도斯都의 우두머리 이구승李求承은 예전에 공록을 직접 죽인 자인데 장의는 현상금을 걸어 잡아들여서 그의 지난 악행을 일일이 열거한 뒤에 죽였다.

처음 군의 성곽이 무너져버리자 장의는 다시 작은 성벽을 쌓았다. 재임한 지 3년이 지난 뒤에 원래 군으로 돌아와 성곽을 보수할 때 만족의 남녀가 모두 노동력을 제공했다.

정작定苲·대등臺登·비수卑水 세 현은 군에서부터 3백여 리 떨어져 있는데 옛날에는 소금과 철과 옻을 산출했지만 만족이 살고 있는 국경 지대에서는 오랫동안 그들이 독점하여 썼다. 장의는 수하의 병사들을 이끌고 이곳을 빼앗아 군의 고관에게 관리를 맡기려고 했다.

장의가 정작에 이르렀다. 정작의 두목 낭잠狼岑은 반목왕槃木王의 외숙으로서 만족과 이족의 신임을 많이 받고 있었는데 장의가 자신들의 산업을 빼앗으려는 데 화가 나 직접 와서 만나지 않았다. 장의는 장사 수십 명을 시켜 곧장 가서 잡아오게 해 때려죽여 시체를 그 마을로 돌려보내고 상을 후하게 주어 낭잠의 악행을 알리고 아울러 말했다.

"경거망동하지 마시오. 움직이면 곧바로 죽게 될 것이오."

부족들은 모두 면전에서 결박하고 사죄했다. 장의는 소를 잡아 잔치를 열고 두터운 은덕과 신의를 보였다. 그래서 소금과 철을 얻게 되고 필요한 도구가 풍부해졌다.

한가군의 경계에는 모우이旄牛夷 부족 4천여 집이 살고 있었다. 그들의 우두머리 낭로狼路는 고모부 동봉의 원수를 갚기 위해 작은 아버지 낭리狼離에게 동봉의 부하들을 이끌고서 형세를 살펴보도록 했다. 장의는 일이 있기 전에 측근에게 고기와 술을 갖고 그곳으로 가 위로하게 하고, 또한 낭리에게 동봉의 아내를 맞아 돌아오게 해서 생각을 들었다. 낭리는 상을 받고 아울러 그 누이를 만났으며, 누이와 동생은 즐거워 수하의 부족민들을 이끌고 장의를 만났다. 장의는 그들에게 두터운 상을 주고 잘 대접하여 돌려보냈다. 모우이 부락은 이 뒤로 줄곧 반란이 없었다.

군에는 모우이 마을을 지나 성도에 이르는 옛날 길이 있었는데 평탄하기도 하고 가까웠다. 모우이에서 길을 끊은 뒤부터 1백여 년이 되었고, 대신 안상을 지나게 되었는데 험하고 멀었다.

장의는 측근을 보내 낭로에게 재물과 비단을 주고, 다시 낭로의 고모에게 그의 뜻을 설명하도록 했다. 낭로는 곧 형제와 처자식을 데리고 모두 장의를 배알했다. 장의는 그와 맹세하고 옛길을 개통했으며, 1천 리 길을 조용하고 깨끗하게 하여 옛날의 역참을 회복시켰다. 상주하여 낭로를 모우구비왕旄牛呴毗王으로 임명하고 사자를 보내 낭로를 유선에게 인사시키고 조공을 바치도록 했다. 그래서 유선은 장의에게 무융장군撫戎將軍을 더하고 전처럼 군 태수를 겸하게 했다.

장의는 처음 비의가 대장군이 되어 호방한 성정에 따라 널리 사랑을 베풀어 새로 귀순하는 이들에게 지나치게 후히 대접하고 신임하는 것을 보고 편지를 써서 경계시켰다.

예전에 잠팽岑彭은 군대를 이끌고 내흡은 절(節, 군사권을 나타내는 깃발)을 쥐고 있으므로 모두 자객에게 죽임을 당했습니다. 지금 장군 당신의 지위는 존경스럽고 권력은 무거우니 마땅히 지난날의 일을 경계로 삼아야만 하는데 경계하는 바가 적다고 생각됩니다.

나중에 비의는 정말로 위나라에 항복한 곽수郭脩에게 죽임을 당했다.

오나라 태부 제갈각이 처음으로 위나라 군대를 무찌르고는 대군을 동원하여 위나라를 쳐서 취하려는 계획을 짰다. 시중 제갈첨은 승상 제갈량의 아들이며 제갈각의 사촌 동생이었다. 장의는 그에게 편지를 보내 말했다.

동쪽 오나라의 군주는 방금 붕어했고 황제는 사실 어리고 약합니다. 태부 제갈각은 어린 군주 위탁의 중책을 받았는데, 이것이 또 어찌 쉬운 일이겠습니까! 황족으로서 빼어난 재능을 갖고 있던 주공에게는 오히려 관숙과 채숙이 유언비어를 퍼뜨린 변고가 있었고, 곽광이 임무를 받았을 때는 또 연나라 왕 단旦과 악읍개주(鄂邑蓋主, 소제昭帝)의 누이와 상관걸上官桀 등의 반란과 음모가 있었는데, 다행히 성왕과 소제의 명철함에 힘입어 이 재난을 면했습니다. 옛날부터 동쪽의 군주는 살생과 상벌의 권한을 아랫사람에게 맡기지 않았다고 늘 들었습니다. 지금 또 목숨이 위급할 때 갑자기 태부를 불러 뒷일을 맡기려 하니 진실로 걱정할 만합니다. 게다가 오와 초 사람들은 사납고 급하다고 옛 책에 적혀 있습니다.

그런데 태부는 어린 군주를 떠나 적지로 들어가니 아무래도 훌륭한 계획과 뛰어난 계산에 기초한 방법이 아닌 듯합니다. 비록 동쪽 나라가 기강이 엄숙하고 위아래가 화목할지라도 백 가지 가운데 한 가지라도 실패가 있다면 총명한 사람의 사려는 아니겠지요? 옛것에 따라 현재를 판단하면 현재는 옛날과 똑같아질 것입니다. 그대가 태부에게 나아가 충언을 드리는 것 말고 누가 또 말을 다하겠습니까! 군사를 돌려 농업을 발전시키고 은덕을 베푸는 일에 힘쓴 다음 수년 안에 동쪽 오와 서쪽 촉이 함께 병사를 일으켜도 확실히 늦지 않을 것입니다. 깊이 살피시기 바랍니다.

제갈각은 결국 이 만족으로써 구족을 멸망시켰다. 장의의 식견은 대부분 이와 같았다.

장의가 군에 부임한 지 15년이 되자 그 지역은 안정되어 평화로웠다. 여러 번 돌아가기를 요청하여 성도로 불려가게 되었다. 만족 백성은 그를 아끼고 흠모하여 수레를 붙들고 눈물을 흘렸다. 모우이 마을을 지날 때 군장이 어린아이를 등에 업고 나와 장의를 맞이했으며 촉군 경계에 이를 때까지 뒤를 따랐다. 연이어 서서 장의를 수행하여 조공한 두목이 1백여 명이나 되었다.

장의는 이르러 탕구장군에 임명되었다. 그는 강개하고 장렬하므로 사대부가 모두 그를 존경했다.[8] 그러나 장의는 일을 처리함에 마음대로 하고 예절이 부족하여 사람들이 이 때문에 그를 비난하기도 했는데, 이해가 연희 17년(254)이다.

위나라 적도현狄道縣의 장으로 있던 이간李簡이 밀서로 항복을 요청했다. 위장군 강유는 장의 등을 이끌고 이간의 물자에 기대어 농서隴西로 출전했다.[9] 적도에 이르자 이간은 성안의 백성을 이끌고 군대를 맞이했다. 군을 앞으로 나아가게 하여 위나라 장수 서질徐質과 싸우다가 장의는 전쟁터에서 죽었지만 그가 죽이거나 상처를 입힌 적은 배가 넘었다.

---

8) 이 무렵 거기장군 하후패가 장의에게 말했다. "그대와는 소원하지만 예전부터 알고 지낸 사람을 대하는 것처럼 마음을 의탁하겠습니다. 이 마음을 알아주셔야 합니다." 그러자 장의가 말했다. "저는 아직 당신을 알지 못하고 그대도 아직 저를 모릅니다. 우정의 커다란 도리는 저쪽에 있거늘 어찌 마음을 의탁한다고 하십니까! 원컨대 3년 뒤에 이 말씀을 해주십시오." 식견 있는 사람들은 아름다운 말이라고 평했다.

9) 장의는 지병을 안고 성도에 왔으므로 병세가 더욱 악화되어 지팡이를 짚고야 일어날 수 있었다. 이간이 항복을 원했을 때 사람들은 모두 의심했지만 장의만은 필연적인 것이라고 주장했다. 강유의 출전에 그때 여론은 장의가 막 성도로 온 데다가 다리가 불편하여 행군에 함께할 수 없다는 것이었다. 장의는 이 말을 듣고 중원에 마음을 두고 일신을 적진에 두기를 원했다. 출발에 즈음하여 유선에게 이별을 고하며 말했다. "신은 총명한 폐하의 세상에 살면서 과분한 은총을 받았으며 몸의 질병이 심해져 늘 하루아침에 죽어 은혜를 저버리게 될까 봐 걱정했습니다. 하늘은 제 소원을 저버리지 않고 군사에 참여할 수 있게 했습니다. 만일 양주를 평정한다면 신은 국경 밖에서 지키는 일을 할 것입니다. 만일 이기지 못한다면 이 몸을 죽여 은혜에 보답하겠습니다." 유선은 그 마음에 감격하여 눈물을 흘렸다.

장의가 죽은 뒤 맏아들 장영張瑛을 서향후로 봉하고, 작은아들 장호웅張護雄에게 그의 작위를 잇도록 했다.

남쪽 땅 월수군의 백성 가운데 장의가 죽었다는 소식을 듣고 슬피 울지 않는 이가 없었다. 그들은 장의를 위해 묘당을 세워 사계절과 수재와 한재가 있을 때마다 제사를 지냈다.

【평하여 말한다】

황권은 학식이 넓고 아정하며 도량이 넓었고, 이회는 공정하고 정직하며 공업에 뜻을 두었고, 여개는 절개를 지켜 옮기지 않았으며, 마충은 온순하지만 과감하게 결단했고, 왕평은 충성스럽고 용감하고 엄정했으며, 장의는 식견이 뛰어나고 과단성이 있었다. 이들이 모두 자신의 장점에 의지하여 명성을 날리고 자취를 나타낼 수 있었던 것은 그들을 필요로 하는 때를 만났기 때문이다.

# 14

# 장완비의강유전 蔣琬費褘姜維傳

## 제갈량이 정한 규범을 따른 자들

# 정직하고 엄숙했던 제갈량의 후계자

## 장완전蔣琬傳

장완은 자가 공염公琰이고 영릉군 상향현湘鄕縣 사람이다. 약관의 나이에 외사촌 동생 천릉泉陵의 유민과 함께 이름이 알려졌다. 장완은 주서좌 신분으로 유비를 따라 촉군으로 들어가 광도현의 장으로 제수되었다.

유비는 일찍이 유람하다가 문득 광도현을 방문한 적이 있었다. 그때 장완이 여러 일을 처리하지 않고 또 만취한 것을 보고 매우 노하여 처벌하려고 했다. 군사장군 제갈량이 간청하며 말했다.

"장완은 나라의 그릇이지 백 리 토지를 다스릴 인재가 아닙니다. 그는 다스리는 데 백성을 안정시키는 것을 근본으로 하며 겉모양을 꾸미는 것을 우선으로 삼지 않습니다. 원컨대 주공께서는 다시 살펴주십시오."

유비는 제갈량을 존경하고 아끼므로 그의 죄를 벌하지 않고 관직만 박탈하는 데 그쳤다. 장완은 면직된 뒤 한밤중에 소 한 마리가 문 앞에서 머리에 피를 철철 흘리는 꿈을 꾸고 속으로 매우 언짢아 꿈을 풀이하는 조직을 불러 물어보았다. 조직이 말했다.

"대저 피를 보는 것은 일이 분명해졌음을 뜻합니다. 소뿔과 귀는 '공公' 자 모양을 하고 있으니 당신 지위는 반드시 공公에 이를 것입니다. 아주 길한 징조입니다."

오래지 않아 장완은 십방의 현령이 되었다. 유비가 한중왕이 되자 장완은 중앙으로 들어가 상서랑이 되었다.

| 건흥 원년(223) | 승상 제갈량은 막부를 열고 장완을 초빙하여 동조연東曹掾으로 삼았다. 장완은 무재에 천거되었지만 유옹劉邕·음화陰化·방연龐延·요순廖淳에게 간곡하게 사양했다. 제갈량은 장완을 깨우치며 말했다.

"생각해보십시오. 가까이 있는 자를 배반하고 도덕을 버리고 백성을 파멸시키는 것은 사람들이 마음속으로 동정하지 않습니다. 사실 또 멀고 가까운 사람들에게 그 사퇴하려는 뜻을 이해시키지 못합니다. 그러므로 그대는 자신의 공업과 덕행을 나타내어 이 선발의 타당함과 중요함을 밝혀야만 합니다."

| 건흥 5년(227) | 장완은 참군으로 승진했다. 제갈량이 한중에 주둔하고 있을 때 장완은 장사 장예와 부에 남아 일을 총괄했다. 8년(230)에 장예 대신 장사가 되었고 무군장군撫軍將軍을 더했다. 제갈량은 자주 밖으로 출정했지만 장완은 그때마다 식량과 병사를 충분히 대주었다.

제갈량은 늘 이렇게 말했다.

"공염은 충성과 고아함에 뜻을 두고 있으니 나와 함께 제왕의 대업을 도와줄 사람이다."

제갈량은 은밀히 표를 올려 유선에게 말했다.

신에게 만일 불행이 닥치면 뒷일은 마땅히 장완에게 맡기십시오.

제갈량이 죽자 장완을 상서령으로 삼고 오래지 않아 관직을 더하여 도호를 대행하게 했다. 이어 장완에게 부절을 주고 익주 자사를 겸하게 했다. 장완은 승진하여 대장군, 녹상서사가 되었으며 안양정후安陽亭侯로 봉해졌다.

당시 원수(元帥, 제갈량)를 막 잃었으므로 먼 곳이든 가까운 곳이든 간에 두려워하고 있었다. 장완은 뽑혀서 백관들 위에 있게 되었지만 슬퍼하는 모습도 없고 기뻐하는 빛도 없이 정신을 하나로 모으고 행동거지가 차분하여 평소와 똑같았다. 이로부터 사람들은 장완을 점점 믿고 따르게 되었다.

| 연희 원년(238) |  유선이 장완에게 조서를 내렸다.


적이 끊임없이 쳐들어오고 있고 조예는 교만하고 흉악한 사람이다. 요동의 세 군은 그의 포학함으로 고통받아 서로 규합하여 그를 떠날 거리가 생겼다. 조예는 대군을 크게 일으켜 또 서로 공격하여 토벌하도록 했다. 옛날 진秦나라가 멸망한 것은 진승陳勝과 오광吳廣이 반란을 일으켰기 때문이다. 오늘 이러한 변란은 하늘이 내려준 좋은 기회이다. 그대는 전쟁 준비를 하여 군사들을 통솔해 한중에 주둔하고 오나라가 움직이길 기다렸다가 동쪽과 서쪽에서 서로 호응하여 틈을 타서 행동하라.


또 장완에게 부서를 개설하도록 명령했다. 다음 해에 장완에게 대사마를 더했다.

동조연 양희楊戲는 평소 성품이 간략한데 장완과 이야기할 때도 늘 응답하지 않았다. 어떤 사람이 장완에게 양희를 헐뜯으려고 이렇게 말했다.

"공께서 양희와 이야기를 나누었지만 대답을 듣지 못한 것은 양희가 윗사람을 무시하는 것으로 심하지 않습니까!"

장완이 말했다.

"사람 마음이 다른 것은 저마다 그 얼굴이 다름과 같습니다. 앞에서는 따르고 뒤에서 나쁜 말을 하는 것은 옛사람들이 경계한 바입니다. 양희가 내 생각을 옳다고 찬성하면 그의 본심이 아니고 내 의견에 반대한다면 내 잘못을 드러내기 때문에 잠잠히 있었던 것입니다. 이것은 양희의 좋은 태도입니다."

또 독농 양민楊敏이 일찍이 장완을 헐뜯어 말했다.

"장완은 일 처리가 모호해 진실로 앞사람들에게 미치지 못한다."

어떤 사람이 양민이 한 이 말을 장완에게 전했다. 일을 주관하는 사람이 양민을 다스리기를 청했지만 장완은 이렇게 말했다.

"나는 확실히 앞사람만 못하므로 추궁할 만한 게 없습니다."

일을 주관하는 사람은 다그치지 않기로 다시 결정하고 오히려 장완의 모호한 일 처리를 다그치려고 했다. 장완이 말했다.

"정말로 내가 앞사람만 못하다면 이 일은 당연히 처리하지 못할 테고, 이 일이 마땅히 처리되지 못하면 일을 모호하게 하는 것입니다. 또 무엇을 심문하겠습니까?"

나중에 양민이 어떤 사건에 연루되어 옥에 갇혔는데 사람들은 양민이 반드시 죽게 될 거라며 두려워했다. 그러나 장완은 개인적인 감정에 따라 판단하는 사람이 아니므로, 양민은 중죄를 면하게 되었다. 그가 좋아하고 싫어하는 감정과 도의를 지닌 태도는 모두이와 같았다.

장완은 지난날 제갈량이 진천을 자주 엿보았는데 길이 험난하고 운반하기가 어려워 끝내 성공할 수 없으므로 물을 따라 동쪽으로 내려가는 것만 못하다고 생각했다. 그래서 곧 많은 배를 만들어 한수와 면수로부터 위흥과 상용을 습격하려고 했다. 마침 장완은 지병이 연달아 발작하여 제때에 움직일 수가 없었다. 논의하는 자들은 모두 이기지 못하면 돌아가는 길이 매우 험난하므로 훌륭한 계책이 못 된다고 했다. 그래서 장완은 상서령 비의, 중감군 강유 등을 보내 유선에게 자기 의견을 설명하도록 했다. 장완은 명령을 받고 소를 올려 말했다.

세상에 만연한 독을 제거하고 재난을 없애는 것은 신의 직책이 처리할 일입니다. 신이 명령을 받아 한중에 주둔한 지 벌써 6년이 되었습니다. 신은 어리석고 무능하며 열병이 겹쳐 계획한 일을 실행할 수 없어 아침저녁으로 마음 아파하고 있습니다. 지금 위나라는 아홉 주를 차지하여 세력을 뻗고 있어 제거하기가 쉽지 않습니다. 만일 동쪽과 서쪽이 힘을 합쳐 앞뒤로 호응한다면 설령 뜻대로 재빠르게 얻을 수는 없을지라도 잠시 영토를 나누어 잠식하여 먼저 그들의 부분적인 힘을 꺾을 수 있습니다. 그러나 오나라와는 약속을 두세 차례 하여 연이어 계획을 미리 정할 수 없습니다. 앞으로 나아가기도 뒤로 물러서기도 어려워 정말이지 먹는 것과 자는 것도 잊게 합니다.

신은 비의 등과 이렇게 상의했습니다. 양주의 만족이 사는 요충지는 나아가고 물러남에 의지가 되므로 적군이 아끼는 곳이고, 게다가 강족과 호족은 갈증이 나듯 한漢을 그리워하며, 또 예전에 한 부대가 강족을 침입했을 때 위의 옹주 자사 곽회가 져서 달아난 일이 있었습니다. 그 장단점을 헤아려보면 양주 점령을 우선시해야 하므로 마땅히 강유를 양주 자사로 삼아야만 합니다. 만일 강유가 출정하여 하우河右를 제압한다면 신은 군대를 이끌고 강유의 뒤에서 계속 따르겠습니다. 지금 부현은 바다와 육지가 사방으로 통하니 긴급한 사태가 생기면 반드시 호응할 수 있을 것입니다. 만일 동북쪽으로 어떤 우려가 있다면 앞으로 가기는 어렵지 않을 것입니다.

이로 인해 장완은 곧 부현으로 돌아가 주둔했다. 질병이 더욱 심해져 연희 9년(246)에 세상을 떠났다. 시호를 공恭이라 했다.

장완의 아들 장빈蔣斌이 뒤를 이었고 수무장군(綏武將軍, 정벌을 담당한 관직), 한성호군漢城護軍으로 임명되었다. 위나라 대장군 종회가 한성에 이르러 장빈에게 편지를 보내 말했다.

파와 촉에는 재능과 지혜가 있는 문인과 무인이 많은데, 그대와 제갈사원(諸葛思遠, 제갈첨)에 이르러서는 초목에 비유하면 나와 같은 부류입니다. 옛 선인에 대한 존경은 예나 지금이나 중시했던 일입니다. 서쪽에 이르면 그대 부친의 산소를 찾아가 받들어 인사하고 묘지를 깨끗이 청소하여 경의를 표하려고 합니다. 선친의 산소 위치를 알려주기 바랍니다!

장빈은 답장하는 편지를 써서 말했다.

같은 부류로 선친의 묘지를 찾아보려는 생각이 융성함을 알았습니다. 세상일을 떠나 의뢰하거나 교류할 경우는 거절할 수 없습니다. 망부는 지난날 중병으로 부현에서 세상을 떠나셨는데 점치는 사람이 무덤의 길함을 점쳐서 부현에 안장했습니다. 그대가 서쪽으로 간다는 것을 알았으니 수레를 굽혀 선친의 무덤을 가지런히 하고 경의를 표해주십시오. 그대가 나를 보듯이 내 부친을 대하는 것은 안자의 어짊입니다. 나는 그대가 상심하여 슬퍼한다는 것을 알고는 선친에 대한 그리움이 더욱 커졌습니다.

종회는 장빈의 답장을 받고 그의 마음을 찬탄했다. 부현에 이르러 편지에서 말한 것과 같이 했다.

유선이 등애에게 투항한 뒤 장빈은 부현에 있는 종회에게 갔는데 벗을 사귀는 예절로 대해주었다. 장빈은 종회를 따라 성도에 이르렀지만 반란병에게 살해되었다. 장빈의 동생 장현蔣顯은 태자복(太子僕, 거마를 주관하며, 직책은 태복太僕과 같다) 직책에 있었는데, 종회는 또한 그의 재능과 학문을 아꼈다. 장빈과 같은 때에 죽었다.

유민은 좌호군(左護軍, 후방 군사의 일을 돕는 협력 직관), 양위장군揚威將軍이 되어 진북대장군 왕평과 함께 한중을 지켰다. 위나라가 대장군 조상을 보내 촉을 습격했을 때 논의하는 자들 가운데 어떤 이는 성만 지키며 나가서 적과 싸우지 않으면 틀림없이 스스로 물러갈 것이라고 했다. 유민은 남녀를 들녘으로 내보내 농사를 지으며 그곳에 있게 하고, 만일 적의 침입을 허락한다면 한중을 잃게 된다고 생각했다. 그래서 수하의 병사들을 인솔하여 왕평과 함께 흥세를 점령하고 수많은 기를 꽂아 1백여 리까지 이었다. 마침 대장군 비의가 성도로부터 이르렀으므로 위나라 군대는 바로 물러갔다. 유민은 공로가 있어 운정후雲亭侯로 봉해졌다.

# 마지막까지 제갈량의 뜻을 받든 유선의 보좌

**비의전費禕傳**

비의는 자가 문위文偉이고 강하군 맹현鄳縣 사람이다. 어려서 아버지를 잃고 족부族父 비백인費伯仁에게 의탁했다. 비백인의 고모는 익주목 유장의 어머니이다. 유장은 사신을 보내 비백인을 맞이하고, 비백인은 비의를 촉으로 유학 보내려고 했다. 마침 유비가 촉을 평정했으므로 비의는 그대로 익주 땅에 남았으며 여남의 허숙룡許叔龍, 남군의 동윤과 나란히 명성이 있었다.

그 무렵 허정이 아들을 잃었으므로 동윤은 비의와 함께 장지까지 가려고 했다. 동윤이 아버지 동화에게 수레를 요청하자 동화는 뒤쪽이 뚫려 있는 녹거鹿車를 그에게 주었다. 동윤이 수레에 타기 어렵다는 낯빛을 하므로 비의가 수레 앞쪽에서 먼저 올라탔다.

장지에 이르니 제갈량과 많은 귀인이 모두 모였는데 수레는 매우 적었다. 동윤은 얼굴빛이 편안하지 못했으나 비의는 태연자약했다. 수레를 모는 사람이 집으로 돌아오자, 동화는 상황을 물어 이와 같음을 알고는 동윤에게 말했다.

"나는 늘 너를 문위와 비교하여 우열을 가리지 못한 것을 회의했는데 오늘에야 내 의혹이 풀렸다."

유비가 태자를 세우자 비의는 동윤과 함께 사인이 되었다가 승진하여 서자가 되었다. 유선이 제위에 오른 뒤 황문시랑이 되었다.

승상 제갈량이 남쪽 정벌에서 돌아올 때 관료들은 수십 리까지 가서 맞이했다.

그들은 나이나 지위가 대부분 비의보다 위이지만 제갈량은 특별히 비의에게 함께 수레를 타도록 명했다. 이 뒤부터 사람들 가운데 그를 보는 눈이 바뀌지 않은 이가 없었다. 제갈량은 남쪽에서 돌아오던 말에 비의를 소신교위昭信校尉로 삼아 오나라로 보냈다. 손권은 성격이 본래 해학스러운 것을 좋아하고 비웃는 바가 끝없으며, 제갈각과 양도羊衙 등은 재능이 넓고 결단성이 있고 변설에 능했다. 그러나 변론하고 힐난할 때마다 날카로운 기세가 어디로 가든 간에 비의는 바른말을 하고 독실한 태도로 이치에 근거하여 대답하므로 끝까지 굴복시킬 수 없었다.[1] 손권은 비의를 대단한 그릇으로 여기고 그에게 말했다.

358

"그대는 천하의 미덕을 갖춘 사람이니 틀림없이 촉 왕조의 매우 중요한 신하가 될 것입니다. 오나라에 자주 올 수 없을까 봐 걱정입니다."[2]

비의는 돌아와 시중으로 승진했다. 제갈량이 북쪽 한중에 주둔할 때 유선에게 청하여 비의를 참군으로 삼았다. 그는 사자로 유선의 뜻을 받들어 자주 오나라에 갔다.

---

1) 손권은 늘 특별히 좋은 술을 비의에게 마시게 하여 그가 이미 취한 다음에야 나랏일을 묻고, 아울러 당대의 중요한 일에 관해 논할 난제를 쌓아두었다. 비의는 취한 채 물러나와 질문을 깊이 생각하고 모든 문제에 일일이 글로 써서 대답하여 새어나가지 않게 했다.

2) 손권이 늘 손에 쥐고 있던 보검을 주자 비의가 말했다. "신은 재주가 없는데 어떻게 은혜를 감당하겠습니까? 그러나 칼은 왕명을 따르지 않는 자를 토벌하고 포학한 자를 금지시키는 것이므로 대왕께서 공업을 세우는 일에 힘써 한나라 황실을 세우기를 원합니다. 신은 비록 어둡고 약하지만 평생 동쪽의 은혜를 저버리지 않겠습니다."

| 건흥 8년(230) | 비의는 중호군으로 전임되었다가 나중에 또 사마가 되었다. 마침 군사 위연과 장사 양의가 서로 미워하여 늘 한자리에 앉을 때마다 논쟁을 했다. 어떤 때는 위연이 칼을 들고 양의를 죽이려 하여 양의는 얼굴에 눈물을 가득 흘렸다. 비의는 으레 두 사람 사이에 앉아 간언하고 훈계하며 옳고 그름을 구분하고 깨우쳐 주었다. 제갈량이 죽을 때까지 각기 위연과 양의가 갖고 있는 능력을 발휘한 것은 비의의 조력 덕분이었다.

제갈량이 죽은 뒤에 비의는 후군사가 되었다가 오래지 않아 장완 대신 상서령이 되었다. 장완이 한중에서 부현으로 돌아가자 비의는 대장군으로 승진했으며 녹상서사가 되었다.

| 연희 7년(244) | 위나라 군대가 흥세에 주둔하려고 하자 유선은 비의에게 부절을 주어 병사들을 이끌고 위나라 군대를 막도록 했다. 광록대부 내민이 비의에게 와서 함께 바둑을 두자고 청했다. 이때 긴급 문서가 도착해 사람과 말은 갑옷을 입었고 거마를 정비하는 일이 이미 끝났지만 비의와 내민은 바둑에 열중하며 피곤한 빛이 없었다. 내민이 말했다.

"잠시 그대를 시험해보았을 뿐입니다! 그대는 정말로 적임자로서 반드시 적을 무찌를 수 있을 것입니다."

비의가 이르자 적군은 곧 물러났다. 비의는 성향후成鄉侯로 봉해졌다. 장완이 주의 직책을 완곡하게 사양하므로 비의가 또 익주 자사를 겸하게 되었다. 나라를 위한 비의의 공적과 명성은 대체로 장완과 필적할 만하다.

| 연희 11년(248) | 출전하여 한중에 주둔했다. 장완부터 비의까지 비록 그들 몸은 밖에 있었지만 상을 주어 칭찬하고 벌을 주어 위엄을 갖추는 일은 모두 멀리서 먼저 그들에게 자문한 다음에 곧 집행

했다. 그들에 대한 신임이 이와 같았다.

| 연희 14년(251) 여름 |  성도로 돌아왔는데, 성도의 기운을 보고 점치는 자가 도성에 재상 자리가 없다고 했으므로 겨울에 다시 북쪽으로 한수漢壽에 주둔했다.

| 연희 15년(252) |  유선은 비의에게 부를 열도록 명령했다. 16년(253) 정월에 대연회가 벌어졌는데 위나라에서 항복해온 곽순이 그 자리에 나왔다. 비의는 즐겁게 마셔 만취했을 때 곽순의 칼에 찔려 죽었다. 시호를 경후敬侯라고 했다. 아들 비승費承이 그 뒤를 이었으며 황문시랑이 되었다. 비승의 동생 비공費恭은 공주를 아내로 맞이했다. 비의의 맏딸은 황태자 유선劉璿의 비가 되었다.

# 지나친 출병으로 촉의 멸망을 재촉하다

## 강유전姜維傳

강유는 자가 백약伯約이고 천수군天水郡 기현冀縣 사람이다. 어릴 때 아버지를 여의고 어머니와 함께 살았다. 강유는 정씨(鄭氏, 정현)의 학문을 좋아했다. 군에서 벼슬하여 상계연(上計掾, 군 태수의 수하로 중앙정부에 정기적으로 인구나 둔전 인구 등을 보고하는 관직)이 되었다가 주에서 초빙하여 종사가 되었다. 아버지 강경姜冏은 예전에 군의 공조일 때 강족과 융족의 반란을 만나 직접 군 태수를 보호하다가 전쟁터에서 죽었다. 그 때문에 강유에게 중랑 직책을 주었으며 본 군郡의 군사적인 일에 참여시켰다.

| 건흥 6년(228) | 승상 제갈량의 군대가 기산으로 향했다. 그때 천수 태수天水太守는 마침 밖으로 나와 강유와 공조 양서梁緒, 주부 윤상尹賞, 주기主記 양건梁虔 등의 수행 하에 순찰을 하고 있었다.

태수는 촉나라 군대가 이르려 하자 여러 현이 호응한다는 소식을 듣고는 강유 등이 모두 다른 마음을 품고 있으리라 의심했다. 그래서 한밤중에 도망쳐 상규를 지켰다.

강유 등은 태수가 달아난 것을 알고 뒤늦게 뒤쫓아갔지만 성문에 이르렀을 때는 벌써 성문이 닫혀 있으므로 들어가지 못했다. 강유 등은 서로 이끌며 기현으로 돌아왔지만 기현에서도 강유 등을 받아들이지 않았다. 그래서 강유 등은 함께 제갈량에게로 갔다. 마침 마속이 가정에서 패했고 제갈량이 서현을 함락시켜 1천여 인가와 강유 등을 이끌고 돌아왔다. 그래서 강유는 어머니와 헤어지게 되었다.[3] 제갈량은 강유를 불러 창조연倉曹掾으로 삼고 봉의장군奉義將軍을 더했으며 당양정후當陽亭侯로 봉했다. 그때 나이는 스물일곱 살이었다.

제갈량이 유부장사 장예, 참군 장완에게 편지를 보내 말했다.

강백약은 그때그때 일에 충성하고 부지런하며 생각이 치밀하고 그가 가진 재능을 살펴볼 때 영남(永南, 이소), 계상(季常, 마량) 등도 그에게 미치지 못합니다. 그 사람은 양주에서 최고 인물입니다.

또 말했다.

---

3) 이때 상황을 《위략魏略》에서는 조금 다르게 적고 있는데 그것을 인용하면 다음과 같다. 천수 태수 마준馬遵은 강유와 여러 관리를 이끌고 옹주 자사 곽회를 수행하여 서쪽에서부터 낙문洛門까지 순찰했다. 그 무렵 제갈량이 이미 기산에 이르렀다는 정보를 들었다. 곽회는 마준을 돌아보며 "이는 좋지 않게 되려는 것입니다!"라고 말하고 이어 동쪽으로 달려 상규로 돌아갔다. 마준은 행정 부서가 있는 기현이 서쪽에 치우쳐 있음을 생각하고, 또 관리와 백성이 혼란을 일으킬까 두려워 자기도 곽회를 따라갔다. 그때 강유는 마준에게 "명부는 기현으로 돌아가야만 합니다."라고 말했다. 마준은 강유 등에게 "그대들은 믿을 수 없소. 모두 적이오."라고 말하고는 각각 행동했다. 강유도 마준을 어떻게 할 수 없었고 집은 기현이므로 그대로 군의 관리 상관자수上官子脩 등과 함께 기현으로 돌아왔다. 기현의 백성은 강유 등을 보고 매우 기뻐하며 제갈량과 만나게 했다. 두 사람은 얻은 것이 없이 함께 제갈량을 만나러 갔다. 제갈량은 이들을 보고 매우 만족스러워했다. 기현 안의 사람을 맞이하러 보내기 전에 마침 제갈량의 선봉대가 위나라의 장합, 비요 등에게 격파되었기 때문에 그대로 강유 등을 데리고 물러났다. 강유는 돌아갈 수 없게 되었으므로 촉으로 들어갔다. 위나라 군대는 기현을 치고 강유의 어머니와 처자식을 포로로 잡았는데, 강유에게는 본래 갈 뜻이 없었으므로 그 가족을 죄를 물어 죽이지 않고 그냥 인질을 수용하는 곳에 가두어두었다.

반드시 먼저 중호보병中虎步兵 5천~6천 명을 그에게 훈련시키도록 해야 합니다. 강백약은 군사에 매우 능수능란하고 도량과 의기가 있으며 병사들의 마음을 깊이 이해합니다. 이 사람의 마음은 한나라 황실에 있으며 재능이 보통 사람을 뛰어넘으므로 군사훈련을 끝마치고 나서 궁궐로 보내 군주를 만나게 해야 합니다.

뒤에 중감군, 정서장군으로 승진했다.

| 건흥 12년(234) | 제갈량이 죽자 강유는 성도로 돌아와 우감군(右監軍, 촉한의 일부 군대를 감독하는 관직), 보한장군이 되어 군사들을 통솔하고, 승진하여 평양후平襄侯로 봉해졌다.

| 연희 원년(238) | 대장군 장완을 따라 한중에 주둔했다. 장완이 대사마로 승진한 뒤 강유는 사마가 되어 여러 차례 한 군대를 거느리고 서쪽을 쳤다.

| 연희 6년(243) | 진서대장군으로 승진하고 양주 자사를 겸했다. 10년(247)에 위장군으로 승진하고 대장군 비의와 함께 녹상서사가 되었다. 이해에 문산군 평강현의 이족이 반란을 일으키자 강유는 병력을 이끌고 토벌하여 평정했다. 또 농서·남안·금성의 경계로 나아가 위나라 대장군 곽회, 하후패 등과 조수 서쪽에서 싸웠다. 호왕 치무대 등이 마을을 바치고 투항하므로 강유는 그들을 데리고 돌아와 안주시켰다.

| 연희 12년(249) | 강유에게 부절을 주어 또 서평으로 출정하도록 했는데 이기지 못하고 돌아왔다. 강유는 자신이 서쪽 지역의 풍속에 익숙하며 아울러 자기 재능과 무력에 자부심을 가졌으므로 강족과 호족을 꾀어내어 오른쪽 날개로 삼으려 하며 농산 서쪽을 위나라에서 끊어 지배할 수 있다고 말했다. 늘 대규모로 출병하려고

했으나 비의가 번번이 그것을 제지시켜 그에게 준 병력은 1만 명에 지나지 않았다.

| 연희 16년(253) 봄 | 비의가 세상을 떠났다. 여름에 강유는 수만 명을 이끌고 석영石營을 나와 동정董亭을 지나 남안을 에워쌌지만 위나라의 옹주 자사 진태陳泰가 포위망을 풀고 낙문까지 이르렀고, 강유는 식량이 다 떨어져 물러나 돌아왔다.

다음 해에 독중외군사督中外軍師 직위를 더했다. 다시 농서로 출병했는데, 적도현을 지키고 있던 우두머리 이간이 성을 들어 투항했다. 강유는 나아가 양무襄武를 둘러싸고 위나라 장수 서질과 싸워 머리를 베고 적을 깨뜨리니 위나라 군대는 패하여 물러났다.

강유는 승리의 여세를 타고 진격하여 매우 많은 성을 항복시켰으며 적도·하관·임조 세 현의 백성을 빼앗아 돌아왔다.

| 연희 18년(255) | 또 거기장군 하후패 등과 함께 적도에서 나와 조수 서쪽에서 위나라의 옹주 자사 왕경을 크게 쳐부쉈다. 왕경의 병사 가운데 죽은 자는 수만 명이나 되었다. 왕경이 물러나 적도성을 지키자 강유는 그곳을 에워쌌다. 위나라의 정서장군 진태가 병사들을 이끌고 와 포위망을 푸니 강유는 물러나서 종제에 주둔했다.

| 연희 19년(256) 봄 | 강유는 원정에 앞서 대장군으로 승진했다. 다시 병사와 말을 정비하고 진서대장군 호제와 상규에서 만날 날을 약속했는데 호제가 약속을 깨고 오지 않았다. 그 때문에 강유는 단곡段谷에서 위나라 대장군 등애에게 격파되어 병사들은 뿔뿔이 흩어졌으며 죽은 사람이 매우 많았다. 병사들은 이로 인해 모두 강유를 원망했고, 농서 서쪽 지역에서도 소동이 일어나 안정되지 못했다. 그러자 강유는 잘못을 사과하고 책임을 지기 위해 자신의 관직을 삭탈해달라고 요청했다. 그래서 후장군, 행대장군사行大將軍事로

강등되었다.

│ **연희 20년(257)** │ 위나라 정동대장군 제갈탄이 회남에서 모반하여 관중의 병사를 나누어 동쪽으로 내려갔다. 강유는 그 틈을 타서 진천으로 향하려고 또 수만 명을 이끌고 낙곡을 나와 곧장 침령沈嶺에 이르렀다. 그때 장성(長城, 침령 북쪽에 있던 성)에는 매우 많은 곡식이 쌓여 있지만 지키는 병사가 적어 강유가 온다는 소식을 듣고 사람들은 모두 두려워했다. 위나라 대장군 사마망司馬望이 지키고 있었고, 등애도 농우에서 출병하여 장성에 진을 쳤다.

강유는 앞으로 나아가 망수에 주둔하고 산에 기대어 진영을 만들었다. 사마망과 등애는 위수에 기대 영채를 굳게 했다. 강유가 몇 차례 싸움을 걸었지만 사마망과 등애는 응하지 않았다.

│ **경요 원년(258)** │ 강유는 제갈탄이 졌다는 소식을 듣고 곧 성도로 돌아왔다. 다시 대장군으로 임명되었다.

지난날 유비는 위연을 남겨 한중을 지키도록 하고, 성마다 모두 병력을 충실히 하여 밖에서 오는 적을 막도록 해 설령 적이 쳐들어온다고 하더라도 성안으로 들어오지 못하게 했다. 흥세에서의 싸움에 이르러서도 왕평은 조상에게 대들며 모두 이 제도를 이었다. 강유는 다음과 같이 건의했다.

"여러 진영을 교차시켜 지키는 것은 비록 《주역》에서 말하는 '중문(重門, 대문 안에 다시 세운 문)'의 뜻으로 적의 습격을 막을 수는 있지만 큰 이익을 얻을 수는 없습니다. 그들에게 적이 다다를 때를 알게 하여 각 성이 모두 군대를 집결시키고 곡식을 모아 한중과 낙성樂城의 두 성까지 물러나 적이 평지로 들어오지 못하게 하고 중요한 곳에 병사를 주둔시켜 지키게 하는 것만 못합니다. 유사시에는 유격대를 한꺼번에 내보내서 그들의 허점을 살피도록 하십시오. 적군은 관소를 치더라도 함락시키지 못할 테고, 들에 흩어져 있는 식량이 없어 천 리 떨어진 곳까지 식량을 날라 와야 되므로 자연스레 황폐해질 것입니다. 적군이 물러나는 날 여러 성에서 한꺼번에 나와 유격대와 함께 힘을 합쳐 치도록 하십시오. 이것이 적군을 전멸시키는 방법입니다."

이리하여 독한중 호제를 한수까지 물러나게 하고, 감군 왕함王含에게 낙성을 지키도록 하며, 장빈에게는 한성을 지키게 하고, 또 서안·건위建威·무위武衛·석문石門·무성武城·건창建昌·임원에 모두 수비진을 주둔시켰다.

| 경요 5년(262) | 강유는 병사를 이끌고 한漢, 후화로 출병했다가 등애에게 패하여 답중으로 돌아와 주둔했다.

강유는 본래 고향을 떠나 타향(촉)에 몸을 맡기고 해마다 싸움을 하면서도 공적을 세우지 못했다. 이때 환관 황호 등이 조정에서 권력을 잡고 있었고 우대장군右大將軍[4] 염우가 황호와 결탁했다. 따라서 황호는 은밀히 강유를 폐하고 염우를 세우고자 했다. 강유도 그들을 의심하여 자연스레 위험을 느끼고 두려워하여 다시는 성도로 돌아가지 못했다.[5]

366
—

---

4) 정벌을 담당한 관직. 촉한 후기에 염우를 위해 만든 관직으로 대장군 강유를 견제하기 위한 것인데, 위나라와 오나라에는 없었다.

5) 강유는 황호가 제멋대로 하는 것을 미워하여 유선에게 그를 죽이라고 주청했다. 또 유선은 이렇게 말했다. "황호는 총총걸음으로 빨리 달리는 소인일 뿐이오. 전에 동윤이 그에게 몹시 분노했는데 나는 늘 이것이 한스러웠소. 그대가 마음에 두기에 어찌 충분하겠소." 강유는 황호가 나뭇가지나 잎이 나무뿌리에 의지하는 것처럼 황제에게 기대고 있음을 보고 실언한 것을 두려워하며 겸손히 물러났다. 유선은 황호에게 강유가 있는 곳으로 가서 사죄하도록 명했다. 강유는 황호에게 답중에서 보리 심기를 구한다고 말하여 궁중으로부터 더해지는 위험을 피했다.

강유가 유선에게 표를 올렸다.


　들자 하니 종회가 관중에서 병사들을 훈련시켜 우리를 쳐서 취하
려 한다고 합니다. 마땅히 장익과 요화를 보내 각 군대를 지휘하여 양
안 관구陽安關口와 음평 교두陰平橋頭로 나누어 지키도록 하여 미리 막
아야 합니다.


　황호는 귀신이나 미신의 말을 믿고 적군은 끝내 오지 않을 것이
라고 말하여 유선에게 이 일을 진행시키지 말라고 했는데, 신하들
은 아무것도 몰랐다. 종회가 낙곡으로 향하고 등애가 답중으로 들
어온 다음에야 비로소 우거기右車騎 요화를 답중으로 보내 강유를
돕게 하고, 좌거기左車騎 장익과 보국대장군 동궐 등은 양안 관구로
가서 여러 진영의 밖에서 지원부대가 되도록 했다. 음평까지 왔을
때 위나라 대장 제갈서가 건위建威로 향한다는 소식을 들었으므로
멈추어 그들을 기다렸다. 한 달 남짓 지나서 강유는 등애에게 격파
되어 음평으로 돌아와 주둔했다.
　종회가 한과 낙 두 성을 공격하며 에워싸고 따로 장수를 보내 양
안 관구로 진격하도록 했으므로 장서蔣舒는 성을 열고 나와 항복했
고, 부첨傅僉은 맞서 싸우다가 죽었다.[6] 종회는 낙성을 쳤으나 깨뜨
릴 수 없었는데, 관구가 이미 무너졌다는 소식을 듣자 계속 달려 진
격했다. 장익과 동궐이 한수에 이르자 강유와 요화도 음평을 버리
고 물러났고, 마침 장익 및 동궐과 회합하여 모두 검각劍閣으로 물
러나 지키며 종회에게 저항했다. 종회가 강유에게 편지를 보내 말
했다.

공후公侯께서는 문무文武의 덕에 의지하고 가슴속에는 세상을 덮을 지략이 있으며 파촉과 한중에서 공을 세워 명성이 온 나라에 퍼져 먼 곳이든 가까운 곳이든 간에 당신에게 돌아가지 않는 이가 없습니다. 늘 예전으로 생각을 달려 일찍이 커다란 교화에 마음을 같이했습니다. 오나라의 계찰季札과 정나라의 자산子産은 그것의 좋은 점을 알 수 있었습니다.

강유는 답장하지 않고 진영을 배열하여 요새를 지켰다. 종회는 함락시키지 못하고 식량을 실어 나르는 곳이 멀어서 장수들과 상의하여 돌아갔다.

등애는 음평에서부터 경곡도 옆을 지나 촉 땅으로 쳐들어와 마침내 면죽에서 제갈첨을 깨뜨렸다. 유선이 등애에게 항복하기를 요청했으나 등애는 진군하여 성도를 차지했다. 강유 등이 제갈첨이 패한 소식을 처음 들었을 때 어떤 사람은 유선이 성도를 굳게 지키려 한다고 들었고, 어떤 사람은 동쪽 오로 들어가려 한다고 들었으며, 또 어떤 사람은 남쪽 건녕으로 들어가려 한다고 들었다. 그래서 강유는 군대를 이끌고 광한, 처郪에서 나아가 허실을 살폈다. 오래지 않아 유선의 칙령을 받고 곧 무기를 놓고 부현의 군영 앞으로

6) 장서가 성을 나와 항복하려고 할 때 부첨을 속여서 "지금 적군이 이르지 않았는데 성을 닫고 지키는 것은 좋은 계책이 아닙니다."라고 말하자, 부첨이 "명령을 받아 성을 지키는 것이므로 무사히 지키면 공이 됩니다. 지금 명령을 어기고 나가 싸웠다가 만일 군대를 잃고 나라의 기대를 저버린다면 죽어도 이로움이 없습니다."라고 했다. 장서는 "그대는 성을 온전히 지키는 일을 공이라 생각하고 나는 나가 싸워서 적을 이기는 것을 공이라고 생각하니 각자 자기 뜻대로 행동합시다."라고 말하고는 병사들을 이끌고 나갔다. 장서는 음평에 이르러 호열胡烈에게 항복했다. 호열이 빈틈을 타서 성을 습격하자 부첨은 맹렬히 싸우다가 죽었다. 위나라 사람들은 그를 의롭다고 평가했다.

가서 종회에게 이르렀다. 장수들은 모두 분노하며 칼을 뽑아 돌을 잘랐다.

종회는 강유 등을 후하게 대접하고 그들의 인印과 부절, 거개車蓋를 돌려주었다. 종회는 강유와 나가게 되면 같은 수레를 타고 앉을 때도 같은 자리에 앉았다. 장사 두예杜預에게 말했다.

"백약을 중원의 명사名士와 비교하면 공휴(公休, 제갈탄), 태초(太初, 하후현)가 이길 수 없습니다."

종회는 등애를 죄에 빠지게 한 뒤 등애가 호송 수레로 소환되자 그대로 강유 등을 이끌고 성도에 이르러 스스로 익주목이라 일컫고 반란을 일으켰다. 강유에게 병사 5만 명을 주어 맨 앞에 서게 하려고 했는데 위나라 장수들이 분노하여 종회와 강유를 죽이고[7] 강유의 처자식도 모두 죽였다.

극정은 강유를 평론하는 글을 써서 말했다.

강백약은 상장이라는 중요한 책임을 맡아 신하들 위에 있지만 초라한 집에 살고 남아도는 재산이 없으며 별당에 첩을 두어 불결한 행동을 하지 않고, 후당에 음악을 연주하거나 노래하는 오락이 없었습니다. 옷은 쓸 수 있을 만큼만 구하고 수레와 말도 쓸 만큼만 갖추며 음식을 절제하고 사치하지 않으며 빈곤하지도 않아 관에서 지급하는 비용은 손을 따라 모두 썼습니다. 그가 이와 같이 한 까닭을 살펴보면 탐욕스러운 자나 불결한 자를 호되게 꾸짖고 자기 욕망을 억누르고 자기 애욕을 버리려고 한 것이 아니라 다만 이와 같으면 만족한다 해

---

7) 강유가 죽었을 때 배를 가르게 했는데 담의 크기가 한 되나 되었다고 한다.

서 많은 것을 구하지 않았을 따름입니다. 보통 사람들의 말은 늘 성공을 칭찬하고 실패를 헐뜯으며 지위가 높은 이에게 의지하고 낮은 이를 억누르며 모두 강유가 잘못된 곳에 의지하여 자신도 죽고 종족을 멸망시켰다고 여겨 깎아내리고 다시 다른 일을 생각하지 않으니,《춘추》에서 말하는 폄하의 뜻과는 다릅니다. 강유처럼 배우기를 좋아하여 게으르지 않고, 청렴하고 소박하며 절약하는 인물은 한 시대의 모범입니다.

강유와 전에 함께 촉으로 갔던 양서는 관직이 대홍려에 이르렀고, 윤상은 집금오執金吾가 되었으며, 양건은 대장추가 되었는데, 모두 촉이 멸망하기 전에 죽었다.

【평하여 말한다】
　장완은 정직하고 엄숙하며 위엄이 있고, 비의는 너그럽고 널리 사랑했다. 이들은 모두 제갈량이 정한 규범을 이어 따르고 고친 것이 없었다. 그러므로 변방 지역에 근심이 없고 나라가 화평하며 통일되었다. 다만 작은 나라를 다스리는 방법과 행동하지 않으면서 다스리는 이치를 완전히 이해하지는 못했다. 강유는 문무를 두루 갖추고 공명을 세우려는 뜻이 있었지만 병사들을 경시하고 병력을 남용했으며, 분명하게 결단을 내렸지만 조밀하지 못해 결국 죽음에 이르렀다.《노자》에 이런 말이 있다. "큰 나라를 다스리는 일은 작은 물고기를 삶는 것 같다." 하물며 작은 나라에서야 여러 차례 소란스럽게 할 게 있겠는가?

# 15

# 등장종양전鄧張宗楊傳

외교의 달인 두 사람, 그 밖의 인물 열전

# 오나라와 국교를 회복시킨 명사신

## 등지전鄧芝傳

등지는 자가 백묘伯苗이고 의양군 신야현 사람으로, 한나라 사도 등우의 후손이다. 한나라 말에 촉으로 들어갔지만 중용되지 못했다. 그때 익주 종사 장유가 관상을 잘 보므로 등지는 그를 만나러 갔다. 장유가 등지에게 말했다.

"당신은 일흔 살이 넘어서 대장군 지위에 오르고 후侯로 봉해질 것이오."

등지는 파서 태수 방희가 인재를 좋아한다는 말을 듣고 가서 의탁했다.

유비는 익주를 평정하자 등지를 저각독(邸閣督, 식량 물자 창고의 감독관)으로 삼았다. 유비는 출행하여 비현郫縣에 이르러 등지와 이야기를 나누고는 범상치 않다고 평가하고 그를 뽑아 비현 현령으로 삼았다가 광한 태수로 승진시켰다. 그는 임지에서 청결하고 엄정하게 치적을 쌓았으며, 뒤에 중앙으로 들어가 상서가 되었다.

유비가 영안에서 세상을 떠났다. 이보다 앞서 오나라 왕 손권이 우호 관계를 요청했으므로 유비는 송위宋瑋, 비의 등을 여러 차례 보내 답례했다. 승상 제갈량은 손권이 유비의 죽음을 알게 되면 아마 다른 마음을 가질 것이라고 매우 걱정하면서 어떻게 해야 할지를 몰랐다. 등지가 제갈량을 만나 말했다.

"지금 주상은 어리고 약하며 막 즉위했으니 마땅히 중요한 사신을 보내 오나라와 우호 관계를 두텁게 해야 합니다."

제갈량이 대답했다.

"나는 이 문제를 오랫동안 생각했으나 적당한 인물을 찾지 못하다가 오늘에야 비로소 얻었습니다."

등지는 그 사람이 누구냐고 물었다. 제갈량이 말했다.

"바로 당신입니다."

제갈량은 곧바로 등지를 보내 손권과 우호 관계를 맺도록 했다. 손권은 정말로 의심하고 있던 차에 불시에 등지를 만나게 되었다. 등지가 직접 표를 올려 손권을 만나기를 요청하며 말했다.

"신이 오늘 온 것은 오나라를 위하려는 것이지 촉나라만을 위해서가 아닙니다."

손권은 곧 만나보고 등지에게 말했다.

"나는 진실로 촉나라와 화친하기를 원하지만 촉나라 군주는 어리고 약하며 땅이 작고 형세가 빈약해 위나라가 틈을 타 쳐들어오면 스스로 보전하지 못할까 봐 걱정이오. 이 때문에 미루려 하오."

등지가 대답하여 말했다.

"오와 촉 두 나라는 네 주(형주·양주揚州·양주梁州·익주)의 땅을 갖고 있고 대왕은 한 시대의 영웅이며 제갈량도 한 시대의 호걸입니다. 촉에는 첩첩이 험준한 요충지가 있고 오에는 삼강三江의 험준함이 있으니, 이 두 장점을 합쳐 함께 입술과 이 사이가 된다면 나아가서는 천하를 겸병할 수 있고 물러나서는 삼국정립이 가능할 것입니다. 이것은 자연스런 이치입니다. 대왕께서 지금 만일 위나라에 귀순한다면 위나라는 반드시 위로는 대왕이 입조入朝하기를 바라고 아래로는 태자가 궁으로 나아가 받들기를 요구할 것입니다. 만

일 명령에 따르지 않는다면 반란을 토벌한다는 이유를 들 것이며,
촉은 반드시 흐름을 따라 할 수 있음을 보고 나아갈 것입니다. 이와
같이 된다면 강남땅은 다시는 대왕의 차지가 되지 않을 것입니다."

손권은 한동안 잠자코 있다가 말했다.

"당신 말이 옳소."

그리고 직접 위나라와 관계를 끊고 촉과 우호 관계를 맺어 장온
을 보내 촉에 답례했다. 촉도 다시 등지를 오나라로 보냈다. 손권이
등지에게 말했다.

"만일 천하가 태평하면 두 군주가 나누어 다스려도 좋지 않겠소!"

등지가 대답했다.

"하늘에는 두 태양이 없고 땅에는 두 군주가 없습니다. 위나라를
삼킨 뒤라도 대왕은 천명을 잘 안다고 할 수 없습니다. 군주가 저마
다 자신의 덕행을 기르고 신하마다 충성을 다하며 장수가 전쟁용
북을 울려 싸움에 나간다면 비로소 전쟁이 시작될 뿐입니다."

손권은 크게 웃으며 말했다.

"그대의 성실함으로써 당연한 답변이오."

손권이 제갈량에게 편지를 보내 말했다.

예전 사자 정굉丁宏은 말이 화려하며 속으로는 변화가 끝없었습니
다. 두 나라를 화합시킬 수 있는 이는 오직 등지뿐입니다.

제갈량은 북방의 한중에 주둔할 때 등지를 중감군, 양무장군으로
삼았다. 제갈량이 죽은 뒤에 전군사, 전장군으로 승진했고 연주 자
사를 겸했으며 양무정후陽武亭侯로 봉해졌다가 오래지 않아 강주독
이 되었다. 손권은 여러 차례 등지에게 편지를 보내 안부를 묻고 후

한 예물을 주었다.

| 연희 6년(243) | 거기장군으로 승진했으며, 나중에 가절을 주었다. 11년(248)에 부릉국涪陵國 사람이 도위를 죽이고 반란을 일으키자, 등지가 군대를 이끌고 토벌하여 바로 그들의 두목을 죽이니 백성은 안도했다. 14년(251)에 세상을 떠났다.[1]

등지는 장군 지위에 있던 20여 년 동안 상벌을 명확하게 판단하고 병졸들을 잘 보살폈다. 그는 자기 생활용품은 관에서 공급하는 것에 의지했고, 소박하고 검소함을 추구했다. 그러나 끝까지 개인 재산을 도모하지 않아 처자식은 굶주림과 추위를 면하지 못했으며, 죽을 때 집에 남은 재산이 없었다. 그는 천성이 강직하고 소박하여 마음을 꾸미지 않아 선비들과 화합하지 못했다. 등지는 그 시대 사람들에게는 존경을 적게 받았고 오직 강유만이 재능을 높이 평가했다. 아들 등량이 작위를 이었으며 경요 연간에 상서좌선랑尚書左選郎이 되었고, 진조晉朝의 광한 태수가 되었다.

---

1) 등지가 부릉으로 원정을 갔을 때 산기슭에 검은색 원숭이가 보였다. 등지는 본래 활쏘기를 좋아하므로 직접 원숭이를 쏘아서 맞혔다. 그런데 원숭이는 화살을 뽑고 나뭇잎을 말아 그 상처 부위를 막았다. 등지는 "아, 나는 생물의 본성을 어그러뜨렸으니 곧 죽겠구나!"라고 말했다. 일설에는 이렇게 말하고 있다. 등지가 나무 위에서 새끼 원숭이를 품고 있는 어미 원숭이를 보고 화살을 당겨 어미 원숭이를 맞혔는데, 새끼 원숭이가 화살을 뽑고 나뭇잎으로 상처를 막았다는 것이다. 그래서 등지는 탄식하며 활을 물속에 집어던지고 자신의 죽음을 예감했다고 한다.

# 강유와 함께 촉의 부활을 꿈꾸다

## 장익전張翼傳

장익은 자가 백공伯恭이고 건위군健爲郡 무양현 사람이다. 고조할아 버지는 사공 장호張浩[2]이고, 증조할아버지는 광릉 태수 장강張綱이 며 모두 명망과 공적이 있었다.

유비가 익주를 평정하고 그 주의 목을 겸할 때 장익은 서좌가 되 었다. 건안 말년에 효렴으로 천거되었고 강양현江陽縣의 장이 되었 다가 부릉현涪陵縣 현령으로 옮겼다. 이어 재동 태수로 승진했다가 여러 번 승진하여 광한, 촉군 태수에까지 이르렀다.

| 건흥 9년(231) | 내강 도독, 수남중랑장綏南中郞將, 남중을 지키는 관직) 이 되었다. 장익은 워낙 법률을 엄격하게 집행하여 습속이 다른 민 족에게 환심을 살 수 없었다. 이민족의 우두머리 유주가 반역하여 난리를 일으키자 장익은 병사를 들어 그를 토벌하러 갔다. 그러나 미처 유주를 토벌하지 못했는데 마침 부름을 받아 돌아가야만 했 다. 그의 부하들은 모두 곧장 말을 달려가서 벌을 받아야 한다고 생 각했다. 장익이 말했다.

---

2) 장호는 자가 숙명叔明이다. 음률과 《춘추》를 배웠고, 서울에서 유학했으며, 광한의 심찬鐔 粲, 한중의 이합李郃, 촉군의 장패張霸 등과 친교를 맺었다.

"그럴 수 없습니다. 나는 만족이 소란을 피워 토벌하러 왔다가 임무를 다할 수 없어 돌아갈 뿐입니다. 그러나 나를 대신할 사람이 아직 오지 않았습니다. 나는 전쟁터에서 식량 수송과 곡물 축적을 맡아 적을 멸망시킬 물자를 만들어야 합니다. 어찌 쫓겨나는 이유를 빌려 공적인 임무를 버리겠습니까?"

장익은 군대를 통솔함에 게으르지 않았고, 후임자가 오자 곧바로 출발했다. 마충은 장익이 세운 토대에 의지하여 유주를 소멸시켰다. 승상 제갈량은 이 일을 듣고 장익을 칭찬했다. 제갈량은 무공에서 출병할 때 장익을 전군도독前軍都督으로 삼고 부풍 태수扶風太守를 겸하도록 했다. 제갈량이 죽은 뒤 전령군前領軍에 임명되었고, 유주를 토벌한 공로를 소급하여 관내후 작위를 받았다.

| 연희 원년(238) | 중앙으로 들어가 상서가 되었고, 점점 승진하여 독건위(督建威, 건위 지구의 군사 지휘 감독관)가 되고 가절을 받았으며, 도정후로 봉해지고 정서대장군이 되었다.

| 연희 18년(255) | 위장군 강유와 함께 성도로 돌아왔다. 강유가 다시 출병을 제의했을 때 장익만이 조정에서 논쟁하여 나라가 작고 백성이 피곤하므로 병력을 남용하는 것은 마땅하지 않다고 주장했다. 강유는 듣지 않고 장익 등을 이끌고 출정하여 장익의 지위를 진남대장군으로 승진시켰다. 강유는 적도에 이르러 위나라 옹주 자사 왕경을 크게 무찔렀다. 왕경의 병사 가운데 조수에서 죽은 자는 헤아릴 수 없을 만큼 많았다.

장익이 말했다.

"싸움을 그칠 만합니다. 더 앞으로 나아가는 것은 옳지 않습니다. 나아가면 아마 이 큰 공로를 훼손시키게 될 것입니다."

강유는 벌컥 화를 내며 말했다.

"뱀을 그리면서 발을 더하는 것이오."

강유는 끝내 적도에서 왕경을 둘러쌌지만 성은 함락시킬 수 없었다. 장익이 다른 의견을 낸 뒤로 강유의 마음은 장익과 조화를 이루지 못했지만 전처럼 그를 데리고 함께 행동했다. 장익도 어쩔 수 없이 따라갔다.

| 경요 2년(259) | 좌거기장군(左車騎將軍, 우거기장군右車騎將軍과 함께 정벌을 담당한 관직)으로 승진하고 기주 자사를 겸했다. 6년(263)에 강유와 함께 검각에 주둔하다가 부현에 있던 종회에게 모두 항복했다. 다음 해 정월에 종회를 따라 성도에 이르렀다가 난을 일으킨 병사에게 죽임을 당했다.

# 외교로써 오나라 군사를 물리치다

## 종예전宗預傳

종예는 자가 덕염德艶이고 남양군 안중현安衆縣 사람이다. 건안 연간에 장비를 따라 촉으로 들어갔다. 건흥 초기에 승상 제갈량은 종예를 주부로 삼았다가 참군우중랑장參軍右中郞將으로 승진시켰다. 제갈량이 죽자 오나라는 위나라가 혹여나 촉나라의 쇠미한 틈을 타서 촉나라를 취할까 봐 걱정하여 파구巴丘의 수비병을 1만 명 늘렸는데, 첫째로는 그들을 구원병으로 삼으려는 것이고, 둘째로는 분할 사태에 대처하고자 함이었다. 촉은 이 소식을 듣고 역시 영안의 수비를 강화하여 만일의 비상사태에 대비했다. 종예가 명령을 받아 오나라에 사자로 갔을 때 손권이 종예에게 물었다.

"동쪽 오와 서쪽 촉은 한집안에 비유됩니다. 나는 서쪽에서 백제의 수비를 더 늘렸다고 들었는데 무엇 때문입니까?"

종예가 대답했다.

"신이 생각하기에 동쪽에서 파구의 수비를 더하고 서쪽에서 백제의 수비를 늘린 것은 모두 일의 형세에 따라 그렇게 한 것이니 서로 문의할 만한 가치가 전혀 없습니다."

손권은 크게 웃으며 종예의 솔직함을 칭찬하고, 그를 매우 아끼고 대우했다. 종예가 손권에게 받은 존경은 등지, 비의에 버금갔다. 종예는 승진하여 시중이 되었다가 상서로 옮겼다.

| **연희 10년(247)** | 둔기교위가 되었다. 그 무렵 거기장군 등지가 강주에서 돌아와 조정으로 들어왔는데 종예에게 말했다.

"예禮에서는 예순 살이 되면 군사 일에 응하지 않아도 된다고 하는데 당신은 방금 병권을 받았습니다. 무엇 때문입니까?"

종예가 대답했다.

"당신은 일흔 살이 되었지만 병권을 돌려주지 않고 있는데 제가 예순 살이라 하여 어찌 받지 못하겠습니까?"

등지는 원래가 교만하고 오만하여 대장군 비의 등은 모두 그를 피하고 겸양했으나 종예만이 유독 그에게 굽히지 않았다. 종예는 다시 동쪽 오나라에 사자로 갔는데, 손권이 종예의 손을 잡고 눈물을 흘리며 이별의 말을 했다.

"그대는 늘 명령을 받아 두 나라가 우호 관계를 맺도록 했습니다. 지금 그대는 나이가 많고 나도 쇠약하고 늙었으니 아마 다시 서로 만나지 못할 것입니다!"

종예는 큰 진주 한 말을 받아 곧 돌아왔다. 후장군으로 승진하여 영안을 통솔하고, 곧 정서대장군으로 승진했으며, 관내후 작위를 받았다.

| **경요 원년(258)** | 질병으로 인해 부름을 받아 성도로 돌아왔다. 뒤에 진남대장군이 되고 연주 자사를 겸했다. 그 무렵 도호 제갈첨이 처음으로 조정 일을 총괄하게 되었는데, 요화는 종예에게 들렀다가 종예와 함께 제갈첨이 있는 곳으로 찾아가려고 했다. 종예가 말했다.

"우리는 나이 일흔이 넘었고 절취한 명리는 이미 양을 넘었습니다. 다만 한 번의 죽음이 부족할 뿐입니다. 젊은 사람에게 무엇을 요구하려고 급히 찾아가겠습니까?"

끝내 종예는 가지 않았다.

요화는 자가 원검元儉이고 본래 이름은 요순廖淳이며 양양군 사람이다. 전장군 관우의 주부로 있다가 관우가 패하자 오나라에 귀속했다.

요화는 유비에게 귀순하려는 마음에 거짓으로 죽었는데 그때 사람들은 이것을 정말로 믿었으므로 노모를 모시고 밤낮을 이어 서쪽으로 갔다. 마침 유비가 동쪽으로 정벌에 나섰으므로 자귀에서 만나게 되었다. 유비는 매우 기뻐하며 요화를 의도 태수로 삼았다. 유비가 죽고 나서 승상참군이 되었고, 뒤에 독광무督廣武가 되었다. 점점 승진하여 우거기장군까지 이르고 가절을 받았다. 병주자사幷州刺史를 겸했으며 중향후中鄕侯로 봉해졌다. 과감하고 강렬한 성격의 인물로 알려졌다. 관위는 장익과 같고 명망은 종예보다 위였다.

| 함희 원년(264) 봄 | 촉이 멸망한 뒤 요화와 종예는 함께 안쪽의 낙양으로 옮겨 가다가 길에서 병으로 죽었다.

# 강유를 비웃다 평민이 되어 죽다

## 양희전楊戱傳

양희는 자가 문연文然이고 건위군犍爲郡 무양현 사람이다. 어려서 자가 공홍公弘인 파서군의 정기程祁, 자가 계유季儒인 파군의 양태楊汰, 자가 백달伯達인 촉군의 장표와 함께 이름이 알려졌다.

양희는 늘 정기를 추천하며 그들 가운데 일인자라고 주장했는데, 승상 제갈량은 그를 충분히 알았다. 양희는 스무 살 무렵에 주州의 서좌에서 독군종사가 되어 형벌을 주관했는데 법률에 따라 의심나는 사건을 처리하여 공평하고 타당하다고 일컬어졌으며, 승상의 부府로 불려가 그의 소속 주부가 되었다. 제갈량이 죽은 뒤 상서우선부랑尙書右選部郞이 되었다가 자사 장완에게 초빙되어 치중종사사治中從事史가 되었다. 장완은 대장군 신분으로 부를 열 때 또 양희를 초빙하여 동조연으로 삼았다가 남중랑참군南中郞參軍으로 승진시켰으며, 내강 도독의 부장이 되었고 건녕 태수를 겸했다. 질병으로 인해 성도로 부름을 받아 호군, 감군에 임명되었다. 지방으로 나가 재동 태수를 겸하고 중앙으로 들어와 야성교위가 되었다. 관직에 있으면서 청렴하고 간략하며 번잡함이 없었다.

| 연희 20년(257) | 대장군 강유를 따라 출전하여 망수까지 갔다. 양희는 평소 마음속으로 강유에게 복종하지 않고 있었기 때문에 술을 마시고 이야기할 때는 늘 비웃는 말을 했다. 강유는 겉으로는 너

그럽게 보였지만 속으로는 견딜 수 없었다. 군대가 돌아온 뒤 담당 관리는 강유의 마음을 알고 상주하여 양희를 면직시켜 평민이 되게 했다. 그 뒤 양희는 경요 4년(261)에 죽었다.

양희는 성격이 비록 게으르고 일을 허투루 했지만 일찍이 다른 사람에게 달콤한 말을 하지도 지나친 애정으로 대하지도 않았다. 문서로 일을 지시할 경우 종이 한 장을 다 쓸 때가 드물었다. 그러나 옛 친구에 대한 우정은 독실하여 정성과 두터운 정으로 대했다. 파서군의 한엄韓儼과 여도黎韜는 어려서부터 서로 친했는데 나중에 한엄은 심한 질병으로 인해 폐인처럼 되고, 여도는 선행이 없어 버림받게 되었다. 양희는 그들을 위해 여러 가지 일을 경영하고 생활을 보살펴주어 처음과 같은 우정을 나눴다. 또 그때 사람들은 초주를 그 시대에 맞는 재능이 없다고 말하며 그를 존경하는 이가 적었지만 양희만은 그를 중시했다. 그는 일찍이 이렇게 칭찬했다.

"우리 자손은 끝까지 이 키다리(초주는 키가 8자나 되었다고 함)만 못할 것입니다."

식견 있는 사람들은 이 때문에 양희를 존경하며 중시했다.

장표는 위엄 있는 태도를 갖추었고 처음에는 명성과 관위가 양희와 같았는데 나중에는 상서까지 오르고 독내강, 후장군이 되었다가 양희보다 먼저 죽었다. 정기와 양태는 각기 일찍 죽었다.

| 연희 4년(241) | 양희는《계한보신찬季漢輔臣贊》을 지었다. 그가 칭송하여 서술한 이는 지금 대부분《촉서蜀書》에 실려 있다. 그러므로 뒤에 기록한다. 이 뒤에 죽은 사람은 시호를 더하지 않았으므로 간혹 칭송받아 수록되어야 하지만, 이 편에 없는 이도 있다. 양희가 칭찬한 이로서 지금 전傳이 만들어지지 않은 사람은 나 진수가 모두 양희의 찬사 아래에 그들의 이력을 덧붙여 기록하니 그들의 대

체적인 자취를 간략하게나마 알 수 있을 것이다.[3)]

옛날 주나라 문왕은 덕행을 노래하고 무왕은 흥성함을 노래했다.[4)] 무릇 절대 군주는 몸을 세워 도의道義를 행하는데, 오직 한 시대뿐만 아니라 또 다음 왕조의 기초를 세우는 단서를 열어 후세까지 빛을 발한다. 우리 중한(中漢, 후한 말기)부터 황실은 권력을 잃고 영웅호걸이 함께 일어나 정치 싸움이 잦아 혼란이 끊이지 않았으며, 백성은 도탄의 고통에 빠졌다. 그 결과 선제께서는 이 일을 탄식하며 걱정했다. 연燕과 대代 땅에서 처음 일어났을 때에는 인의의 명성이 두드러졌고, 제齊와 노魯에 온 뒤로는 풍모가 널리 퍼졌으며, 형주와 영郢 땅에서 창업했을 때는 군주와 신하의 마음이 합쳐졌고, 머리를 돌려 오와 월 땅을 원조했을 때는 현인이든 어리석은 자든 간에 모두 그의 명성을 우러렀으며, 파와 촉에서 위세를 떨칠 때는 천하가 진동했고, 용庸과 한漢에서 병사를 일으켰을 때(한중 토벌을 가리킴)는 강대한 적국이 점점 자취를 감추었으므로 우리 군주는 고조의 창업을 계속 이어 대한大漢의 종묘 제사를 회복시킬 수 있었다. 그러나 간사하고 흉악한 적에게는 아직 천벌을 가하지 못하여 주나라 무왕이 맹진盟津에서 부대를 결합한 것처럼, 또 은나라 탕왕이 하나라 걸왕을 멸하지 못해 명조鳴條의 전투를 기다린 상황이 되었다. 하늘의 복록에는 끝이 있어 갑자기 예기치 않은 일이 찾아왔다. 천하가 통일로 달려가고 온 나라가 한 몸으로 연결되려 하

---

3)  이하 《촉서》에 나오는 사람들에 대해 진수가 덧붙인 기록은 고국 촉에 대한 감개를 나타낸 것으로 볼 수 있다.

4)  이는 《시경》의 시를 의식한 것이다. 여기서 '흥성함'으로 해석한 것의 원문은 '홍흥'인데, 강성하다는 뜻의 '긍兢' 자를 바꿔 쓴 듯하며 뜻은 서로 같다.

자 당시 탁월한 인사가 천하를 보조하며 영웅다운 군주를 추대하고, 영명한 덕행이 사람들의 마음을 불러 이르게 한 것이다. 이런 인사가 많아 볼 만하다. 그래서 이들의 아름다운 풍모를 모두 서술하여 후세 사람의 이목을 감동시키려는 것이다. 그 말은 다음과 같다.

소열황제昭烈皇帝를 찬함.

황제가 남긴 자손은 팔방에서 번성하고 있다. 중산정왕을 따로 내보내 신령스러운 정기가 응집하고, 기일에 따라 삶을 받아 돌연 용이 하늘로 올라갔다. 연과 대를 출발점으로 하여 예주의 백伯과 형주의 군君이 되었고, 오와 월은 귀순하여 신뢰했으며 멀리서 풍모를 우러르며 결맹을 청했다. 파와 촉을 지배하고 용과 한을 삼켜버렸다. 천지는 질서를 되찾고 종묘는 안정되었으며, 선조가 남긴 기초에 올라 덕망을 전하고 명성을 날렸다. 중화 땅은 미덕을 사모하고 서백의 그림자를 따랐다. 후세에 복을 열어주고 대대로 흥성했다.

제갈 승상諸葛丞相을 찬함.

충무후(忠武侯, 제갈량)는 영명하고 고매하며 장강 가에서 위나라 군대를 물리칠 책략을 바쳤다. 오를 끌어들여 촉과 연맹하도록 하고 우리 군주를 위해 도모했다. 선제가 남긴 명을 받들어 재상이 되어 문무를 정비하고, 덕행과 교화를 펼쳐 사람들을 일깨워 풍속을 바꾸었다. 현인이든 어리석은 자든 마음을 다투며 모두 자기 몸을 잊고 받든다. 나라 안을 편안히 다스리고 사방의 국경 지대를 안정시켰다. 자주 적지로 들어가 그 위엄과 권위를 떨치고 대국 위나라를 소모시켰으나 멸망시키지 못한 것이 안타깝다.

허사도許司徒를 찬함.

허정은 맑은 풍격을 지니고 선악을 판단하며, 인물을 잘 식별하여 아끼고 높은 명성을 드날렸다.


관운장關雲長, 장익덕을 찬함.

관우와 장비는 무용이 뛰어나며 몸을 바쳐 세상을 바르게 하고, 주상을 높이 받들었으며, 기세가 호랑이처럼 장렬했다. 주상 곁을 지키며 전쟁터로 번개처럼 달려 나가 싸워 곤란함에서 건지고 대업을 도왔다. 한신이나 경감과 공적을 비교하면 명성과 덕을 나란히 할 만하나, 사람들과 사귀거나 대함에는 무례하고 아울러 흉악한 일을 일으키기도 했다. 그들의 얕은 생각과 몸을 망가뜨려가며 나라를 구한 태도를 애도한다.

마맹기馬孟起를 찬함.

표기장군(마초)은 분연히 일어나 서방의 호걸들과 합종하고 연횡하여 우선 삼진三秦의 땅에서 일을 일으켜 황하와 동수潼水를 지배했다. 조정을 존중하는 것을 기본으로 했어도 어떤 때는 모반하고 어떤 때는 동조했다. 적이 틈타서 집이 무너지고 군대가 멸망했다. 도덕을 어기고 봉황이나 용(유비)에게 의탁했다.


법효직을 찬함.

익후(법정)는 훌륭한 책략을 쓰고 세상의 흥함과 쇠함을 예측했다. 주상에게 몸을 던져 의탁하고, 의견을 서술하고 자문했다. 잠깐 생각하고도 바른 평가를 내리며 사태를 보고 변화의 징조를 알았다.

방사원을 찬함.

군사(軍師, 방통)는 덕행이 지극한 인물로 풍아한 기질이 빛났다. 영명한 군주에게 목숨을 바치고 가슴으로부터 충성을 다했다. 이 인의를 근본으로 삼아 몸을 죽여 은혜에 보답했다.


황한승黃漢升을 찬함.

장군(將軍, 황충)은 돈후하고 웅장하며, 적군의 선봉을 부수고 난국을 헤쳐 내 공업을 세운 당시의 재간꾼이었다.


동유재를 찬함.

장군(掌軍, 동화)은 맑은 절조를 지니고 의기가 높으며 마음이 한결같았다. 직언하고 백성은 그 기강을 사모했다.


등공산鄧孔山을 찬함.

안원장군(安遠將軍[5], 등방)은 강한 의지를 갖고 있으며 절조가 아름답고 장렬했다. 재산을 가볍게 여기고 과감하고 용맹했으며 어려움을 만나도 미혹되지 않았다. 적은 수로 많은 수를 이기고 이역에서 공업을 세웠다.


등공산은 이름이 방方이고 남군 사람이다. 형주 종사荊州從事 신분으로 유비를 수행하여 촉으로 들어갔다. 촉이 평정된 뒤 건위군犍爲郡의 속국도위가 되었고, 이 때문에 군 이름을 바꾸었으며 주제 태수

5)  오나라의 군사 장관으로 촉나라에는 없었다.

가 되었다. 안원장군, 내강 도독으로 뽑혔으며 남창현南昌縣에 주둔했다. 장무 2년(222)에 죽었다. 그의 품행과 업적에 관한 것은 없어졌으므로 전傳을 만들지 못했다.

비빈백費賓伯을 찬함.

양위장군(비관)은 재간이 있고 문무는 감탄할 만하다. 관직에 있을 때 임무를 잘 수행하고 당당하며 말을 잘하여 자주 거론되었다. 재산 늘리기를 꾀하고 많이 베풀었으며 인의와 공덕이 지극했다.

빈백은 이름이 관觀이고 강하군 맹현 사람이다. 유장의 어머니는 비관의 재당고모이며, 유장은 또 딸을 비관에게 시집보냈다. 비관은 건안 18년(213)에 이엄의 군대에 참가하여 면죽에서 유비에게 맞서 싸우다가 이엄과 함께 항복했다. 유비는 익주를 평정한 뒤 비관을 비장군으로 임명하고 나중에 파군 태수, 강주 도독江州都督으로 삼았다. 건흥 원년(223)에 도정후에 봉해졌으며 진위장군을 더했다. 비관은 사람들과 사귀는 데 뛰어났다. 도호 이엄은 원래 자존심이 강해 호군 보광輔匡과 나이나 지위가 서로 비슷하지만 그와 친하게 지내지 않았다. 비관은 이엄보다 스무 살 남짓 적지만 이엄과 마치 동년배인 양 가깝게 오갔다. 비관은 서른일곱 살에 죽었다. 그의 사적은 없어졌으므로 전을 만들지 못했다.

왕문의를 찬함.

둔기교위(왕련)는 옛 주인을 존중하고 절개를 굳게 지키며 마음을 옮기지 않았다. 유장이 항복하여 나아가 임명을 받은 초기에는 마음을 다해 세상의 모범이 되었고, 군수물자를 맡아 임무를 잘 수행했다.

유자초劉子初를 찬함.

상서(유파)는 청결하고 고상하며 언행을 단정히 하고 몸을 닦았다. 뜻이 높고 도의를 갖추었으며, 고전 문장을 음미하고 그 고아한 풍모에 기대어 옛사람과 견주기를 좋아했다.

미자중糜子仲을 찬함.

안한장군(미축을 말함)은 온화한 용모를 지녔으며, 어떤 때는 인척이 되고 또 어떤 때는 빈객이 되었다. 이 사람은 훌륭한 신하라고 말할 수 있다.

왕원태·하언영何彦英·두보국杜輔國·주중직周仲直을 찬함.

소부(왕모)는 몸을 닦아 신중했고, 홍려(하종)는 명석하고 성실했으며, 간의대부(두미)는 드러내지 않고 행동했고, 유림교위(주군)는 천문에 밝았다. 이들은 위대한 교화를 떨쳤으며, 어떤 이는 중심이 되고 어떤 이는 일원이 되어 활약했다.

왕원태는 이름이 모謀이고 한가군 사람이다. 그는 용모가 단정하고 행동거지는 전아했다. 유장 때 파군 태수가 되었다가 돌아와 주의 치중종사가 되었다. 유비가 익주목을 겸할 때 별가로 임명되었다. 유비는 한중왕이 되자 형초의 명족으로 영릉 사람 뇌공을 태상으로 삼고, 남양의 황주를 광록훈으로 삼았으며, 왕모를 소부로 삼았다. 건흥 초에 관내후 작위를 받았고, 뒤에 뇌공 대신 태상이 되었다. 뇌공·황주·왕모는 모두 그 사적이 전하지 않으므로 전을 만들지 못했다. 뇌공의 아들 뇌굉賴肱은 승상서조령사丞相西曹令史가 되어 제갈량을 수행해 한중으로 출정했지만 요절했다. 제갈량은 이를 매우 애석해하며 유부장사 장예와 참군 장완에게 편지를 보내 말했다. "영사令史에서는 뇌굉을 잃고, 연속掾屬에서는 양옹楊顒을 잃어 조정에 크나큰 손실이 되었습니다."

양옹도 형주 사람이다. 나중에 대장군 장완이 장휴에게 물었다.

"한가군의 선배로 왕원태라는 이가 있었는데, 지금 그를 이을 사람은 누구입니까?"

장휴가 대답했다.

"왕원태에 이르러서는 주 안에서 이을 만한 이가 없습니다. 하물며 우리 군에서야!"

그가 중요하게 여겨진 바가 이와 같았다.

하언영은 이름이 종宗이고 촉군 비현 사람이다. 광한군의 임안에게 학문을 사사했으며, 임안의 기술(앞날을 예측하여 아는 방법)을 충분히 연구했다. 두경과 같은 스승 아래서 배웠지만 명망과 학문은 그를 뛰어넘었다. 유장 때 건위 태수犍爲太守가 되었다. 유비가 익주를 평정하고 목을 겸할 때 초빙하여 종사좨주로 삼았다. 뒤에 도참을 인용해 유비에게 즉위하여 제로 일컫기를 권유했으며, 유비가 즉위한 뒤 대홍려로 승진했다. 건흥 연간에 죽었는데 그의 사적이 없어져서 전을 만들지 못했다. 아들 하쌍何雙은 자가 한우漢偶이다. 그는 익살스럽게 말하며 순우곤淳于髡이나 동방삭東方朔의 풍모를 지녔다. 쌍백현雙柏縣의 장이 되었으나 일찍 죽었다.


오자원吳子遠을 찬함.

거기장군(오일)은 강인한 사람으로 널리 사랑하는 마음을 가졌으며,

약한 병력으로 강한 적군을 제압하고 위기에 빠지지 않았다.

오자원은 이름이 일壹이고 진류군 사람이다. 유언을 따라 촉으로 들어갔다. 유장 때 중랑장이 되어 병사를 이끌고 부현에서 유비에게 맞서 싸웠지만 끝내 항복하고 말았다. 유비는 익주를 평정한 뒤 오일을 호군, 토역장군討逆將軍으로 삼고 그 여동생을 아내로 맞이했다. 장무 원년(221)에 관중 도독關中都督이 되었다. 건흥 8년(230)에 위연과 함께 남안의 경계를 쳐들어가 위나라 장수 비요를 깨뜨려 정후亭侯로 옮겼다가 고양향후高陽鄉侯로 봉해졌으며 좌장군으로 승진했다. 12년(234)에 승상 제갈량이 죽자 오일을 독한중, 거기장군으로 삼고 가절을 주고 옹주 자사를 겸하게 했으며 승진시켜 제양후濟陽侯로 봉했다. 15년(237)에 세상을 떠났다. 그의 사적이 없어져서 전을 만들지 못했다. 오일의 족제族弟 오반은 자가 원웅元雄이며, 대장군 하진의 수하 관리이던 오광吳匡의 아들이다. 그는 호방하고 협기가 있다고 일컬어졌으며, 관위는 늘 오일과 서로 차이가 없었다. 유비 때 영군領軍이 되었다. 유선 때에는 점점 승진하여 표기장군이 되고 가절을 받았으며, 면죽후綿竹侯로 봉해졌다.

이덕앙李德昻을 찬함.

안한장군(이회를 말함)은 남방의 장관이 되어 떨쳐 일어나 고향의 악인을 토벌했다. 반란을 일으킨 자들을 쓸어버리고 형벌을 세웠다. 만蠻과 복濮을 폭넓게 개척하여 나라의 수입을 늘렸다.

장군사張君嗣를 찬함.

보한장군(장예)은 총명하고 기민하며 자애로웠다. 앞날에 대한 생각을 말하고 절실한 물음에 근접하게 대답했으며, 시대의 미덕을 돕고 우리 공업을 화합시켰다.

황공형을 찬함.

진북장군(황권)은 민첩한 두뇌를 가졌고 책략을 운용함에 방향이 있었다. 군사를 이끌고서 사악한 자들을 몰아내고, 맡은 일을 잘해내 공적을 이루었다. 동쪽 구석 땅에 임명되어 말년의 운명은 불우했다. 유비의 패배로 위나라에 항복하여 본래 뜻을 펴지 못한 것을 슬퍼하며 타향으로 떠돌았다.


양계휴를 찬함.

월기교위(양홍)는 매우 충성스러웠으며 뜻을 세우려고 스스로 신중했다. 안팎의 직무를 맡아 공적인 일을 염두에 두고 사적인 일은 잊어버렸다.

조자룡趙子龍, 진숙지陳叔至를 찬함.

정남장군(조운)은 성정이 후덕하고 정서장군(진도)은 충성스럽고 강직했다. 당시 뽑힌 병사를 지휘하여 맹장으로서 공훈을 날렸다.


숙지는 이름이 도到이고 여남군 사람이다. 예주에서부터 유비를 수행했고, 명망과 관위는 늘 조운 다음이었다. 그들은 함께 충성과 용맹으로 칭송을 받았다. 건흥 초에 관직이 영안 도독永安都督, 정서장군까지 오르고 정후로 봉해졌다.


보원필輔元弼, 유남화劉南和를 찬함.

진남장군(보광)은 호기가 있고 감군(유옹)은 숭고하고 독실했다. 나란히 군사 일을 맡아 변방에서 활약했다.

보원필은 이름이 광匡이고 양양군 사람이다. 유비를 따라 촉으로 들어가 익주가 평정된 뒤 파군 태수가 되었다. 건흥 연간에 진남장 군으로 옮겼다가 우장군이 되었으며 중향후로 봉해졌다.

유남화는 이름이 옹邕이고 의양 사람이다. 유비를 따라 촉으로 들어갔으며, 익주가 평정된 뒤에는 강양 태수가 되었다. 건흥 연간에 점점 승진하여 감군, 후장군까지 오르고 관내후 작위를 받았으며, 그 뒤에 죽었다. 아들 유식劉式이 뒤를 이었다. 작은아들 유무劉武는 문장에 재능이 있어 번건과 이름을 나란히 했으며, 관직도 상서에 이르렀다.


진자래를 찬함.

사농(司農, 진복)은 천부적인 재능이 있고 아름다운 문장을 썼다. 문장이 화려하고 내용은 논리 정연하며 탁월한 광채가 있었다.


이정방李正方을 찬함.

정방(이엄)은 유비가 남긴 명을 받들어 후세의 기강을 정립하는 데 참여했는데, 의견을 이야기하지도 않고 돕지도 않았다. 이단을 만들어 그 시대에서 내쫓겨 임무나 공적도 없어졌다.


위문장魏文長을 찬함.

문장(위연)은 강직하고 용맹하며, 어려움에 임하여 명령을 받아 외적을 막아 싸우고 국경을 지켰다. 그러나 협력하지도 않고 조화를 이루지도 않으며 절개를 잊고 반란의 뜻을 언급했다. 그래서 마지막에는 미움을 받았고 처음 공적은 아낌을 받았는데, 이것은 실제로 그의 본성이었다.

양위공楊威公을 찬함.

위공(양의)은 마음이 좁고 대부분의 사람에게서 다른 것을 취했다. 한가할 때는 논리를 따르지만 위급할 때에는 사람을 상하게 하고 침해했다. 도리를 버리면 흉한 데로 들어가게 되는 것은 《주역》에서 말한 바이다.

마계상馬季常·위문경衛文經·한사원韓士元·장처인張處仁·은공휴股孔休·습문상習文祥을 찬함.

계상은 착하고 성실하고, 문경은 부지런하며, 사원은 규범이 되는 말을 하고, 처인(장존)은 계책을 얻었으며, 공휴(은관)와 문상(습정)은 각기 재능과 명망을 가졌다. 모두 넓은 뜻을 펴서 초楚 땅의 우수한 인물이 되었다.

위문경과 한사원은 모두 그 이름과 사적과 출신지의 군현이 없어졌다. 처인은 원래 이름이 존存이고 남양군 사람이다. 형주 종사 신분으로 유비를 따라 촉으로 들어갔다가 남쪽 낙현에 이르러 광한 태수가 되었다. 장존은 평소 방통에게 복종하지 않았으므로 방통이 화살에 맞아 죽었을 때 유비가 방통을 찬미하는 말을 하자 이렇게 말했다.

"방통은 비록 충성을 다하여 아까운 인물이지만 위대하고 올바른 도의를 어겼습니다."

유비가 노여워하며 말했다.

"방통은 자기 몸을 죽여 인仁을 이룬 사람입니다. 다시는 그를 나쁘게 말하지 마십시오."

그러고는 장존의 관직을 파면시켰다. 오래지 않아 장존은 질병으로 죽었다. 그의 행적이 없어져서 전을 만들지 못했다.

은공휴는 이름이 관觀이며 형주의 주부, 별가종사가 되었다. 〈선주전先主傳〉에 보인다. 그가 태어난 군현은 전하지 않는다.

습문상은 이름이 정禎이고 양양군 사람이다. 유비를 수행하여 촉으로 들어가 낙현과 비현 현령을 지내고 광한 태수가 되었다. 그의 사적은 전하지 않는다. 아들 습충習忠은 관직이 상서랑까지 올라갔다.

왕국산王國山·이영남·마성형馬盛衡·마승백馬承伯·이손덕李孫德·이위남李偉南·공덕서龔德緒·왕의강王義彊을 찬함.

국산(왕보)은 훌륭한 풍격이 있고, 영남(이소)은 사려 깊으며, 성형(마훈)과 승백(마제)은 가슴속에 있는 생각을 솔직히 털어놓고 시세를 말했다. 손덕(이복)은 과감하고 날카로우며, 위남(이조)은 늘 후덕했다. 덕서(공록)와 의강(왕사)은 지기가 있고 용감했다. 사람들이 본성을 닦아 촉에 향기를 드날렸다.

왕국산은 이름이 보甫이고 광한군 처현郪縣 사람이다. 그는 인물을 평가하고 의론하기를 좋아했다. 유장 때 주의 서좌가 되었다. 유비가 촉을 평정한 뒤 면죽현 현령이 되었고, 돌아와서 형주의 의조종사가 되었다. 유비를 수행하여 오나라 정벌에 나섰다가 군대가 자귀에서 패하여 해를 입었다. 아들 왕우王祐는 아버지의 풍모를 지녔고 관직은 상서우선랑尙書右選郎까지 올랐다.

이영남은 이름이 소邵이고 광한군 처현 사람이다. 유비가 촉을 평정한 뒤 주의 서좌부종사書佐部從事가 되었다. 건흥 원년(223)에 승상 제갈량이 불러서 서조연으로 삼았다. 제갈량이 남쪽으로 정벌을 나갈 때 이소를 치중종사로 삼아 남겼는데 이해에 세상을 떠났다.

마성형은 이름이 훈勳이고, 마승백의 이름은 제齊인데 모두 파서군 낭중현 사람이다. 마훈은 유장 때 주의 서좌가 되었다. 유비가 촉을 평정한 뒤 초빙되어 좌장군속이 되었다가 나중에 주의 별가 종사로 전임되었고, 얼마 뒤에 죽었다. 마제는 태수 장비의 공조였다. 장비는 마제를 유비에게 추천하여 상서랑으로 삼았다. 건흥 연간에 마제는 종사승상연從事丞相掾이 되었다가 광한 태수로 승진했으며, 다시 참군이 되었다. 제갈량이 죽은 뒤 상서가 되었다. 마훈과 마제는 모두 재간으로써 스스로 두드러졌는데 고향에서의 위신은 요주만 못했다.

요주는 자가 자서子緖이고 역시 낭중현 사람이다. 유비가 익주를 평정한 다음에 공조서좌가 되었다. 건흥 원년(223)에 광한 태수가 되었다. 승상 제갈량은 북쪽 한중에 주둔하고 있을 때 그를 불러 연掾으로 삼았다. 요주가 문무의 인재를 한꺼번에 추천하자, 제갈량이 그를 칭찬하여 말했다.

"군왕에게 충성하고 이롭게 하는 데 인재를 추천하는 일보다 큰 것은 없습니다. 인재를 추천할 경우에는 저마다 자신들이 좋아하는 분야에 힘쓰려고 합니다. 그런데 지금 요 연掾은 강함과 부드러움을 병존시켜 문무 두 방면에서 쓰는 사람의 수요를 확대하고 있으니 넓고 전아하다고 할 수 있습니다. 여러 연 지위에 있는 자들이 다 이 일에 마음을 기울여 내 기대에 부응하기를 바랍니다."

그는 참군으로 승진했다. 제갈량이 죽은 다음 점점 승진하여 상서복야가 되었다. 당시 사람들은 그의 성실함과 순수함에 감복했다. 연희 5년(242)에 세상을 떠났는데《계한보신찬》이 쓰인 뒤이다.

이손덕은 이름이 복福이며 재동군 부현 사람이다. 유비가 익주를 평정한 뒤 서좌, 서충국의 장, 성도현 현령이 되었다. 건흥 원년 (223)에 파서 태수로 옮겼고 강주독, 양위장군이 되었으며 중앙으로 들어가 상서복야가 되고 평양정후에 봉해졌다. 연희 초에 대장군 장완이 한중으로 출정했을 때 이복은 전감군 신분으로 사마를 겸했지만 죽고 말았다.[6]

이위남은 이름이 조朝이고 영남永南의 형이다. 군의 공조를 지내다가 효렴으로 천거되었으며, 임공현 현령이 되었고, 중앙으로 들어가 별가종사가 되었다. 유비를 수행하여 동쪽 오나라를 정벌하러 갔고, 장무 2년(222)에 영안에서 세상을 떠났다.

공덕서는 이름이 녹祿이고 파서군 안한현安漢縣 사람이다. 유비는 익주를 평정한 다음 그를 군의 종사아문장從事牙門將으로 삼았다. 건흥 3년(225)에 월수 태수가 되어 승상 제갈량을 따라 남쪽으로 정벌하러 갔다가 만족에게 살해되었는데 그때 서른한 살이었다. 동생 공형龔衡은 경요 연간에 영군領軍이 되었다.

왕의강은 이름이 사士이고 광한군 처현 사람이며, 왕국산의 사촌 형이다. 유비를 따라 촉으로 들어간 뒤 효렴으로 천거되고 부절의 장이 되었으며, 아문장으로 승진했다. 지방으로 나가 탕거 태수가 되었다가 건위健爲 태수로 옮겼다. 마침 승상 제갈량이 남쪽 정벌에 나서서 익주 태수로 전임되었는데, 남쪽으로 가기 전에 만족에게

397 ─ 15 등장종양전鄧張宗楊傳

---

6) 제갈량이 무공에서 위독할 때 유선은 이복을 보내 간병하게 하고, 나라의 대계大計를 자문하도록 했다. 이복은 성상의 뜻을 상세히 전하고 제갈량의 의견을 들었다. 이복은 제갈량 곁을 떠나 며칠이 지나자 그의 생각을 다하지 못할 것 같아 말을 돌려 다시 제갈량을 만나러 갔다. 제갈량이 이복에게 말했다. "나는 그대가 돌아온 뜻을 압니다. 가까운 시간에 만나기가 힘들 듯해서 다시 한 번 오기로 결정한 것입니다. 그대가 물으려고 하는 후계자는 공염(장완)이 적임자입니다."

살해되었다.

풍휴원馮休元, 장문진張文進을 찬함.
　휴원(풍습)은 적을 가벼이 여겨서 시기를 잃고 위험을 불러들였다.
문진(장남)은 분투했지만 똑같이 이 패배로 목숨을 잃었다. 재난은 한
사람으로부터 생겨 확대된다.

　풍휴원은 이름이 습習이고 남군 사람이다. 유비를 수행하여 촉으
로 들어갔다. 유비가 동쪽 오를 정벌하러 갔을 때, 풍습은 영군이
되어 여러 군대를 통솔했는데 효정에서 크게 패했다.
　장문진은 이름이 남南이다. 그도 형주에서부터 유비를 수행하여
촉으로 들어갔으며, 병사들을 이끌고 유비를 따라 오를 정벌하러
갔다가 풍습과 함께 전사했다. 그때 또 의양군의 부융傅肜이라는 사
람이 있었는데, 유비가 군대를 물릴 때 적이 뒤쫓아오는 것을 끊으
며 오나라 군대에 맞서 싸우다가 병사들이 모두 죽었다. 오나라 장
수가 부융에게 투항하라고 하자, 부융은 욕을 하며 말했다.
　"오나라 개들아! 한나라의 장군으로서 어찌 항복하는 자가 있겠
느냐!"
　그러고는 전사했다. 아들 부첨은 좌중랑으로 임명되었다가 나중
에 관중 도독이 되었다. 경요 6년(263)에 또 위험에 임하여 목숨을
바쳤다. 논의하는 이들은 두 대에 걸친 그 부자의 충의를 칭찬했다.

정계연程季然을 찬함.
　강양 태수(정기)는 강인하고 용맹스러우며 절개를 세운 명군明君이
다. 적을 만나 싸우면서 몸을 굽히지 않았고, 홀로 맞아 싸우다가 진

영에서 목숨을 잃었다.

　계연은 이름이 기畿이고 파서군 낭중현 사람이다. 유장 때 한창현의 장이 되었다. 현에는 종족實族 사람이 있었는데, 강인하고 맹렬하므로 지난날 한나라 고조가 그들을 이용하여 한중을 평정했다. 파서 태수 방희는 천하가 어수선할 때 군에도 무력에 의한 수비가 있어야 한다며 매우 많은 병사를 불러모았다. 어떤 사람이 유장에게 참소하여 방희가 반역하려는 자라고 하니, 유장은 속으로 방희를 의심했다. 방희는 이 소식을 듣고 매우 두려워하며 스스로 수비를 꾀하려고 정기의 아들 정욱程郁을 보내 자기 생각을 전하게 하고 군대를 요구하여 구원하도록 했다. 정기가 답장하여 말했다. "군에서 부대를 소집한 것은 본래 반역하려는 게 아니었습니다. 비록 참언이 있었다고 하더라도 성의를 다해야만 합니다. 만일 두려워서 다른 마음을 품는다면 제가 들은 것과 다릅니다."

　정기는 아울러 정욱에게 경계하는 말을 했다.

　"나는 주州의 은혜를 받았으니 마땅히 주목에게 충절을 다해야만 한다. 너는 군리郡吏가 되었으므로 마땅히 태수를 위해 힘을 쏟아야 한다. 나 때문에 다른 마음을 가져서는 안 된다."

　방희가 사람을 시켜 정기에게 말했다.

　"당신 아들은 우리 군에 있습니다. 태수의 말을 따르지 않으면 한 집안에 화가 미칠 것입니다!"

　정기가 말했다.

　"지난날 낙양樂羊은 위나라 장수가 되어 자식의 살로 끓인 국을 먹었는데, 부자간에 정이 없어서가 아니라 대의大義가 그렇게 하도록 한 것입니다. 지금 비록 또 내 자식의 살로 국을 끓인다고 하더라도 나는 반드시 그것을 먹을 것입니다."

방희는 정기가 반드시 자신을 위하지 않을 것을 알았으므로 유장에게 깊이 사죄하여 처벌을 받지 않았다. 유장은 이 일을 듣고 정기를 강양 태수로 승진시켰다. 유비는 익주목을 겸하면서 그를 불러 종사좨주로 삼았다. 뒤에 유비를 수행하여 오나라 정벌에 나갔다가 대군이 패하여 강을 거슬러 돌아오는데, 어떤 이가 그에게 말했다.

"뒤쪽의 추격병이 벌써 이르렀습니다. 배를 풀어 재빨리 달아나면 죽음은 면할 수 있습니다."

정기가 말했다.

"나는 군대에 있으면서 일찍이 적 때문에 달아난 적이 없는데 하물며 천자를 수행하며 위험을 만났을 때이랴!"

뒤쫓아오던 병사가 정기의 배에까지 이르러 정기는 직접 창을 쥐고 싸웠는데, 적군의 배 가운데 뒤집히는 것도 있었다. 적의 병력이 많이 몰려와 한꺼번에 그를 공격하므로 전사하고 말았다.

　　정공홍程公弘을 찬함.
　　공홍(정기)은 뒤에 태어났지만 두드러지게 뛰어난 정신을 지니고 있었다. 스무 살에 요절하여 꽃을 피우지 못한 것이 슬프다.

공홍은 이름이 기祁이고 정계연의 아들이다.

　　미방·사인·학보郝普·반준潘濬을 찬함.
　　옛날 도망친 신하는 예의에 따라 추격했다. 그들은 사관司官에게 원한을 품고 커다란 덕을 돌아보지 않은 것이다. 세상을 바로잡고 구제하려는 뜻은 없고 다른 마음이 북쪽으로 치달아 사람들과 끊어지고 위와 오 두 나라의 웃음거리가 되었다.

미방은 자가 자방子方이고 동해군 사람으로 남군 태수가 되었다.

사인은 자가 군의君義이고 광양군 사람이다. 장군이 되어 공안에서 주둔하며 관우의 지휘 아래 있다가 관우와 틈이 생겨 반역하고 손권을 맞아들였다.

학보는 자가 자태子太이고 의양군 사람이다. 유비는 형주에서 촉으로 들어온 뒤 학보를 영릉 태수로 삼았다. 오나라 장수 여몽에게 속아 성문을 열고 그에게 투항했다.

반준은 자가 승명承明이고 무릉군 사람이다. 유비는 촉으로 들어올 때 반준을 형주 치중으로 삼고 남아 지키면서 주의 행정을 관리하게 했는데, 그도 관우와 화목하지 못했다. 손권이 관우를 습격하자 곧 오나라로 들어갔다. 학보는 관직이 정위까지 오르고, 반준은 태상까지 올랐으며 후로 봉해졌다.

【평하여 말한다】

등지는 정조가 곧고 간결하고 명료한 인물로서 관직에 있을 때는 집안일을 잊었다. 장익은 강유의 날카로움에 맞서고, 종예는 손권의 위엄에 대항하여 모두 칭찬할 만한 점이 있다. 양희는 사람들에게서 탁월한 점을 찾으려는 뜻으로 인물을 평가했으나 그의 지혜에 흠이 있어 세상의 재난을 만났다.

# 촉나라 연표

* 이 연표는 유비가 탄생한 161년부터 촉나라가 멸망한 263년까지 103년간 일어난 일들을 간략히 기록한 것이다.


**연희延熹 4년(161)** 유비劉備가 몰락한 가문의 후예로 태어나다.

**흥평興平 원년(194)** 유언劉焉이 악성 종양으로 죽다.

**건안建安 원년(196)** 조조曹操가 표를 올려 유비를 진동장군鎭東將軍으로 삼고 의성정후宜城亭侯에 봉하다. 유비와 원술袁術이 한 달 넘게 서로 대치하는 동안, 여포呂布가 그 빈틈을 타서 하비下邳를 습격하다.

**건안 4년(199)** 유비가 서주徐州에 머무르며 소패小沛를 지키고, 관우關羽는 하비를 지키다.

**건안 5년(200)** 유비가 조조에게 공격받고 원소袁紹에게 몸을 맡기다. 관우가 조조에게 사로잡히다. 조조가 관우를 편장군偏將軍으로 임명하다.

**건안 6년(201)** **9월** 유비가 조조에게 패하여 형주荊州의 유표劉表에게 몸을 맡기다.

**건안 12년(207)** 유비가 유표에게 허창許昌을 습격하라고 권하지만 받아들여지지 않다. 조조가 남쪽으로 내려와 유표를 정벌할 무렵, 유표가 죽다. 유비가 세 번 찾아가 제갈량諸葛亮을 불러들이다. 유선劉禪이 태어나다.

**건안 13년(208)** 제갈량이 시상柴桑에 가서 손권孫權과 회견하다.
**11월** 유비가 손권과 연합하여 적벽赤壁에서 조조를 크게 이기고 형주의 강남 4군을 손에 넣다.

**건안 14년(209)** 유비가 손권의 여동생을 아내로 맞이하다.

건안 15년(210)   유비가 손권에게 형주를 빌리겠다고 하다.

건안 16년(211)   유비가 부현涪縣에 도착하다. 익주목益州牧 유장劉璋이 조조가
               장로張魯를 토벌할 것이라는 소문을 듣다. 유비가 익주로 들어가다.

건안 17년(212)   **겨울 12월** 유비가 가맹葭萌으로부터 부성涪城까지 진출하다.

건안 18년(213)   유비가 유장의 군대를 연거푸 무찌르고 면죽綿竹을 압박하다.

건안 19년(214)   **5월** 유비가 성도成都를 포위한 지 수십 일 만에 유장을 항복
               시키고 익주목이 되다.
               **여름** 낙성雒城이 공격을 받다.

건안 20년(215)   손권이 사자를 보내 유비에게 형주를 돌려받겠노라고 말하다.

건안 22년(217)   유비가 장비張飛와 마초馬超를 한중漢中으로 진격시키자, 위魏
               나라에서 조홍曹洪을 보내어 대항하다.

건안 23년(218)   유비가 장수들을 인솔하여 한중으로 나가다. 장수 오란吳蘭
               과 뇌동雷銅 등을 나누어 무도武都로 들여보냈으나 모두 조조 군대
               에게 전멸되다. 유비가 하후연夏侯淵, 장합張郃과 양평관陽平關에서
               대치하다.

건안 24년(219)   **봄** 유비가 정군산定軍山에 진영을 구축하다.
               **7월** 유비가 스스로 한중왕漢中王이라 칭하고 유선을 태자로 삼다.
               **8월** 관우가 조인曹仁을 번성樊城에서 포위하고 우금于禁을 항복시
               키다.
               **12월** 관우가 아들과 함께 체포되어 살해되다.

건안 25년(220)   한제(漢帝: 獻帝)가 살해되었다는 말을 듣자, 유비는 국상을 발
               표하고 상복을 입고서 시호를 효민황제孝愍皇帝로 추증하다. 위나라
               에서는 조비曹丕가 제위에 오르다.

건안 26년(221)   **4월 6일** 유비가 신하들의 건의를 받아들여 성도 무담산武擔山
               남쪽에서 제위에 오르다. 대사면을 실시하고 국호를 한漢이라 하
               고 연호를 장무章武로 고치다.

장무 원년(221) 제갈량이 승상으로 임명되고, 허정許靖이 사도司徒로 임명되다. 장비가 거기장군車騎將軍으로 승진하고 사예교위司隸校尉를 겸임하며 서향후西鄉侯에 봉해지다. 마초가 승진하여 표기장군驃騎將軍이 되고 양주목涼州牧을 겸임하며 태향후斄鄉侯에 봉해지다.

**6월** 유영劉永이 노왕魯王으로 봉해지다. 유리劉理가 양왕梁王으로 봉해지다.

**7월** 유비가 오吳나라 정벌군을 일으키다. 이 직전에 장비가 부하에게 살해되다.

장무 2년(222) **윤달 6월** 유비가 오나라 군대에 대패하여 영안永安에 주둔하다.

**겨울 12월** 유비의 와병 중에 한가 태수漢嘉太守 황원黃元이 병사를 일으키다.

마초가 47세로 세상을 떠나다. 유파劉巴가 세상을 떠나다. 이엄李嚴이 상서령尙書令으로 임명되다.

장무 3년(223) **봄 2월** 승상 제갈량이 성도에서 영안으로 오다.

**3월** 황원이 병사를 진군시켜 임공현臨邛縣을 공격하다. 유비가 장군 진홀陳曶을 파견하여 황원을 토벌하고 참수하다. 유비가 질병이 심해지자, 승상 제갈량에게 아들을 부탁하고 상서령 이엄에게 보좌하도록 하다. 위연魏延이 도정후都亭侯에 봉해지다.

**4월** 영안궁永安宮에서 유비가 병사하다.

건흥建興 원년(223) **5월** 유선이 즉위하고 연호를 건흥으로 고치다. 목황후穆皇后를 존경하여 황태후皇太后라고 하고, 거주하는 궁전을 장락궁長樂宮이라고 하다.

**10월** 등지鄧芝를 오나라에 파견하여 우호 관계를 굳건히 하다. 익주의 호족 옹개雍闓가 반란을 일으키다. 조운趙雲이 중호군中護軍, 정남장군征南將軍으로 임명되고 영창정후永昌亭侯에 봉해지며 승진하여 진동장군이 되다. 제갈량이 장완蔣琬을 초빙하여 동조연東曹掾으로 임명하다.

건흥 2년(224) 농경에 힘쓰게 하고 월수越嶲로 통하는 관문을 닫아 백성을 쉬게 하다.

**건흥 3년(225)** **봄** 제갈량이 남중南中의 4군을 평정하고 12월에 돌아오다.

**건흥 4년(226)** 도호都護 이엄이 영안에서 돌아와 강주江州에 주둔하며 큰 성을 쌓다.

**건흥 5년(227)** **봄** 제갈량이 한중에 주둔하고, 면수沔水 북쪽의 양평군陽平郡 석마현石馬縣에 진영을 설치하다. 북쪽 한중에 주둔하다가 출전하면서 〈전출사표〉를 올리다. 위연이 승상사마丞相司馬와 양주 자사涼州刺史를 겸임하다.

**건흥 6년(228)** **봄** 제갈량이 기산祁山을 공격했지만 승리하지 못하다.
**겨울** 제갈량이 다시 산관散關으로 출병하여 진창陳倉을 포위하지만 식량을 전부 소비해 퇴각하다.

**건흥 7년(229)** **봄** 제갈량이 진식陳式을 파견하여 무도와 음평陰平을 공격하고 승리하여 두 군을 평정하다.
손권이 제帝라 칭하고, 촉蜀과 동맹을 맺어 천하를 나누어 통치하기로 협약하다.
조운이 세상을 떠나다. 유선이 진진陳震을 위위衛尉로 삼아 손권의 즉위를 축하하도록 하다.

**건흥 8년(230)** **가을** 위나라가 사마의司馬懿에게 서성西城을, 장합에게 자오子午를, 조진曹真에게는 야곡斜谷을 경유하도록 하여 한중을 공격하려고 하다.
노왕 유영을 감릉왕甘陵王으로 삼고, 양왕 유리를 안평왕安平王으로 바꾸어 봉하다. 위연이 서쪽의 강중羌中으로 진입하다.

**건흥 9년(231)** **봄 2월** 제갈량은 다시 군사를 내어 기산을 포위하고는 구원하러 달려온 사마의를 목우木牛를 이용하여 대패시키다.
**6월** 식량이 부족하여 철수하다가 추격해온 위나라 장수 장합을 죽이다.

**건흥 10년(232)** 제갈량이 황사黃沙에서 농경을 장려하고 병사를 훈련시키며 군사軍事를 가르치다.

건흥 11년(233) **겨울** 제갈량이 야곡의 저각邸閣에 군량미를 비축하다.

건흥 12년(234) **봄 2월** 제갈량이 야곡에서 오장원五丈原으로 진격해 위남渭南에서 사마의와 대치하다.
**가을 8월** 제갈량이 위빈渭濱에서 세상을 떠나다.
위연이 선봉이 되나 패하다.
강유姜維가 성도로 돌아와 우감군右監軍, 보한장군輔漢將軍이 되어 평양후平陽侯로 봉해지다.

건흥 13년(235) **봄 정월** 양의楊儀가 파면되어 한가군漢嘉郡으로 쫓겨나 있다가 자살하다.
**4월** 장완이 대장군大將이 되다.

건흥 14년(236) **여름 4월** 유선이 전현湔縣으로 가서 문수汶水의 흐름을 보고, 열흘 후에 성도로 돌아오다.

건흥 15년(237) **6월** 유선의 황후 장씨가 죽다.

연희延熙 원년(238) **봄 정월** 황후 장씨(이전 황후의 여동생)를 세우다. 대사면을 시행하고, 연호를 바꾸다. 아들 유선劉璿을 세워 태자로 삼고, 둘째 아들 유요劉瑤를 안정왕安定王으로 삼다.
**11월** 장완이 한중에 주둔하다.

연희 2년(239) **봄 3월** 장완이 대사마大司馬로 승진하다.

연희 3년(240) **봄** 월수 태수越巂太守 장의張嶷에게 월수군越巂郡을 평정하라고 명하다.

연희 4년(241) **겨울 10월** 비의費褘가 한중에 도착하여 장완과 정무를 상의하고 연말이 되어 돌아오다.

연희 5년(242) **봄 정월** 강유가 한중에서 돌아와 부현에 주둔하다.

연희 6년(243) **겨울 10월** 대사마 장완이 한중에서 돌아와 부현에서 살다.
**11월** 대사면을 실시하다. 상서령 비의를 대장군으로 삼다.

연희 7년(244) **윤달** 위나라 대장군 조상曹爽과 하후현夏候玄 등이 한중으로 향하자 왕평王平이 저항했으며, 대장군 비의가 구원하여 물리치다.

연희 8년(245) **가을 8월** 황태후가 세상을 떠나자 유비의 혜릉惠陵에 합장하다.

연희 9년(246) **여름 6월** 비의가 성도로 돌아오다.
**가을** 대사면을 시행하다.
**겨울 11월** 대사마 장완이 죽다.

연희 10년(247) 양주의 호왕胡王 백호문白虎文과 치무대治無戴가 무리를 인솔하여 투항했으므로 위장군衛將軍 강유가 그들을 번현繁縣에 거주시키다.

연희 11년(248) **봄 5월** 대장군 비의가 한중에 주둔하다. 가을에 부릉군涪陵郡 속국屬國의 백성과 이적이 모반하자, 거기장군 등지가 가서 모두 격파시켜 평정하다.

연희 12년(249) **봄 정월** 우장군右將軍 하후패夏候霸가 투항해오다.
**여름 4월** 대사면을 시행하다.
**가을** 위장군 강유가 옹주를 공격하지만 승리하지 못하고 돌아오다.
장군 구안句安과 이소李韶가 위나라에 투항하다.

연희 13년(250) 강유가 다시 서평西平으로 출격하지만 승리하지 못하고 돌아오다.

연희 14년(251) **여름** 대장군 비의가 성도로 돌아오다.
**겨울** 다시 북상하여 한수漢壽에 주둔하다.
여예呂乂가 세상을 떠나다.

연희 15년(252) 오왕 손권이 세상을 떠나다. 아들 유종劉琮을 세워 서하왕西河王으로 삼다.

연희 16년(253) **봄 정월** 대장군 비의가 투항한 위나라 사람 곽수郭脩에게 한수에서 살해되다.
**여름 4월** 강유가 남안南安을 포위하지만 승리하지 못하고 돌아오다.

연희 17년(254) **봄 정월** 강유가 성도로 돌아오다. 대사면을 실시하다.

연희 18년(255) **여름** 강유가 군사들을 거느리고 적도狄道로 출격하다.

연희 19년(256) **봄** 강유가 대장군으로 임명되다.

연희 20년(257) 위나라 대장군 제갈탄諸葛誕이 수춘壽春을 점거하고 반란을 일으켰다는 소식이 전해지자, 강유는 다시 병사들을 이끌고 낙곡駱谷에서 출전하여 망수芒水에 이르다.

경요景耀 원년(258) 강유가 성도로 돌아오다. 사관이 경성景星이 나타났다고 말했으므로 대사면을 시행하고 연호를 바꾸다. 환관 황호黃皓가 처음으로 정권을 잡다.

경요 2년(259) **여름 6월** 아들 유심劉諶이 북지왕北地王이 되다.

유순劉恂이 신흥왕新興王이 되다.

유건劉虔이 상당왕上黨王이 되다.

경요 3년(260) **가을 9월** 유선이 고인이 된 장군 관우·장비·마초·방통龐統·황충黃忠의 시호를 추증하다.

경요 4년(261) **봄 3월** 유선이 고인이 된 장군 조운의 시호를 순평후順平侯로 추증하다.

**겨울 10월** 대사면을 시행하다.

경요 5년(262) **봄 정월** 서하왕 유종이 죽다.

경요 6년(263) **8월** 위나라의 등애鄧艾·종회鍾會·제갈서諸葛緒가 동시에 촉을 공격해오자 강유·장익張翼·요화廖化·동궐董厥 등이 막고 한나라를 다시 부흥시키기를 원하여 연호를 염흥炎興으로 바꾸다.

염흥 원년(263) **11월** 유선이 초주譙周의 계책을 따라 등애에게 사자를 보내 항복을 청하는데, 그 편지를 극정郤正이 집필하다.

촉나라가 멸망하다.

# 찾아보기

412

416
—

# 정사 삼국지 촉서

**1판 1쇄 발행일** 2018년 3월 5일
**1판 5쇄 발행일** 2024년 11월 18일

**지은이** 진수
**옮긴이** 김원중

**발행인** 김학원
**발행처** (주)휴머니스트출판그룹
**출판등록** 제313-2007-000007호(2007년 1월 5일)
**주소** (03991) 서울시 마포구 동교로23길 76(연남동)
**전화** 02-335-4422 **팩스** 02-334-3427
**저자·독자 서비스** humanist@humanistbooks.com
**홈페이지** www.humanistbooks.com
**유튜브** youtube.com/user/humanistma **포스트** post.naver.com/hmcv
**페이스북** facebook.com/hmcv2001 **인스타그램** @humanist_insta

**편집주간** 황서현 **편집** 박상경 김선경 임미영 **디자인** 김태형
**조판** 홍영사 **용지** 화인페이퍼 **인쇄** 삼조인쇄 **제본** 경일제책

ⓒ 김원중, 2018

ISBN 979-11-6080-124-8 04910
ISBN 979-11-6080-125-5 (세트)